8°Z,
1292

# LETTRES
DE LA BARONNE

# DE GERANDO

NÉE DE RATHSAMHAUSEN

PARIS. — IMPRIMERIE EMILE MARTINET, RUE MIGNON, 2.

# LETTRES
### DE LA BARONNE
# DE GERANDO
### NÉE DE RATHSAMHAUSEN

SUIVIES DE

## FRAGMENTS D'UN JOURNAL
### ÉCRIT PAR ELLE DE 1800 A 1804

### PARIS
LIBRAIRIE ACADÉMIQUE
DIDIER ET Cⁱᵉ, LIBRAIRES-ÉDITEURS
35, QUAI DES AUGUSTINS, 35

---

### 1880
Tous droits réservés.

# AVANT-PROPOS

Les lettres que nous publions se recommandent non seulement par un intérêt anecdotique, des portraits de diverses célébrités de l'époque où elles ont été écrites, des appréciations littéraires, mais aussi par toutes les qualités de cœur et d'esprit d'une femme que Mme de Staël mettait au premier rang pour son mérite épistolaire, et à laquelle Mme Récamier *aurait voulu ressembler* (disait-elle dans une lettre citée plus bas).

Quelle était cette femme qui a eu aussi pour amis intimes Camille Jordan et le Prince primat Charles de Dalberg, M. de Champagny duc de Cadore et Lémontey, le général Lamarque et le duc Mathieu de Montmorency ? Comment des lettres d'elle et quelques fragments d'un journal qu'elle avait écrit au commencement du siècle actuel, sont-ils livrés à une publicité qu'elle n'avait jamais recherchée ? Nous allons le dire, en donnant d'abord sur elle et sa famille quelques détails biographiques.

Il y avait en Alsace, au siècle dernier, une ancienne famille de Rathsamhausen divisée en deux branches principales dont l'une, qui avait été fondée au commencement du seizième siècle, était dénommée *Ehenweyer*, et l'autre *Nonnenweyer;* elles avaient pour souche Rodolphe I<sup>er</sup>, chevalier (*miles*) de Rathsamhausen, lequel vivait encore en 1215, d'après une chronique alsacienne [1].

Ses ancêtres, d'après une tradition de famille, avaient porté d'abord un autre nom qui aurait été converti en celui de Rathsamhausen par un empereur d'Allemagne dont Rodolphe était le compagnon d'armes. L'empereur, pendant une guerre, se trouvant en Alsace et dans une forte position protégée par les Vosges, était sur le point d'en sortir pour livrer une bataille, lorsque Rodolphe l'en dissuada en lui disant : *Rathsam zu hausen*, ce qui signifiait : un bon conseil à vous donner, c'est de rester ici. Grâce à ce conseil qui fut suivi, l'armée impériale attendit l'ennemi dans cette position et remporta le lendemain une victoire. L'Empereur aurait dit alors à son homme d'armes : Puisque tu m'as si bien conseillé, tu t'appelleras désormais *Rathsamhausen*, et je te donne pour domaine le territoire où nous sommes (qui comprenait les localités appelées depuis Müttersholz et Rathsamhausen).

M. Ernest Lehr, dans l'ouvrage que nous venons de citer, raconte aussi qu'en 1393 l'empereur Wenceslas IV investit de la propriété du village d'Otrott et du château de Lützelbourg Hartmann, Égénolphe et Jean de Rathsamhausen, qui étaient les fils de Jean Georges de Rathsamhausen, auteur de la ligne d'Ehenweyer. C'est à côté du château de

---

[1]. Sa veuve épousa en secondes noces Eberhard d'Andlau. M. Ernest Lehr, dans son ouvrage intitulé l'*Alsace noble*, fait mention d'André, sire de Rathsamhausen, comme ayant pris part, en 1209, au tournoi de Worms; c'était sans doute le père ou un frère de Rodolphe.

Lützelbourg que fut construit, par un des trois frères, celui qui portait spécialement le nom de Rathsamhausen, et les ruines de ces deux châteaux situés, près d'Otrott, sur une déclivité des Vosges, sont aujourd'hui connues sous la dénomination commune de *châteaux de Rathsamhausen* [1].

C'est à la première des deux branches des Rathsamhausen qu'appartenait Léopold Eberhard, seigneur d'Ehenweyer, de Müttersholz et de Grüsenheim qui faisaient partie du neuvième district de la noblesse immédiate de la Basse-Alsace [2]. Né en 1728, il mourut en 1795. Il avait épousé en premières noces M$^{lle}$ de Nardin, et en secondes, Frédérique-Suzanne Françoise de Malzen, née en 1742, décédée en 1789 [3].

De ce second mariage était issue Marie-Anne de Rathsamhausen, née à Grüsenheim (Haut-Rhin) le 23 juin 1774, mariée à Riquewihr (même département) le 31 décembre 1798, à Joseph-Marie de Gerando [4], et décédée à Thiais (Seine) le 16 juillet 1824.

M. de Gerando, Lyonnais, avait été obligé après le siège et la prise de sa ville natale par l'armée républicaine, de se réfugier d'abord en Suisse et en Italie, puis en Allemagne (avec son compatriote et ami Camille Jordan). C'est de là qu'étant venu en Alsace il fit à Colmar, en 1795, la connaissance de M$^{me}$ Anne de Rathsamhausen qui venait de perdre

---

1. Elles appartiennent maintenant à M. Scheidecker, Strasbourgeois.
2. *Géographie universelle de Busching*, traduite et publiée à Strasbourg en 1770, t. V.
3. Son père, le baron de Malzen, était capitaine des grenadiers au régiment d'Alsace et chevalier de Saint-Louis; sa mère était une baronne de Valcourt.
4. C'est lui qui est devenu membre de l'Institut de France et des principales académies de l'Europe, professeur de droit public et administratif à la Faculté de Paris, président de section au conseil d'État et pair de France.

son père et qu'il épousa trois ans plus tard, après avoir pu se faire admettre comme volontaire dans un régiment de chasseurs à cheval, en garnison à Colmar.

Une tante maternelle de M<sup>lle</sup> de Rathsamhausen, Caroline Charlotte de Malzen, chanoinesse de Remiremont, avait épousé en 1778 Charles Léopold, prince de Wurtemberg et comte de Montbéliard [1]. Ils habitaient une partie de l'année le château de Sierentz, près de Colmar, où Anne de Rathsamhausen et sa sœur furent, après la mort de leur mère, appelées et reçues, pendant plusieurs mois, par leur tante dont il est fait mention dans des lettres qui font partie de ce recueil. Elles se trouvaient ainsi alliées à la famille princière de Wurtemberg et à d'autres princes allemands [2].

Une autre tante maternelle d'Anne de Rathsamhausen, Catherine de Malzen, était chanoinesse du chapitre noble de Bussières et dame d'honneur de la comtesse d'Albany, veuve du dernier descendant des Stuart et qui épousa secrètement le comte Alfieri. La chanoinesse de Malzen avait hérité de sa mère le château de Martinsbourg, situé en Alsace près du village de Wettelsheim, et le mit à la disposition de la comtesse d'Albany, lorsque celle-ci quitta Florence avec Alfieri avant la mort du prétendant.

Suivant un usage alsacien, M<sup>lle</sup> Anne de Rathsamhausen était connue sous le diminutif *Annette*, et c'est ainsi qu'elle signait ses lettres. Vivant presque toujours à la campagne

---

1. L'ancien comté de Montbéliard était échu, en 1419, à la maison princière de Wurtemberg, par le mariage d'Eberhard V avec la fille du dernier comte de Montbéliard, et fut érigé en principauté en 1654. Le prince Eugène de Wurtemberg la céda en 1758 à son frère, dont le fils fut l'oncle par alliance de M<sup>lle</sup> de Rathsamhausen.

2. Voyez une lettre adressée de Paris, au mois de février 1808, par M<sup>me</sup> de Gerando au Prince primat Charles de Dalberg.

avant son mariage, ayant perdu sa mère dès l'âge de quatorze ans et s'étant alors toute dévouée à soigner son père dont la vieillesse fut affligée par les persécutions révolutionnaires et la perte de presque tous ses biens, elle forma elle-même son instruction par la culture et l'heureux développement de ses facultés [1].

On a retrouvé dans la correspondance de M*me* de Staël une lettre que lui avait adressée, de Saint-Ouen, le 4 juin 1801, M. de Gerando, et où il caractérisait ainsi sa femme : « C'est une chose très singulière et qui m'étonne souvent, que cette justesse d'esprit et cet instinct de raison, dont Annette est éminemment douée, avec un cœur fait pour toute exaltation juste et noble. C'est ainsi qu'elle a toujours aimé la liberté, quoique la Révolution ait ruiné sa famille et lui ait enlevé tous les avantages qu'elle eût tirés d'une noblesse de plus de mille ans et de sa parenté avec plusieurs princes souverains. C'est que la générosité du caractère contribue beaucoup à la justesse des opinions... »

La *Biographie universelle et portative des contemporains*, publiée en 1834 [2], a consacré à M. de Gerando un article où se trouve l'appréciation suivante de sa femme : « Il pleurera longtemps la perte qu'il a faite de la compagne qu'il s'était donnée. Au dire de ses amis, il est rare de trouver une âme aussi belle et un esprit aussi distingué que celui de M*lle* de Rathsamhausen, Alsacienne, à laquelle s'était uni M. de Gerando. »

Pour justifier la publication d'un certain nombre de lettres écrites par M*me* de Gerando avant et après son mariage, qui ont pu être retrouvées jusqu'à présent, nous

---

1. Voyez une lettre écrite à Joseph (M. de Gerando) au mois d'octobre 1797.
2. *Paris et Strasbourg*, t. II, p. 1856.

citerons d'abord et surtout l'opinion exprimée, à Lyon, par Mme de Staël, dans une soirée que lui donnèrent M. et Mme Lacène, beau-frère et belle-sœur de Camille Jordan. La conversation étant venue à tomber sur les femmes éminentes par leur style épistolaire, Mme de Staël se mit à dire : « Je ne connais aujourd'hui en France que deux femmes qui sachent écrire d'une manière supérieure, ma cousine de Germanie[1] et Mme de Gerando. » Ce propos fut répété par quatre personnes[2] qui l'avaient entendu et qui avaient été vivement frappées de cette élogieuse appréciation faite par Mme de Staël avec le ton absolu qui la caractérisait[3].

C'est vers cette époque, en 1811, qu'elle disait à Mme de Gerando dans une lettre qui a été publiée[4] : « Je me vante de sentir quelle âme vous avez, quel esprit vous éclaire. » Elle disait aussi de Mme de Gerando dans une lettre adressée à son mari : « Nous parlons souvent, la belle amie et moi, de Mme de Gerando, et nous nous accordons bien dans notre estime exaltée pour elle. » Laissons parler encore d'autres bons appréciateurs du mérite de Mme de Gerando.

Mme Récamier lui écrivait d'Écure (Loir-et-Cher), le 10 juillet 1810 : « Vous êtes la femme à qui je voudrais ressembler... Il me semble que si j'avais toutes vos qualités, j'aurais bien de la peine à m'empêcher d'être vaine, et ce

---

1. Mme Necker de Saussure.
2. Camille Jordan, M. et Mme Lacène, M. Mottet de Gerando, qui a été député de Lyon sous la Restauration.
3. Il en est fait mention dans l'*Essai sur la vie et les travaux de Marie-Joseph, baron de Gerando*, par Mlle Octavie Morel, qui a été couronné, à la suite d'un concours, par l'Académie de Lyon, et publié à Paris en 1846.
4. *Lettres inédites et souvenirs biographiques de Mme Récamier et de Mme de Staël*, p. 77, Paris, 1868. Voyez aussi, dans ce recueil, une autre lettre de Mme de Staël, datée du 27 septembre 1815.

serait déjà bien peu vous ressembler, que de n'être pas modeste[1]. »

Mme Gautier-Delessert, femme d'un grand caractère et d'un excellent jugement, appréciait ainsi Mme de Gerando dans une lettre qu'elle lui adressait au mois de juillet 1823 : « C'est une faveur du ciel, qu'une amie telle que vous, et je sais l'apprécier. Vous êtes de ces âmes célestes qui sont prêtées à la terre, et qui par la réunion de leurs qualités et de leurs belles facultés, nous font pressentir ce qui nous attend dans un autre monde. »

M. de Champagny (depuis duc de Cadore) était ministre de l'intérieur lorsque, au mois d'août 1808, ayant accompagné l'Empereur à Bayonne, il écrivit de cette ville à M. de Gerando : « On trouve en votre chère Annette tout ce qu'on aime à rencontrer dans la femme à laquelle on veut s'attacher pour la vie, ce qui plaît un jour et ce qui plaît encore plus le lendemain. »

Le 22 février de la même année, le Prince primat Charles de Dalberg, au moment où il quittait Paris pour retourner dans son grand-duché de Francfort, avait adressé ces adieux à Mme de Gerando : « Noble amie, lorsque votre mari et vous serez dans un cercle d'amis choisis qui sentiront profondément tout le prix d'Annette et qui lui exprimeront ce sentiment avec amour, respect et vérité, souvenez-vous alors de l'*absent* qui lut dans votre belle âme, qui apprit à vous chérir autant qu'il sut vous admirer, qui a trouvé en vous un charme et des grâces dont nulle autre femme ne lui offrit le modèle, et qui sont en vous un don divin de candeur et de pureté. »

---

1. *Lettres inédites, etc., de Mme Récamier et de Mme de Staël*, p. 16.

Le 15 juin 1820, le général Lamarque [1] écrivait, de Limoges, à Mme de Gérando : « Il faudrait vous aimer, ne fût-ce que par égoïsme ; où trouverait-on un autre être aussi bon, aussi spirituel, aussi dévoué, aussi oublieux de soi-même ? »

Dans une lettre adressée de Saint-Sever, par le même général, le 25 juin 1824, à Mlle Sauvan, et qui a été publiée à la suite des *Mémoires et souvenirs du général Lamarque*[2], il lui disait : « Mme de Gerando n'est donc pas mieux... Je ne me fais pas à l'idée de voir disparaître une femme aussi distinguée par ses vertus et ses hautes facultés intellectuelles. Je l'ai quelquefois écoutée des heures entières dans un ravissement continuel. Ah ! parlez-lui quelquefois de moi, dites-lui que je recueille dans ma mémoire tout ce qu'elle m'a dit. » Lorsqu'il apprit sa mort, il écrivait, le 28 juillet, à Mlle Sauvan : « Vous seule pouvez apprécier toute l'étendue de la perte que nous avons faite... Je vais recueillir tout ce que j'ai de ses lettres, et ses pensées, ses sentiments, cette noble émanation de son âme, je les conserverai comme un dépôt sacré[3]. »

Le duc Mathieu de Montmorency écrivait, de la Vallée-aux-Loups, à Mme Récamier, le 21 juillet 1824[4] : « Il faut vous parler d'une autre douleur à laquelle vous ne serez pas insensible et qui vient d'accabler, à quelques lieues d'ici, ce pauvre de Gerando. Sa femme a succombé enfin à

---

1. Il avait commandé en chef l'armée de Catalogne à la fin du premier empire, et fut député des Landes sous la Restauration.
2. Paris, 1836, t. II.
3. Le comte Alphonse Lamarque, petit-fils du général, a reçu ce dépôt de son père et a bien voulu communiquer plusieurs lettres de Mme de Gerando, qu'on trouvera dans ce recueil.
4. *Souvenirs et correspondance de Mme Récamier*, 2e édit., t. II, p. 121.

ses longues souffrances... Son âme, son cœur, pendant quelques instants de la journée, retrouvaient encore toute leur énergie, ou plutôt, celle qu'ils n'avaient jamais perdue s'épanchait par des lettres vraiment éloquentes ou par des éclairs de conversation. Elle voulut en avoir une avec moi, il y a quelques semaines, avant de quitter Paris ; elle fut vraiment touchante, religieuse, quelquefois sublime, quoique je m'efforçasse d'écarter ce qu'elle voulait donner de solennel et de définitif à notre entretien. »

Le 25 juillet de la même année, M. Lémontey, membre de l'Académie française, appréciait ainsi M<sup>me</sup> de Gerando dans une lettre à son mari : « Il me semblait que le ciel devait un miracle à la conservation d'une personne aussi accomplie. Je n'ai jamais connu d'âme aussi élevée, d'esprit aussi aimable, aussi ingénieux, aussi sensé, de caractère aussi bienveillant. Je ne saurais imaginer une situation où elle n'eût été fort distinguée par le talent comme par la vertu... Il me semblait impossible qu'on vécût auprès d'elle sans devenir meilleur. »

Un autre membre de l'Académie française, M. Ballanche, ayant appris, pendant un voyage en Italie, la perte que venait de faire M. de Gerando, lui écrivit le 4 septembre 1824, et résumait ainsi, dans sa lettre, le sentiment que lui avait inspiré M<sup>me</sup> de Gerando : « Elle eut toutes les vertus et toutes les distinctions qui peuvent commander l'attachement et l'admiration. »

Un étranger, qui a été un des amis de M<sup>me</sup> de Staël et de M<sup>me</sup> Récamier, le baron de Voght, dans une lettre adressée, de son château de Flolbec, près de Hambourg, le 9 février 1825, à M. de Gerando, lui disait : « Il n'y a point de paroles qui expriment ma vénération pour l'être adorable qui a fait le bonheur de votre vie, qui nous donnait l'exemple de toutes les vertus et qui savait rendre la vertu si aimable. Que d'esprit, de sens, d'imagination, dans ses paroles ! Que de grâce elle savait donner à l'expression des idées profondes, comme des plus douces émotions ! Oui, elle était un de ces êtres par lesquels souvent la Divinité se manifeste sur la terre, pour renouveler tout ce qui attache la poussière à l'immortalité, l'infini à ce qui est périssable, pour resserrer les liens entre l'homme et son créateur. »

Il est donc permis d'espérer que la publication des lettres de M$^{me}$ de Gerando, qu'on a pu retrouver et réunir [1], ne sera pas sans intérêt et sans utilité. Ces lettres peuvent se diviser en trois séries : la première, qui embrasse celles écrites par M$^{lle}$ de Rathsamhausen avant son mariage, paraît s'appliquer plus particulièrement aux jeunes personnes qui sont d'âge et disposées à entrer dans le monde ; elles offrent d'ailleurs de fidèles esquisses de la vie intérieure de quelques-unes des principales familles alsaciennes de cette époque, notamment des familles de Berckheim [2], de Dietrich et de Waldner.

La seconde série, qui se compose des lettres de M$^{me}$ de Gerando depuis son mariage, aura surtout de l'intérêt pour

---

1. Quelques-unes ont été retrouvées en brouillon, la plupart remises par des personnes qui les avaient soigneusement conservées ; M$^{me}$ la baronne de Stein (née de Berckheim), M. le baron Albert de Dietrich, dont la mère avait été une intime amie de M$^{me}$ de Gerando, M$^{me}$ la baronne Auguste de Staël, M$^{me}$ Charles Lenormant, nièce de M$^{me}$ Récamier, M. Stromwald, ancien professeur de l'Université à Strasbourg, M. Beringier, petit-fils de M. Christian, ont bien voulu communiquer des lettres de M$^{me}$ de Gerando, dont ils étaient restés ou devenus possesseurs.

2. Les Berckheim (que concerne un grand nombre des lettres de M$^{me}$ de Gerando) étaient seigneurs d'une petite ville de ce nom, chef-lieu d'un bailliage, située entre Saint-Hippolyte et Ribeauvillé, et qui avait été longtemps un lieu de refuge pour les Alsaciens et des étrangers.

les jeunes femmes et les mères de famille; la troisième, qui contient des lettres écrites par Mme de Gerando à son fils aîné, offre de précieuses directions pour les jeunes gens et leur éducation.

Ces lettres sont suivies de fragments d'un journal commencé en 1800 par Mme de Gerando, où elle consignait ses réflexions et ses sentiments, ses observations, quelques récits anecdotiques[1], mais qu'elle n'a pas pu continuer, peu d'années après, par suite des assujettissements de sa nouvelle position et de la nombreuse correspondance qu'elle avait à entretenir. Son cœur et son esprit se reflètent si bien dans ces pages intimes, qu'elles sont, pour ainsi dire, le complément des lettres que nous livrons à la publicité dans l'espoir qu'elles seront goûtées par les âmes généreuses, les esprits élevés, et qu'elles pourront avoir encore la bienfaisante influence qu'exerçait Mme de Gerando dans sa famille et dans le cercle de ses amis et de ses relations.

M. Suard, dans ses *Mélanges de littérature*, a ainsi caractérisé, d'une manière générale, le style épistolaire : « C'est celui qui convient à la personne qui écrit et aux choses qu'elle écrit.... On n'a véritablement un style que lorsqu'on a celui de son caractère propre et de la tournure naturelle de son esprit, modifié par le sentiment qu'on éprouve en écrivant.... Le naturel et l'aisance forment donc le caractère essentiel du style épistolaire; la recherche d'esprit, d'élégance ou de correction, y est insupportable. La philosophie, la politique, les arts, les anecdotes et les bons mots, tout peut entrer dans les lettres, mais avec l'air d'abandon, d'aisance et de premier mouvement, qui caractérise la con-

---

[1]. Notamment sur M. et Mme Necker, Mme de Staël, Camille Jordan, Mounier, Fouché, Napoléon, etc.

versation des gens d'esprit. » En lisant les lettres de M^me de Gerando, on leur appliquera sans doute ces judicieuses appréciations, car elles portent éminemment l'empreinte du caractère, de la spontanéité des impressions et du sentiment qui les inspire. Pour s'en convaincre dès l'abord, on pourra comparer des lettres adressées à Camille Jordan le 7 novembre 1798; le 26 juillet 1808, le 9 mai 1815, avec celles qu'écrivit en 1803 M^me de Gerando sur la perte de sa fille, des lettres adressées à la baronne de Stein le 22 juillet 1802, au Prince primat, le 26 février 1808, à la baronne de Staël au mois de septembre 1815, et une lettre du 5 août 1821, écrite au fils aîné de M^me de Gerando et qui est un admirable testament de sagesse et d'affection maternelle [1].

[1]. Une liste alphabétique des principaux noms cités dans ce recueil, qui est jointe à la table des matières, permet de retrouver facilement ces noms et d'apprécier la variété des sujets traités dans les lettres de M^me de Gerando.

# I

# LETTRES

DE

# M<sup>lle</sup> ANNE DE RATHSAMHAUSEN

AVANT SON MARIAGE

# LETTRES

DE

# MADAME DE GERANDO

NÉE BARONNE DE RATHSAMHAUSEN

---

## MARIE ANNE RATHSAMHAUSEN[1]

AU NOM DE LÉOPOLD EBERHARD RATHSAMHAUSEN

AUX CITOYENS ADMINISTRATEURS DU DIRECTOIRE DU DISTRICT
DE BENFELD, SÉANT A SCHLESTADT

Grüsenheim, le 12 germinal an II (5 avril 1794) de la République
française, une, indivisible et démocratique.

CITOYENS,

Vous êtes instruits du partage qui s'est fait des biens de la famille Rathsamhausen entre la nation, pour la part des émigrés, et les membres de cette famille qui n'ont jamais quitté le sol de la République. Mon père espérait jouir paisiblement de la part qui lui en est revenue, et s'est empressé

---

[1]. L'époque où a été écrite cette lettre explique la suppression de la particule dans le nom de M<sup>lle</sup> de Rathsamhausen et de son père, et le style de quelques passages de la lettre.

de réclamer les rentes dont le payement a été différé depuis longtemps sous divers prétextes. On a rejeté sa demande, à moins d'un consentement du district, parce que la municipalité de Müttersholtz suppose l'émigration de mon frère. C'est une conjecture qui peut être fondée, que je ne saurais détruire ni confirmer, par l'ignorance absolue où je suis de la destinée de celui qu'on interpelle. Voici la vérité, citoyens; je ne veux point parler à votre cœur. Le précieux sentiment de l'humanité, qui fait d'une nation libre un peuple de frères, n'a point d'empire sur une loi révolutionnaire; c'est en elle que j'espère trouver mon plus solide appui, et c'est votre raison que je prétends persuader.

J'avais un frère, il est vrai; peut-être n'en ai-je plus. Il était militaire depuis vingt-deux ans, âgé de près de quarante, maître de son état et de sa fortune qui n'a rien de commun avec celle de son père. Il y a près de six ans que j'ai perdu ma mère, qui n'était point celle de mon frère né d'un précédent mariage. Le régiment (ci-devant *Deux-Ponts*) dans lequel servait mon frère était à Metz en 1791 et 1792 (vieux style); nous avons dû supposer que mon frère s'y trouvait; mon père, qui avait à se plaindre de lui, ne s'en informa pas. Qu'est-il devenu depuis? Nous l'ignorons. Il y a dix-huit mois, j'ai lu encore son nom dans l'almanach militaire, au rang des officiers de son régiment. Il n'est sur aucune liste des émigrés; je m'en suis informée.

Je sais bien qu'à défaut des preuves exigées par la loi il est réputé absent, aussi je le suppose en faute; mais, même dans ce cas, je ne puis croire mon père en butte à la condamnation qui prive de leurs biens personnels les pères et les mères des émigrés. Vous allez me demander, citoyens, les preuves énoncées dans le décret du 17 frimaire; mais l'émigration n'est pas constatée, et quel moyen d'agir *activement et de tout son pouvoir* contre un fait qu'on n'avait point prévu et qu'on ne pouvait empêcher, dans l'éloignement où on se trouvait? L'erreur des hommes bons et essentiellement vertueux est de juger les autres d'après eux; c'est pourquoi ils ne se défient point des méchants. Les principes de mon père, qui n'ont jamais été douteux, lui permettaient-ils de supposer que son fils serait à la fois ingrat envers la patrie et si différent de l'auteur de ses jours? Comment répondre de ses actions, comment les diriger, puisqu'il était séparé de son père et ne correspondait plus même avec lui? La municipalité de la commune que nous habitons n'a jamais pu déclarer mon frère émigré; elle n'a osé que le supposer... Peut-être est-il mort sous le drapeau tricolore.

Moi qui connais bien mon père et à qui il a communiqué ses principes, je vous déclare que ce n'est pas l'amour de la fortune qui le rend si pressant dans ses réclamations; la perte entière de son mince revenu ne changerait point ses sentiments. La pauvreté peut aigrir le caractère, mais elle ne peut effacer les vérités gravées dans l'âme : nous vivrons et nous mourrons en chérissant la liberté fondée sur la loi. Mon père offrirait avec joie son superflu à la nation, s'il en avait. Je ne parle pas de ma sœur et de moi; nous sommes jeunes, nous avons du courage, et nous aimons le travail.

Mon père n'a jamais connu l'orgueil d'un haut rang ni les fausses délices des richesses; il a vécu en républicain avant de l'être. Sa carrière s'est passée dans la retraite et à la campagne, où il a trouvé des amis parmi de simples cultivateurs, parce qu'il était véritablement le leur. Il vous aurait exposé lui-même sa demande, citoyens, s'il n'avait pas soixante-sept ans, et il paraît en avoir davantage. Il se confie aux soins de sa fille, et sa confiance est le doux prix de ma tendresse pour lui. Je n'ai pas besoin d'insister pour obtenir une prompte réponse à ma réclamation ; je sais que je parle à des administrateurs dont l'équité est connue et qui n'ignorent point que le retard de la justice est un commencement d'injustice.

Salut et fraternité.

## A M<sup>lle</sup> OCTAVIE DE BERCKHEIM [1]

Grüsenheim, 22 frimaire an III (12 décembre 1794).

Ta lettre nous a fait, à Frédérique[2] et à moi, un bien doux plaisir. Nous aimons à te retrouver partout, et ton âme est tout entière dans ce que tu nous as écrit. Malgré la distance qui nous sépare, je n'ai pas eu de peine à te comprendre, mon Octavie, mon amie bien-aimée ; je partage

---

1. Elle était une des filles du baron et de la baronne de Berckheim qui passaient la belle saison dans leur domaine de Schoppenvir, près de Colmar, et l'hiver dans cette ville. Ils avaient trois autres filles, Fanny, Henriette et Amélie, dont il est fait mention dans cette lettre et dans plusieurs autres. Les quatre sœurs réunissaient en elles toutes les distinctions de la beauté, de la grâce, du cœur et de l'esprit.

2. Une fille de M. Pfeffel qui avait fondé et qui dirigeait à Colmar une institution de jeunes gens, connue sous le nom d'*Académie militaire*, et qui a publié des poésies fort goûtées en Alsace et en Allemagne. C'est chez lui que M. Joseph de Gerando et M<sup>lle</sup> Anne de Rathsamhausen se sont vus pour la première fois.

tes sentiments, et mes vœux pour ta sœur sont aussi ardents que les tiens. Dieu sait que je n'ai rien de plus cher au monde que ton Henriette, qui est aussi la mienne; mon bonheur est tout entier dans celui de mes amies; j'en nourris mon âme, et les jouissances qu'il me procure, ou dans le présent, ou par l'avenir que j'aime à me représenter, me rendent si heureuse, que je ne voudrais changer de situation avec personne.

Dis-moi succinctement si tes souhaits pour notre chère Henriette n'ont pas été contrariés par nos conversations avec Augustin [1]. Son voyage ici, malgré le bien qu'il m'a fait, m'a rendue triste. Je ne voyais plus d'obstacles à son mariage et je me livrais aux transports de la joie, lorsqu'il m'a montré tant d'empêchements probables, que j'en ai eu la mort dans l'âme, et lui-même en souffre tant! C'est vraiment un homme comme il n'y en a guère; il joint la force du caractère, l'énergie d'un esprit supérieur, à la douceur des sentiments. Il a pensé tout haut avec moi, et je l'ai de plus en plus admiré. J'ai résisté à toutes les vérités de sa situation avec l'immobilité d'un rocher en butte aux vagues de la mer. Il a fallu au moins qu'il me donnât l'assurance qu'il n'avait pas perdu tout espoir d'une union si bien assortie, à laquelle Dieu même a dû sourire, qui aurait tissu le sort de notre Henriette de fils d'or et de soie... Ma plume va si vite qu'elle ne dit rien en comparaison de ce que je sens. Oui, assurément, une sœur, une amie intime est plus que la moitié de soi-même, plus précieuse que *le soi* tout entier. C'est toi, mon Octavie, qui me fournis ces expressions, et je t'en remercie... Si le seul vœu que nous for-

1. M. Augustin Perier, frère de Casimir Perier, et qui a été depuis pair de France.

mous à présent ne réussissait pas, je ne m'en consolerais jamais, et Augustin ne trouverait plus une Henriette : il le sait bien.

---

A LA MÊME

Tubingue, 27 juillet 1795.

Moi aussi, mon Octavie, je me trouve dans cette ville, et à ma grande surprise; j'ajoute volontiers, à ma grande satisfaction, car cette réunion est vraiment merveilleuse. Jamais tu n'as été plus profondément dans mon cœur, jamais je ne t'ai mieux sentie près de lui qu'au milieu de ces êtres si bons et si estimables qui attachent davantage à tout ce qui est bien et pur. Mais, te l'avouerai-je? tu me manques; partout où je vais, dans tout ce que j'éprouve et tout ce que je vois, je t'appelle, j'ai besoin de retrouver la meilleure de mes amies. J'aurais tant à te dire, et il faut me contenter de communiquer avec toi par la pensée.

Henriette me dit, ma bonne amie, qu'en te parlant de tout elle te parle aussi de Joseph [1] et de moi. Tu verras donc que cette folie de l'imagination s'est transformée en une source de moralité et de bonheur. Joseph est devenu mon ami, je suis la sienne. Il me donnera l'exemple de tout ce qui est beau et bon, il me fortifiera dans la vertu, il me guidera dans le bien. Dès à présent il s'applique à éclairer mon esprit, à mieux asseoir mon jugement, à étendre mes connaissances. Il m'a tracé un plan de conduite, d'études, des

1. M. de Gerando.

habitudes d'ordre et d'emploi de mes journées. Enfin il veut être en tout mon instituteur. Tu me demanderas à quoi cela peut aboutir : je te répondrai qu'il n'en résultera jamais rien que de bon. Mon imagination est calme et mon cœur, tout pénétré qu'il est d'une douce émotion, reste maître de lui-même. Joseph m'éclaire, me console, me fait bénir Dieu et aimer la vie ; je n'éprouve pas encore le besoin qu'il devienne autre chose pour moi. Cela n'empêche qu'il ait d'autres vues qui ne peuvent pas encore s'accomplir ; je ne m'en inquiète point, parce que mes désirs ne vont pas au delà du présent. Si une autre destinée m'est imposée, je tâcherai de la remplir dignement, de suivre tes traces, de m'élever à Dieu et de faire consister mon bonheur dans celui des autres.

## AU CITOYEN LAUTHIÉR XAINTRAILLES
### GÉNÉRAL DE LA BRIGADE DE DROITE DE LA DEUXIÈME DIVISION

Grüsenheim, le 9 vendémiaire an IV (30 septembre 1795).

Je n'ai reçu qu'à mon retour d'une courte absence, citoyen général, la lettre et la feuille que vous avez bien voulu m'adresser.

Étonnée du prix que vous attachez à une conduite bien naturelle dans une circonstance toute particulière, je n'ai pu y voir qu'un effet de vos sentiments généreux, qui vous ont fait prendre intérêt à un événement qui aurait pu faire bien des malheureux[1]. Satisfaite d'obtenir l'estime du petit nombre de personnes dont je suis connue, je le suis particulièrement de l'approbation de ceux qui se distinguent, comme vous, par des qualités faites pour contribuer au bonheur de leurs concitoyens.

Vous me ferez plaisir si vous voulez bien me rappeler au souvenir de la citoyenne Xaintrailles. J'ai bien regretté de n'avoir pu cultiver sa société au gré de mes vœux, lorsque vous demeuriez près de Grüsenheim. N'ayant plus de mère, j'ai souvent été dans le cas de borner mes relations et de m'isoler dans la solitude.

Croyez-moi pour vous en particulier, citoyen général, les sentiments distingués que je porte à tous ceux qui se dévouent à l'honneur et au bien de leur patrie.

---

1. Cet évènement et la part qu'y avait prise M<sup>lle</sup> Anne de Rathsamhausen sont expliqués dans une lettre de M. Pfeffel, qui a été insérée dans des *Souvenirs biographiques sur Pfeffel*, publiés à Lausanne, en 1866, par M<sup>me</sup> Beck-Bernard, son arrière-petite fille. Cette lettre était adressée à M. Sarasin, et datée de Colmar, le 21 août 1795 : « Dimanche dernier, la foudre est tombée sur la demeure de ma chère Annette de Rathsamhausen et sur la grange de la fermière qui est veuve et mère de huit orphelins. La foudre a presque tout détruit ; une partie même de la maison d'habitation est fortement endommagée. Annette se montra digne d'elle-même dans cette terrible circonstance ; elle se jeta dans les flammes pour sauver le plus jeune enfant de la pauvre veuve. Les vêtements de ma noble amie ont pris feu sur elle ; elle a une brûlure à la jambe, qui, heureusement n'est pas dangereuse, et sa lettre à ma fille Frédérique en parle sans dire seulement de quelle circonstance provient cette blessure. Nous ne l'avons appris que par le messager qui a apporté sa lettre. »

## A UN PRINCE DE WURTEMBERG[1]. — 1796

Monseigneur,

Je suis touchée, autant que je dois l'être, des assurances que daigne me donner Votre Altesse de la continuation de ses bontés. M<sup>me</sup> R*** m'avait déjà transmis l'honorable souvenir dont vous l'aviez chargée pour moi, et je me serais empressée de vous exprimer ma reconnaissance si les événements ne m'eussent fait une loi du silence. La lettre que M. G*** vient de me remettre met le comble à votre bienveillance ; elle ne me permet plus de consulter la prudence pour y répondre : je me rends au vœu de mon cœur.

Depuis que j'ai eu l'honneur de vous voir, Monseigneur, mon existence a été souvent troublée par les orages politiques, et la mort de mon père a paru détruire à jamais tout mon bonheur. Le temps et des principes religieux ont remis l'équilibre dans ma destinée : elle est telle aujourd'hui, que j'y trouve plus de véritables biens que de maux.

La famille de M. de Berckheim, de Schoppenvir, a été mon refuge depuis que la perte de la mienne m'avait isolée. Les amies de ma jeunesse sont devenues la consolation de mon infortune et les modèles que je me suis proposés.

---

1. Son nom n'est pas indiqué ; c'était un proche parent d'un comte de Montbéliard, de la famille princière de Wurtemberg, qui avait épousé une tante de M<sup>lle</sup> de Rathsamhausen. Devenu veuf, il se retira à Hornebourg, en Allemagne, après avoir longtemps habité le château de Sierentz, en Alsace. Il était sans doute intervenu pour assurer le sort de sa nièce auprès du prince à qui cette lettre était adressée.

Leur père et leur mère, par leurs bienfaits, ont répandu sur mes jours toutes les douceurs de la vie; j'ai puisé dans leur sein la sérénité et le contentement de l'ame dans des circonstances bien désastreuses. Je viens de me réunir à ma sœur; nous allons nous fixer de nouveau dans l'habitation de nos parents.

Il me serait impossible, Monseigneur, de vous rendre un compte exact des ressources qui nous restent. Les dettes laissées par mon père ne sont pas acquittées, à beaucoup près. Le partage des biens indivis qu'il possédait en commun avec les autres branches de sa famille n'a pu avoir lieu, faute de titres qui ont été emportés par nos parents émigrés. Les gens d'affaires s'accordent sur un seul point, c'est qu'il nous restera peu ou rien après l'entière liquidation.

Vous voudrez bien me pardonner, Monseigneur, de rendre à mon cousin la somme qu'il a été chargé de me remettre de votre part. La loyauté me défend de l'accepter, puisque je ne puis remplir les conditions mises à ce don; mais pour prouver à Votre Altesse que je ne redoute point le poids des bienfaits, j'ose la prier de reporter sur mon frère les bontés dont elle voulait me combler; j'en conserverai une éternelle gratitude.

Il n'est pas probable que je me marie jamais; ma position y met trop d'obstacles, et je ne me contenterais pas de recevoir ou de répandre un bonheur *médiocre* dans une situation que j'aurais librement choisie. Je ne me permettrais pas, Monseigneur, de vous parler de moi avec tant de détails, si les questions bienveillantes dont votre lettre est remplie ne m'en avaient fait un devoir.

Quand la paix aura fait disparaître les entraves qui nous

séparent, j'espère, Monseigneur, visiter des contrées où j'ai passé de trop beaux jours pour les effacer de mon souvenir; mais je ne dois pas vous cacher que je ne pourrai, pas plus qu'autrefois, y fixer mon sort en acceptant les offres de Votre Éminence. Ce n'est point par dédain des grandeurs et de l'opulence, c'est une justice que je me rends. J'ai été élevée dans la retraite, j'y ai contracté des goûts simples et constants; mon esprit s'est formé à la méditation, à l'indépendance, à une sorte de philosophie (si je puis honorer mes principes de ce titre pompeux), incompatibles avec les usages des cours et du grand monde. Je ne demande et ne puis trouver le bonheur que dans ma sphère; la vie de campagne, l'amitié, l'estime de ceux dont je suis connue, comblent mes vœux. Lorsque les circonstances auront rendu nos démarches plus libres, je ne laisserai pas échapper l'occasion de me rapprocher de vous, Monseigneur, non pour jouer le rôle importun d'une femme à prétentions, mais pour vous offrir de vive voix l'hommage de mon respectueux attachement. Je me flatte que vous ne méconnaîtrez point ces sentiments si, d'ici-là, je me renferme de nouveau dans le silence que les lois et la prudence m'imposent, et je vous supplie de vous y conformer à mon égard.

Je suis, Monseigneur, de Votre Altesse éminentissime, etc.

## A LA BARONNE FRITZ DE DIETRICH [1]

Schoppenvir [2], 20 juillet 1797.

Si tu savais comme tes lettres me rendent heureuse, combien je le suis surtout d'y trouver toujours ma bien-aimée Amélie, bonne comme un ange et m'aimant un peu ! Tu ne doutes pas de ma reconnaissance, chère amie, pour les démarches que ton mari et toi avez faites auprès de M. le commissaire André ; j'y ai reconnu tout l'intérêt qu'inspire l'amitié.

J'ai passé, avant de venir ici, une dizaine de jours à Grüsenheim, d'où je suis allée voir Mᵐᵉ Dubosque, la belle harpiste. Mais, à notre mutuel regret, je n'ai pu lui donner que peu d'heures, parce que j'attendais ma sœur le soir même, et que j'étais obligée de revenir au plus tôt à Colmar. Dans notre entretien il a été naturellement question du petit cousin, si ferme dans son espoir et aimant véritablement celle qui l'aime tant. Henriette avait parlé d'une lettre que j'avais reçue et que je vous avais communiquée, au cousin botaniste qui, furieux de l'indiscrétion, mais ne sachant pas qui avait écrit la lettre, adressa aux cousines une circulaire fulminante où il les menaçait de toute sa vengeance si elles prononçaient encore le nom du jeune homme. Mᵐᵉ Dubosque, qui craignait fort de déplaire au cher cousin, en fut quitte heureusement pour la peur.

L'auteur de *Pétrarque* [3] est venu me voir deux fois, et

---

1. Mᵐᵉ Amélie de Berckheim.
2. Nom d'une maison de campagne de la famille de Berkheim.
3. Butenschoen, qui avait publié une imitation des poésies de Pétrarque.

m'a découvert son cœur tout entier. Je n'ai trouvé chez personne plus de candeur, de sentiment moral, de véritable bonté. Il est, depuis dix mois, amoureux de notre chère Frédérique; tous ses vœux tendraient à unir sa destinée à la sienne; il voit si bien qu'entrer dans cette famille ce serait le bonheur sur la terre : Pfeffel pour beau-père, la bonne et gentille petite Sophie pour belle-sœur, M<sup>me</sup> de Berckheim et M<sup>lle</sup> Annette pour amies!... Ce sont à peu près ses propres paroles. Mais que résultera-t-il de tou cela? Il partira dans trois semaines pour Strasbourg, se fera journaliste, et ne sera pas là deux mois sans être marié à une demoiselle Élise qui l'aime passionnément depuis quatre ans, qui lui a tout sacrifié, ayant eu pour lui les procédés les plus délicats et les plus généreux. La reconnaissance l'attache à cette jeune personne; l'amour n'y entre pour rien, parce que le cœur ne se commande pas, à ce qu'il dit. Il ne sera pas heureux, mais tranquille et content de faire le bonheur d'une personne à laquelle il devra tout, et qui ne peut en avoir sans lui. Frédérique lui conviendrait bien mieux, mais il ne se sent pas digne d'elle, et il va se hâter de quitter Colmar pour ne pas devenir plus à plaindre encore. Quand il sera à Strasbourg, il m'enverra des extraits de son journal intime, un récit de sa vie entière; j'ai la permission de les communiquer à mes amies. Il nous écrira quelquefois, il cherchera à ne pas être tout à fait effacé du souvenir de Frédérique, il lui demandera des conseils; il en a obtenu la permission de Pfeffel. Je me suis gardée de dire à Frédérique l'impression qu'elle a faite; comme il ne pourrait rien en résulter, je ne veux pas risquer de troubler sa tranquillité. D'ailleurs elle serait alors très gênée, très intimidée; elle n'oserait plus témoigner de l'amitié à celui qui la réclame instamment, et il en serait plus malheureux.

Christian [1] est venu nous voir dès le second jour de notre arrivée ici. Les Pfeffel m'en avaient déjà beaucoup parlé, et sur un ton à piquer vivement ma curiosité, qui a été pleinement satisfaite. Je t'assure que c'est un charmant et excellent jeune homme. Mme de Waldner lui trouve l'empreinte d'une douce mélancolie. Fanny le jugerait peut-être comme moi, s'il n'avait été dit de tout temps qu'il doit lui plaire. L'autre jour, en nous promenant, Octavie disait qu'il y avait toujours à espérer qu'on ne serait pas malheureux dans un mariage dont le choix aurait été dicté par le cœur; Fanny se mit à dire d'un ton si comique, qu'il faudrait l'avoir entendue pour bien saisir son idée : « Oui, je l'avoue, je voudrais bien aussi faire un pareil choix [2]. »

Christian est sur le ton d'une parfaite amitié avec Octavie, c'est la compagne de son enfance. Il cause beaucoup moins avec Fanny, lui fait une révérence de plus, jette sur elle un coup d'œil furtif et mal assuré; nous avons même cru remarquer des distractions, dès qu'elle quitte l'appartement.

Mme de Berckheim est venue passer le dimanche avec nous, Octavie l'a accompagnée le soir et est revenue, mardi matin, avec Pfeffel, Frédérique, Sophie, Butenschoen et Mme Hammer, qui nous ont fait passer une délicieuse journée. Anecdotes, lectures, conversation variée, promenade, bon dîner ont fort bien rempli notre temps. Vendredi, ta grand'mère est venue prendre Octavie, l'a menée dîner à

---

1. Un cousin de Mme de Berckheim, de la branche des Berckheim de Ribeauvillé, décédé, en 1849, ministre d'État, à Carlsruhe.
2. Ces mots avaient été dits et transcrits en allemand.

Ribeauvillé, et nous a amené le docteur Vivot qui est resté jusqu'à son retour. Juge un peu de l'embarras des deux pouponnes pour l'entretenir un jour entier; nous en étions toutes découragées. Ton père nous vint en aide, et le dîner fut un bon passe-temps. Nous avions huit plats; le cher docteur, qui n'est pas au régime, les savoura tous, ne s'aperçut pas que Fanny et moi nous n'avions mangé que de deux ou trois, et finit par nous dire que, hormis la friture, il n'y avait que des choses fort saines dont nous faisions bien de faire usage, et qu'avec cet ordinaire nous n'étions pas à plaindre. Son indulgence nous fit rire, et nous reconnûmes qu'il était très avantageux de consulter son médecin.... à table.

Ton père le mena promener; ils parlèrent philosophie loin de nous, pour ne pas égarer notre entendement bien au-dessous de cette matière. Fanny s'était réduite au silence par l'impossibilité de se faire entendre; quant à moi, je m'égosillai jusqu'à extinction; je fis, tant que je pus, la spirituelle, la savante, presque toujours en pure perte; pour un mot de compris, il y en eut dix qui ne le furent pas. Une partie de piquet où M. le docteur, d'accord avec ton père, me lança un capot dès le premier coup, vint encore à notre secours et nous fit rire, parce que ces messieurs étaient enchantés de gagner, ce qui amuse toujours.

M$^{me}$ de Landenberg, mère de ma tante, ayant rencontré ma sœur à Mulhouse, l'engagea à venir passer quelques jours chez elle à Soultzmatt, la fit chercher à Martinsbourg et promit à ma tante de la lui ramener dans trois semaines. Sur ce, et sur les instances de Henriette, ma tante proposa à ma sœur de rester encore, à son retour, un mois avec elle à Martinsbourg. S'il nous rentre un peu d'argent qui ne soit pas absorbé par les créanciers, ma sœur payera elle-même, comme c'est bien juste, une pension à la personne qui la recevrait chez elle. Dans le cas contraire, nous aurons recours à la bonté de ceux qui nous ont déjà offert leur généreuse assistance. Oh! crois bien, chère amie, que mon cœur est profondément pénétré de tout ce que vous faites, avec tant de délicatesse, pour assurer mon repos et mon bonheur.

Ne t'es-tu pas frotté les mains en apprenant que Pleyel dédie une de ses œuvres musicales à Henriette? Je m'en réjouis bien. A propos, voici une lettre d'Augustin Perier; j'attendais plus de lui, mais c'est toujours fort bon à prendre. Tu sais sans doute que son père va le mettre décidément à la tête de son commerce, ce qui sera une très belle situation quand il s'agit d'un commerce aussi étendu que celui de cette famille.

J'écrirai au premier jour à ma chère Henriette, que j'aime toujours passionnément : c'est bien pour la vie. Vos lettres sont délicieuses, nous les lisons plusieurs fois. Adieu, bien-aimée Amélie; je ne pense pas à toi sans une vive émotion, sans que mon cœur se répande en bénédictions, en vœux pour ton bonheur.

## A JOSEPH [1]

Colmar, octobre 1797.

C'est un besoin de l'amitié de savoir *par cœur* la vie d'un ami, de rattacher par les souvenirs le temps où nous ne nous connaissions pas, à cette époque où notre amitié se fonda sur des bases qui l'élèvent jusqu'au ciel. Vous m'avez tout dit, mon ami, et mon affection pour vous s'est accrue depuis que je vois si bien les droits que vous avez à mon estime; je vous dirai tout aussi. J'aurais prévenu votre confiance en vous donnant la mienne, si j'avais pensé que la vie obscure d'une jeune fille pût offrir quelque intérêt. Mon *histoire* ne se compose pas d'événements et de faits remarquables; elle est tout entière dans mes sentiments, et ces sentiments, qui ont été nécessairement soumis à une raison sévère, sont bien insignifiants. J'ai eu plus besoin qu'un autre de me réfugier sous l'égide de la raison, car je suis née avec une âme ardente. C'est le malheur, ce grand et divin maître, qui m'a conduite saine et sauve par les sentiers étroits et glissants où devait passer une jeune fille abandonnée à elle-même dès l'âge de quatorze ans. Le malheur a éteint l'ardeur de ma jeunesse; je lui ai voué un culte de reconnaissance pour tous les maux dont il m'a sauvée.

Du moment que la première aurore de la raison vint éclairer mon existence, je compris qu'il fallait me faire une

---

1. M. de Gerando, alors réfugié dans le grand-duché de Bade avec Camille Jordan.

idée de moi-même, connaître mes facultés et ma destination. Mes recherches psychologiques n'allèrent pas bien loin ; elles m'apprirent seulement que j'étais une créature faite pour aimer ; ce besoin d'aimer me sortait, si je puis dire ainsi, de tous les pores ; j'avais l'amour de Dieu, l'amour de mes parents, l'amour des livres, de la campagne, de la promenade, surtout l'amour des malheureux ; je les portais dans mon cœur avec une tendre compassion. J'avais un instinct singulier pour comprendre toutes les douleurs ; souvent je les devinais, et cette vive sympathie a troublé mon bonheur bien avant le temps dont ma mémoire me permet de vous rendre compte. Ma sensibilité était hors de proportion avec les situations ordinaires de la vie, et la conscience que j'en avais, jointe à une excessive timidité, m'ont contrainte pendant bien des années à concentrer en moi-même mes meilleures facultés. Ce fut mon premier exercice de modération et d'empire sur moi-même. Mais ces émotions qui s'élevaient si haut, qui se renouvelaient si souvent, me rendaient triste et me donnaient des besoins inconnus et indéfinis. Je me réfugiais dans ma chambre ou dans un bosquet bien obscur, et j'exhalais en sanglots cette surabondance de vie et de facultés que je n'osais pas manifester. Cette contrainte me rendait stupide ; je n'avais que l'expression de mes larmes, et les personnes qui me les voyaient répandre ne savaient pas tout ce que disaient ces larmes ; en vérité, je ne le savais pas bien moi-même [1].....

1. La fin de cette lettre n'a pas été retrouvée.

## A SCIPION PERIER

3 et 4 novembre 1797 [1].

Vous étiez déjà loin lorsque je me suis éveillée ce matin; cela n'a pas empêché que vous et les lettres qui avaient pu vous arriver ont été ma première pensée. Je les ai fait réclamer à l'auberge de *la Pomme d'or*, mais il n'y avait rien; s'il s'en était trouvé une, je l'aurais fait partir à l'instant; elle aurait couru après vous, et peut-être vous eût-elle ramené.

La perte d'un des meilleurs membres de notre cercle intime fera un peu languir le commerce d'amitié; il faudra plus d'un jour pour se faire à son absence, mais rien ne le fera oublier... Quand nous vous saurons à Paris, nos cœurs seront soulagés d'un grand poids. J'ai dit à Joseph que je vous range dans la classe de mes *bonnes amies*; attendez-vous à essuyer un sort pareil au leur. Il n'y a plus moyen de renoncer à cette place une fois qu'on a consenti à l'occuper; quant à moi, je ne consentirai jamais à ne pas vous y mettre. Il n'a été question que de vous aujourd'hui; vos *Souvenirs* ont été lus et relus à haute voix entre nous cinq; chacune se vante d'avoir été la mieux traitée; l'amour-propre séduit le cœur. Je veux conserver l'habitude de vous dire tout ce que je pense; je ne vois pas ce que l'on risque par ce procédé, quand les esprits sont faits comme les nôtres. Eh bien!

---

1. Cette lettre était adressée (de Strasbourg sans doute) à M. Scipion Perier, frère d'Augustin et de Casimir Perier, et non moins éminent qu'eux par son caractère et sa haute intelligence. Il fut admis un des premiers à l'École polytechnique, lors de sa création.

ce que vous avez écrit à Fanny [1] me touche particulièrement ; ce n'est qu'en vous éloignant à cent lieues que vous avouez n'avoir pas toujours conservé le *calme de l'observation*. Tout ce que vous avez mis sur ces cinq petites pages est ingénieux et plein de délicatesse. Je relirai si souvent celles qui me concernent, qu'en me revoyant vous vous applaudirez de votre sincérité; mais vous conviendrez un jour avec moi que mon caractère est *sensibilité, bonté, faiblesse* parfois, et rien moins qu'*esprit* et *finesse*. Il est rare que ces deux qualités ne fassent pas tort aux premières ; j'en ai toujours haï la prétention, et j'en suis si naturellement l'ennemie, que je me serais empressée de les sacrifier au cœur et au jugement, si elles avaient été mon partage. J'ai pensé de même dans tous les temps. Ma mère était, par son mérite, au-dessus de tout ce que j'ai connu dans le monde ; on ne l'approchait qu'avec vénération, et on s'étonnait de l'ascendant qu'exerçait sa parole. J'adorais ma mère, si j'ose dire ainsi, et pourtant je l'aimais moins passionnément que mon père, caractère plein de simplicité, presque enfant par le cœur, doué de cette bonté constante qui nous met bien avec Dieu et nous fait aimer notre prochain. J'ai toujours senti que je n'appartenais à rien d'aussi près qu'à cet excellent vieillard qui n'offensa jamais personne et se crut rarement offensé.

Il est vrai que pendant tout le temps que vous m'avez vue j'étais vivement préoccupée de l'avenir qui se prépare pour mes plus chères amies, de leur sort qui va se décider. Partagée entre les vœux que je forme pour leur bonheur et l'espèce d'effroi que me cause l'isolement où je suis prête à

---

1. Une des charmantes filles de M. et M<sup>me</sup> de Berckheim.

tomber de nouveau par leur éloignement, j'éprouve un trouble intérieur que je cherche à fuir, et je veux quelquefois me revêtir d'une gaieté qui trompe ma sensibilité et m'arrache à moi-même. Sentant plus que personne le besoin du bonheur, je tâche d'en avoir au moins les dehors, s'il n'est pas toujours dans mon cœur, et pour cela il faut faire souvent violence à ma nature. Je vous parle de moi comme je vous parlerais d'un autre si je pouvais le connaître aussi bien que je me connais, et j'ai voulu me justifier de cette inculpation d'*esprit* et de *finesse*, que vous m'avez intentée sans que je mérite cet honneur.

Le hasard nous a encore amené la farouche républicaine dont les horribles propos vous avaient ému. Je suis persuadée que les absurdités que nous l'avons entendue débiter avec une audace surprenante sont plutôt caprices, exaltation, prétention de se distinguer, qu'elles ne peuvent être des principes et des convictions. Elle était aujourd'hui fort aimable et tolérante. Olivier ne l'a point ménagée et l'a poursuivie, sous son masque jacobin, jusque dans ses derniers retranchements. La pauvre créature était mal à son aise, souriait du bout des lèvres; je souffrais de son embarras. C'est encore une de ces femmes qui font préférer un grain de bon sens à tout l'esprit du monde.

Dans la nuit du mardi au mercredi, on désespérait de la vie de M^me de Waldner; les médecins l'avaient abandonnée; plus de pouls, tous les signes de l'agonie. Fluxion de poitrine, fièvre maligne, suites de couches, quelle complication de maux! Le mari, neuf enfants, les amis de la famille, tous les domestiques, étaient à genoux, suppliant par des gémissements et des sanglots le Dieu de bonté de leur laisser encore celle qui répandait le bonheur autour d'eux. Elle était calme et sereine; elle assura sa belle-sœur que jamais elle n'avait goûté une paix aussi douce; elle disait en allemand (ce qu'aucune expression française ne saurait rendre exactement) : « qu'il lui semblait qu'elle était déjà *transfigurée* ». Elle recommanda sa petite Adèle aux soins de sa nièce, ses fils à la surveillance de M. de Turckeim, fit approcher les deux aînés qui n'ont pas douze ans, leur dit, avec le sourire de la béatitude sur les lèvres, qu'ils devront se souvenir qu'elle leur a toujours fait envisager la mort comme un passage éclatant de la peine et des souffrances au bonheur, que le chrétien ne voit dans ce dernier instant qu'une renaissance divine. Elle les bénissait, les consolait et glorifiait Dieu de lui préparer une couronne immortelle... Elle enchantait et navrait tous les cœurs.

M<sup>me</sup> Tscharner, à laquelle on avait eu recours, s'était refusée à lui donner des remèdes qui ne pouvaient avoir aucun succès, mais il n'y avait plus rien à risquer; on la conjure d'essayer l'effet de sa potion; elle la fait avaler à la malade, et celle-ci renaît!... Elle n'est pas hors de danger, mais on a beaucoup d'espoir. Le malheur serait trop affreux pour qu'on ne se repose pas encore en la miséricorde divine. Ah! l'homme n'est grand que par la religion; on ne peut être content de son existence, fier de sa destinée, qu'en contemplant les vertus du chrétien. Unissons-nous par des liens éternels, par un sentiment unique; aimons-nous en celui qui nous aime tant. Pardon! je pense que vous voudrez bien lire dans mon âme.

Bonaparte est attendu ici; déjà, dit-on, on prépare le canon pour saluer son arrivée. Il passera ici pour assister au congrès. Oh! certes, je verrai, s'il y a moyen, cet homme extraordinaire.

Voici une lettre en forme ; dès ce moment, vous me devez une réponse, et je vous préviens que je ne vous ferai pas grâce d'une syllabe. On aurait beau faire, rien ne m'empêchera de prier pour vous, de vous souhaiter du bonheur plus qu'à moi-même, puisque celui de mes amis fait le mien, et je me féliciterai toujours de vous avoir connu, de vous estimer et de vous chérir.

## A JOSEPH et CAMILLE JORDAN

Colmar, 6 novembre 1797.

Je vous écris par ordre de votre ami Scipion [1] qui nous a quittés pour aller rejoindre son frère Augustin. Il m'a dit d'ajouter quelques mots à sa lettre, et je le ferai bien volontiers. J'ai besoin de vous parler de lui, vous ne serez pas fâché de recevoir de nos nouvelles, et cela vous fera penser à nous donner des vôtres.

Depuis un mois j'ai vu Scipion tous les jours et tout le jour, pendant la matinée chez moi ; le reste du temps chez les sœurs d'*Églantine* [2]. Je voudrais que vous eussiez pu voir comme nous étions tous bons amis, bien d'accord. Il a écrit dans nos *stambuch* [3] des choses si jolies, si affectueuses, que j'aimerais à vous les copier : il est trois fois

---

1. M. Scipion Perier.
2. Surnom donné à M<sup>lle</sup> Henriette de Berckheim, depuis M<sup>me</sup> Augustin Perier.
Les jeunes amies alsaciennes avaient adopté entre elles des noms de fleurs, et M<sup>lle</sup> de Rathsamhausen avait reçu celui d'*Immortelle*.
3. Petits albums ou livres de souvenirs.

dans le mien. Les cadettes ont effacé les aînées ; Églantine et sa sœur auront bien du chemin à faire avant de les atteindre. Comme je suis reconnue *bon enfant*, je tiens, entre les deux partis, un milieu qui les unira toujours ; mais, sérieusement, il y a cabale parmi la jeunesse.

Je n'ai jamais mieux traité mon frère que votre cher Scipion, et je me trouvais tout aussi à mon aise avec lui. Je ne m'en suis fait nul scrupule ; avant de le connaître, je le savais associé d'un pacte auguste, garant de sa moralité et de sa piété. Il ne m'a pas fallu le voir longtemps pour le trouver bien au-dessus de son âge et au-dessus de la plupart des hommes ; il est comme s'il avait trente ans, mais quand, avec trente ans, on a bonne tête et bon cœur. Il m'a donné des conseils ; je lui en donnerai à mon tour, s'il en a besoin. Notre amitié n'est pas de ces sentiments auxquels on se livre à l'aveugle et qu'on abandonne tout aussi légèrement. Il est au nombre de mes *bonnes amies* ; nous tâcherons de nous rendre meilleurs et de donner à notre attachement des signes certains qui nous permettent de nous reconnaître dans un autre monde que celui-ci.

Nous avons, à beaucoup d'égards, des rapports de caractère qui fournissaient toujours matière à nos conversations, ayant également de tristes et pieux souvenirs à consacrer, à honorer la mémoire de parents chéris. Je lui ai mieux fait connaître toutes les personnes qu'il a vues dans ce pays, et nous avons souvent parlé de vous. A la manière dont je vous livre mes pensées, on nous dirait d'anciens amis ; il est vrai que je vous connais depuis longtemps par nos amis communs. Vous voudrez bien lire dans mon âme, n'est-ce pas ? Dites que vous le voulez, et je continuerai de causer avec vous bien à mon aise.

Je ne sais rien de plus avancé entre Églantine et Augustin ; ils seront l'un à l'autre, voilà ce qu'il y a de sûr, et voilà ce qui fera mon bonheur. Ils s'écrivent directement. Je crois que le dernier acte est remis au printemps. Il est probable que le sort d'Octavie [1] se décidera avant cette époque ; le voyageur [2] depuis longtemps attendu est arrivé ; il agrée aux parents. L'homme, en général, est difficile à connaître ; Octavie n'aura pas le temps de trouver des raisons à opposer à d'autres raisons, et je la vois déjà régler les rangs, donner ses lois aux bords du Danube, tandis que sa sœur cueillera des fleurs et gagnera des cœurs sur les rives de l'Isère. Je suis bien agitée de tout ce qui se prépare dans cette famille ; je serai plus tranquille quand le sort de toutes sera fixé. Elles en tireront bon parti ; la vertu exhale le bonheur autour de soi. Je vais me trouver de nouveau bien seule dans le monde. N'ayant plus d'autres liens intimes, j'aime mes amies avec une sorte de passion qu'il faudra sacrifier à leur bonheur. Je vois s'accomplir ce que j'ai désiré depuis bien des années, mais j'ai souvent besoin de m'étourdir et de m'arracher à la perspective que m'ouvre notre séparation. J'en pleure dans ma chambre, et je suis gaie au milieu de mes amies. Je suis, du reste, facilement heureuse ; un enfant, un beau jour, un bon livre, peuvent répandre sur moi une plénitude de bonheur à laquelle mon cœur suffit à peine. Ces bienfaits sont dans la nature, et je m'en suis approprié la jouissance.

Malgré la bonne amitié dont je me vante entre Scipion et moi, des nuages ont quelquefois obscurci cette cordiale

1. M<sup>lle</sup> Octavie de Berckeim, depuis baronne de Stein.
2. Le baron de Stein, qui habitait le château de Nordheim (duché de Saxe-Meiningen).

entente. Il s'est plu à m'accuser d'une finesse d'esprit qui n'est pas dans mon caractère et que j'aurais sacrifiée au cœur et au jugement, si j'en avais été douée. Je ne me suis vengée qu'en lui prouvant que je suis bien meilleure créature qu'il ne pense. Nous avons conclu une paix solide avant son départ : un paquet de papillotes de chocolat a été le fruit du traité. Vous voyez que le bon droit et la victoire furent de mon côté; car, en vérité, malgré les douceurs de votre ami, je n'ai rien cédé de mes prétentions. Un jour je vous ferai juge de nos différends. Nous espérons vous voir au printemps; il serait si doux de réunir, à cette époque, les bons amis ! Scipion doit nous revenir; ne prévoyez-vous pas que vous pourrez être aussi des nôtres ?

Ma lettre a l'air de s'adresser à Joseph plutôt qu'à Camille; aussi je veux lui consacrer un souvenir particulier. Bon et généreux ami, il y a ici des personnes qui vous aiment et désireraient vous connaître. Elles parlent de vous comme si elles vous avaient vu; elles ont bonne grâce à parler ainsi ! C'est moi qu'il faut laisser dire ; j'ai été la première à vous connaître, souvenez-vous-en. Deux sœurs fort jolies, deux cousines que l'on trouve bien aimables, se donnent les airs de parler de vous avec un ton que je prétends me convenir mieux qu'à elles, qui jugent comme un aveugle des couleurs, puisqu'elles n'ont rien vu. Cette prétention cause quelquefois de petits différends, mais comme nous sommes d'accord sur le fond, ils n'auront pas de mauvaises suites. Églantine prétend qu'elle vous a bien des obligations; c'est joli à elle d'en convenir déjà. Augustin est tout simplement son *bon ami* : c'est ainsi qu'elle le nomme avec une douceur qui va droit au cœur.

Ah! vous aimez que je vous parle de *Perrenche*[1]... De tout mon cœur. Savez-vous qu'elle a donné dans les yeux à Scipion, mais de telle sorte que nous en avons ri souvent? Il est vrai qu'elle a un mérite auquel on ne résiste pas, et peut-être est-il heureux pour notre jeune ami de ne l'avoir vue qu'une fois et fort peu. J'ai passé huit jours avec elle et sa mère ; je n'ai pu la voir de près sans l'admirer, et la connaître mieux sans l'aimer davantage. Je vous dirai pourtant, pour vous donner de justes idées, que vous ne pourrez rien voir, dans ce pays, qui soit au-dessus d'Églantine.

Bonaparte est dans nos murs, on me le dit à l'instant. Je n'aurai plus ni cesse ni repos jusqu'à ce que j'aie vu de près ou de loin ce héros, cet homme qui me paraît un grand et profond génie. Que je voudrais le voir rester tel!

Pendant que Scipion était avec nous, je menais une vie dissipée ; depuis son départ, je reste beaucoup chez moi. On me condamne à ne pas écrire, à ne point travailler ; me voilà *zéro* par ordre du médecin ; ma santé cependant est bien meilleure. On agit sur mon moral en fortifiant le physique ; je deviens d'une obéissance rare, je me laisse mener comme un enfant ; on me prescrit comment je dois boire et comment je dois marcher. Toutes mes pensées, tous mes gestes doivent être calmes et mesurés ; si l'on continue à soigner mon éducation sur ce pied, je deviendrai une petite perfection ; je m'en donne déjà les airs pour persuader qu'il ne reste plus rien à faire.

Nous nous recommandons toutes à vos souvenirs. Nous vous supposons tous deux souvent seuls et retirés ; nous nous transportons dans votre solitude. Reconnaissez en

---

1. M$^{lle}$ Louise de Dietrich, cousine germaine du baron Fritz de Dietrich qui avait épousé M$^{lle}$ Amélie de Berckheim.

nous des sœurs, des amies, dont les cœurs sont pénétrés de sollicitude pour votre bonheur. L'espérance ne nous abandonne pas; le Dieu de bonté habite les âmes douces et pures. Vous vous retrouverez dans ces cercles chéris où vous avez goûté et répandu les bénédictions de l'amitié.

---

### A SCIPION PERIER

#### A VIZILLE, PRÈS DE GRENOBLE

9, 10 et 12 novembre 1794.

Je vais causer avec vous bien à l'aise; c'est la première fois que je viens vous visiter dans vos foyers; veuillez m'y recevoir comme une personne que l'on voit avec quelque plaisir. Il faut que je vous parle d'abord de mon amitié pour vous; c'est un sentiment si solide qu'il m'est toujours présent, et savez-vous que cette maudite plaisanterie, qui faillit causer tant de trouble, vous mit bien avant dans mon estime? Malgré les apparences d'une trahison, vous avez conservé tant de modération, vous étiez si bien maître de vous-même et pénétré de douleur par des motifs si délicats, que, ne vous eussé-je pas connu auparavant, je ne saurais vous oublier depuis ce jour. C'est dans de tels moments que l'homme se montre tel qu'il est. Votre âme douce, honnête et sensible, s'est révélée tout entière alors que vous ne pouviez réfléchir à ce que vous faisiez. Bon jeune homme! je serais bien malheureuse si j'avais pu blesser un cœur comme le vôtre. Je souffre au souvenir de tout ce que je vous ai fait éprouver de pénible : c'était payer trop cher le ridicule plaisir de plaisanter un moment aux dépens de la candeur et de la bonne foi.

Nous voici donc amis et en correspondance ; je n'y pense point sans une satisfaction accompagnée de l'espoir d'en retirer un solide avantage. Nous pourrons nous rendre meilleurs, et par là plus heureux. Cette franchise qui est le premier devoir, la base essentielle de l'amitié, nous autorise à nous parler toujours sans détours, à nous présenter, quand il le faudra, le miroir de la vérité, où nous apercevrons la moindre petite tache ; je prends cet engagement avec vous, à condition qu'il soit réciproque. Je ne vous dissimulerai point mes plaisirs et mes peines, pour obtenir le droit de partager les vôtres.

Dans les épanchements de votre reconnaissance pour des bienfaits journellement reçus, dans l'élévation de l'hommage que vous rendez à Dieu, rappelez-vous qu'il est une personne qui a su apprécier vos vertus, qui vit sous la même protection divine, qui partage vos sentiments à cet égard, et demande à resserrer plus particulièrement avec vous ce nœud universel qui unit tous les enfants du même père. C'est ainsi que nous saurons tous les jours comment nous retrouver, et que l'absence ne nous désunira point. Vous le voyez, j'use la première de cette franchise que je vous recommande, en vous faisant lire dans mon cœur. Je vous avoue qu'un lien qui dût se briser avec le temps ou au terme de ma vie, serait sans charme pour moi et ne me paraîtrait pas valoir la peine de le cultiver. C'est l'espoir de vous devoir aussi des exemples et des avis salutaires qui me rend si précieux le titre que vous m'avez accordé. J'ai un peu peur que vous ne me trouviez singulière, mais il suffit que je pense une chose, qu'elle soit dans mon caractère, pour que je vous la dise, et cette appréhension même que je viens de vous avouer est une suite de la loi que je me suis faite. Cela convenu entre nous, il n'en sera plus question que lorsqu'il faudra l'appliquer. Ne craignez pas que je vous accable de morale et de dévotion ; j'en apprécie trop le mérite, pour donner dans l'abus.

Je suis bien aise de vous savoir réuni à ceux avec lesquels vous aimez à être, là où votre mère a vécu, où vous l'avez vénérée, où vous êtes entouré de personnes qui ont le cœur fait comme le vôtre : c'est une grande douceur de vivre ainsi, et pour laquelle vous semblez né.

10 novembre.

Ah ! mon pauvre Scipion, voici un affreux événement qui nous rend tous bien malheureux ! M<sup>me</sup> de Waldner dont je vous ai tant parlé la dernière fois, est morte au moment où on ne redoutait plus rien. Elle laisse neuf enfants, dont l'aîné a onze ans; elle n'en avait que vingt-huit ! Jeunesse, beauté, fortune, sont la proie de la mort ! Mais cela n'est rien ; ce sont ses vertus, ses exemples, que nous pleurons, et c'est pourtant tout ce qui pourrait consoler, si l'on se consolait d'une telle perte. Elle était le modèle des femmes et des mères. Sa beauté, ses grâces éblouissaient ; son caractère commandait la vénération; elle réunissait tout, elle touchait les cœurs les plus insensibles ; elle avait forcé son mari à croire, à honorer la vertu : c'est tout dire. Aucune de ses actions qui ne tournât au profit de l'amour maternel. Entourée de sa nombreuse famille et ayant l'air de n'avoir que dix-huit ans, répandant autour d'elle le bonheur, l'innocence et la gaieté, faisant passer dans l'âme des autres la sérénité qui éclairait la sienne, à la tête d'une grande maison parfaitement dirigée, soumise à un despote forcé de la respecter, toute sa vie offrait un tableau qu'on aimait à contempler, parce qu'il peignait la vertu dans son triomphe. Elle avait étudié la science du devoir dans la religion et trouvait sa force en son Dieu. Elle avait vécu comme un ange, elle est morte comme une sainte, tâchant encore, dans ses derniers moments, de transmettre à ses enfants le germe de cette piété qui avait fait son bonheur. Elle avait de l'amitié pour ma sœur, de la confiance et des bontés pour moi; elle m'avait engagée à passer une partie de ma vie avec elle, à lui donner au moins l'une ou l'autre saison de l'année. L'habitude de me croire toujours mieux où je suis qu'ailleurs, d'être plus contente de ma situation présente qu'empressée à en changer, m'a fait négliger ses offres. Ah! je regrette bien de ne m'être point rapprochée plus souvent de ce trésor inépuisable de nobles exemples et de perfections, qu'elle présentait sans cesse à tout ce qui l'entourait.

Pardonnez-moi de vous entretenir d'une douleur qui vous est étrangère; nous en sommes si pénétrés, que j'implore la compassion de toutes les âmes qui peuvent la partager. Quand je vous reverrai, je vous parlerai souvent de M^me de Waldner, et vous apprendrez à l'aimer, même après qu'elle n'est plus. Je demande à Dieu pourquoi la mort n'a pas moissonné une centaine de filles inutiles comme moi, plutôt que cette mère chérie et si nécessaire à ses enfants.... Un instant après, je ne murmure plus, j'adore la suprême sagesse, je me soumets à ses décrets, et j'espère tout de la bonté divine. Ah! mon ami, on se relève bien vite, on est bien fort, quand on se croit sous l'œil de la Providence.

La chère défunte était ma cousine, la tante de Louise, et alliée à la famille de Berckheim.

---

12 novembre.

Il y a eu hier deux ans que mon père est mort, et depuis ce temps je n'ai éprouvé aucune de ces joies que je goûtais quelquefois même au milieu des traverses, des privations et des craintes les plus vives. Je retournerais volontiers à ces anxiétés, au prix du sentiment qui les accompagnait et s'est éteint avec celui qui en était l'objet.

Vous remarquerez peut-être la mobilité de mes impressions qui varient quelquefois d'un jour à l'autre selon la disposition de mon esprit; mais elles sont toujours sincères. Pope a dit, avec l'autorité d'un poète philosophe, que l'homme est plus difficile à connaître que les hommes, et que l'on est plus souvent différent de soi-même que des autres. De tristes souvenirs inspirent de sombres pensées; je vous ai livré les miennes, mais je sens que je serais injuste, ingrate et même impie, si je ne reconnaissais pas tous les biens qui me restent. Rien ne remplacera celui qui a seul rempli mon existence pendant tant d'années, je ne puis me le dissimuler; mais j'aime à déposer dans le sein d'un ami qui s'intéresse à mon bonheur l'assurance que je suis pénétrée des bienfaits que l'amitié a répandus sur mes jours. Je suis bien sûre que, si je dois vivre, j'aurai encore des jours sereins, et mon cœur reconnaissant ne se refusera jamais aux douces impressions de sensibilité, de vertu et de piété, qui règnent dans le cercle fortuné de mes amis.

J'ai écrit une longue lettre à Joseph, et je lui ai rendu compte de nos intelligences et mésintelligences, sans oublier le traité de paix sur lequel je me repose en toute confiance. Si vous avez des nouvelles des deux inséparables, pour Dieu! faites-nous-en part[1]. Je vois bien qu'ils ne me compromettront point par leur correspondance; j'aurais bien pu me dispenser de le leur recommander. Si vous leur écrivez, parlez quelquefois de l'Alsace. Les Alsaciennes vous adressent leurs bons souvenirs.

Messieurs vos frères ne me connaissent pas; ils ne se sont jamais chauffés à mon poêle; ils n'ont pas vécu dans notre cercle intime. Je crois donc que mes lettres ne doivent pas leur être communiquées jusqu'à ce qu'ils aient vu par eux-mêmes que je puis me donner un peu plus de liberté qu'une autre, sans troubler ma conscience. Peut-être aurez-vous peine à lire ce griffonnage; je n'ai pas songé plus tôt à ménager vos yeux. Rassurez-vous pour l'avenir; je serai discrète.

---

1. Camille Jordan et Joseph de Gerando étaient alors réfugiés dans le grand-duché de Bade, les communications, d'une rive du Rhin à l'autre, étaient difficiles et périlleuses.

A JOSEPH

Strasbourg, 28 décembre 1797.

Je vous sais gré de m'avoir donné l'assurance que mes lettres vous font plaisir et peuvent un moment charmer votre solitude; j'écrirai avec plus de confiance. Joseph ne dira jamais ce qu'il ne pense point, pas même pour faire un compliment à une femme : telle est l'opinion que j'ai de vous.

La paix et le bonheur dont vous jouissez tous deux contribuent à nous rendre heureux aussi. Cela n'empêche pas que nous ne souhaitions voir bientôt une petite diversion à une si douce retraite, en la peuplant d'amis qui voudraient la partager ou vous avoir au milieu d'eux. Je comprends parfaitement le bien-être que vous éprouvez : le calme et le silence font tant de bien après les orages ! On aime à descendre en soi-même, à se reconnaître, quand on a longtemps vécu pour les autres et dans l'agitation. Si j'avais à choisir ma destinée, je la fixerais dans une campagne, je me rapprocherais souvent de cette classe heureuse où l'on trouve des *hommes*, une morale non étudiée et des procédés dont le cœur fait tous les frais. Qu'il est doux de pouvoir, en vivant avec ceux qu'on aime, se soustraire à tant d'inutilités auxquelles il faut se soumettre dans les villes ! Je n'en supporte le séjour qu'en me concentrant dans le cercle de mes amies, où j'oublie que j'habite une cité, et je vis presque aussi retirée qu'au village.

Le sort d'Octavie[1] est enfin décidé; les paroles sont données, et le dernier engagement aura lieu incessamment. Le cœur de mon amie n'est pas étranger à la détermination qu'elle a prise; elle est adorée : c'est tout naturel de se laisser toucher par une affection bien démontrée. Celui qu'elle épouse a une franchise rare, le cœur ouvert à ce qui est honnête et bon; Octavie le connaît bien d'avance, car il est incapable de cacher ses défauts. Elle trouvera son bonheur dans l'active occupation de le répandre autour d'elle, et dans l'espoir d'affermir dans le chemin de la vertu un être qui la chérit et la révère comme une essence au-dessus de la sienne. Si ce n'est pas le sort que je regarde comme le plus digne de mon excellente amie, ni celui que j'envierais pour moi-même, il est au moins tel que sa belle âme pourra se nourrir de l'exercice de ses devoirs, et son cœur trouver un dédommagement dans la tendresse de son mari. Oh! nos bons amis, priez pour mon Octavie! Que le jour de son hymen marque celui de sa félicité! Il n'est pas d'être au monde plus digne d'obtenir la protection du ciel.

Augustin Perier écrit souvent à Henriette, quelquefois à moi : ses lettres sont toujours lui-même. Je les compare à celles que Lonny[2] recevait de son mari; dans celles-ci régnaient toute la fougue et le délire de la passion; c'étaient des phrases de Rousseau, des traits de feu. Les lettres d'Augustin à Henriette peignent le sentiment le plus pur, le plus profond, le plus généreux, celui qu'on serait jaloux d'inspirer à l'être qu'on estime, qu'on aime le mieux. Maître de lui dans cette circonstance comme toujours, il respecte sa tendre amie autant qu'il la chérit, et l'empire

---

1. Mlle de Berckheim, qui allait épouser le baron de Stein.
2. Amélie de Berckheim.

que sa raison exerce sur lui assure celui qu'une digne épouse conservera dans son cœur.

Quant à l'autre Augustin[1], c'est un véritable pyrrhonien; toute ma franchise et ma bonne foi n'ont encore pu le persuader de mon amitié. Dans sa première lettre, il me parle comme si nous ne nous étions vus qu'un seul jour, avec une défiance des sentiments d'estime qu'il est fait pour inspirer, qui me désole. Il doute s'il vit encore dans notre souvenir, si je lirai sa lettre, bien plus, si j'y répondrai.... Avouez qu'il est triste de ne pouvoir se faire croire.... Sa dernière lettre toutefois a été plus aimable; il ne nous fait plus l'injure de supposer que nos assurances amicales ne sont que des mots; il se rend à la conviction que doit produire le langage du cœur sur une personne qui sait y répondre. Je lui reproche encore une excessive modestie; c'est assurément une qualité bien estimable et, j'ose le dire, l'apanage d'un mérite réel; mais, poussée trop loin, elle pourrait ralentir les progrès vers le bien, en nous faisant douter de nos forces : il en coûte moins de convenir de ses faiblesses ou de son insuffisance, que de les surmonter et de se convaincre qu'il ne tient qu'à nous de les subjuguer. Il est permis à Augustin de s'estimer lui-même et de se croire capable de tout ce qui est bon et beau.

Permettez-moi de vous dire qu'il me semble que vous jugez les hommes trop sévèrement; j'ai été, de bonne heure, forcée de les étudier, et je crois les connaître assez (vous sourirez sans doute de cette triste prétention); mais je les trouve, en général, plus dignes de compassion que de mépris ou de colère. Les temps orageux où nous sommes

---

1. M. Augustin Jordan, frère de Camille.

ont surtout confirmé cette opinion chez moi. Certes le cœur humain s'est bien montré à découvert ; les masques, plus faciles à garder dans la vie ordinaire, se sont fondus dans le volcan de toutes les passions, et néanmoins l'homme me paraît plus faible que méchant. Ceux dont les actions souillent le théâtre du monde, qui frappent de stupéfaction leurs contemporains et la postérité en les indignant, ne sont jamais qu'une infime minorité ; le reste, la foule, veux-je dire, ce sont des acteurs muets, faisant suite aux coryphées. Je suis sans indulgence pour le vice et le crime, mais je les distingue de ceux qui les commettent ; je vois l'homme et l'action ; je condamne l'une énergiquement, je ne puis m'empêcher de plaindre l'autre. Je ne sais si cette distinction vous paraîtra une subtilité, ce n'en est pas une pour moi ; je la sens bien clairement au fond de mon cœur, et je ne connais aucune espèce d'êtres auxquels je n'aimasse à tendre la main, soit pour les arracher au malheur, soit pour les éloigner du précipice qu'ils creusent souvent eux-mêmes sous leurs pas.

Décadi dernier on célébrait la fête de la paix ; le hasard me conduisit dans une maison d'où je pus regarder le cortège formé d'une multitude d'hommes. Je ne parviendrai jamais à vous dire l'impression mélancolique que fit sur moi ce coup d'œil et les réflexions qu'il me suggéra. J'observai sur toutes les physionomies les traces de la fatigue, de l'indigence, des maladies, du malheur, ou le trouble des passions caractérisé de diverses manières. Je me dis : Comme il en est peu, dans ce nombre, qui ne soient pas accablés de maux, voués à l'infortune, ou dont le cœur ne soit rongé d'ambition, d'envie, consumé par le feu des passions ! Qu'il en est peu qui se demandent pourquoi ils

sont ici-bas, qui songent à leur tâche et à leur destinée !
Qu'il en est peu encore dont la conscience tranquille ennoblisse le front, leur permette de lever un regard serein, et dont l'âme calme et pure soit le véritable sanctuaire de la Divinité !

Dans ce cortège se trouvaient les *Enfants trouvés*, tous en habits uniformes, signe de leur isolement dans la nature, et tous, hélas ! avec un air plus ou moins malsain et misérable. Je ne pus y tenir; mes yeux se remplissaient de larmes, et pour ne pas donner une scène très ridicule, je me suis retirée chez moi, accablée de tant de sensations contradictoires, surtout accablée de l'idée que je n'avais vu que des malheureux, malheureux sans le savoir ou malheureux par leur faute.

Il y avait encore une sorte de gens avec de grosses cravates, les cheveux parfaitement arrangés, bien épris d'eux, des femmes excessivement parées et se contemplant elles-mêmes : ceux-là ne m'inspirèrent que de la pitié, non pas cette pitié qui élève et embrase l'âme, mais celle qui en flétrit l'objet. Je pourrais plutôt dire que leur froid aspect glaça jusqu'à mon imagination, et qu'ils ne m'inspirèrent rien du tout.

3 janvier 1798

J'ai été obligée d'interrompre ma lettre par suite d'une indisposition, et je la reprends aujourd'hui.

Votre dernière lettre m'est parvenue le premier jour de l'an; j'ai pris à bon augure de si bien commencer l'année. J'apprécie tous les jours davantage le bonheur des liaisons intimes que j'ai contractées; mes amis me deviennent, chaque jour, plus chers et plus respectables. Bientôt, hélas! celle qui fut ma première amie ne sera plus parmi nous; nos destinées, jusqu'à présent si rapprochées, vont s'écouler loin l'une de l'autre... Vous ne savez pas ce que mon Octavie est pour moi : c'est elle qui m'a appris les facultés de mon cœur. Elle et ses sœurs ont élevé mon âme, étendu mon esprit, et leur exemple a beaucoup agi sur moi.

La première fois que je vis Octavie, j'étais bien jeune; je venais de perdre ma mère, j'étais en grand deuil, maussade, silencieuse, sauvage; je n'aimais que mon père, mes livres et mes fleurs. Octavie était alors belle comme vous n'avez jamais vu de mortelle; elle avait sur moi toute la supériorité des grâces, des talents, d'une éducation cultivée dans le grand monde, dirai-je aussi? Toute la supériorité d'un bonheur que rien n'avait encore troublé. Elle n'usa de toutes ces supériorités envers moi que pour m'attirer vers elle et m'élever à sa hauteur. Devenue ma voisine, elle me comblait de prévenances et d'amitié; je n'y répondais que par ma froideur en lui disant, lorsqu'elle me reprochait mon peu d'empressement, que j'étais heureuse chez moi. Elle ne se rebuta point; son excellent cœur sut discerner que le mien n'était ni dur ni ingrat, mais pas encore développé. Au moment de m'éloigner d'elle pour habiter d'autres lieux, je sentis tout à coup tout ce que j'allais perdre; les glaces de la première jeunesse se fondirent... Je gémissais dans les bras d'Octavie. Elle et moi, nous fûmes étonnées de ce changement, mais depuis ce moment notre intimité ne cessa point. Si je chéris ses sœurs autant qu'elle, je n'ai jamais oublié qu'elle fut le premier être que j'aie aimé, hors ceux que la nature m'avait appris à aimer par-dessus tout.

J'ai une prière à vous faire qui vous paraîtra même un devoir, si réellement je suis admise au nombre de vos amis. Vous voyez avec quelle franchise, je dirais presque avec quelle témérité, je vous entretiens de tous les sujets qui remplissent mon esprit et mon cœur; mais j'espère que vous rectifierez tout ce que vous n'approuverez point, et que vous voudrez bien aussi contribuer à rendre mon esprit *juste* et mon âme *bonne*. Si vous me donnez cette assurance, je vous promets d'écrire toujours à cœur ouvert, étant animée par l'espérance de recevoir d'utiles instructions de personnes dont je respecte la droiture et le jugement. N'est-ce pas, nous tâcherons de nous être mutuellement utiles, de mettre à profit le temps qui nous reste et les lumières qui nous sont accordées? Ce qui contribue dès à présent le plus à mon bonheur, c'est l'espoir de devenir meilleure : le désir d'imiter *les bons* semble déjà rapprocher d'eux. Mes amis seront mes guides; Dieu daignera protéger mes efforts, et je serai heureuse par son amour et par l'amitié, heureuse par l'idée de me réunir un jour à ceux que j'ai tant aimés sur la terre et qui jouissent déjà, j'ose le croire, d'une éternelle félicité.

Je vous serre la main, cher Camille, comme un certain jour que je n'oublierai jamais. J'aime beaucoup à serrer la main; il me semble qu'on peut exprimer par ce mouvement plus d'amitié que par la parole. Votre bien sincère amie à tous les deux.

## A M<sup>lle</sup> OCTAVIE DE BERCKHEIM.

Strasbourg, 10 janvier 1798.

Mon cœur et mon esprit sont tout à toi, ma bien-aimée ; tout s'écarte maintenant pour faire place à la tendre sollicitude, aux vœux ardents qui n'ont que ton bonheur pour but. Tu ne me verras pas, mon Octavie, le jour de ton mariage, mais je n'en serai pas moins présente ; mon âme s'unira à ton âme, à celles de tes sœurs, pour invoquer toutes les puissances du ciel et appeler sur ta tête les bénédictions divines. L'amitié fera cortège autour de toi, et ton Annette y sera transportée de cœur et d'esprit. Je n'essayerai pas de te dire ce qui se passe en moi ; tu peux, mon amie, t'en former une idée en consultant et écoutant cette douce voix qui, du fond de ton âme, te parle si puissamment en faveur de ceux que tu aimes. Jamais je ne me résignerai à la douleur de ne plus te voir : elle ne sera domptée que par la nécessité. Mais je viendrai jouir encore des derniers moments que tu nous donneras, je recueillerai tes paroles, tes exemples et tes bénédictions. Ils se graveront dans mon cœur comme ton image ; ils me donneront de la force et de la dignité ; j'apprendrai à mieux mériter une amie telle que toi et tous les bienfaits que l'amitié a répandus sur mes jours.

Adieu, adieu, chère Octavie ; il m'est consolant de penser que je te reverrai plus tranquille, plus heureuse que tu ne peux l'être maintenant. Mon Octavie sera toujours heureuse du bonheur qu'elle répandra autour d'elle, de l'hommage des cœurs reconnaissants qu'elle va s'attacher. Je te serre dans mes bras et contre mon cœur. Bientôt je te verrai, je contemplerai ta douce physionomie ; j'espère trouver le sourire sur tes lèvres, le contentement au fond de ton âme, et quelque tendresse pour ton Annette.

---

### A JOSEPH et CAMILLE JORDAN [1]

Colmar, 17 février 1798.

J'ai tant de choses à vous dire que je ne sais où commencer. Depuis quelque temps, j'ai toujours été par voie et par chemin ; cette manière de vivre ne me convient pas. Me voici, pour quelques semaines, chez de bons amis ; mon esprit et mon corps s'en trouveront bien, j'ai besoin de repos.

Je reviens des noces de ma sœur ; elle a fait un mariage de raison, qui tournera, j'espère, au profit de l'inclination. Elle a épousé un homme de loi, qui a une grande douceur de caractère, le cœur excellent, un jugement sain, six mille livres de revenu, indépendamment des emplois qu'il peut occuper et de l'augmentation de fortune qui l'attend ; il est vivement épris de sa femme. J'ai longtemps combattu cette union ; ma sœur a eu plus de courage que moi, et de plus solides raisons l'ont décidée à fixer son sort. J'ai donc vu la fille bien-aimée de mes très honorés parents revêtir les augustes devoirs d'épouse et de mère ; elle en a pris l'engagement sacré devant Dieu et devant les hommes le même

---

1. Alors dans le grand-duché de Bade.

jour, presque à la même heure où notre mère mourut neuf ans auparavant. J'ai été sur sa tombe, j'ai vénéré sa mémoire, invoqué son immortelle intelligence. Sans doute que du haut des cieux, unie à mon père, elle aura fait descendre ses bénédictions sur la tête de sa fille, sur l'imposante carrière qui s'ouvre devant elle. Cet événement a profondément ému mon âme; maintenant j'en soumets avec confiance et résignation le résultat à la Providence.

Vous avez envoyé dernièrement un paquet d'imprimés au professeur [1] par le courrier; savez-vous bien, mes amis, qu'il y avait de quoi le compromettre et qu'il en fut très alarmé? Nous avons plus que jamais besoin de réserve et de prudence; la liberté, comme beaucoup d'autres choses en certain pays, n'est qu'un mot.

Vos progrès dans la langue allemande nous étonnent, ils sont vraiment prodigieux. Il ne m'a pas encore été possible de parler à Pfeffel; une fluxion de poitrine vient de lui enlever cette jolie petite élève de Paris, qui avait été confiée à sa femme et à lui, et qui charmait tous ceux qui la voyaient [2]: toute la famille en est consternée. Mais avant que ma lettre parte, je me ménagerai quelques entretiens à votre sujet avec notre ami, et je recueillerai précieusement tout ce qui pourra vous intéresser. En attendant, je vous dirai, en mon petit particulier, que j'approuve fort votre projet d'éducation et qu'il me paraît digne de vous [3]. Eh! quel plus grand

1. M. Pfeffel. Il est quelquefois désigné, dans d'autres lettres, sous cette dénomination qui était employée par prudence.
2. Dans le recueil des *Poésies de Pfeffel*, traduites en vers français et publiées par M. Paul Lehr (2ᵉ édition, Paris, 1850), il y en a une intitulée *Ma fleur*, qui est consacrée à la mémoire de cette jeune fille.
3. Camille Jordan et Joseph de Gerando avaient eu d'abord la pensée de fonder et de diriger ensemble, en Allemagne, une maison d'éducation supérieure.

bien peut-on faire aux hommes que de les élever de bonne heure à la religion, à la vertu, de former leur esprit et leur cœur? Je sens combien vous avez besoin de recueillir le fruit de vos travaux et de réaliser vos pensées par des actes : on n'est heureux qu'en se rendant utile.

Vous êtes faits pour vous insinuer près des âmes pures et naïves, encore disposées à recevoir les leçons de la vertu et les impressions des bons exemples. Je ne vois rien de plus touchant que d'ouvrir la route du bonheur et d'y conduire ceux qui, au début de leur destinée, marchent encore d'un pas chancelant. Je jouis d'avance de vos succès ; vous les achèterez sûrement par bien des peines, mais il sera consolant pour vous, mes bons amis, dans toutes les amertumes de la vie, de penser que vous aurez formé quelques âmes fortes dans l'adversité, douces et modestes au sein du bonheur.

J'en reviens à votre étude de la langue allemande, qui me fait le plus grand plaisir; je suis sûre que vous y trouverez bien des jouissances. Je ne vous cacherai pas que je place aujourd'hui la littérature allemande au-dessus de la littérature française, même de ce qu'on appelle proprement littérature, car, pour ce qui est de la morale et des sciences, je crois qu'on ne conteste plus à l'Allemagne sa supériorité, et je ne m'érigerai pas en juge sur cette matière. Les Allemands sont aujourd'hui ce que nous fûmes au siècle de Louis XIV. A côté de Kant, Klopstock, Gesner, Haller, que vous connaissez déjà, je vous recommande surtout Schiller, Gœthe, Herder, Voss, Schlosser, Richter. Tous ont fait des chefs-d'œuvre, leurs ouvrages me ravissent ; tout me paraît faible, vide d'idées et de sens, en comparaison de leurs écrits : je m'en nourris, ils font mes délices.

Parmi ces écrivains il en est un avec lequel je suis très liée et qui mérite bien de trouver place dans les rangs des esprits éminents de sa nation : c'est Butenschoen, célèbre par une imitation des poésies de Pétrarque et par d'autres ouvrages, et qui s'est fait une popularité en Alsace par son enthousiasme pour la Révolution française à son origine. Il a une imagination ardente, exaltée, un esprit très original, le cœur pur et naïf; mais il est peu fait pour vivre parmi les hommes, qu'il ne connaîtra jamais, quoiqu'il s'imagine les bien connaître. Son érudition est prodigieuse; il sait toutes les langues; Pfeffel en fait le plus grand cas. Il est un de mes amis, nos cœurs se conviennent, nos esprits sont à mille pas. Je vous communiquerai, si l'occasion s'en présente, sa biographie et sa correspondance vraiment intéressantes. En attendant, je vous envoie le premier volume de son *Pétrarque*, que je vous prie de vouloir bien accepter ; la suite est encore sous presse.

J'en reviens à Kant. Il a fait grand bruit dans la philosophie, il a de zélés partisans et beaucoup de commentateurs qui, peut-être, l'ont tous mal compris; Schlosser et d'autres l'ont réfuté. Je suis étonnée de tout le bien que le professeur vous a dit de Kant; il est assurément bien profond, savant, ingénieux, mais je n'aime pas une philosophie qui n'est point consolante et qui n'apprend qu'à douter de tout, même des vérités fondamentales de la religion naturelle.

Parmi les orateurs sacrés, je vous recommande Zollikofer; je connais peu d'ouvrages, dans la langue allemande, qui me touchent comme lui, me rappellent mieux à moi-même, et m'élèvent plus à Dieu en me faisant sentir que je suis une de ses créatures.

Puisque vous n'avez pas encore beaucoup de ressources

pour votre étude de l'allemand, et que vous la commencez seulement, je vous indiquerai une partie des ouvrages qui ont fait le plus d'impression sur moi; il me tarde de vous voir partager toutes les jouissances que je leur dois, je voudrais dès à présent vous les rendre familières. Vous comprendrez que je place à la tête, pour le bien qu'elles m'ont fait, les œuvres de Pfeffel, œuvres originales, piquantes, philosophiques (dans le sens honorable et vrai que ce mot devrait toujours avoir). Pour moi, je donnerais le prix à ses poésies [1] adressées à sa femme, à ses enfants, à ses amis; c'est là qu'on retrouve son cœur tout entier, et j'avoue que je suis plutôt juge compétent d'un noble cœur que d'un esprit sublime.

Nous lisons maintenant l'écrit de *Camille Jordan à ses commettants*; je voudrais que nous fussions plus avancées dans cette lecture pour vous en dire notre sentiment en entier, mais nous partageons certainement ceux de l'auteur. Je suis toutefois en contradiction avec moi-même à ce sujet; je suis fâchée, très fâchée, que cet excellent jeune homme accumule par ses écrits les obstacles à son retour dans sa patrie; ses ennemis vont plus que jamais s'acharner contre lui, et j'ai bien peur qu'ils ne le poursuivent encore partout où il se trouvera. J'aurais voulu, dans ma pusillanimité, qu'il se fît pour ainsi dire oublier, qu'il apaisât par son silence les passions politiques et cessât de se faire craindre. Mais ensuite je me mets à sa place; j'apprécie son grand cœur, et je sens que j'aurais fait comme lui. Je me soumets à la nécessité de sacrifier notre vif empressement de le

---

1. Dans le recueil de ces poésies traduites et publiées par M. Paul Lehr, il s'en trouve une intitulée *Jupiter et Démocrite*, qui est dédiée à M. de Gerando.

revoir, notre tendre sollicitude pour son sort, à ce qu'il doit à sa gloire, à la vérité, à l'opinion publique.

Je viens enfin de causer avec Pfeffel; il approuve votre projet et vous conseille de le soumettre au duc de Saxe-Weimar. Ce prince protège les lettres et les arts, il est bon, vertueux; son peuple est heureux. Vous trouverez là le célèbre Gœthe et des savants. Pour avoir accès, adressez-vous à M. Dumanoir, émigré français, très bien accueilli par le prince, tout-puissant auprès de lui; c'est un homme fort estimé, plein d'esprit, d'honneur et de délicatesse.

J'ai entendu parler ce soir, avec enthousiasme, de l'ouvrage de Camille; il y a ici des gens qui l'ont lu avant nous. On vante l'auteur, son esprit, sa droiture, son énergie, avec une justice et un ton qui vont droit à mon cœur.

Ah! nous aussi nous avons bien nos projets de rencontre, de réunion, mais il faudra que chacun fasse la moitié du chemin; et puis n'allez pas à cent lieues, pour nous faire courir plus loin que les bords du Rhin. Il n'est pas encore temps de vous dévoiler ce mystère; bien des choses pourront se passer en attendant que ce soit possible. Ce n'est pas auprès de nous que je désire vous voir à présent, j'aimerais mieux être où vous êtes. Franchement, il me semble que nous serions réciproquement bien contents de nous revoir, et malgré la *critique*, j'aurais peine à ne pas faire comme la première fois, c'est-à-dire à montrer toute la joie que j'en ressentirais.

Je suis honteuse du désordre qui règne dans cette lettre; on m'ordonne de ne pas écrire, et je griffonne à la dérobée pour éviter les sérieuses morales qui s'ensuivent lorsqu'on me voit à mon pupitre. Je jette mes idées sur le papier à mesure qu'elles me viennent, je remplis des pages, et puis je les montre, toute triomphante, à mes petites *gouvernantes*, qui ne réussissent pas mieux qu'Argus dans leur surveillance.

Ne me trouvez-vous pas bien téméraire d'oser vous parler à tort et à travers sur toutes sortes de choses, au risque de dévoiler mon ineptie? Mais je vous sais les plus indulgents des hommes, et j'ai plus d'un sacrifice à faire à mon amour-propre.

Voici une copie de l'ode de Klopstock, dont je vous ai envoyé une misérable traduction. Maintenant que vous en savez autant que moi, je vous parlerai allemand lorsque ce sera à propos.

---

## A CAMILLE JORDAN

Strasbourg, 28 mars 1798.

Je voudrais pouvoir vous dépeindre le plaisir, le vif plaisir que m'a causé votre lettre; je désirais vous entendre dire, avec Joseph, que vous avez quelque amitié pour moi, et j'ai éprouvé la plus délicieuse surprise en voyant mon vœu accompli. Je voudrais vous retracer l'impression qu'a faite sur mon cœur cette éloquence du sentiment qui respire dans vos paroles, je voudrais vous dire plus que cela : je voudrais trouver une seule expression qui rendît, au moment même, tout ce que je sens, tout ce que je pense, tout ce que vous inspirez. Mais pourquoi ne vous dirais-je pas qu'après avoir lu votre lettre je l'ai pressée contre mes lèvres ? Profondément émue de nos communes douleurs, je me suis écriée : Maintenant, nous sommes à deux! Vous ne vous doutiez pas, cher ami, que cet accord existe depuis longtemps entre nous, que je connais votre mère par tout ce que j'ai su d'elle, que son image s'est souvent reproduite à mon imagination, et que j'ai plus d'une fois offert à sa mémoire le tribut de mes prières. Votre frère et moi nous avons passé bien des heures à parler de nos père et mère, à les vénérer, à nous attendrir au souvenir de leurs vertus et de leurs bienfaits, et vous avez toujours été en tiers dans ces réminiscences d'une félicité perdue. Maintenant que vous avez accueilli avec indulgence la confidence de mes douleurs, je ne craindrai pas de vous entretenir quelquefois de l'influence qu'elles ont eue sur mon caractère et des traces ineffaçables qu'elles y ont laissées.

Croiriez-vous que mon bien-aimé père avec l'existence duquel toute la mienne s'était identifiée, ne m'avait pas coûté une larme jusqu'à sa mort ? A l'instant où commença son agonie, mon âme fut tout à coup glacée; debout devant son lit, les yeux immobiles et fixés sur lui, saisie de frisson, inaccessible à la douleur, incapable de prier, j'épiais son dernier soupir; et lorsqu'il l'eut rendu, je baisai chaque trait de son visage, j'emmenai ma sœur dans une autre chambre, et je passai la nuit à marcher dans la mienne avec véhémence. Mon père avait beaucoup souffert; j'éprouvais du soulagement à ne plus le voir souffrir. Je me retraçais sa bonté, son austère probité, sa piété si touchante ; j'étais fière de la pauvreté qu'il nous laissait en partage, et dont la cause était en grande partie dans sa débonnaireté, son aveugle confiance et la mauvaise foi de quelques débiteurs. Peu m'importait ce que j'allais devenir;

je ne songeais pas même à vivre plus longtemps. La conviction du salut de mon père, voilà ce que je cherchais et ce que je trouvais dans sa vie si simple et si chrétienne, indifférente aux biens de ce monde, traversée par tant d'épreuves. Je ne pouvais cesser de contempler ces traits livides, cette pâleur de la mort, qui ne réveillaient en moi que des idées de paix et de délivrance. Je me disais, j'étais convaincue que cette forme humaine n'était plus mon père, qu'elle n'était que l'enveloppe qui l'avait renfermé naguère... Mais que cette enveloppe m'était chère et sacrée !... J'aidai à placer dans le cercueil les restes inanimés du meilleur des pères, j'avais peur qu'on ne le blessât; il me semblait que je lui devais cette continuation des soins que je lui avais donnés.

Dès le lendemain, mes amies accoururent auprès de moi ; elles tremblaient d'émotion, elles pleuraient... J'avais l'œil sec, mais leurs larmes me brûlaient le cœur... Je m'étais conformée de tout temps aux usages adoptés par les habitants du village, et j'aimais surtout à me confondre avec eux dans leurs pratiques religieuses. Nous accompagnâmes donc le convoi funèbre à l'église, au cimetière ; nous rendîmes à mon père le seul hommage public qui dépendait encore de nous ; mais que j'ai souffert !... A genoux devant la fosse qui devait le faire disparaître à jamais, lorsque j'entendis le bruit terrible du cercueil qu'on y descendait, un cri sourd s'exhala de ma poitrine, mais je ne pleurai pas. Les saints mystères furent célébrés trois jours de suite : pas une larme ne vint encore amollir mon cœur. Je n'eus jamais la tête plus libre; j'aurais affronté tous les dangers si j'en avais connus, mais rien ne pouvait m'émouvoir. Une entière solitude était mon unique vœu ; j'éloignai ma sœur, je fuyai mes amies, je vécus seule pendant bien des mois.

Je désespérais de recouvrer ma sensibilité, la seule faculté qui pût m'attacher à la vie. C'est à la tendresse, à la vertu, à la piété de mes amies, que j'ai dû le retour de ce feu sacré qui m'a relevée à mes propres yeux et qui répand encore le bonheur sur mes jours. Quels que soient les événements qui viennent les traverser, il n'est plus de malheur personnel qui puisse m'abattre, et ma destinée, quelles qu'en soient les chances, a une sorte d'immuabilité que les plus grands orages ne pourraient plus troubler. Ce n'est plus une triste indifférence que je porte en moi-même, je me raidis contre des peines réelles; je n'ai plus de larmes à donner à la douleur, mais j'en verse souvent de bien délicieuses en me livrant aux caresses d'un enfant, en pressant la main d'une amie au touchant spectacle de ses vertus, en lisant un bon livre, en entendant le son majestueux des orgues. J'ai surtout des moments d'attendrissement que je ne donnerais point pour tous les faux plaisirs du monde, lorsque, dans une course lointaine, du haut d'une montagne des Vosges, je contemple un horizon sans bornes, le vallon qui est à mes pieds, les cieux qui sont au-dessus de moi, et que, dans l'ardeur de mon âme, je rends hommage à l'auteur des merveilles qui se déploient sous mes yeux. Voilà tout ce qui peut m'attendrir, ô mon ami! je suis alors une heureuse créature.

Pouvez-vous me passer la triste consolation que j'éprouve à laisser couler ma plume? Je jette sur le papier ce qui est dans mon cœur, et je ne mesure ni mes expressions ni le degré d'intérêt que vous mettrez à ce que je vous raconte. Si c'est une présomption, il faut me le dire; mais si cette simplicité de rapports vous convient autant qu'à moi, oh! alors, il faut m'y encourager par une réciprocité à laquelle j'attache un grand prix. Soyez surtout persuadé que votre existence se lie à la mienne, comme tous mes sentiments s'associent à ceux de ma chère Henriette et du cher Augustin, et que leurs amis sont les miens à jamais. Laissez-moi puiser dans votre commerce cette sagesse que vous recommandez si bien, et puissé-je, en répondant à votre attente, vous dire à notre première entrevue : Vous aussi, vous m'avez rendue meilleure.

Concevez-vous, bons et chers amis, ce que ce sentiment doit ajouter à l'amitié qui s'est établie entre nous? Joseph a dit qu'elle commence par la reconnaissance; oh! oui, il a bien dit, c'est moi qui m'enveloppe de cette reconnaissance. Vous serez assez généreux pour me la laisser tout entière; permettez-moi du moins de m'enorgueillir de l'accord avec lequel vous m'admettez à la hauteur de ceux que vous chérissez.

Je dois vous avouer qu'en ouvrant votre lettre le plaisir de reconnaître votre écriture a été d'abord troublé par la pensée que Joseph devait être malade, puisque vous preniez sa place. Les premières lignes ne m'ayant pas rassurée, sans continuer de lire, je retournai vite les pages pour m'arrêter aux nouvelles que vous nous donniez de cet excellent ami. Nous partageons vos tendres soucis pour sa santé; ne souffrez pas qu'il écrive, mettez ordre à son travail; qu'il se repose; qu'il se distraie; prenez de l'autorité sur lui et exercez-la sans faiblesse; il ne faut pas laisser les malades agir à leur guise. Donnez-nous promptement de ses nouvelles. Quant à ma santé, elle vous ferait sourire; j'ai l'air si robuste que l'on se moque de moi quand je parle de régime, et je serais bien tentée de me moquer à mon tour de ceux qui m'en prescrivent.

---

## A LA BARONNE DE STEIN

Strasbourg, 12 avril 1798.

J'espère bien, ma chère amie, que tu as reçu ma lettre du 10 mars, quoique tu ne m'en parles pas. Je serais bien peinée si les expressions de ma tendresse n'étaient pas arrivées jusqu'à toi, depuis que nous sommes séparées l'une de l'autre. J'avais encore trop besoin de t'entretenir d'un éloignement qui marque une si douloureuse époque dans ma vie, et dont le regret toujours présent n'a pu être adouci que par le tableau du bonheur que tu goûtes. Je bénis le ciel de voir ma bien-aimée Octavie dans une sphère qui lui convient, avec des êtres qui répandent autour d'elle les charmes de la sympathie, et ma reconnaissance embrasse ta nouvelle famille qui est devenue pour moi comme un sanctuaire où est déposé le bonheur de ma meilleure amie.

Bientôt les lieux qui m'ont vu naître, où la fleur de ma jeunesse a passé, où j'ai aimé, souffert, pleuré, joui de tout ce que le sentiment a de plus précieux, bientôt, dis-je, ils seront vides des êtres qui m'y attachaient; s'il en reste encore, ils se disperseront peu à peu, et je me trouverai isolée dans ma patrie, réduite à vivre sans objets qui parlent à mon cœur..... Mais, mon amie, ce cœur sera toujours rempli des premières affections qui ont consolé mes malheurs; je serai loin de mes amies, mais je les saurai heureuses, je me dirai que le souhait le plus ardent que j'aie jamais formé est exaucé, et certainement je ne pourrai me trouver à plaindre avec cette assurance. Peut-être me sera-t-il aussi accordé de rendre mon existence utile et de remplir ma vie par des œuvres. Maintenant que le retour de ma santé m'a rendu à peu près mes facultés, je sens le devoir de suffire par moi-même à mes besoins et de devenir, avec le secours de la Providence, l'arbitre de ma destinée. Mon choix n'est pas fait encore, je l'abandonne à cette suprême Providence qui dirige les événements. Si les projets de mes amies réussissent, si leur espoir se réalise, mon sort sera doucement fixé; sinon, mon Octavie, j'aurai recours à toi, et quand même il faudrait me vouer à un genre de vie opposé à mes goûts et à mes habitudes, je serais bien sûre d'y trouver encore le bonheur, dès que je me serai dit : *Je le veux, cela sera.* Si cette résolution pouvait me réunir à toi, du moins quelquefois, je sens qu'une si douce espérance me ferait supporter bien des désagréments. Qui sait mieux que moi combien l'amitié verse de baume sur nos plaies, combien elle nous élève au-dessus des vicissitudes humaines et contre-balance les maux de la vie la plus traversée?

Les deux filles aînées du veuf[1] sont, depuis ce matin, dans la maison que j'habite; l'excellente belle-mère de Lonny[2], qui m'y donne l'hospitalité, a généreusement

---

1. C'était sans doute le comte de Waldner, qui venait de se remarier.
2. La veuve du baron Philippe-Frédéric Dietrich qui avait été le premier maire constitutionnel de Strasbourg, et après avoir été acquitté d'une accusation politique par le jury du département du Doubs, avait été traduit, pour les mêmes faits, devant le tribunal révolutionnaire de Paris, et avait péri sur l'échafaud en 1793.

consenti à les prendre chez elle pour ne pas les priver des leçons que leur donnera aussi l'institutrice de sa fille, pendant que les deux cadettes resteront à la campagne avec leur mère adoptive.

Que te dirai-je de Mlle Seitz[1], qui unit un cœur si parfait à un jugement si sûr? Ses exemples élèvent mon âme et m'apprennent l'heureuse influence que nous pouvons avoir sur les autres avec des vertus et de l'énergie. Que de bien on peut faire lorsqu'on n'a d'autre but par devers soi que ses devoirs, et qu'on sait leur sacrifier l'attrait des doux loisirs et de l'indépendance! Quand je vois une femme d'un si grand mérite, à son âge et après tout ce qu'elle a déjà fait, consacrer de nouveau tout son temps à des commencements d'éducation, à l'achèvement d'ébauches si imparfaites, et qui doivent lui paraître d'autant plus rudes que depuis longtemps elle n'avait qu'à s'applaudir de son œuvre et de ses succès; quand je la vois, dis-je, s'imposer encore une tâche si pénible, sans le moindre intérêt personnel, par le simple ascendant des devoirs qu'elle se prescrit et du bien qu'elle veut faire, oh! je me trouve bien inférieure à elle, bien coupable de ne pas faire un meilleur emploi des années de ma jeunesse. Tu dois te rappeler aussi l'intérêt que Mlle Seitz sait répandre dans ses conversations, comme elle excelle à les faire tourner au profit de la morale, sans jamais se revêtir de l'austérité d'un moraliste et sans en avoir l'affectation. Au risque de te paraître un peu présomptueuse, je te dirai que nos caractères se conviennent et qu'elle a mille bontés pour moi.

J'en reviens à mon avenir; il est temps que je prenne une

---

1. L'institutrice à qui la baronne Frédéric de Dietrich avait confié l'éducation de sa fille.

décision : quelques années de plus, et je ne suis plus bonne à rien. Tu connais, chère amie, mon caractère et mes facultés ; personne ne pourra donc me guider mieux que toi dans le choix que j'aurai à faire, si je trouvais une position honorable à l'une des cours de Gotha, de Meiningen ou de Weimar, qu'on me vante particulièrement. Je serais ainsi rapprochée de toi, et je n'ai pas besoin de te dire combien j'en serais heureuse[1].

## A JOSEPH ET CAMILLE JORDAN

Strasbourg, 16 avril 1798.

J'espère que vous ne m'accuserez point de laisser vos lettres sans réponse et de négliger notre correspondance. Je n'ai pas grand mérite à cela, j'aime à causer avec vous ; il me semble que nous nous entendons parfaitement. Vous voyez que je suis modeste ; c'est peut-être une analogie de plus entre nous.

Toujours dans la grande ville ! Mais dans trois jours je prends mon élan, rien ne m'arrête, je vole au *Bocage*; puis chez Pfeffel, chez ma sœur, où je me reposerai. Je trouverai là bonne amitié, vie simple, les bords du Rhin, de grandes forêts, la liberté de m'y promener, de méditer, sentir, rêver bonheur.

Je suis ici avec des personnes que j'aime beaucoup, d'un

---

1. Quelques jours après, grâce surtout à l'entremise de Camille Jordan, Mlle de Rathsamhausen prenait une tout autre décision qui réalisait des vœux auxquels la gravité des circonstances avait mis obstacle.

mérite bien attrayant, qui ont de l'esprit, du cœur encore plus ; mais je me trouve au centre d'une ville, du luxe, de l'affectation, de la gêne, des conversations politiques, autant de fléaux de la société. Et puis, si vous allez vous promener, ce sont des figures effrontées, une foule qui vous entoure et vous couvre de poussière, des voûtes sombres, aux portes des hommes armés qui ont l'air de vous interdire le passage ; les remparts, les canons annoncent les précautions hostiles que des hommes prennent contre d'autres hommes. Les villes me tournent la tête ; je ne retrouve mon assiette qu'au village, où le contraste des richesses et de la misère ne vient pas sans cesse offusquer mes regards et faire saigner mon cœur. Les hommes y vivent contents, ils connaissent peu de besoins ; on peut suppléer à ce qui leur manque ; ils ont tous les mêmes vêtements, la même nourriture. Ici, il est impossible de satisfaire à l'existence du pauvre, il y en a tant! Leur manière de vivre est si différente, et tout est si cher! Les riches sont si durs, si blasés sur ce que le tableau de telles misères devrait leur inspirer! Non, mes amis, je ne pourrais être heureuse dans une cité comme celle où je suis. Je me reproche le morceau que je mange, le chiffon que j'ai sur la tête ; on est accablé de l'impossibilité de remédier à de si grands maux que bien des gens n'aperçoivent même pas.

Je vis avec des êtres tout différents de ceux que je viens de vous dépeindre ; c'est leur douce humanité qui m'a surtout mise à même de juger la situation du pauvre dans une cité. Ils m'ont initiée aux secrets de leur charité ; j'ai vu ce qu'ils font, mais ce sont des gouttes d'eau qui se perdent dans un abîme.

Ah! je regretterai toujours les premières années de ma

jeunesse, qui s'écoulèrent dans la retraite. Livrée à l'étude et aux soins domestiques, vivant dans l'ignorance de ce qui se passe dans le monde, j'étendais sur les autres cette illusion de bonheur qui était au fond de mon cœur, que j'y retrouve encore, mais dont il me semble être presque seule à jouir. Je me sens irrésistiblement entraînée vers la vie des champs, vers ces mœurs agrestes qui donnent peu carrière à l'imagination ; je voudrais retourner dans la solitude par le penchant de mon caractère, et pourtant mes goûts se sont déjà altérés : j'y porterais un esprit plus agité, des dehors moins simples, une différence d'impressions, que je sens, mais que je ne saurais expliquer. Ce ne sont que des nuances de l'esprit, produites par l'expérience et une plus grande fréquentation des hommes ; mon âme n'a pas changé.

Quand je veux embrasser ma chimère favorite, je me transporte dans une maison de campagne rapprochée de mes amies, où il y a un petit coin rempli de livres, un jardin, des fleurs, une ferme bien peuplée ; telle serait la destinée que je me fusse préparée si j'avais pu la choisir ; mais sans doute elle sera bien différente d'après le plan que je me propose. N'importe, le bonheur a pris chez moi de si fortes racines, qu'il germerait dans le tumulte des cours, comme à l'ombre de nos bocages. Peut-être le parti que je médite me rapprochera-t-il de vous et d'Octavie[1] avant la fin de l'année, et là où je trouverai des amies, mon cœur sera naturalisé.

Henriette va écrire à Augustin au sujet de la visite qu'on aurait envie de vous faire ; sa réponse en décidera. Je ne

---

1. La baronne de Stein.

doute pas qu'il secondera nos vœux, mais il n'est pas bien sûr que je sois de la partie. Augustin n'amènera-t-il pas ses sœurs, frères ou cousins, et n'est-il pas plus naturel qu'eux, qui vous touchent de près, aient une préférence que je trouve bien juste? Il n'y aura mot à dire; je ne voudrais pas empiéter sur le droit des autres, ou montrer un empressement qui pourrait sembler ridicule. Je nommerai alors mes plénipotentiaires qui porteront acte de ce que j'aurais voulu vous dire moi-même. Cela n'empêche pas que si les choses s'arrangent autrement, je ne me ferai pas tirer l'oreille pour accepter une place. Toujours est-il que vous verrez Églantine et son bon ami. Le voyage pourra se faire au commencement de juin, le mariage d'Augustin devant avoir lieu à la fin de mai.

Je réunirai pour cette époque tous les matériaux que je pourrai me procurer pour l'exécution de vos projets. Les lettres de recommandation ne vous manqueront pas; on croit que vous réussiriez le mieux en Saxe. Si je puis exprimer un avis, je pencherais beaucoup, en considérant les choses moralement, pour l'éducation de plusieurs, préférablement à celle d'un seul individu qui absorberait aussi tout votre temps. Il est certain que le bonheur des hommes dépend des principes qu'on leur inculque, et vous feriez plus d'heureux en propageant la vertu et l'amour du bien parmi un grand nombre de jeunes gens, qu'en les concentrant en un seul, quelque importante que fût sa position. On a beau travailler, la récolte ne se fait pas ici-bas; les droits sont égaux devant celui qui répartit le salaire, et si nous avons envie d'y participer, tâchons de rendre aussi une part du salaire commune à beaucoup d'entre nous. C'est ce que me dit mon cœur, mais il serait peut-être plus sage et plus sûr, si vous n'êtes pas encore bien éclairés sur le choix à faire entre les deux partis, de commencer par acquérir de l'expérience en vous bornant d'abord à l'éducation d'un seul. Cette détermination conviendrait peut-être mieux aussi aux exigences de votre situation, puisqu'elle ne vous imposerait aucune dépense préliminaire. Vous pourriez donc commencer ainsi et finir par une éducation généralisée : vous le devez au bien de l'humanité.

Vous pensez bien, mes amis, que je n'ai pas eu la prétention de comprendre Kant, quoique j'aie eu celle de lire son principal ouvrage ; je n'en ai saisi que ce que des conversations particulières m'avaient rendu intelligible, et Pfeffel surtout a formé mon opinion sur cet homme célèbre. D'après l'explication qu'il m'a donnée du système de Kant et ce que j'ai cru y trouver en le lisant, j'ai dit comme vous. Je suis flattée, j'en conviens, que ma *manière de sentir* s'accorde avec votre philosophie, car en tout cela je n'ai que le *tact* et le *sentiment*, tandis que vous êtes fondés en principes et connaissance de cause. Peut-être aurait-on tort de juger l'auteur d'après le scepticisme qui règne dans ses ouvrages. Ce doute systématique, ce vague et cette obscurité, parfois même ce galimatias, ne peuvent appartenir, comme vous le dites, à la morale et aux sciences qui s'y rapportent ; mais je remarque en général que les philosophes de nos jours, et surtout les philosophes à réputation, affectent un pyrrhonisme ennemi du bon sens. J'ai rencontré quelquefois et combattu quelques-uns de ces sectaires incrédules, et je vous assure qu'ils le sont bien moins intérieurement qu'ils n'affectent de le paraître. Mais ils donnent pour excuse que l'homme ne doit se croire sûr de rien, pour mieux chercher toujours ; que dès qu'il se croit convaincu, il repose sur des erreurs, et que cette assurance présomptueuse empêche des découvertes et le progrès des lumières qui jaillissent d'une curiosité inquiète et sans cesse renaissante. Je n'ai jamais pu me pénétrer de ce système ; il ne convient pas aux bornes de mon intelligence et à la simplicité de ma conception. Je suis comme un enfant, j'ai besoin de trouver mon chemin tracé, mes lois claires et précises ; alors je marche en toute confiance, et tous les êtres faibles comme moi sont sans doute dans le même cas.

Ces savants peuvent avoir raison lorsqu'ils réduisent leur système aux investigations et aux découvertes physiques, mais la morale et bien des notions intellectuelles ne peuvent être soumises à cette méthode. Je crois Kant plutôt pythagoricien que sceptique ; s'il enveloppe des vérités importantes dans des nuages et une obscurité impénétrable, ce n'est pas qu'il veuille vous égarer, mais c'est pour tracer de nouveaux chemins qu'il imagine conduire au même but, à la découverte de la vérité. Il a un langage à lui, inconnu au reste des hommes ; il a créé des termes qu'on n'a pu comprendre ; aussi chacun l'interprète-t-il à sa manière. En définitive, il me semble qu'il a fait plus de mal que de bien, car il a été la source de plus d'erreurs qu'il n'a enseigné de vérités. En quoi donc consistent sa célébrité et les hommages qu'on lui rend ? Sans doute dans le goût qu'ont les hommes pour ce qui est singulier, extraordinaire, ou même inintelligible ; c'est beau, c'est sublime, précisément parce qu'ils n'y entendent rien, et quand ils parviennent à distinguer quelques étincelles au milieu des ténèbres, leur amour-propre est satisfait : ils croient en savoir plus que les autres.

J'emploie peut-être des termes peu conformes à ce que j'aurais voulu vous dire, je n'en sais rien. Mes connaissances sont très bornées, je n'ai fait que lire et penser. Abandonnée à moi-même depuis la mort de ma mère, je n'ai pas eu les ressources de l'éducation qu'elle eût été bien capable de me donner; mon ignorance en bien des choses est excessive; je ne suis parvenue à la dissiper à un certain point, qu'à force de veilles et de lectures; mais il n'y a point d'ensemble dans le peu que j'ai acquis, et je suis restée loin de ce que j'aurais pu devenir. Je ne saurais vous dire que j'en aie un vif regret. J'apprécie infiniment les fruits d'une solide instruction et les charmes d'un esprit cultivé, mais j'apprécie aussi la médiocrité qui est mon partage. Il me semble que j'ai conservé plus de facilité à me trouver heureuse, un caractère plus original, et peut-être, avec une imagination assez vive, ai-je été préservée de quelques erreurs plus dangereuses que l'ignorance.

Je voudrais pouvoir vous transporter dans la société que je vois ici; elle ne le cède pas, pour le mérite, à celle de Colmar. Vous ne vous doutez point qu'il y est souvent question de vous; j'en parle à des personnes bien désireuses de vous connaître et disposées depuis longtemps à vous apprécier. Les deux cousines d'Henriette ne doivent pas vous être étrangères; Augustin n'aura pas manqué de vous entretenir d'Amélie et de Louise, de Louise surtout [1]. Je donnerais beaucoup pour que vous la connussiez déjà, vous ne l'effaceriez plus de votre cœur. Peu de personnes sont douées d'une âme aussi aimante, et elle n'est rien moins

---

1. On sait qu'il était alors question d'un mariage entre Scipion Perier et M<sup>lle</sup> Louise de Dietrich.]

qu'heureuse. Dès sa première jeunesse, on lui préféra injustement ses frères et sœurs; ses caresses étaient souvent repoussées, ses meilleures intentions méconnues. Elle n'en aima pas moins ceux qui l'entouraient, mais son cœur était blessé, et peu s'en fallut qu'il ne s'aigrît. Il s'élevait souvent en sa présence des dissensions domestiques; je ne saurais vous dire combien Louise en souffrit, et combien la trempe délicate de son caractère sut ménager ce qu'elle devait à chacun. Elle avait été réservée de bonne heure à toutes sortes d'épreuves, mais une plus cruelle encore l'attendait: son frère aîné périt par un fatal accident. Louise n'avait jamais aimé à demi; cette catastrophe, si accablante pour elle-même, le fut surtout par la douleur qui se répandit autour d'elle; Louise en perdit le repos, la santé, le bonheur. Son âme constamment religieuse se porta avec une nouvelle force vers son Créateur. Elle sentit que les épreuves sont nécessaires et lui étaient devenues utiles; plus d'une fois même elle demanda à Dieu de lui en envoyer de nouvelles; souvent elle gémissait de n'avoir pas assez profité de celles qui auraient dû la rendre meilleure.

Son défaut est de n'avoir pas assez de confiance en ses forces; elle est bien plus pénétrée de ses imperfections que de ce qu'elle vaut, mais il appartient à ses amies de recueillir les traits caractéristiques de cette nature d'élite. L'amitié est son premier bien, c'est donc à l'amitié à lever le voile qui cache ses vertus, et c'est dans vos mains que je dépose cette esquisse; je ne la confierais pas à des profanes. Vivre, mourir, se sacrifier pour ceux qu'elle aime, serait chose facile à Louise: l'amitié remplit son cœur et lui tient lieu de tout. Je ne veux pas dire qu'elle ne serait point susceptible d'un sentiment plus vif, qu'elle n'apprécierait pas le bonheur d'une douce union ; mais son âme froissée par le malheur, son goût épuré, ce tact délicat qui la distingue, ne sauraient fixer son cœur sans que la sympathie et la raison y président, et jusqu'à présent il a suffi à son bonheur de voir se préparer celui de ses amies qu'elle appelle la meilleure partie d'elle-même. L'intérieur dans lequel elle vit est peu agréable ; elle se fait un reproche d'en sentir trop vivement les tristesses, mais je ne saurais lui en faire un de ce besoin de paix et d'harmonie, qui seul s'accorde avec l'essence de son âme. Sous le règne de la Terreur, sa mère fut incarcérée, elle aussi, et elle ne voulut jamais sortir de prison avant sa mère, quoique plusieurs maladies qu'elle eut alors lui en eussent fait en quelque sorte un devoir.

Ce ne sont là, direz-vous, que des sentiments bien naturels.... Je ne prétends pas faire de Louise un être extraordinaire ; mais si la pureté du cœur et une vraie sensibilité sont préférables à des qualités suréminentes, s'il est beau de voir un être doux et aimant, capable d'efforts qui ne peuvent être que le résultat de l'énergie du caractère, il m'est permis de dire : c'est bien là Louise, et ce que Joseph fit pour Camille, ce que Camille ferait pour Joseph, Louise le ferait pour Henriette, pour Octavie. Elle n'est ni belle ni jolie, mais elle a un grand charme de physionomie et une tournure élégante qu'Augustin appelle *tournure religieuse ;* elle a des talents, elle danse à ravir. Son goût pour l'instruction s'étend surtout aux lectures sérieuses ; son esprit est orné, son style touchant et élevé. Elle a connu le monde de bonne heure, mais lui préfère sans retour la solitude et l'amitié ; elle y a toujours été citée pour ce maintien décent et ce ton aimable qui la distinguent de presque toutes les jeunes personnes. Faire le bien, le propager, est pour son cœur, comme pour sa raison, le résultat de ses réflexions.

Je compte parmi les agréments que m'offre mon séjour ici la société de l'auteur de *Pétrarque,* que je vois assez souvent; il m'a pourtant causé bien des chagrins. Livré de nouveau à une exaltation extrême, il a accepté des places dangereuses et affiché des opinions dont un homme sensé rougirait. Il prend tout cela pour une vertueuse énergie, et se dissimule qu'il est le jouet de quelques têtes montées qui l'aveuglent par leur affectation de patriotisme. Il n'est pas né pour ces principes outrés; son âme est douce, son cœur sensible, mais son jugement se laisse trop souvent égarer. J'ai tenté de l'arracher au tourbillon politique qui l'enveloppe, à ce fanatisme insensé qui finirait par le perdre. J'ai tout osé pour y parvenir, j'ai commencé par lui écrire les vérités les plus dures, que personne n'avait hasardées et que ses amis même me méconseillèrent; mais j'ai préféré le blesser, courir le risque de l'éloigner de moi, et le sauver. Ici j'ai pu lui parler, et j'ai triomphé. Il va retourner dans la ville qu'habite Pfeffel, y reprendre sa place de collègue du professeur. Il sera ainsi rendu à la littérature où il joue un si beau rôle, entouré de gens dont l'exemple le maintiendra dans les bornes de la justice et de la raison. Il me sait gré des combats que je lui ai livrés, il m'en saura plus encore par la suite.

L'imagination est souvent un don bien funeste; celle de ce bon jeune homme l'a déjà plus d'une fois compromis dans l'opinion publique, qui juge les faits et non les intentions, dont elle ne peut, en effet, être juge. Je suis curieuse de savoir ce que vous pensez de son livre que je vous ai envoyé ; vous y trouverez son esprit, ses sentiments, des anecdotes de sa vie. Sa *Laure* existe, mais elle n'existe plus pour lui; il y a renoncé pour qu'elle fût plus heureuse. Il a longtemps et beaucoup souffert de ce sacrifice héroïque, et je l'ai trouvé dans cet état douloureux lorsque j'ai fait sa connaissance. Il s'est marié depuis, l'hiver dernier, avec une personne qu'il a épousée par reconnaissance et sans amour, quoiqu'elle soit excellente, jeune et belle; mais son cœur s'était accroché ailleurs de nouveau. Il a une facilité extrême à s'attacher et le besoin d'une passion qui le maîtrise tout entier; il ne regarde pas à l'extérieur, c'est l'âme qui le captive. Il a eu le guignon de se passionner chaque fois pour des femmes auxquelles il ne pouvait prétendre dans sa position. J'obtins sa confiance et je lui fis mille fois la guerre à propos de cette grande facilité de cœur, lui prédisant qu'il serait toute sa vie un écolier. Cela n'empêche pas que je n'ai jamais vu plus d'honnêteté, de candeur et de bonté, avec des mœurs austères, se refusant beaucoup, donnant tout. Il est maintenant très heureux dans son intérieur; il estime et chérit son Élise qui l'avait aimé longtemps en secret et sans espoir.

Je me suis avisée d'écrire dernièrement une lettre de douze pages à Augustin, futur époux. Je lui ai envoyé des extraits de vos lettres, ne pouvant encore les lui communiquer tout entières. Je ne me sens d'amitié pour personne comme pour cet Augustin, je l'aime de prédilection; mais je n'ai pas affaire à un ingrat, et je sais qu'il a aussi bien de l'amitié pour moi. Il vient de traverser de grands obstacles qui ont fait saigner mon cœur, mais les voilà franchis, et il en sera bien dédommagé sous peu.

Voici des couplets que j'ai copiés exprès pour Camille et

pour vous, parce qu'ils m'ont fait beaucoup penser à vous deux lorsque je les ai entendus pour la première fois l'hiver dernier. J'aime les romances, le chant en général; je ne connais pas de plus gracieux talent que celui d'Églantine, sa douce voix ravit tous les cœurs; quel dommage que vous ne l'ayez pas entendue ! Ma santé m'a joué bien des tours; celui que je regrette particulièrement, c'est la perte de ma voix; voilà sept ou huit ans que je ne chante plus.

Je pars décidément après-demain; adressez vos lettres à Pfeffel ou à mon beau-frère, ne les faites pas trop attendre, nous les apprécions bien; elles forment une sorte d'accord moral dont l'effet sera de me rapprocher toujours davantage du sentier de la vertu, et de partager toutes mes affections entre la piété, l'amitié et la reconnaissance. Vous pouvez contribuer tous deux à mon perfectionnement, si vous n'êtes pas faibles à mon égard, si vous me dites tout ce que vous pensez. Notre devise doit toujours être : *Unis pour devenir meilleurs*. Une association pareille peut-elle jamais s'affaiblir ? Pourra-t-elle jamais empêcher que nous soyons heureux, puisqu'elle exige que nous devenions bons ?

Je reçois à l'instant une lettre de Fanny qui voudrait vous avoir connus et qui me félicite de mes rapports avec vous; il lui est permis de partager déjà un sentiment qui vous sera certainement accordé. Aimez-la d'avance, je vous promets que vous ne vous en repentirez pas. Il n'y a rien au monde de joli et d'attachant comme cette aimable Fanny; c'est le parfum le plus exquis de la beauté, du sentiment et de la plus fine délicatesse. Qu'il vous soit donné, chers amis, de venir bientôt vous en imprégner !

## A JOSEPH

Schlestadt, 26 avril 1798.

Votre seconde lettre a pénétré notre ami Pfeffel d'étonnement et d'admiration ; il trouve que vous avez saisi le système de Kant mieux que la plupart de ses disciples, et que vous l'appréciez à sa juste valeur. Ce n'est pas que la philosophie critique n'ait rendu des services réels en démontrant l'*insolidité* d'un grand nombre d'hypothèses, mais Pfeffel pense, comme vous, que ce réformateur à l'étude duquel il a donné, pendant l'hiver, ses heures de loisir, est allé beaucoup trop loin, et qu'au fond, s'il l'a bien compris, toute sa science, échafaudée de mots barbares, se réduit à prouver que nous ne savons rien, ou pour mieux dire, que nous ne pouvons rien savoir. Kant est un philosophe révolutionnaire qui détruit sans reconstruire. Il laisse donc dans l'âme un vide décourageant qui ne saurait conduire ni à la perfection, ni au bonheur ; le septicisme de sa morale glace le cœur et en pétrifie les ressorts. En général, la philosophie de Kant, qui, comme les divinités des Germains, se tient toujours dans un antre ténébreux ou dans la sombre épaisseur des forêts, serait faite pour convaincre de la nécessité d'une Révélation si, avant que d'entrer dans l'analyse de ce système aride et destructif de tout enthousiasme, nous n'avions été déjà pénétrés du mérite surhumain de l'Évangile qui, selon Pfeffel, est le second volume de la philosophie divine. Son caractère vraiment céleste, c'est sa popularité ; il aime à pénétrer dans la chaumière du paysan, dans le réduit du pauvre. Une sagesse qui ne se loge que dans la tête d'un penseur profond ne peut jamais devenir l'instrument de la félicité générale; c'est plutôt une maladie de l'esprit, qui, comme la goutte remontée, finit par tuer son homme... Voilà les idées de notre ami, que j'ai recueillies de mon mieux en les jetant sur le papier, au courant de la plume.

J'ai commencé ma lettre en ville, je la termine chez ma sœur. Vous l'aimerez, mes amis ; c'est une bonne et digne jeune femme, tout à ses devoirs, et qui a besoin de trouver dans des cœurs affectueux le charme que le sentiment répand sur notre existence. Je vous parlerai d'elle plus longuement dans ma première lettre.

Je reste ici jusqu'au mariage d'Henriette. Oh! que je me réjouis de revoir Augustin, et de le voir au comble du bonheur. Je pense que son affection répondra toujours à la mienne, j'irais au feu pour lui. Je vous assure que notre bon Joseph, notre excellent Camille, ne sont guère loin de lui dans mon cœur; je les prie de me pardonner l'expression naïve de mes sentiments. N'est-il pas cependant des personnes auxquelles on ose dire tout ce que l'on pense, sans qu'on puisse y trouver du mal? J'aurai, toute ma vie, bien de la peine à faire autrement.

---

## A LA BARONNE FRITZ DE DIETRICH

Marckolsheim, 19 mai 1798.

Puisse ma lettre te trouver encore, ma toute bonne! Je calcule que tu dois être bien près de ton départ. Ah! le charmant voyage, que celui qui te ramènera près de nous, qui te rendra à nos embrassements après plusieurs mois d'absence! Je ne puis t'exprimer le besoin qu'a mon cœur de te revoir; ton image, si souvent présente à ma pensée, excite mon impatience; tu es si bonne et si belle, que te contempler est déjà un bonheur... Mais je ne veux pas te gâter, puisque tu m'en fais presque le reproche. *Petite flatteuse...* c'était me dire quelque chose bien plus fait pour m'enorgueillir que toutes les vérités que je t'adresse, et c'est m'accorder un empire qui s'empare de tout mon amour-propre.

On a dû t'envoyer, de Colmar, des cheveux de Joseph et de Camille. J'avais cru que Joseph était blond, parce que je l'ai vu poudré; il a le teint pâle, il ressemble aux Alsaciens, il ne pouvait être que blond dans mon imagination, et je le lui avais dit dans une lettre. Point du tout, il a les cheveux noirs. En revanche il m'écrit qu'il se souvient fort bien que je ne suis pas blonde, ce qui prouve que ce n'est pas une condition nécessaire pour ressembler aux Alsaciens. Ne te paraît-il pas singulier que, après nous être vus, nous soyons tout autres que ce que nous avions cru? Dusses-tu, ma belle amie, en mourir d'envie, je te répète que les lettres des deux amis sont délicieuses, qu'elles se surpassent l'une l'autre, et qu'elles se succèdent maintenant plus rapidement que jamais. Si tu me fais bien ta cour, je t'en laisserai lire quelques-unes, d'autant plus que je t'en crois assez digne.

Je passe ici mon temps bien agréablement; c'est une vie de paresse, de solitude et de promenades. Les bords du Rhin sont charmants, leurs forêts superbes; j'y fais des courses tous les jours. Dans la société de ma sœur se rencontrent deux Adonis qui se mêlent de dire de prétendues jolies choses, de faire leur cour galamment, de composer des vers tout drôles en notre honneur et gloire. Que le bon Dieu nous préserve d'hommes fades et fats!

Je ne saurais assez te dire combien je suis contente de ma sœur et je trouve son mari heureux de l'avoir obtenue. Il l'aime et l'estime de toute son âme, et elle le mérite bien, car elle ne vit que pour lui. Rien de plus touchant que de voir cette jeune femme toute dévouée à ses devoirs, tout occupée de son ménage, des intérêts de son mari, formant son caractère et son esprit pour devenir digne mère de famille, toujours gaie et d'humeur égale, vivant médiocrement pour se préparer une plus grande aisance dans l'avenir. Je sens que je n'aurais jamais le mérite qu'elle a, et j'ose espérer que le bonheur récompensera ses vertus.

Adieu, ma bien chère Amélie; ton souvenir et ton amitié me rendent heureuse et meilleure, car je voudrais être digne de mon Amélie. Dis à ton mari qu'il m'est cher aussi et que je lui sais gré de son intention de m'écrire, car j'apprécie quelquefois les intentions tout autant que les actions, et je me fie même plus aux unes qu'aux autres.

---

A JOSEPH

Schlestadt, 8 juin 1808.

Je dois vous avouer que je me suis livrée ici à une paresse bien séduisante et nourrie dans une délicieuse solitude; je m'y trouve si heureuse que je ne suis bonne à rien. Nous avons un peu de société, que je ne vois que lorsque bon me semble. Je vais, de grand matin, chercher la fraîcheur de nos bois, écouter leur silence ou le chant des oiseaux. Nous passons souvent des journées entières dans de vastes forêts, isolées, impénétrables. Des amies d'outre-Rhin sont déjà venues nous y joindre; les rendez-vous se passent à *se raconter*. Nous travaillons, nous lisons. Une viande froide, de la salade, du lait ou de la bière font tous les frais du festin. Je sors et je me promène aussi seule quelquefois, c'est le privilège de la campagne et pas le moindre de ses agréments. J'aime à me retrouver vis-à-vis de moi-même pour me livrer à mes réflexions, à des souvenirs, à la jouissance des biens qui me sont restés, et même dans le cercle de mes amies j'ai besoin de m'isoler quelquefois. Je suis tentée de m'en accuser comme d'une mauvaise habitude, que j'ai contractée dans la vie extrêmement solitaire que j'ai longtemps menée. S'il me fallait choisir de rester *toujours* seule ou de ne l'être *jamais*, je n'hésiterais pas à préférer le premier parti. Dieu merci, je ne suis pas condamnée à cette triste option; je goûte ici toutes les douceurs de l'harmonie et de l'union des cœurs. Mon excellente sœur devine et prévient mes goûts et mes désirs, mais Camille et vous savez ce qui manque à mon existence.

Je vous ai encore peu parlé de ma sœur unique; c'est une bonne et aimable créature. Elle a été, depuis la mort de mon père, l'objet de mes grands soucis, car elle n'a pas trouvé, comme moi, un asile dans une famille généreuse qui l'ait mise à l'abri du malheur et placée au sein de toutes les vertus. Pendant deux ans, elle a éprouvé toutes les vicissitudes d'une existence incertaine et d'un avenir qui ne l'était pas moins. Notre tante, la princesse de Montbéliard, chez qui j'avais passé mon enfance, proposa à l'une de nous de venir demeurer avec elle, et j'engageai ma sœur à accepter cette offre. Dix jours avant la mort de mon père, je fis revenir ma sœur; il était juste qu'elle eût la consolation de lui donner ses soins et de recueillir les bénédictions paternelles. Dans ces dix jours, ma pauvre sœur fit plus pour mon père que je n'avais pu faire pendant des années; le spectacle de ses souffrances avait produit un tel effet sur mes nerfs, que j'étais devenue peu à peu incapable de remplir mes devoirs à son égard, et cet état ne cessa qu'en le voyant expirer.

Après et à ma sollicitation, ma sœur retourna encore chez notre tante. Mes amies de Berckheim exigèrent que je vinsse me réunir à elles, et je cédai à l'attrait du bonheur que j'étais sûre de goûter auprès d'elles. Mais des désagréments qu'éprouva ma sœur me firent prendre de nouveau la résolution de la rappeler et de lui faire oublier, s'il était possible, tous les maux qui accablaient sa jeunesse, en me retirant avec elle dans la maison de mon père, que j'avais conservée. Mes amies s'y opposèrent en vain : un devoir trop impérieux me commandait d'être fidèle à ma résolution. Nous étions ensemble, depuis huit jours, à Grüsenheim, rétablissant notre petit ménage, contentes de notre pauvreté, bien disposées à nous trouver heureuses dans toutes les positions, lorsqu'on me déclara que ma santé avait besoin des secours les plus prompts, et on enleva à mes amies un espoir que j'avais déjà perdu, celui de vivre longtemps. Mourir n'était pas pénible pour moi, et je ne regrettais pas ce monde; j'étais loin pourtant de me croire digne de le quitter déjà, et le sentiment d'un devoir sacré me fit consentir aux soins nécessaires pour conserver une existence que j'avais si besoin de rendre meilleure pour mériter le prix que Dieu nous promet.

Huit jours après que je m'étais crue séparée de mes amies pour longtemps, peut-être pour toujours, je me retrouvais avec elles à Colmar, et de là nous allâmes à Strasbourg. A peine y fus-je arrivée que Camille et Joseph y parurent : il avait fallu toutes ces circonstances inattendues pour m'y amener à une époque où je ne devais pas y être. Je bénis la Providence qui daigna me faire connaître et m'accorder de si précieux amis. Puissé-je, un jour, réunie à eux dans le séjour de la lumière et de l'amour éternel, sourire avec reconnaissance à ces deux vertueux amis qui ont aussi contribué à épurer mon cœur et mes affections ! Ah ! je le sens bien, avec les secours de l'amitié je pourrai beaucoup ; je ne serais rien sans elle.

Ma sœur vient de se marier ; elle aime son mari à la folie, et j'espère qu'elle sera heureuse. Je contemple avec attendrissement cette jeune femme toute à ses devoirs, se conformant aux goûts de son mari, les étudiant même, s'occupant beaucoup de son ménage et s'imposant une économie qui leur assurera plus d'aisance pour l'avenir. L'attachement qu'elle porte à son mari lui a ôté une sorte de légèreté que le malheur n'avait pu corriger, et elle est vraiment le modèle des femmes.

Augustin Perier est au *Bocage* [1] depuis près de quinze jours, et moi, retenue ici, je sèche d'impatience de le savoir si près et de ne l'avoir pas encore vu. On me mande

---

1. C'était une autre propriété de la famille de Berckheim, située dans la commune de Jebsheim, à deux lieues de Schoppenvir.

qu'il a beaucoup embelli, que sa tournure se ressent de Paris, sans être, pour cela, *parisienne*, et tant d'aménité, quelque chose de si calme, de si pur, de si parfaitement bon !.... On m'a souvent accusée d'enthousiasme à son sujet, parce que je disais qu'il est le meilleur et le plus beau des hommes ; maintenant je triomphe, car il n'y a plus qu'une voix sur son compte.... Que ma chère Henriette est bien ce qui lui convenait le mieux sur la terre ! Il y a eu un peu d'embarras les premiers jours ; les choses vont bien, et la tendresse n'y perd rien, malgré la timidité d'Églantine. Oh ! le digne couple qu'ils feront !... Je ne sais pas encore le jour du mariage. Je vous écrirai dès que j'aurai causé avec Augustin ; je ne puis le voir et l'entendre sans avoir besoin de parler de lui, et qui m'écoutera plus volontiers que ses deux plus chers et plus fidèles amis ?

Vous n'avez qu'à parler, et vous me verrez fraîche, engraissée, robuste tant qu'il vous plaira. Envoyez-moi le portrait auquel vous voulez que je ressemble, et dites-moi tout ce qu'il me faut encore pour oser vous faire une visite ; pour m'en rendre digne, il n'y a rien à quoi je ne parvienne. Vous faites bien les fiers, et pourtant je suis sûre que vous serez très aises de me faire bon visage, quel que soit l'air du mien, mais je vous préviens que vous ne me reconnaîtrez pas. Vous m'avez vue brune, *vous en êtes sûr*, dites-vous ; eh bien, sans m'affubler d'une perruque, vous me trouverez blonde maintenant, et la plus blonde des blondes. Cette métamorphose est aussi singulière que celle de vos cheveux devenus noirs après m'avoir paru blonds. Voilà comme on se trompe, ou comme on change.

Je ne vous parle point de ma santé, parce qu'il n'y a plus rien à en dire. On a grand soin de me répéter souvent un beau sermon, dicté par mon Esculape et que mes amies ont toutes appris par cœur. Il veut dire à peu près : Marchez doucement, — travaillez peu, — ne veillez pas, — point de lectures de nuit.... Enfin une longue morale dans ce style impératif, et je l'entends depuis si longtemps que j'en suis ennuyée. Comme je ne suis pas très sage de mon naturel, je cours beaucoup au grand soleil, sans m'en garantir; je veille, je travaille, et ma poitrine ne se ressent pas de ces petites fredaines. Ne croyez pas que j'aie l'effronterie de vous conter mes travers pour m'en vanter; c'est pour que mon mauvais exemple garantisse Joseph de toute imprudence. Je ne doute pas qu'un sage comme lui (qui en a du moins la réputation) n'approuve fort le régime qui m'a été prescrit; eh bien! qu'il trouve bon pour lui-même ce qu'il recommande aux autres! Messieurs, si vous voulez me voir, je vous dicterai aussi mes conditions : c'est que Joseph fasse tout ce que Camille désire de lui, que Camille ait la même soumission aux désirs de Joseph. Je suis persuadée que vous vous trouverez bien de ces concessions mutuelles de vos volontés. N'ayez pas trop de condescendance l'un pour l'autre, n'abdiquez pas vos droits; dans ce monde il faut avoir du caractère, surtout lorsqu'il s'agit de ne pas faire ce que l'on voudrait.

Votre jugement sur les auteurs allemands que nous connaissons se rencontre parfaitement avec le sentiment qu'ils ont fait naître chez moi. Je lis avec ravissement quelques strophes, une ode de Klopstock; sa lyre sacrée élève mon âme et j'admire l'antique majesté de ses inspirations, mais je ne puis suffire longtemps à la grande tension d'esprit qu'exige la lecture de ses poésies. Du moins je m'abandonne délicieusement aux douces rêveries qu'inspirent la muse champêtre de Gesner et celle de Voss; on ne se lasse jamais du charme et de la variété de leurs tableaux, et l'on en devient meilleur. Oh! lisez la *Louise*, de Voss, idylle en trois chants; lisez aussi *Hermann et Dorothée*, de Gœthe, et son *Iphigénie en Tauride*; *Don Carlos*, de Schiller; les ouvrages d'Auguste Lafontaine et de Richter. Je ne puis assez vous recommander *Nathan le Sage*, de Lessing, et le *Moine du Liban*, du même auteur; les œuvres philosophiques de Mendelsohn, et particulièrement *Phædon*, ou de l'*Immortalité de l'âme*; Zimmermann, *De la solitude*. Je ne finirais pas si je voulais vous indiquer tout ce qu'il y a de beau, d'excellent dans cette langue; je ne vous signale que quelques-uns des ouvrages qui m'ont éclairée et ravie. En attendant que je puisse mieux vous en parler, tout ce que vous pourrez vous procurer de Schlosser, Schutz, Michel-Huber, Sulzer, Kleist, Wieland, Hagedorn, vous fera sûrement grand plaisir. Ces ouvrages ne sont pas sans défauts, mais ils sont compensés par des beautés de premier ordre, et vous êtes maintenant à la source de tout ce qu'il y a de meilleur en fait d'œuvres d'esprit.

D'après mon enthousiasme pour la littérature allemande, vous me croirez peut-être bien savante en cette langue, et il n'en est rien. Je ne la parle, faute d'usage, qu'avec grand embarras, et je l'écris plus mal que le français, mais je la comprends mieux que la plupart des personnes de ce pays, parce que j'ai beaucoup lu d'ouvrages allemands. Ma mère, élevée à Saint-Cyr et dont l'éducation avait été achevée à Paris, ignorait complètement cette langue et me l'avait fait négliger. L'attrait de la lecture a vaincu, en partie, mon ignorance, et je vous avoue que beaucoup de nos ouvrages français ne me paraissent que de la *crème fouettée* en comparaison des œuvres de ces génies profonds, énergiques, souvent pleins de grâce, de la Germanie. Voss a aussi traduit Homère; c'est le meilleur helléniste que possède aujourd'hui la littérature, et l'on dit sa traduction la plus exacte, la plus belle qui existe : le fait est que l'ouvrage a une immense réputation.

Vous avez bien raison d'aimer tendrement Pfeffel, vos cœurs sont faits pour l'apprécier. Que serait-ce donc si vous le connaissiez comme moi?... Je me rappelle avec délice le moment où j'eus le bonheur de le voir pour la première fois. Les Berckheim m'avaient souvent parlé de lui avec ce profond respect qu'il inspire; la haute idée qu'ils m'en faisaient concevoir, augmentant ma timidité qui est excessive et me rend sotte comme cruche, m'empêchait depuis longtemps d'aller chez lui. Un jour que mes amies donnaient un concert, j'arrive de la campagne à cheval, pour une affaire urgente qui concernait mon père, et j'entre (en costume d'amazone) dans un salon où il y avait soixante personnes : mon embarras fut extrême. Je me hâte de sortir, de changer de vêtements, de courir au bureau de l'administration départementale pour empêcher des mesures de rigueur qui menaçaient mon père; puis je reviens chez mes amies, et l'on me place à côté de Pfeffel, en lui disant tout bas mon nom. La musique était ravissante, elle a toujours eu un empire extrême sur moi; mais j'avais le cœur gros, et je respirais à peine. Mon père à trois lieues de distance, devant moi mes amies, belles comme des anges, une harmonie céleste à mes oreilles, Pfeffel, que je mourais d'envie de voir, assis à mes côtés.... Mon âme ne pouvait résister à tant d'émotions! Pfeffel, aussi sensible que moi au charme de la musique, me prend la main et la serre affectueusement : c'était plus que je ne pouvais en supporter, et je sors, sans lui adresser la parole.

Le lendemain mes amies me conduisent chez lui ; j'avais à réparer ma conduite de la veille, et me voilà plus timide encore. Fanny[1] venait d'être longtemps malade, c'était sa première sortie. Vous savez quelle âme Pfeffel met dans les témoignages de son affection ; il reçut Fanny dans ses bras avec toute l'effusion d'un amour paternel. Cet accueil fit sur moi une vive impression ; je demandai à Dieu de m'accorder de rencontrer un jour une âme qui sût aimer de même.

Je me trouvais retenue à Colmar par nos affaires ; Pfeffel voulut que j'acceptasse l'hospitalité chez lui. Ses souffrances le privent de sommeil ; j'ai l'habitude de veiller tard ; nous restions ensemble jusqu'à deux, trois heures du matin, dans ces conversations intimes où le cœur s'épanche, où l'âme s'élève. Que j'oubliais bien auprès de ce vénérable ami toutes les appréhensions et les peines qui étaient alors mon partage ! J'étais la plus heureuse créature quand je me promenais dans sa chambre en lui donnant le bras, ou que je posais sur son épaule ma tête fatiguée de soucis et de chagrins. Je ne pouvais presque croire à la réalité de mon bonheur, en considérant ce que je suis en comparaison de cet homme d'un mérite si éminent, qui m'encourageait, me consolait et m'élevait jusqu'à lui. Le premier de mes sentiments était une reconnaissance sans bornes envers lui, envers Dieu qui m'accordait tant de faveurs. Je dépose ici dans le sanctuaire de l'amitié le récit de mes jours les plus fortunés, de mes liens les plus doux ; vous dont les

---

1. L'aînée des filles de M. et M<sup>me</sup> de Berckheim.

âmes sont si pures, vous bien meilleurs que je ne le serai jamais, unissez-vous à moi pour demander à Dieu que Pfeffel soit longtemps encore la consolation de sa famille, l'exemple de tous ceux qui l'approchent, la félicité de votre pauvre amie.

Je vous écris sur un petit papier bordé d'or ; il a un air de coquetterie que je ne saurais dissimuler, mais c'est en vain que je me mets en frais, et vous savez bien que vos lettres sont plus agréables que les miennes malgré leur embellissement. Vous devez au reste vous apercevoir, à mon éternel bavardage, que je laisse ma plume courir son train ordinaire, qui est vraiment un train de poste. Je suis fâchée des négligences qui en résultent, mais je ne saurais préparer ce que j'ai à vous dire, et j'aime mieux réclamer votre indulgence.

On m'annonce que Scipion et Augustin Perier et leur sœur Joséphine sont déjà à Schoppenvir ; croiriez-vous que mon empressement de faire leur connaissance est mêlé de crainte ? Je redoute de paraître devant des mérites si éminents ; oui, j'ai assez d'amour-propre pour supposer qu'on fera attention à mon petit individu, et je sais bien ce qu'il y a à en dire.

Resserrons, mes amis, le pacte qui doit nous unir tous ; ne soyons pas trop prévenus en faveur les uns des autres. Le premier bien que j'ambitionne, c'est l'estime et l'approbation de mes amis, mais j'aime encore mieux une vérité dite par eux que leurs éloges, parce qu'elle peut contribuer à me rendre plus digne d'eux. Du moment que vous m'avez accordé le titre de votre amie, vous vous êtes imposé une tâche envers moi ; ne la négligez pas. L'homme n'a point de temps à perdre ici-bas, et il a devant lui une si belle, une si ravissante perspective! Soit ici, soit là-haut, mes amis, vous aurez tous les droits à ma reconnaissance.

---

### A M. AUGUSTIN JORDAN [1]

Schoppenvir, 10 juillet 1798.

J'ai plus d'un projet, cher Augustin, en vous écrivant : je veux charmer vos regards par l'élégance de ce billet, vous forcer de penser à moi, sans qu'aucun autre vous y rappelle. Je veux aussi profiter d'une distance favorable pour vous dire ce qu'on n'oserait pas vous faire entendre de près. Il faut que je donne satisfaction à mon cœur en vous disant combien vous nous avez paru parfaitement bon, tous les jours meilleur, combien nous ambitionnons toutes d'avoir part à votre amitié; je réclame, en mon particulier, celle que vous ne pouvez refuser à mon empressement de l'obtenir. N'allez pas me soupçonner des prétentions que je n'ai pas; ce que je vous dis, mon cœur me le dicte; avec vous, il est doux de parler ce langage, et j'ai le privilège de faire connaître ce que je pense, sans que cela tire à conséquence.

Nous passons ici notre temps fort modestement, occupés d'une lessive, de la moisson, menant la vie la plus innocente, pendant que certaines personnes vont se donner au diable. Peut-être, cher Augustin, au milieu des vanités de ce

---

1. Il se trouvait alors dans le grand-duché de Bade avec son frère Camille et Joseph de Gerando.

monde, auriez-vous partagé leur destin, si un heureux hasard n'était venu vous arracher au danger. Comment auriez-vous résisté à l'attrait de grands soupers qui se terminent par des *autrichiennes*[1], aux séduction sd'une brillante société composée de vingt beautés? Vendredi et samedi, elles ont passé leur temps à faire des visites, une promenade à *La Robertsau*, des courses en ville; dimanche, grand souper chez la mère de Louise, puis, réunion au *Jardin d'Angleterre*; lundi, dès cinq heures du matin, on est allé voir le fort de Kehl, les uns à cheval, les autres en voiture, et le reste de la journée s'est écoulé chez la mère d'Amélie. Aujourd'hui, M<sup>me</sup> de Turckheim donne une charmante fête; on ira, le soir, en bateau, à une jolie campagne, et l'on y passera la nuit, après avoir dansé dans une grange. Kreutzer est encore là; on espère l'entendre. Cette folâtre jeunesse a la promesse de danser encore deux fois, sans compter les surprises qu'on lui ménage. Augustin Perier fait des conquêtes; il plaît généralement, sa sœur Joséphine aussi. Henriette fait l'aimable (ce n'est pas si bête), pendant qu'Augustin dispute avec M<sup>me</sup> Mathieu, toujours divertissante. Je m'arrête..... Allez vous pendre, vous n'en étiez pas; tout cela se passe sans vous. Mais j'ai garde de vous plaindre; vous êtes trop heureux de vous trouver où vous êtes, et les deux amis le sont de vous posséder, de vous avoir huit jours à *eux tout seuls*. J'aime à fixer ma pensée sur trois êtres heureux les uns par les autres. Ne m'oubliez pas, entendez-vous? et revenez-nous bientôt.

*P. S.* — Une grande victoire a signalé aujourd'hui les fastes de Schoppenvir et illustré un de ses habitants. Depuis quelque

---

1. C'était le nom qu'on donnait alors à la valse.

temps un monstre apparaissait dans les alentours, donnait l'alarme, et le bruit augmentait tous les jours. Les uns, dans leurs descriptions, le disaient grand comme un âne ; d'autres, comme un bel angora, ou comme un chat ordinaire : c'était la comparaison générale, et qui sans doute suffira pour exciter votre intérêt. Mon courage s'allume pendant que tout tremble ; je veux voir le terrible animal, je me poste prudemment à une certaine distance, j'épie le moment de l'apparition, et je vois venir à pas de géant... un rat... qui me fit l'effet d'un chat de trois semaines. J'appelle, je crie ; bientôt maîtres, domestiques armés, tous les chiens du château, entourent le fossé que le rat traverse à la nage. Une balle lui traverse le corps, il chancelle ; une seconde balle le frappe à la tête, il est mort ! L'habile tireur s'est couvert de gloire. On traîne l'animal à bord ; les uns jugent qu'il pèse six livres, d'autres plus ou moins ; j'en accorde une demie ; on s'indigne, on demande des arbitres ; je m'y soumets, et je vous ferai part de leur décision. En attendant, nos beautés oseront revenir de Strasbourg sans avoir à redouter que cet effroyable rat emporte un jour l'une d'elles à califourchon, pour la livrer à quelque mauvais génie dont il était sûrement l'odieux émissaire.

Adieu, cher Augustin ; mille choses à Joseph et à Camille. Priez-les de m'adresser leurs lettres à Colmar.

## A JOSEPH

*Au Bocage, 21 août 1798.*

On ne veut pas que je vous écrive, dans l'intérêt, dit-on, de ma santé; mais, dans une demi-heure, on enverra un messager à la ville; j'ai cette demi-heure à ma disposition; il ne dépend que de moi de rendre mon bon Joseph bien content, de l'être autant que lui, et je résisterais!... Allez vous promener, gens qui ne me parlez que raison et qui m'ennuyez! Ma raison est de me faire du bien, quand je le puis et que cela ne fait de mal à personne. J'ai d'ailleurs un sujet grave à reprendre dans ma correspondance avec vous.

Je serai, le 1<sup>er</sup> septembre au matin, à la poste aux chevaux de Vieux-Brisach. Si, *par hasard*, vos affaires ou vos intentions bienfaisantes vous y amenaient, nous pourrions continuer notre voyage, avec Camille, jusqu'à Fribourg; car je ne vois pas pourquoi je me refuserais à faire route avec des amis que les circonstances appellent dans la même ville. Si c'était, au contraire, vous détourner de votre chemin, je vous trouverais, quelques heures plus tard, à l'hôtel de la Poste, à Fribourg. Du reste, je vous abandonne à votre libre arbitre; je ne serai pas plus tyrannique que la Providence, ou plutôt je veux l'imiter dans sa généreuse confiance : *faites ce que vous voudrez.*

J'ai peur que mes premières lettres ne vous aient causé quelque contrariété; je ne me souviens plus de ce que j'y ai mis; elles sont tout comme j'étais moi-même au moment où elles s'échappaient de ma plume. Au nom de Dieu, ne vous affectez jamais de ce que j'écris. Je puis être triste parfois, rarement malheureuse; que dis-je? je ne puis plus l'être; il me suffit de penser à vous pour bénir mon sort; il n'y a personne au monde qui ait lieu de s'en applaudir comme moi.

Je vois, de ma fenêtre, arriver Pfeffel et sa fille Frédérique, qui ont profité de la fraîcheur du matin et qui nous amènent un *génie colmarien*. Dans deux minutes il me faudra les rejoindre; je trouverai du moins à qui parler de vous. Digne et bon ami, ne soyez pas inquiet de moi; je pourrais être meilleure, mais je ne suis pas trop mauvaise. J'agis maintenant en votre intention, cela me soutient. Je vous aime tous les jours *mieux*, et je ne désire que ce qui est bien. Je jouis de ce qui m'arrive, c'est presque toujours plus que je n'en attends.

Depuis quelque temps, je n'écris pas beaucoup, je lis peu, je prie quelquefois, nous faisons des promenades. Nous avons tous les jours du monde, ce sont des *connaissances*; il me faut tenir ma place, bon gré mal gré. Je pense souvent à vous, c'est le seul temps bien employé sur celui que nous perdons. Nous n'avons plus, hélas! qu'une semaine à passer tous ensemble; ces derniers jours n'ont que des amertumes. Je partirai d'ici en même temps que ces excellents amis qui emporteront une grande partie de mon cœur. Je suis parfaitement contente d'Augustin et de sa femme; ce jeune ménage ne saurait mieux aller. Je n'ai reçu aucune lettre de vous hier; j'en avais pris mon parti d'avance. Eh bien! je n'ai pu m'empêcher de vanter votre *raison*, votre *soumission* aux règles de prudence qu'on vous a tracées. Enfin j'ai fait, comme dit le proverbe, *bonne mine à mauvais jeu.* — Ma lettre vous témoignera le besoin que j'ai de causer avec vous. Dites à Camille quelque chose de bien tendre de ma part.

---

### AU MÊME [1]

Saspach, 17 septembre 1798.

Le voici donc ce portrait, cette image bien-aimée! Je l'ai vue, je l'ai remise dans la boîte qui la renferme, et je n'ose l'ouvrir de nouveau. Je suis entourée d'enfants, de cousins de cousines ; le bon curé de Grüsenheim, dont je vous ai tant parlé, est aussi à côté de moi... Tout cela me distrait, me gêne d'une manière insupportable, m'empêche de jouir des consolations qui me viennent; je ne puis seulement recueillir mes idées. L'agitation intérieure, le bruit au dehors, tout m'arrache à moi-même, et j'aurais si besoin de m'y renfermer! J'ai lu votre lettre ; je ne m'en suis pas encore pénétrée, comme j'aime à le faire, comme je ferai dès que je serai seule. Je suis bien contente de vous, je le suis aussi de moi. Mes dispositions se soutiennent parfaitement, je me sens née pour bien faire, des facultés que je ne me suis jamais connues; j'ai presque la certitude de contenter vos désirs à mon égard; je jouis par avance de la

---

1. Alors à Fribourg-en-Brisgau. Le père et la mère de M. de Gerando venaient d'envoyer leur consentement à son mariage qui fut contracté religieusement (pendant la nuit, sur une montagne des Vosges), et puis civilement, au mois de décembre 1798.

félicité qui doit environner celui qui fait toujours le meilleur. J'en ai l'âme tout élevée, toute paisible.

Oh! que je me réjouis de rentrer dans ma retraite, de m'y livrer à des occupations utiles et de vivre dans le souvenir de mon ami! Ce soir je serai seule dans ma petite chambre, à mon secrétaire, puis agenouillée devant mon crucifix; là je penserai, j'aimerai.

Je ne puis pas vous écrire comme je voudrais; peut-on écrire dans une petite chambre remplie de personnes qui causent, qui vous questionnent, qui vous plaisantent? Allez-vous-en, hommes ennuyeux! vous m'êtes insupportables... Mon ami a besoin de m'entendre, et lui parler, dans l'intimité du cœur, est mon bonheur et ma vie.

Si je ne vous avais pas promis d'être *forte et sage*, je pleurerais bien en ce moment; je suis aussi émue qu'il est possible de l'être, mais Dieu et votre exemple me soutiennent. Oh! que je serai heureuse lorsque, seule dans ma chambre, je pourrai cacher ma tête dans mes mains, prier, puis me relever courageusement pour agir en votre intention et faire tout ce qui est bien!

...... Je ne puis vous parler raison maintenant, ni sentiment; je ne fais que radoter. Je suis soumise à la confusion de tous les éléments qui composent mon être. Cela n'empêche que je sois heureuse, oui, heureuse; je le serai toujours en remplissant la volonté de Dieu; c'est la plus pure joie que je puisse goûter. Je vous écrirai dès demain *une lettre*; je tâcherai de me rendre intelligible, je ne le suis pas maintenant. Vous à Fribourg, hélas! vous à Fribourg, et moi si près, si loin!

Dites-moi si vous êtes content de moi. Je suis tranquille et calme, je ne voudrais pas changer ma position présente en la moindre chose, car Dieu l'a réglée ainsi, et elle m'est bonne.

Que je vous bénis pour le portrait! Je vous bénis pour tout ce que vous m'avez dit et me direz encore. Ami, je serai digne de vous, je le sens, je vous le promets.

---

### AU MÊME

*Chez ma sœur, 19 septembre 1798.*

J'aurais voulu, avant de vous écrire encore, devenir plus digne de vous entretenir de mes pensées et de mes sentiments ; mais vous seriez trop longtemps sans recevoir de mes nouvelles, et j'aime mieux me montrer à vous dans toute mon imperfection que de vous faire souffrir. Je recouvrerai peut-être de la force et de la sagesse en me réfugiant auprès de vous.

Je tiens bien mal tout ce que je vous ai promis ; je suis tombée dans une stupeur que je n'ai connue qu'une fois dans ma vie, lorsque, après la mort de mon père, ma sensibilité sembla s'exhaler avec le souffle qui l'animait. Mon cœur est vide.... Cet état ne m'est pas venu tout d'un coup ; si j'en avais été assaillie, j'aurais combattu la force par la force, et j'aurais sans doute triomphé de ma faiblesse. Mais la mélancolie est venue lentement s'emparer de toutes les avenues de mon âme, et elle dispose de toutes mes facultés.... Je ne suis point triste cependant, et je ne pleure pas ; je ne désire rien, je ne veux rien, que sortir de cet état, aimer la vie et jouir du bonheur qui m'attend. L'abandon, l'isolement, le vide ont succédé à une vie pleine de charme, aux délices de l'amitié, aux sublimes élévations de la vertu et de la piété. Je me suis trompée sur le régime qui me convenait; je ne soupirais, en vous quittant, qu'après la solitude, et j'aurais dû, au contraire, me sauver, me consoler dans les bras d'une amie.

Je suis comme un être inanimé qui craindrait de recouvrer la vie en recevant l'étincelle du sentiment.... Il m'est presque impossible d'écrire; je lis, je travaille, je raisonne..... de beaux raisonnements, en vérité !... J'ai beau me rendre compte de ma faiblesse, je la sens parfaitement, mais je suis comme ces imaginations frappées qui se voient toujours entourées de fantômes. Le mien, c'est de croire souvent que je ne vous verrai plus, que je suis destinée à ne plus me retrouver avec vous. D'autres fois il me semble entendre une voix intérieure qui m'avertit que vous êtes tout près de moi, tout près.... Cela ne me paraît pas impossible, je crois entendre vos pas, et déjà plus d'une fois je suis sortie de ma chambre pour aller dans celle qui la précède; je fixe mes regards sur la porte, elle s'ouvre, c'est vous que j'aperçois, je respire, et la paix est rendue à mon âme.

Ne croyez pas pourtant que toute mon existence soit renfermée dans cette esquisse de ma déraison. Je suis encore libre dans ma manière d'agir, et j'ai fait quelque bien depuis que je vous ai quitté. J'en ai été peu touchée, mais je ne méconnais point le bonheur que j'ai eu d'avoir été l'instrument de quelques bonnes actions; vous en jouirez pour moi.

J'ai porté la consolation dans deux familles inquiètes et affligées, j'ai déchiré le voile de tristesse qui les enveloppait ; leur chagrin est dissipé, leurs malheurs sont réparés. Pour cela il m'a fallu leur donner les deux premières journées que j'ai passées ici, ce qui n'a pas peu contribué à l'état où je suis, parce que j'ai dû m'arracher continuellement à moi-même. Je n'ai pas eu le temps de penser à vous ; j'ai été obligée de m'occuper constamment des autres. Puis j'ai fait un mariage, j'ai réhabilité l'honneur d'une douce et faible créature qui avait porté la douleur dans toute sa famille ; il ne m'en a coûté que de la fermeté, un peu de prudence et *dépense d'esprit* (vous savez qu'on éblouit les faibles par là), et de légers sacrifices pécuniaires. En hasardant un peu et en profitant de renseignements pris sur mon chemin, je suis aussi parvenue à réunir des êtres qui ne s'étaient pas vus depuis longtemps, et le père, la mère, les sœurs ont pleuré de joie en serrant dans leurs bras leurs enfants, leurs frères. J'en ai été témoin et, en partie, l'auteur. J'en remercie Dieu, mais tout cela n'est pas *vous*, et je ne vis plus qu'en vous.

Il y a ici une pauvre femme à l'hôpital avec son mari ; elle est accouchée, elle n'avait rien, rien ; je lui ai donné un peu de linge et je lui ai acheté ce qu'il fallait à son entretien dans ces jours de douleurs et de faiblesse. Je l'ai veillée pendant deux nuits, je l'ai entourée de ces soins qui seuls satisfont l'humanité en préservant une créature abandonnée et souffrante. Je vous raconte cela, mon ami, pour vous prouver que j'ai agi, malgré ma détresse morale, et que j'ai tâché d'utiliser ma vie. Il y a eu un concours particulier de circonstances qui m'ont permis de servir mon prochain, mais je l'ai fait comme par ressort, et sans que mon âme se soit réjouie de ce bienfait que je sais si bien apprécier d'ailleurs.

Je suis obsédée d'affaires ; il m'est venu plusieurs de nos anciens fermiers ; il faut tout débrouiller avec eux, mais tout me rappelle le meilleur des pères, le propriétaire de tout cela, celui que j'ai perdu et que je regretterai à jamais. Je ne peux pas vous dire comme ma tête est troublée. Partout je retrouve le nom de mon père, son écriture, ses dispositions, sa volonté : elles me sont sacrées, je ferai tout ce qu'il a voulu faire.

Je demande à Dieu que vous receviez ma lettre dans le même esprit qui me la fait écrire, dans un esprit de droiture et de vérité. N'ayez pas une opinion trop indigne de moi ; soyez sûr que tout ce qui tient à une austère observance du devoir m'est toujours sacré.... Parlez-moi le langage qui me convient et qui me fera du bien, celui de la sagesse et de la religion. Mon âme est malade, et je suis venue vous la confier. Oh! mon ami, ne montrez point ma lettre à Camille.... Si, si, montrez-la lui, qu'il me voie telle que je suis ; j'ai tant d'affection pour Camille ! — Adieu, bien cher ami ; n'est-ce pas, vous me promettez de ne pas vous affecter de ma lettre ?

---

AU MÊME

Schlestadt, 20 septembre 1798.

Depuis que je suis votre fiancée, cher Joseph, toute mon existence est transportée en la vôtre : je gagne bien à l'échange. N'en ayez point de regrets, vous verrez que vous ferez encore quelque chose de bon de votre amie, et qu'elle pourra vous faire honneur.

En me donnant votre portrait, qui est très ressemblant, vous avez fait une action pleine de charité, mais croiriez-vous qu'il me fait mal à voir? Je le regarde pourtant à toute heure.... C'est bien lui, dis-je chaque fois, et au même instant je sens que ce n'est pas vous!

Je vous ai parlé, dans une autre lettre, d'un peu de bien que j'ai eu le bonheur de faire ici; voici quelques détails. D'abord j'ai remis à la pauvre veuve l'argent que vous m'aviez donné pour elle et ses enfants; il ne pouvait venir plus à propos pour les soulager dans leur détresse. Je les ai trouvés accablés d'un malheur encore plus grand que leur misère. L'une des filles, jeune et faible créature, avait été séduite par un jeune homme qui a longtemps demeuré ici et que je connais pour l'avoir vu souvent chez ma sœur. La pauvre petite, se trouvant enceinte, a avoué son malheur à sa mère qui en a été dans la désolation et qui attendait mon arrivée avec impatience, pour prendre conseil. Le jeune homme ne se souciait pas d'épouser la jeune fille, parce qu'elle n'avait pas de fortune, ni lui non plus, et qu'ayant des talents et un extérieur agréable, il espérait se faire un jour, par un autre mariage, un sort avantageux. Bref, il avait déclaré ne pouvoir épouser celle qu'il avait abusée par ses promesses, et il s'était retiré, à trois lieues d'ici, dans une ville que j'ai habitée autrefois.

Lorsqu'on m'eut dit tout cela, j'allai le trouver, le lendemain de mon arrivée, avec la victime de sa séduction. J'ai employé toute mon éloquence, tout ce que le cœur a pu m'inspirer, pour le convaincre de la nécessité de rendre le repos et l'honneur à une jeune personne, à toute une famille, qui n'étaient malheureuses que par lui. Il alléguait toujours le manque de fortune, et voulut reculer la décision jusqu'au moment où il obtiendrait une place qu'il sollicitait. Lorsque je sus quelle était cette place, je lui promis de tout faire pour qu'elle lui fût accordée, mais à condition qu'il se mariât dès qu'il en serait pourvu. Il demandait à être chef de bureau au département. J'écrivis aussitôt aux connaissances que j'ai à Strasbourg afin qu'on s'employât pour lui, et j'engageai le jeune homme à porter lui-même mes lettres. Il est parti et est revenu hier, pourvu de la place que je lui souhaitais tant; elle lui rapportera mille écus, indépendamment de ce qu'il pourra gagner d'un autre côté.

Les publications seront affichées aujourd'hui, le mariage aura lieu lundi, et il partira sur-le-champ avec sa femme. Là où ils iront, on la croira mariée depuis longtemps ; ici, on ignore sa grossesse et on ne saura point l'époque de ses couches, de sorte qu'elle ne sera pas compromise dans l'opinion publique. Je donne au nouveau couple des effets dont je peux disposer, et qui lui seront de grand secours dans les commencements d'un ménage. Toute cette famille est maintenant consolée et renaît au bonheur. Je ne puis vous dire combien je goûte celui d'avoir pu y contribuer, et j'ai voulu que mon ami en jouisse avec moi, s'unisse à moi pour remercier la Providence qui nous permet de répandre quelques consolations sur des malheureux.

Le médecin m'a grondée d'avoir veillé et soigné des malades, et m'a dit que je ferais bien de partir d'ici et de me distraire un peu. Au moment où vous recevrez cette lettre, je serai chez Pfeffel avec ma bonne Frédérique, bien portante de corps et d'âme, presque tout à fait heureuse.

Je réunis à présent toutes mes facultés et tous mes sentiments pour vous prier de me pardonner ce qui a pu vous déplaire dans mes lettres. Il est très humiliant de voir son jugement dépendre quelquefois d'une organisation nerveuse plus ou moins forte. Mon âme a été nourrie dans la peine; le bonheur lui est dangereux. J'ai surtout besoin de modérer ma sensibilité; apprenez-moi à élever au-dessus de ses atteintes, au-dessus des événements de la vie, l'attachement que je vous porte, à le fixer dans ces régions où l'absence et le temps perdent leur influence, où, en se confondant avec l'adoration de Dieu, il ne formera plus qu'une céleste harmonie et un bonheur inaltérable. C'est là que je vous appelle, ô mon digne ami! c'est là que je veux identifier mon âme avec la vôtre! ô mon Joseph! soyez pieux, soyez bon, aimez-moi! Je sens déjà mon courage se relever, je vais rentrer dans la carrière de mes devoirs et réparer cette faiblesse passagère qui m'a tant fait souffrir. Adieu, cher Joseph; adieu, cher Camille.

## A JOSEPH et CAMILLE JORDAN

1ᵉʳ jour de l'an VII (22 septembre 1798), dans l'église de Grüsenheim.

Voici un jour consacré à nous souvenir plus particulièrement de ceux qui nous ont précédés dans le séjour de la paix et qui nous ont édifiés pendant leur vie. Je suis venu le passer là où mes parents ont vécu, où ils sont morts; je me suis longtemps agenouillée sur leur tombe, puis je me suis réfugiée dans cette église que mon excellent père a si souvent visitée, sur ce banc où, prosterné devant l'Éternel, il lui confiait ses vœux et ses peines, où son cœur si droit s'épanchait avec tant d'abandon. Enfin, me voici de nouveau devant cet autel où mon âme s'est ouverte aux consolations religieuses; c'est ici que, pendant tant d'années, j'ai demandé à Dieu la connaissance du meilleur et la force dans l'adversité. Une heure s'est écoulée dans le souvenir du passé, dans la méditation de ma situation présente, dans la comparaison de l'avenir qui m'attend avec les années qui sont derrière moi. Tout me remplit de confiance, d'amour et de reconnaissance pour le souverain arbitre de nos destinées.

Soyez béni, ô mon Dieu! d'avoir uni mon âme à l'âme de Joseph,..... de Joseph en qui je trouve tout ce que je désire sur la terre, lui qui me tient lieu de tout ce que j'y ai jamais possédé! — Joseph, j'ai promis que vous serez heureux, et je sais bien ce qu'il faut faire pour cela. Il me semble avoir reçu un nouvel être; je dois le consacrer à mes devoirs envers Dieu et envers vous.

Et vous aussi, cher Camille, vous n'êtes pas oublié dans ce lieu saint; ma voix vous appelle, mon cœur est près de vous, mes bénédictions s'élèvent jusqu'au trône de l'Éternel, et sont le pur hommage de l'amitié reconnaissante. Ami, aidez-moi à devenir digne de vous et de Joseph : c'est le dernier, le plus grand bienfait que j'attends de vous.

Dans six semaines, il y aura trois ans que mon père cessa de souffrir; il y a trois ans maintenant que je vivais encore pour lui, uniquement pour lui. Je me représente encore sa démarche, sa voix et ses traits : cette image est gravée dans le plus profond de mon cœur. Les regards de ma mère et de mon père sont arrêtés sur moi; ils sont témoins de mes actions, de mes résolutions ; sans doute ils m'aideront à les accomplir. Je suis pénétrée, à leur aspect, d'une respectueuse admiration : je les vois avec Dieu, je les vois jouir, après avoir souffert, de la récompense. Ils avaient aussi souffert pour moi, ils m'avaient appris à aimer Dieu et sa loi, ils m'ont laissé de grands exemples..... Mon ami, tombez à genoux, vénérez avec moi ceux qui m'ont donné la vie, qui me protègent encore du haut du ciel, dont la mémoire me fortifiera lorsque je serai près de faiblir.

---

### A CAMILLE JORDAN

Schlestadt, chez ma sœur, 24 septembre 1798.

C'est à vous, cher Camille, que je veux confier la pénible émotion que m'a causée M. de X*** [1] en venant tout à coup chez ma sœur, lorsque je le croyais à trente lieues d'ici, me dire un dernier adieu avant d'aller remplir des fonctions honorables et lucratives dans une contrée lointaine d'où il ne reviendra probablement jamais.

Il nous a lu, à ma sœur et à moi, plusieurs passages d'un journal qui a un cachet militaire et historique, où il a consigné tous les évènements qui lui sont arrivés et ceux dont il a été le témoin ; il y est question de moi presque chaque jour. J'éprouvais, à l'entendre, un si grand embarras, qu'il s'en aperçut et renonça à continuer cette lecture. J'essayai

---

1. C'était un jeune officier qui avait conçu une vive affection pour M<sup>lle</sup> de Rathsamhausen, mais avait dû renoncer à l'espoir d'obtenir sa

de le consoler, d'élever son âme à Dieu, et je l'assurai de l'intérêt que je prendrai toujours à sa destinée. Il est parti le lendemain pour son grand voyage, après m'avoir dit que son dernier vœu était rempli, puisqu'il m'avait vue.

J'étais si affectée de ce qui venait de se passer, que je résolus de partir pour Grüsenheim, de m'agenouiller sur la tombe de mes parents et de passer la journée en prières et en méditations. Je m'enfermai dans l'église, et là, loin du commerce des hommes, épanchant mon âme tout entière devant le souverain juge, me retraçant ma conduite dans une circonstance que je n'avais pu ni prévoir ni éviter, je recouvrai tout mon calme, toutes mes forces, et je m'abandonnai à Dieu avec ce sentiment de paix et de sérénité qu'on éprouve quand on a fait ce qu'on a dû faire.

Jamais je n'ai tant senti combien Joseph m'est cher, que pendant les vingt-quatre heures dont je viens de vous faire le récit. C'était sa pensée qui me prêtait force et raison, pour me montrer ferme et bonne en même temps. On dit *amour de Dieu, amour de la vertu, amour de ses amis, amour de la patrie;* ces sentiments sont bien dans mon cœur; je pourrai donc dire aussi, *amour de Joseph,* sans que cela soit une profanation. Dites comme il vous plaira, vous vous exprimerez toujours mieux que moi.

Maintenant, cher ami, vous qui êtes mon confident, mon appui, un véritable frère pour moi, dites-moi si vous ne trouvez pas que j'aime Joseph un peu plus qu'il ne faudrait pour rester dans les bornes de la sagesse. Car, quelque pur et saint que soit un sentiment, il doit avoir une mesure, et l'amour même de Dieu peut devenir un excès, comme, par exemple, chez M<sup>me</sup> Guyon. Je dois vous avouer que je n'ai jamais éprouvé un sentiment comme celui qui m'attache à votre meilleur ami. Si vous avez une théorie sur la manière d'aimer, qui enseigne à diriger son cœur lorsqu'il n'est plus à soi, faites-m'en part; je ne veux que le meilleur en toute chose, et je vous promets toute ma bonne volonté pour suivre vos avis.

Dites-moi bien vite si Joseph est content de moi, de la conduite que j'ai tenue dans une situation si embarrassante. Mon âme est en paix, grâce à Dieu; j'ai retrouvé l'équilibre entre la raison et le sentiment, et c'est ce qui constitue le bien-être moral.

Savez-vous, cher ami, ce qui me fait aussi du bien? C'est un souvenir qui me touche et m'élève, c'est de vous avoir vu arriver à Fribourg, fatigué, épuisé, tombant de lassitude, ne vous plaignant pas, ne faisant semblant de rien, et jouissant en plein du bonheur que vous procuriez et que vous aviez payé si cher [1]. Cette image m'est toujours présente : qu'elle peint bien le dévouement de l'amitié ! Quand donc reviendra le jour où je pourrai de nouveau goûter à vos côtés un bonheur angélique? Adieu, ami bien-aimé, je vous bénis du fond de mon âme pour tout ce que nous vous devons, Joseph et moi.

---

1. Camille Jordan n'avait pu venir qu'à grand'peine et à pied à Fribourg, pour s'y retrouver avec M. de Gerando et M<sup>me</sup> de Rathsamhausen venue d'Alsace pour une entrevue avec les deux amis, ménagée par Camille Jordan.

## A JOSEPH

### A FRIBOURG-EN-BRISGAU

Au Bocage, 26 septembre 1798.

Me voici de nouveau dans les régions de l'amitié, dans cette atmosphère qui me convient, la seule où je puisse vivre. J'ai déjà passé plusieurs heures avec Pfeffel et sa fille; je leur ai rendu compte de mon voyage; j'ai parlé de Camille et de Joseph à des personnes qui les aiment, j'ai épanché mon cœur en entier... Que cela m'a fait de bien! Qu'il est salutaire de respirer l'amitié et d'exhaler la confiance! Ma santé, mon âme, mon esprit, sont complètement revenus. Cher Joseph, le premier usage que je dois faire du retour de mes facultés, c'est de vous demander pardon de ma faiblesse et de vous promettre de n'y plus retomber. En vous quittant à Tübingue, je ne croyais pas qu'on pût vous chérir davantage, mais je le sens à présent. Je ne redoute plus le souverain empire que vous exercez sur tout mon être; la seule envie de vous complaire, de remplir votre attente, de vous devenir plus chère, est capable de m'élever singulièrement. Il semble que j'ai reçu une autre vie, que je suis douée d'une autre âme, et qu'un rayon du ciel est venu l'éclairer et la purifier. O mon ami! je n'abuserai pas de ces dons sacrés; ils serviront à mon amélioration, à mon bonheur et au vôtre.

Mon cœur n'eût pas été si tristement affecté, sans les efforts surnaturels que j'ai faits en vous quittant, la dureté que je me suis imposée, la sensibilité que j'ai étouffée, et la profonde solitude dans laquelle je suis tombée à mon retour. Là encore, j'ai été mise à de pénibles épreuves, en ne voyant autour de moi que des infortunés qui cherchaient une sorte de refuge dans l'intérêt que je prendrais à eux. Il a fallu m'arracher à moi-même, à mes souvenirs, à mes regrets; mes journées étaient remplies d'actions, mais vides de sentiments, et j'étais aussi inaccessible à la douleur qu'au plaisir. Oh! vous ne savez pas ce que c'est, et j'espère bien que vous ne saurez jamais ce qu'est une machine animée par la circulation du sang, par le jeu des muscles, mais dont il semblerait qu'on a retiré les esprits qui la vivifiaient.

L'ami Pfeffel est venu me trouver, et m'a demandé de lui raconter tout ce que nous nous sommes dit, vous et moi, pendant que nous étions ensemble à Tübingue... Cela n'est pas si mal imaginé... Il me fallait bonne mémoire; j'ai pourtant tâché de le contenter. Dans ce récit j'ai joué le rôle de Joseph, qui a été presque aussi habilement travesti que Virgile, et Frédérique représentait Annette. J'ai bien un peu fait rire notre bon Pfeffel, mais c'était à mes dépens; j'ai voulu satisfaire le désir qu'il m'avait témoigné de savoir *tout* ce que nous nous sommes dit. Il m'a assuré que je serai bien heureuse avec vous et que vous ne le serez pas moins avec moi, et ces paroles m'ont paru venir du ciel, tant elles m'ont fait de bien.

Je me persuade, cher ami, qu'en vivant un jour avec vous il me faudra concentrer et maîtriser le sentiment absolu qui m'attache à vous; il absorberait trop mes facultés et deviendrait fatigant pour vous. Je vous avoue aussi que je serais très fâchée que mon attachement perdît, à vos yeux, de cette élévation et de cette dignité qui lui servent de base et qu'il aura toujours au fond de mon âme. Je le confierai plus souvent encore à Dieu qu'à vous, et Dieu saura aussi mieux le comprendre. Qu'il est doux de sentir le besoin de recourir à lui et de le rendre le premier dépositaire de nos plus vives affections comme de nos plus chères espérances ! Mon amitié pour vous a beaucoup ranimé mon amour pour Dieu ; mon cœur, en se vivifiant, s'est épuré. Je me présente plus souvent devant le trône de mon souverain maître, parce que j'y viens avec sécurité et m'en retourne toujours riche de reconnaissance et d'adoration.

Le journal rédigé par vous et que vous m'avez confié est ma lecture de tous les jours. J'ai repassé hier l'histoire de votre amitié avec Camille Jordan, et j'ai rapproché les époques de ma vie de celles que vous retracez. Pendant que vous suiviez votre destinée sous d'autres climats et par d'autres voies, je remplissais bien différemment la trame de la mienne ; elle a presque toujours été triste et obscure. Le souvenir de chaque année me rappelle une année de souffrances, et pourtant je suis persuadée que j'ai eu plus de bonheur, je dirai même plus de vraies jouissances que personne au monde. Je ne voudrais changer avec qui que ce soit la nature des biens que j'ai goûtés. Peut-être ai-je si bien su les apprécier, parce que je les ai toujours achetés fort cher.

Le tableau de votre jeunesse, les liens qui vous unissent à Camille, m'ont pénétrée de tant de sentiments divers, surtout de sympathie et de respect, que je ne puis assez m'étonner et bénir Dieu du sort qui me place au milieu de vous. Je m'en sens bien indigne et j'en serais confondue, si je ne croyais à la puissante influence que votre vertu doit avoir sur moi. Vous et Camille vous ne faites qu'un, et vous me tirez de la foule immense du commun des êtres liés par leurs faiblesses et leurs imperfections. Je m'en effraye souvent, mais n'ayez pas peur que l'aspect du mariage ne soit pour moi qu'une illusion. Je ne l'ai jamais envisagé avec ces couleurs brillantes qui se ternissent au grand jour. Je ne regretterai pas ma liberté, que le mariage même ne pourra me ravir, parce qu'elle réside dans mon caractère. Mon indépendance a toujours existé dans ma volonté, parce que je veux ce que les circonstances commandent. D'ailleurs peu de personnes ont été aussi souvent éprouvées que moi par la nécessité, l'inconstance du sort et des hommes, les tristes inconséquences de leur caractère. Ce qui m'effraye dans le mariage plus que toute autre chose, c'est son abord si imposant et sévère, ce sont ces devoirs, si augustes et si sacrés, d'épouse et de mère, je dirai même,... de patriote, puisque la femme doit élever ses enfants pour la patrie et qu'elle occupe, quel que soit son rang, une petite sphère dans la société, où elle a des obligations à remplir, des exemples à donner. Je suis pénétrée du sentiment de mon insuffisance ; la comparaison du peu que je suis et de ce que je devrais être me remplit de crainte, et je suis peut-être aussi éblouie de l'éclat d'une existence si noble et si sainte, que le fut le prophète à l'apparition du buisson ardent. Ma tendresse pour vous peut seule me rassurer et me promettre des forces ; elle sera un de mes premiers devoirs, et certes il m'en coûtera bien peu : les autres naîtront tous de ce premier élément. L'amour n'est-il pas l'essence de la Divinité, l'âme de l'univers ? Il saura me transformer en un autre être. Ah ! je sens bien que par vous et pour vous rien ne me sera impossible ;

mais vous seul pouvez me donner le courage nécessaire pour accomplir une si grande tâche, dont le terme sera celui de mon existence.

Ne craignez pas que je me laisse abuser par la perspective des avantages et des jouissances que je puis me promettre d'un changement d'état ; car si j'ai jamais tremblé, c'est bien devant cet éternel engagement. Mais vous-même, cher ami, qui peut-être ne tremblez point, parce que vous êtes plus sûr de vous et accoutumé depuis longtemps à remplir vos devoirs d'*homme*, vous qui êtes familiarisé avec les pratiques les plus austères de la philosophie et de la morale, ne vous flattez pas d'un bonheur imaginaire, incompatible avec les lois qui régissent ce bas monde. Surtout ne vous exaltez point sur mon compte, et disposez-vous à beaucoup d'indulgence. Songez qu'il est donné à très peu de femmes de s'élever au-dessus des autres, et sachez vous contenter d'une compagne dont on ne parlera jamais, pas même dans le cercle de sa société habituelle. Préparez-vous d'ailleurs à ne trouver en elle que les ressources d'un cœur droit et sensible qui donnera toute l'impulsion à ses actions, mais non un esprit qui s'élève jusqu'au vôtre et des lumières qui puissent seconder vos travaux.

Vous connaissez bien déjà mon caractère et mes défauts, et vous espérez sans doute former l'un et corriger les autres. Je vous avoue que j'en doute fort, parce que mes défauts tiennent beaucoup à ce qu'on appelle mes qualités et forment l'enchaînement de mon caractère ; ils sont une conséquence de mon individualité aussi bien que de mon éducation, et ils ont pris de fortes racines. Je ne prétends pas les justifier par là, mais je veux vous prémunir contre la pensée, que vous avez peut-être, de me les voir perdre facilement. J'ai toujours su toutes mes fautes, parce que je vis beaucoup avec moi-même et me rends compte de mes actions; mais je n'ai pas si bien connu tous les défauts qui en découlent, parce que je suis rarement remontée jusqu'à leur source. Tout ce que vous me dites est extrêmement vrai : c'est un miroir fidèle où je reconnais tous mes traits. Mais ma conduite n'est pas aussi passive que vous le supposez, et je ne recours point à des appuis étrangers. Quand je suis avec mes amis, je m'abandonne, il est vrai, à leur direction ; je suis si convaincue de leur supériorité et si pénétrée de l'envie de leur ressembler, que je vois par leurs yeux et sens avec leur cœur. Il n'en est pas de même avec les étrangers, leur opinion a très peu d'influence sur moi; je rentre alors dans l'exercice de mon jugement et de mes principes, et je suis mon propre type.

Je jouis délicieusement de me retrouver libre, sage et forte; il me semble ne respirer que bonheur et tendresse. Ma santé aussi est devenue meilleure, et je ne tousse plus depuis que je vous ai quitté. Tout le monde est enrhumé autour de moi; je fais l'imprudente, et je suis la seule qui aie une poitrine d'airain.

Mes lettres disent peu et j'aurais tant à vous dire! Mon amour-propre, je vous l'avoue, souffre de ce que vous et Camille aurez pensé de mes dernières lettres qui n'avaient pas le sens commun. Parlez-moi davantage de Camille, je veux que vous m'en parliez dans toutes vos lettres ; c'est un besoin de mon cœur, et j'ai autant de droits sur lui que personne au monde, par l'affection que je lui porte.

Vous auriez tort maintenant de me regarder et de me traiter comme une enfant. J'aspire à devenir votre digne compagne, je suis un être raisonnable, qui sent toutes les convenances, qui veut le meilleur, qui emploiera tous ses faibles moyens à le pratiquer. Il ne me reste plus guère qu'un défaut,... c'est de vous aimer beaucoup, beaucoup, mais à tout péché miséricorde !

---

AU MÊME.

Colmar, 1er octobre 1798.

Cher ami, je n'ai que le temps de vous dire quelques mots avant le départ du courrier, mais soyez content de votre Annette, c'est une brave fille. Elle ne comptait pas vous écrire aujourd'hui, et elle le fait à la hâte, parce qu'elle a besoin de s'entendre avec vous.

Vous dites que l'ami de Camille espère obtenir son congé absolu du ministre de la guerre [1]; tant mieux, c'est tout ce qui peut lui arriver de plus heureux. Mais prévenez-le que son congé sera envoyé à sa municipalité, et non pas adressé à lui-même; qu'il devra se présenter en personne, signer sur un registre et sur le congé, qui ne lui sera remis qu'à cette condition. Je ne vois pas d'impossibilité à se conformer à cette prescription, l'ami de Camille pouvant être dans le cas de se transporter, *en vue du meilleur*, dans la ville qu'habite le jeune Augustin [2].

1. Après le siège de Lyon et avant d'être obligé de se réfugier en Allemagne avec Camille Jordan, M. de Gerando avait servi dans un régiment de chasseurs à cheval, qui était en garnison à Colmar.
2. C'était Lyon, patrie de Joseph de Gerando, de Camille et d'Augustin Jordan. Le *meilleur* était la conclusion du mariage qui venait d'être arrêté pour le premier.

Dans celle où vous êtes, vous allez trouver un jeune homme dont je vous ai déjà parlé, M. Schweighœuser fils, helléniste, auteur, poète, homme de talents variés et très moral, mais curieux,... curieux comme une femme. Il va faire imprimer ses ouvrages chez Cotta, je le connais beaucoup. Je crains qu'on ne l'entretienne de moi, de mon voyage à Fribourg, et le mystère qu'il nous importe plus que jamais de ne pas ébruiter serait aussitôt divulgué. Parlez à Cotta pour qu'il se garde de dire qu'il nous a vus.

J'ai reçu hier votre lettre de lundi dernier; elle est un nouveau témoignage de votre bonté. Je ne suis pas encore familiarisée avec les grandes agitations de l'âme. A la mort de mon père je ne me suis point reproché mon état de faiblesse; j'en gémissais assurément, mais sa cause me paraissait devoir l'excuser. Aujourd'hui, il n'en était pas de même, et j'éprouve encore toute l'angoisse de la situation dans laquelle j'ai été jetée. Je redoutais tant de vous déplaire, parce que je ne peux vous déplaire sans blesser votre cœur. Mais je puis vous dire, bien cher ami, que mon âme est maintenant en paix, que je suis entièrement réconciliée avec moi-même, et que cette dernière épreuve me fera même du bien.

Vos lettres sont pour moi un baume de vie; elles sont à côté de moi avec votre portrait. Dès mon réveil je les vois, je les lis, avec de nouveaux sentiments de reconnaissance et d'adoration envers Dieu. N'est-ce pas, cher Joseph, vous m'avez pardonné les erreurs qui m'avaient égarée dans le jugement que je devais porter sur moi-même? Adieu, adieu, mon bien-aimé.

## AU MÊME.

Schlestadt, 3 octobre 1798.

Me voici de nouveau chez ma sœur, parce que j'avais des affaires à régler avec mon beau-frère avant de me rendre à Strasbourg.

Je suis confondue de vous avoir manqué de parole après vous avoir promis raison, courage, empire sur moi-même. Je connais maintenant toute ma poltronnerie morale, j'ai extrêmement peur de moi et je me pardonne peu. Vos lettres m'ont beaucoup aidée à me juger. A présent que je m'observe à une certaine distance, je me reconnais mieux et je sens que je mérite quelque indulgence. Je suis la marche de la nature ; il n'est pas donné à tout le monde de la surmonter. Une autre fois je m'y livrerai même davantage, je n'aurai plus la prétention d'être une autre que moi et de ne pas vouloir me soumettre à ce qui me range dans la classe des créatures ordinaires, tandis que je m'y trouve confondue sous tant de rapports. Vos lettres ont produit l'effet d'une baguette magique qui ranime à la vie un être privé de lumière. Vous me dites précisément ce qu'il fallait me dire, vous me présentez d'une main le flambeau de la raison et de la vérité, de l'autre vous m'attirez vers vous, et je trouve un doux repos au fond de votre cœur.

J'ai tressailli en rentrant dans cette maison et en me rappelant ce que j'y ai souffert par la tristesse et le découragement. Je n'envisage pas ma sœur sans un profond attendrissement ; aimez-la bien, c'est une excellente femme, une aimable créature. Je voudrais la comprendre dans les prières que nous disions tous les jours, et particulièrement à l'intention de son heureuse délivrance.

Je suis bien fâchée du petit échec que je vais donner à votre amour-propre, mais mon beau-frère, tout en vous trouvant parfaitement aimable et m'ayant adressé mille félicitations sur votre personne, donne la préférence à Camille [1]; il m'en a parlé avec enthousiasme et dans un langage qui ne lui est pas ordinaire, tout par exclamations. C'est tantôt sa physionomie, ses yeux si vifs, si spirituels, tantôt sa conversation, son aimable accueil, son ton charmant. Vous pensez bien que j'ai fait mon devoir, qu'en rendant justice à l'un je n'ai pas abandonné l'autre, et j'ai remis l'équilibre dans le mérite des deux amis.

J'ai été singulièrement touchée de la franchise que vous mettez à me parler de mes prétendues prodigalités; j'ai compris ce qu'il vous en aura coûté de me garantir d'une inclination que vous partagez et à laquelle vous aimeriez à m'abandonner. Cher ami, ne nous imposons jamais de réserve l'un envers l'autre. D'où me viendra la vérité, si ce n'est par votre bouche? Est-il possible que nous nous trompions sur nos intentions en nous la disant?

Maintenant c'est à moi à vous rassurer sur tout ce qu'une imprudente générosité pourrait vous faire redouter de ma part, et je le puis hardiment, parce que mes actions ne ressemblent pas à l'inconséquence que vous avez peut-être remarquée dans mon jugement, parce qu'elles sont toujours soumises aux lois précises des circonstances où je me trouve. Les personnes qui vous ont averti de mes libéralités

---

1. Camille Jordan.

auraient dû se souvenir (si elles connaissent ma position) que, dépositaire et maîtresse absolue de la fortune de mon père pendant bien des années, je m'étais imposé la réserve la plus sévère; que depuis sa mort je me suis traitée moi-même en étrangère, pour n'employer ce que j'avais à mon entière disposition qu'au plus prompt arrangement de nos affaires. J'ai donné, il est vrai, j'ai eu le bonheur de sécher quelques larmes, mais c'était en disposant d'objets qui ne pouvaient être une privation que pour moi-même et dans un temps où j'entrevoyais la pauvreté sans tristesse, où je fondais mon indépendance, mon bonheur, sur l'expérience que j'avais déjà faite de pouvoir subvenir à mon existence par le travail, si j'y étais réduite, sans m'en trouver plus à plaindre et sans en être moins fière. J'ai donné lorsque, présumant un terme prochain à ma vie, je voulais embellir mes jours de quelques doux rayons en laissant après moi quelqu'un qui serait bien aise que j'eusse vécu. Donner le bonheur, n'est-ce pas faire une action divine? Pourquoi donc ne me serais-je pas dépouillée de quelques vains ornements, que j'aurais été honteuse de porter dans ma position et avec l'idée que plusieurs autres en seraient heureux?

Quand ma sœur s'est mariée, je lui ai fait présent de presque tout mon petit mobilier, parce que, lui tenant lieu de mère, il m'a été doux de lui faire un léger avantage. Je me suis seulement réservé ce qu'il me fallait pour mon usage, ne voulant tomber dans la dépendance de personne. Par les arrangements pris avec les créanciers de mon père, j'ai été dans le cas d'y mettre du mien, plus que ma sœur; ils ont eu toute confiance en moi, ils ont déposé leurs intérêts entre mes mains. Ma sœur ne leur devait que justice, je leur devais justice et délicatesse. Je m'en suis pourtant tenue strictement à ce que la loyauté me prescrivait, et je n'ai rien fait sans consulter.

Les dons que j'ai faits ont été pris, en général, sur une donation qui nous a été faite par une de nos tantes, et j'ai toujours respecté les intérêts que ma sœur avait en commun avec moi. Je suis plus pauvre, il est vrai, d'une dizaine de mille francs, mais je m'y suis réduite dans un temps où âme qui vive ne pouvait s'en ressentir, où je ne compromettais que ma propre aisance, et où ma position particulière me dictait quelques sacrifices envers les créanciers de mon père. Avec ce qui devait me rester, j'aurais pu me suffire si je m'étais fixée dans ma solitude de Grüsenheim, comme j'en ai longtemps nourri le projet.

J'entre dans tous ces détails, mon cher ami, parce qu'il me paraît assez naturel de vous parler de cela comme de tant d'autres choses, et puis pour vous prouver que si je n'ai usé qu'avec réserve d'une fortune que je pouvais regarder comme mon propre héritage, si la succession de mon père n'est restée solvable que par mes soins et les sacrifices que je m'étais imposés, il n'est point probable que je sois moins prudente lorsqu'il s'agira de conserver le bien-être de ceux à qui je devrai tout. Je ne vois le bonheur que dans l'espérance de répandre quelque jouissance autour d'eux, et la moindre privation qu'ils éprouveraient par ma faute deviendrait mon tourment perpétuel. Je puis vous dire que sous tous ces rapports vous me trouverez disposée à un excès de scrupule plutôt que de prodigalité, me défiant beaucoup de moi-même lorsque je crois en avoir quelque sujet. D'ailleurs d'autres principes conviennent à une autre position, et je ne calculerai plus mes moyens d'après mes besoins personnels. J'espère qu'à cet égard, comme sur toute autre chose, nous nous entendrons parfaitement et n'aurons qu'une volonté toujours réglée sur la loi du meilleur.

4 octobre.

Ne craignez rien pour mes convictions religieuses ; elles ne sont fondées ni sur l'habitude ni sur les préjugés. A onze ans, je ne connaissais encore de religion que celle qui m'avait été révélée par le cœur ; je suis devenue catholique alors, telle que ma raison a pu me le permettre. J'ai adopté un catholicisme pur et éclairé ; j'aurais eu le courage de choisir une autre religion, si j'en connaissais qui me convînt davantage. Les pratiques qu'elle me commande sont approuvées par mon jugement, parce qu'elles font du bien à mon cœur, et je les trouve sages pour cette raison même. Il me semble quelquefois que cette croyance et ce culte sont faits pour moi, tant ils suffisent à mes désirs et préviennent mes besoins. J'ai rencontré peu de catholiques tels que j'aurais *pu* et *voulu* l'être, mais je me suis éclairée de leurs lumières et j'ai admiré les vertus austères de quelques-uns. Je ne risque point de changer d'idées, parce qu'elles assurent mon repos et que je m'y livre avec une entière sécurité. Je n'ai point fait un système de ma religion, j'en ai fait un sentiment *universel* et la base de tout l'édifice de ma moralité, en même temps qu'elle est devenue pour moi une sorte d'optique qui me présente tous les évènements de la vie. J'ai passé bien du temps avec des protestants auxquels j'aurais voulu ressembler, les croyant bien meilleurs que moi, mais ils ne m'ont pas fait abandonner mes convictions, parce qu'elles ne sont pas la source de mes défauts et m'en préservent, au contraire, assez souvent peut-être. La bonne foi que je porte dans ma religion m'en garantit la bonté; celui qui sait tout n'en demande pas davantage. Mon âme, en se confondant avec la vôtre, s'élèvera à côté d'elle et en deviendra plus digne de son auteur; mais je ne craindrai pas de suivre avec simplicité la voie qui me soutiendra le mieux dans ma faiblesse. Je ne saurais mieux rendre la manière dont j'envisage la légère différence qui peut se trouver dans nos rapports religieux, qu'en me servant de vos propres expressions : « Admis tous deux à la même table, nous choisissons les aliments qui nous conviennent le mieux. »

La première fois que vous m'avez parlé de vos opinions religieuses, vous avez porté dans mon cœur une lumière qui n'y avait pas encore paru, mais j'éprouvai une douleur qui n'est comparable à rien de ce que j'avais ressenti jusqu'alors. La tolérance, le respect même que j'ai toujours eu pour la croyance des autres, n'existait plus pour vous qui, dès lors, étiez *moi* ; il me semblait qu'une révolution s'opérait subitement en moi-même, et je ne voulais pas me soumettre à son empire. Sans m'en être doutée, sans y avoir jamais réfléchi, je sentais que vous et moi ne sommes qu'*un*. Vous me disiez des choses qui tout à coup me rappelèrent que nous sommes *deux*, qu'il est possible de trouver quelque différence en nous ; mais, il faut vous l'avouer, j'ai été moins saisie de la crainte que vous ne soyez pas ce que je désire, que de l'appréhension que moi je ne vous convienne pas, tant j'étais persuadée que vous êtes un être excellent.

Mais à mesure que vous parliez, mon pauvre cœur se ranimait, et vous avez fini par l'inonder de joie : vous étiez tout ce que je voulais, tout ce que j'espérais, tout ce qui pouvait me pénétrer de respect et d'admiration. Je me confondais de nouveau toute en vous, et je me sentais meilleure. Il ne me restait plus qu'un embarras : je vous connaissais bien, mais vous ne me connaissiez pas encore, et j'étais si bouleversée de tant d'émotions subites, qu'il a fallu remettre les explications que j'avais à vous donner. Depuis ce moment je n'ai plus eu la moindre inquiétude et je me suis toujours sentie en parfaite union avec vous.

J'aurais encore tant de choses à vous dire ! Si je m'en croyais, je ne ferais que vous écrire, sans pouvoir épuiser tous mes sujets. — Ne m'adressez plus de lettres à Strasbourg, je vais retourner à Schoppenvir ; M<sup>me</sup> de Berckheim m'y a beaucoup engagée ; c'est le lieu, sur la terre, où je me trouve le mieux.

J'ai envoyé vos lettres à votre frère. Je me suis gardée de les lire, puisque vous me l'aviez défendu, mais j'en étais bien tentée.

Adieu, frère chéri. Recevez toutes mes actions de grâces ; que chacune de mes paroles vous soit un gage de ma tendresse.

## A CAMILLE JORDAN

Colmar, jeudi soir 4 octobre 1798.

Je vous ai écrit dernièrement une longue et ennuyeuse lettre ; je veux, à cette heure, vous adresser un petit billet bien tendre, qui soulagera mon cœur. Cher Camille, je me surprends quelquefois à passer des quarts d'heure entiers uniquement occupée de votre pensée. Avant-hier, à mon réveil, je me suis retracé tout ce que vous êtes, ce que je vous ai entendu dire, ce que je vous ai vu faire, et mon cœur en a été si ému, que je me suis levée sur-le-champ pour aller trouver Pfeffel et lui parler de vous. Je lui ai fait concevoir combien il faut vous aimer quand on est assez heureux pour vous connaître; je lui ai montré mon cher Camille dans sa bonté, dans sa simplicité, plein de généreux sentiments et de grandeur d'âme. Il m'a été bien doux de lui raconter toutes mes impressions et de verser ainsi dans son sein le trop-plein de ma reconnaissance et de mon affection pour vous.

Le public connaît en vous le *grand homme* que je révère, mais celui qui me touche profondément, qui échauffe mon cœur, qui me fait répandre de si douces larmes, l'*homme bon*, on ne le connaît pas assez : c'est moi qui me chargerai de le peindre, de graver ses traits dans des cœurs dignes de les conserver... Pardonnez-moi, cher Camille, si je ne parviens pas à vous dire, comme je le voudrais, à quel point vous m'êtes cher. C'est un de ces sentiments qui ont besoin du sceau de l'immortalité pour leur pleine manifestation.

Je suis allée dimanche à Schoppenvir avec ma bonne Frédérique; c'était la première fois depuis le départ d'Henriette. En apercevant l'allée de peupliers, dont il vous souvient sans doute, puis en passant devant l'allée de la petite forêt, dont on pénètre la sainte obscurité dès la route, je me suis rappelé, avec une vive émotion, plusieurs matinées passées là avec Fanny, la dernière soirée avec Henriette, nos promenades avec Augustin. Je me suis retracé les images et les douces paroles de mes amis, et ce souvenir a été accompagné de quelques larmes. Nous entrons dans la maison, nous montons sans être aperçues, sans rencontrer personne; je passe devant cette porte qui s'ouvrait si souvent pour me laisser apercevoir le jeune et heureux couple, où j'allais causer de Joseph et recevoir ses lettres. Je cours à la chambre de Fanny, où mon âme s'est purifiée aux rayons de cette âme céleste; mes jambes fléchissaient, tant j'étais émue!... J'entends marcher, je me retourne, et je me jette dans les bras de mon angélique Fanny. Mes forces étaient épuisées, je ne pouvais rien dire, j'ai pleuré; mais en regardant Fanny, je sentais des torrents de bonheur et de joie affluer vers mon cœur. Je contemplais dans ses traits l'image des quatre sœurs, l'image de la vertu et de la beauté; elle me retraçait toute la félicité que j'ai goûtée au sein de cette famille; je me suis enivrée de délicieux souvenirs. M$^{me}$ de Berckheim me reçut avec sa bonté accoutumée; je retrouvais en elle une seconde et tendre mère, la plus digne des femmes, celle qui a répandu tant de bienfaits sur mes jours. Hélas! je la voyais presque seule, après avoir été entourée d'une si nombreuse famille qui était son plus bel ornement. J'ai baisé sa main, je l'ai serrée dans mes bras, j'ai recueilli une de ses larmes.

Nous avons maintenant beaucoup de nouvelles des contrées méridionales. Henriette y plaît au delà de tout ce qu'on s'en était promis; Louise[1] aussi, même *infiniment*; Emma enchante par ses grâces et ses talents. Chaque lettre qui vient de là nous apporte le bonheur. Joséphine[2] redouble d'attentions délicates pour Henriette;

1. Depuis M$^{me}$ Scipion Perier.
2. Une des sœurs de MM. Perier.

sa belle-mère la comble de soins et de bontés ; chacun s'empresse à la dédommager du sacrifice qu'elle a fait en quittant une famille où elle était si heureuse. Victoire[1] convient beaucoup à Louise et Henriette, elles se sentent puissamment attirées vers elle. Scipion fait le charme de leur société. Celui de ses frères, qui porte votre nom[2], est particulièrement protégé par Louise ; on dit que c'est un prodige d'application, de connaissances et de vertus précoces.

Croiriez-vous que mon amour-propre a beaucoup souffert de vous avoir écrit de si sottes lettres après notre séparation ? Je ne me pardonne pas cette prétention épistolaire que je ne me connaissais pas encore. Adieu, mon bon Camille, je vous embrasse bien tendrement. Il est impossible que vous m'aimiez autant que je vous aime ; je suis fâchée d'avoir l'avantage sur vous, mais c'est écrit ainsi au fond de mon cœur.

## A JOSEPH

*Samedi soir 6 octobre 1798 (à l'auberge de Strasbourg, où Augustin Perier, Henriette et Fanny ont passé quinze jours).*

J'ai manqué la diligence que je comptais prendre pour venir ici ; on m'avait trompée sur l'heure de son passage. Je suis allée, le soir, à Marckolsheim ; pendant que j'y étais, arrive le courrier qui dépose son paquet à la poste aux lettres où je me trouvais en ce moment, et je vois au

---

1. Une autre sœur de MM. Perier, depuis M<sup>me</sup> Tesseyre.
2. M. Camille Perier, qui a été préfet et pair de France.

fond de la carriole une dame qui était, par hasard, une de mes connaissances. Quoiqu'il n'y eût place que pour elle et le courrier, que ne ferait-on pas pour moi, et à quoi ne me serais-je pas décidée, pour ne pas manquer à Strasbourg l'auteur de *Pétrarque*[1] pendant qu'il y règne? On s'arrange, la voyageuse me prend sur ses genoux comme la moins pesante, et me voilà, à dix heures du soir, encaissée, cahotée, écrasée, et écrasant encore plus les deux autres qui, pourtant, ont pris généreusement patience. Nous arrivons à *porte ouvrante*, personne n'est levé; impossible d'aller frapper à une autre porte que celle d'une auberge. J'obtiens une chambre, je me couche, je me réchauffe, je dégourdis un peu mes membres, et je me lève à dix heures, accablée, brisée, pouvant à peine marcher, mais ma poitrine restant invulnérable.

Les personnes de ma connaissance, chez lesquelles j'aurais pu loger, ne se trouvaient pas en ville. Je n'ai pas osé sortir aujourd'hui, tant j'étais fatiguée, et j'ai écrit à l'auteur de *Pétrarque*, qui m'a promis de venir me voir ce soir. J'ai passé ma journée à remettre un peu d'ordre dans ma tête, l'équilibre entre la raison et le cœur : ce n'est pas chose si facile. Si je ne prenais bien garde à moi, je retomberais dans ces vilaines tristesses qui font tant de mal; mais soyez tranquille, je vous réponds de moi. Je m'occupe sans cesse, je n'accorde rien à ma paresse d'esprit, à cette habitude de me laisser entraîner par les premières idées qui me saisissent. Je ferme tout accès aux préoccupations de l'avenir, je m'en tiens à ce qui peut m'être utile et à profiter du présent.

---

1. Nous rappelons que c'était l'auteur de poésies imitées de Pétrarque, qui était ainsi désigné.

Je voudrais, cher ami, vous garantir de cette inquiétude qui vous dévore trop souvent, de cette agitation d'esprit qui minerait sourdement votre bonheur, si vous n'y preniez garde. Le tourment de ce que vous ne faites pas vous aveugle sur l'utilité de ce que vous faites. C'est pour vous aussi quelquefois une source de mélancolie; enfin c'est une imperfection morale qui vient d'un excès de perfection, si je puis m'exprimer ainsi. Je ne vous cacherai pas qu'elle aurait une fâcheuse influence sur moi; les personnes que j'aime ont une action sympathique qui agit puissamment sur mes organes; j'aurais beau vouloir en préserver mon esprit et mon cœur, j'en ressentirais toujours le contre-coup. Je recevrai de vous, plus que de tout autre, les impressions que vous éprouverez.

Vous savez combien m'est cher notre ami B..., mais une vie commune ne me conviendrait pas. La vivacité de ses émotions, les emportements de son imagination, les orages qui s'élèvent en lui me mettraient à mort. Je ne puis vous dire quelle réaction a souvent exercée sur moi cette fougueuse organisation. Des personnes qui me sont étrangères, de quelque manière qu'elles soient modifiées, ont très peu d'empire sur moi : nos êtres semblent hétérogènes. Mais je cesse d'exister par moi-même, dès que mon cœur est soumis au charme du sentiment.

Je continue ma lettre après avoir vainement attendu de vos nouvelles pendant quatre jours. Je n'ai pas eu le courage de voir une seule de mes nombreuses connaissances, hors mon ancien médecin. Je suis si bouleversée de votre silence, que je n'ai pu me résoudre à quitter la solitude que je me suis faite; j'aurais peur, en voyant du monde, que chacun, en me regardant, ne me demandât: Qu'avez-vous donc? Que vous est-il arrivé?—Il me faudra pourtant sortir de ma coquille aujourd'hui ou demain. La belle-mère de Lonny est revenue en ville; elle a des bontés particulières pour moi, je lui suis très attachée, et je passerai probablement chez elle le peu de jours que je compte encore rester ici. Dès lors je me lancerai dans le grand monde, aimant mieux y être tout de bon et remplir tous mes devoirs de société, si je ne puis faire à ma guise en restant seule.

J'ai l'âme singulièrement oppressée, mais je ne fais qu'en effleurer les profondeurs; je serais perdue, si je me permettais de les sonder.

Adieu, mon ami, soyons surtout bien unis dans nos prières. Ce lien nous permet de nous passer de tous les autres, c'est le seul qui nous restera toujours. « La religion, a dit un poète allemand, est la chaîne d'or qui unit la terre et le ciel, et dont le premier anneau est entre les mains de Dieu. » Remontons souvent jusqu'à ce premier anneau, et alors reposons-nous en paix, arrivés au véritable terme de toutes nos aspirations.

Je ne pense guère à vous sans me rappeler votre cher Camille; il est tout naturellement compris dans mon affection pour vous. Dites-moi aussi à quel point il m'aime; j'ai un immense besoin d'occuper une place dans son cœur.

## AU MÊME

*Strasbourg, 10 octobre 1798.*

Mon cher ami, je n'y tiens plus, point de lettre encore ! Il serait plus charitable de m'enterrer toute vive, je ne souffrirais pas tant. Vous me devez réponse pour cinq ou six lettres. Ce matin, l'espérance me soutenait un peu ; je vais à la poste, je n'y trouve rien. Quatre courriers sans un mot de vous ! Est-ce concevable ? J'en suis atterrée, mon cœur est brisé ; je ne verrai personne aujourd'hui, je ne puis m'y résoudre.

Je ne veux pas cependant vous accabler de mes plaintes ; peut-être êtes-vous aussi malheureux que moi. Je m'en vais prier Dieu pour qu'il vous donne la paix, la santé, le bonheur, toutes ses bénédictions, pour qu'il me soutienne dans une si poignante angoisse ; lui seul peut me consoler : qui a Dieu possède tout. Je vais le prier aussi pour tous ceux qui souffrent... Hélas ! où me réfugier ? Je n'ai pas une âme, ici, à qui je puisse me confier, point de bras qui me soient ouverts pour me recevoir. O Seigneur, ayez pitié de moi !

Je ne suis pourtant pas si mauvaise. Si l'on savait comme mon cœur est bien intentionné pour tout le monde, personne ne me ferait souffrir, ne me condamnerait à de si cruels tourments... Je vais bien aimer Dieu, mon prochain, vous aussi, cher Joseph et cher Camille. Rassurez-vous, le ciel me protègera ; j'ai toute confiance en lui. Je sens venir des larmes, je vais être soulagée ; mais, de grâce, écrivez-moi, chez Frédérique ; car je ne serai plus ici.

11 octobre au matin.

Vous seriez-vous douté que cette Annette, autrefois fille assez douce, très calme, toujours maîtresse d'elle-même, serait transformée par un élément terrible qui la bouleverse d'un moment à l'autre, qui fait qu'elle ne se possède plus, parce que des lettres lui manquent? C'est pourtant la vérité, telle est ma position.

Hier j'avais résolu de passer ma journée dans ma chambre et d'exercer sur mon esprit l'empire que je suis bien décidée à obtenir de ma raison. Mais la belle-mère de Lonny est venue me voir, elle a voulu m'entraîner avec elle, elle a vu que je souffrais. Je lui ai dit que j'éprouvais de vives contrariétés et que je me sentais trop maussade pour me trouver avec qui que ce soit. Ce lui fut une raison pour insister davantage, et je n'ai pu lui refuser de dîner avec elle, mais je l'ai quittée de bonne heure.

Il m'a été impossible de dormir, toutes mes idées étaient aussi noires que les ténèbres de la nuit; j'ai cru sentir les approches de la mort. Cher ami, je ne suis pas contente de moi, je vous l'avoue. Je ne retrouve plus ce calme religieux qui me soutenait au-dessus des événements passagers de cette vie. Mon agitation intérieure ressemble au tumulte des passions.... Je me les figure du moins ainsi; ainsi doit être une âme troublée par elles. Mais ne croyez pas, quel que soit le sort qui m'attend, que je resterai dans cet état; il n'est pas digne de la fiancée de Joseph.

Je viens d'entendre sonner dix heures; j'ai tressailli, un frisson s'est emparé de moi. Demain, à la même heure, j'irai réclamer vos lettres, si j'en ai la force, ou je les enverrai prendre. Mais s'il n'en venait point encore !... Alors Dieu sera là pour me soutenir. Hier, aujourd'hui, j'ai prié de toute mon âme ; je prierai encore, je me soumets d'avance à tout. Si j'étais d'un autre sexe, je n'aurais pas hésité un instant, et je serais déjà auprès de vous ; mais je jouis en quelque sorte de faire ce sacrifice à ce que je me dois à moi-même, et de voir que l'être le plus faible *doit* et *peut* exercer le plus d'empire sur lui-même.

11 octobre au soir.

On est encore venu m'arracher à ma solitude. J'espérais que le mauvais temps me dispenserait de sortir, mais à midi passé, une amie est venue me chercher en voiture ; je n'avais plus d'excuse. Je suis rentrée de bonne heure ; je ne puis m'occuper à rien ; je n'ai qu'une pensée, ou plutôt je n'ai qu'une douleur qui m'absorbe entièrement : tout mon être est souffrance. O mon ami ! tant de peines devaient-elles encore m'être réservées ?

J'ai pris aujourd'hui un livre dans l'espoir qu'il m'offrirait une distraction ; il commence par ces mots que je traduis de l'allemand : « Je te salue, doux asile de mon enfance ; sous ton humble toit résident le bonheur et la tendre charité qui cache le bien qu'elle fait. Et vous, arbres vénérables, prêtez-moi encore l'abri qui a couvert les jeux folâtres de mes premiers ans, lorsque, sans inquiétude et sans soucis, comme les oiseaux qui peuplent votre feuillage, je voyais gaiement s'écouler ma vie, et que je n'avais point encore connu le malheur. Ici au moins, si je ne suis pas heureuse, je serai tranquille ; je pourrai attendre en paix que l'orage de l'infortune soit passé, et que « *les bras de mon père se rouvrent pour me recevoir.* »

J'ai fermé le livre ; je ne pouvais continuer cette lecture qui réveillait en moi tous les regrets du passé, en me rappelant le jour où, pour la dernière fois, *les bras de mon père se rouvrirent pour me recevoir.* — Demain, à dix heures, je recevrai mon arrêt de vie ou de mort. Demain, oh! que de siècles encore d'ici à demain !

Je vous envoie ces feuilles, quoique toute honteuse de ma faiblesse ; mais il faut que vous me connaissiez, que vous me jugiez telle que je suis, au moins telle que je suis devenue. Ma souffrance a quelque chose de passionné que je déplore, qui n'est digne ni de vous ni de moi, et que je veux absolument rectifier. Mon attachement pour vous doit toujours conserver un auguste caractère.

Que je vous confie le projet que j'avais conçu cette nuit : c'était d'attendre encore jusqu'à mardi prochain, et si rien n'était venu, je partirais pour Tübingue. J'irais à la poste, pour y déposer un petit billet antidaté, où je vous annoncerais l'arrivée d'un monsieur qui aurait bien voulu se charger de mes commissions et qui réclamerait de vous une prompte réponse. Elle serait reçue et lue par moi ; je serais informée de ce que vous êtes devenu, de ce que vous faites, de votre santé ; je vous suivrais de loin dans une de vos promenades, je vous contemplerais sans que vous vous en doutiez ; j'apprendrais la cause de ce cruel silence et je repartirais sans que vous, ni Camille, ni personne ici, en sût rien. Cela était arrêté dans ma tête, confirmé par ma réflexion et ma pauvre raison ; car je me disais que si par un semblable voyage, je pouvais sauver la vie à quelqu'un, je le ferais et que sans doute on l'approuverait, que je

serais donc autorisée à le faire pour conserver la mienne.
— Mais il faudrait que de la vie on n'en sût rien, sans quoi
je serais déclarée folle, et c'est ce que je ne pourrais supporter.... Je m'étonne à présent de mon extravagance....
Adieu, adieu, pardonnez-moi. Ma pensée est sans cesse
avec vous; êtes-vous bien convaincu de toute mon affection?

---

## AU MÊME

*Chez ma sœur, Schlestadt, 14 octobre 1798.*

Au moment où je quittais Strasbourg, j'ai reçu enfin deux
de vos lettres qui ont mis neuf jours à y venir; demandez
à Cotta d'où cela provient. Que Dieu soit béni d'avoir mis
fin à mes perplexités!

J'ai hâte de vous dire que *Pétrarque*[1] vous assure la
procuration dont vous avez besoin, mais il ne faut pas tarder à venir, car il quittera sa place au commencement de
brumaire. Vous devrez être muni d'un passeport suisse (et
comme si vous étiez Suisse), visé au secrétariat de la légation française ; vous passerez par Kehl. Dès votre arrivée à
Strasbourg, allez chez *Pétrarque* et parlez-lui sans témoin.
Il vous accompagnera, pour qu'on vous délivre la procuration nécessaire à la continuation de votre voyage. Dès
qu'elle vous sera remise, prenez la diligence et arrêtez-vous

---

1. Butenschoen, qui était alors le chef de l'administration à Strasbourg.

au *Bocage*, où nous serons prêts à vous recevoir. Vous pourrez, dès le lendemain, aller voir Pfeffel à Colmar.

Pressez l'envoi de votre congé ; s'il n'arrivait pas à temps à Strasbourg, vous attendriez un peu, puis, si vous ne l'aviez point, il faudrait aller le chercher vous-même. Je vous recommande une excessive prudence ; la surveillance des portes d'entrée à Strasbourg est très sévère, de nouveaux ordres sont encore arrivés à ce sujet.

Je suis ici depuis hier soir, accablée de fatigue, étant venue de Strasbourg dans un chariot, parce que les voitures publiques sont fort chères depuis l'établissement des barrières. Je coucherai demain à Colmar où mes affaires me retiendront vingt-quatre heures, et j'irai de là au *Bocage*. J'espère y trouver, à mon arrivée, vos lettres arriérées. Ma bonne Frédérique, je lui en demande pardon, avait bien maladroitement arrangé les moyens de me les faire parvenir.

Employez votre ami de Berne et faites-vous recommander au secrétaire du chargé d'affaires en Suisse ; il vous expédiera sans doute la signature qui vous est nécessaire. Pressez-vous, sans cela vous viendrez trop tard. On a de grands soucis en ce monde, vous et moi nous en savons quelque chose ; mais si vous obtenez ce que vous désirez, vous n'aurez pas à aller loin. Adieu, je suis bien à vous, vous le savez.

AU MÊME

Au Bocage, 17 octobre 1798.

Je suis ici depuis hier, et j'y ai trouvé trois lettres de vous et deux lettres de Camille. Jamais je n'ai été si abondamment pourvue. Pardonnez-moi, cher ami, mes extravagantes inquiétudes sur votre silence, mais n'est pas maître qui veut de son imagination et de son cœur. Vous êtes tous deux les êtres les plus indulgents que je connaisse; c'est une belle vertu quand on a soi-même si peu besoin de l'indulgence des autres. Vous me trouverez à l'avenir plus raisonnable, plus patiente et maîtresse de moi. J'ai beaucoup à réparer, ma réputation de sagesse à réhabiliter; je vous le promets, et je vous tiendrai parole.

Hâtez-vous de venir, car le protecteur que vous avez à Strasbourg quittera cette ville incessamment. Votre passeport suisse ne suffira pas, s'il n'est pas signé par le citoyen Bignon à Bâle; faites-le donc commander d'une manière pressante. Mon cœur bat bien fort en pensant que le moment où nous nous reverrons est peut-être très proche.

J'ai reçu hier une lettre d'Augustin Perier. Ils comptent tous me voir chez eux, à Grenoble, avant la fin de l'hiver; vous y serez attendu au printemps, et à l'automne ils me ramèneraient ici ou chez vous. Tel est leur plan, et c'est peut-être le meilleur. Je ne vous cacherai pas néanmoins que si ma pensée visite souvent les bords de l'Isère, elle est encore plus attachée aux rives du Necker, et qu'un plus grand éloignement me coûterait fort. Dites-moi donc si vous croyez que vous irez voir Augustin au printemps. Depuis que je suis à vous, mes vœux ne m'appellent plus qu'où vous êtes ; il me semble que ma destinée m'y fixe autant que mes sentiments. Cela n'empêche que je me trouverais bien là où je devrais être, au sein de l'amitié ; mais je redoute l'éloignement, ces grandes distances où on languit quinze jours avant de recevoir signe de vie. Je ne voudrais pas pourtant tromper l'attente de mes amis et leur donner lieu de concevoir l'injuste idée que j'ai moins d'empressement qu'autrefois à me rapprocher d'eux. La vérité est que je les aime peut-être plus que je ne les ai jamais aimés ; mais je vous aime encore plus qu'eux, et ma vie est où vous êtes. Nous pourrons arranger cela quand nous nous verrons.

Je remercie Camille de ses deux bonnes lettres ; je les ai eues très tard, mais elles m'ont rendue bien heureuse. Quoique sa lettre à Fanny ne tirât point à conséquence, il m'eût été pénible d'en avoir été la messagère mystérieusement. J'ai donc écrit à Fanny et je lui ai conseillé d'en avoir la conscience nette ; une mère comme la sienne doit posséder sa confiance en entier. La lettre a été montrée à M<sup>me</sup> de B***, n'a pas été blâmée, et Camille est fort avant dans ses bonnes grâces[1]. Adieu, mon bien-aimé. On vous recevra avec empressement au *Bocage* et à Colmar ; on m'a chargée de vous en assurer.

---

[1]. M<sup>lle</sup> de Rathsamhausen avait conçu et favorisait un projet de mariage entre son amie Fanny de Berckheim et Camille Jordan ; mais avant que ce projet eût pu se réaliser, il fut rompu par la fin prématurée de M<sup>me</sup> de Berckheim.

## AU MÊME

*Au Bocage, vendredi soir 19 octobre 1708.*

Le trouble de mon cœur, cher ami, en a mis un peu dans ma correspondance. Me voici maintenant dans une douce retraite que j'espère ne pas quitter de sitôt; je me trouve au centre de mes affaires, et je puis les suivre facilement, tous les biens qui me restent avoisinant ce lieu. Combien j'ai été tourmentée par la crainte du mal que mes lettres ont pu vous faire! Je m'accuse de n'avoir eu aucun ménagement pour le meilleur des hommes. Je veux mettre fin à ce flux et reflux continuels de chagrins, dont je suis toujours la première cause, et vous la victime.

Si j'ai pu vous paraître exagérer mes craintes et ma douleur, je vous ai pourtant dit vrai, dans la situation où je me trouvais alors; mes expressions étaient encore au-dessous de ce que j'éprouvais. Mais cette terrible exaltation n'est pas plus mon caractère et mon âme, qu'elle ne peut représenter la céleste douceur de mon amitié pour vous. D'ailleurs c'est une expérience qui me manquait encore : je m'essaye à une nouvelle existence (je ne puis envisager autrement les rapports qui m'unissent à vous). Chacun des incidents qui remplissent maintenant ma vie est pour moi une utile leçon; ils m'apprennent à reprendre l'empire de mes facultés prêtes à s'abîmer entièrement dans un sentiment unique.

Je vous dois un aveu : il y a une source de trouble et d'agitation en moi-même que vous avez peut-être déjà découverte, mais dont je ne vous ai point encore parlé. Je me soumets quelquefois avec peine à un sentiment qui s'est emparé despotiquement de toutes mes facultés ; je tâche de résister à un courant qui m'entraîne, à des émotions que je n'ai pas encore éprouvées et dont la vivacité m'effraye. Je voudrais imprimer à ma tendresse ce caractère paisible, égal, modéré, dont mon imagination aime à revêtir la perfection morale à laquelle je voudrais atteindre. L'habitude aussi que j'ai contractée, dès ma jeunesse, d'imposer à ma sensibilité pour la soumettre à ma raison, me met en contradiction avec mon cœur ; il en résulte des combats presque involontaires, où le cœur triomphe pourtant toujours, mais jouit moins de sa victoire parce qu'il ne la possède plus si librement.

Vous penserez peut-être qu'il vaudrait mieux rentrer en France ailleurs que par Kehl ; moi, je n'en crois rien. On arrête par ici de tous côtés ; beaucoup de gens s'abusent sur leurs pouvoirs, et leur bêtise pourrait vous susciter des difficultés que la loi ne fait pas. Vous serez d'ailleurs, en tout cas, obligé de vous présenter à Strasbourg. Je vous le répète, n'allez jamais qu'au *plus sûr*.

Que le ciel vous protège et vous récompense ! Vous êtes si bon pour moi, pour tous, mais pour moi surtout ! Il est onze heures passées ; je cesse ma lettre pour me conformer à vos conseils, je vais me coucher ; de saints et doux souvenirs vont précéder mon sommeil.

Au Bocage, jeudi soir 25 octobre 1798.

A peine ma lettre était-elle partie, que j'ai reçu la vôtre huit jours après sa date.

Avez-vous joui ce soir, comme moi, du spectacle de cette belle lune sortant d'un nuage d'azur pour s'élever majestueusement au-dessus de l'horizon ? Oh ! mon ami, comme mon cœur a volé vers vous, en franchissant les montagnes qui nous séparent ! Bientôt ma pensée m'a portée plus loin, dans la même direction, et j'ai vu mon Octavie ; je l'ai remerciée de tout le bien qu'elle m'a fait par ses exemples et par sa tendresse. Puis, en détournant mes regards, j'ai aperçu ces sommets élevés et blanchis par les neiges [1] qui cachent à ma vue, et non à mon cœur et à mon esprit, mon excellente Henriette, notre cher Augustin, Joséphine que je révère comme le plus beau modèle de vertu que j'aie jamais contemplé, Joséphine si bonne à aimer et à imiter, Louise, dont l'âme tendre et sublime s'attache à tout ce qu'il y a de meilleur.... J'ai retrouvé aussi, dans le cercle que parcourait ma pensée, notre Amélie [2], également bonne et belle, Amélie, habitant une grande ville, jouissant des plaisirs qu'elle offre, voyant tous les jours la sensation qu'elle y fait par sa beauté, admirée de tous, adorée, mais non moins simple, modeste et pleine de candeur que lorsque, vivant au sein de la famille et de la retraite, elle ignorait encore tous les avantages dont la nature l'avait douée.

En me promenant dans la grande allée du jardin avec Fanny, sa main serrée dans la mienne, nous arrêtant à

---

1. Les Alpes dauphinoises.
2. M<sup>me</sup> la baronne Fritz de Dietrich.

chaque pas, appuyées l'une sur l'autre, toutes deux également émues, enivrées du souvenir de nos amis et des bienfaits de l'amitié, nous venons de passer ainsi une demi-heure délicieuse, qui renfermait un siècle de vie et de bonheur.

J'ai fait un pénible retour sur moi-même; j'ai considéré l'ordre de l'univers, l'harmonie des êtres, la perfection de la nature. L'homme seul (moi surtout) est toujours en contradiction avec lui-même, combattant ses faiblesses, triomphant rarement, sujet à l'inconstance, et souvent dans un humiliant état d'abaissement. Comment! moi qui suis ce qu'il y a de plus intelligent dans la création visible, doué du sentiment universel de tout ce qu'elle renferme, en relation directe avec Dieu, remplissant par son ordre une mission ici-bas, peut-être près d'être appelée en sa présence, destiné à le contempler, à l'adorer éternellement,... je ne passe pas un jour, sinon à enfreindre sa loi, du moins sans agir avec une inconséquence singulière, offrant un contraste frappant avec la perfection qu'il a établie dans ses ouvrages et avec ce concert sublime qui retentit dans l'immensité des mondes et dont les harmonies se répètent et se perdent dans l'infini! Mais si le sentiment de ma faiblesse m'a affligée, je n'ai point perdu celui des avantages qui me sont accordés. J'ai renouvelé de bonnes résolutions; j'espère ne point consulter en vain ce miroir de l'âme, qui réfléchit la moindre tache, et *concevoir*, *sentir* ce que j'ai éprouvé ce soir, c'est une jouissance qui n'appartient qu'à l'être créé à l'image de Dieu.

Dimanche matin.

Je continue ma lettre après avoir été obligée de l'interrompre pendant deux jours. Ma santé est parfaitement bonne, mais les nerfs me jouent de mauvais tours. Ils ne font pas sur moi l'effet ordinaire, qui est d'agir sur l'humeur et sur le caractère; ils ne me rendent ni capricieuse ni méchante ou triste, mais ils obstruent mon jugement, et je deviens nulle. Vous pensez bien qu'au bout du compte je ne suis guère aimable, et c'est toujours une situation pénible. Il me faut alors du calme, de la liberté, le temps de rentrer en moi-même, pour prendre le dessus sur une organisation que je tiens bien moins de la nature que des agitations dont ma vie a été troublée.

J'ai reçu avant-hier une de vos lettres, mais d'après son numéro d'ordre, il en manque deux. J'ai des craintes très vives dont je cherche en vain à me défendre. J'ai peur que vous ne soyez parti avant que ma dernière lettre vous soit parvenue. Si un beau zèle vous a pris, voyant vos affaires terminées, vous n'aurez pas attendu ma réponse. Le cœur m'en bat; je ne dors pas, ou si le sommeil me prend, je me réveille en sursaut; je ne sais où ni comment, ni avec quel succès vous avez pu rentrer. Enfin, il faut se confier à la Providence. Si je n'ai pas mérité sa grâce particulière, elle vous assistera pour l'amour de vos vertus, pour l'amour de Camille et de tous ceux qui trouvent leur bonheur en vous.

On débite de folles histoires sur le compte d'*Immortelle*[1].

---

[1]. On sait que c'était le surnom donné à M<sup>lle</sup> de Rathsamhausen.

Édouard Mounier[1] a dit à un ami qui a passé chez lui qu'elle épouse Q\*\*\*. Celui-ci honteux, dit-il, de venir du pays et de n'en rien savoir, a eu l'air d'en être fort bien instruit, et a confirmé la nouvelle en la certifiant. Comment trouvez-vous cette bouffée d'amour-propre d'un jeune auteur qui s'est cru offensé et compromis par ce mystère? D'un autre côté, le beau-frère d'*Immortelle* a aussi confié à des amis qu'elle se marie; mais comme il n'est pas bien instruit de la chose et ne sait de quel nom baptiser le futur, il a été obligé de l'abandonner aux conjectures des curieux. On a décidé que c'est un riche négociant de Cherbourg, dont elle a fait la connaissance il y a trois ou quatre ans, et qui l'aurait depuis peu demandée en mariage. Une de ses cousines lui en a fait compliment ces jours derniers, à sa grande surprise; elle n'a pas de peine à détruire ces contes bleus, mais elle en est assez ennuyée.

Il est vrai, cher ami, que nous ne sommes ni vous ni moi dans l'ordre que nous prescrivent la Providence et la raison. Voyez comme nos jours se consument dans l'inquiétude et les troubles de l'imagination; nous vivons comme si nous marchions au bord d'un précipice; il me semble voir de gros nuages amoncelés sur ma tête et prêts à se résoudre en un terrible orage qui fondra sur moi… Que dis-je, sur moi? Mais ce *moi* n'est plus qu'un simulacre; je n'existe plus qu'en vous, c'est en vous qu'il faut me chercher et m'anéantir, si le sort veut m'atteindre. Le mal que me cause cet état d'angoisse, tant au moral qu'au physique, me fait quelquefois désirer d'en sortir promptement, d'accélérer notre union et de rentrer ainsi dans la voie de mes

---

1. Fils du député à l'Assemblée constituante.

devoirs en m'appuyant sur vous. D'un autre côté, et c'est ma pensée la plus constante, je sens la nécessité de me vaincre au lieu de céder à des vœux secrets; je sens surtout qu'il me faut devenir plus digne de vous et des obligations qui m'attendent. Vous le voyez, je vous dis tout ce que je pense. Je crois surtout que nous devons sanctifier le bonheur que nous espérons, par une aveugle soumission aux retards qu'il plaît à Dieu d'y apporter encore. Réunissons-nous mieux encore, bien cher ami, pour nous livrer à ce doux abandon, à cette confiance sans bornes que doit inspirer à ses enfants de la terre le Dieu du ciel et de l'univers, ce Dieu qui, en retour de ses bienfaits et pour une vie éternellement heureuse, ne demande que les prémices de notre cœur. Si nous sommes destinés à vivre encore quelque temps séparés l'un de l'autre, réjouissons-nous de faire la volonté de Celui sans qui rien ne se fait.

## A CAMILLE JORDAN

Mercredi 31 octobre 1798.

Je n'ai qu'un moment, cher Camille, pour vous dire un mot, pour vous annoncer que votre ami est arrivé sans encombre. Je pense à vous à tous les instants, j'ai le cœur oppressé de vous savoir seul, et presque par ma faute. J'espère que vous ne le serez pas longtemps, je ferai tout ce qui dépendra de moi pour accélérer le retour de Joseph; j'en sens la justice et j'en partagerai les douceurs, car vous savoir heureux, ô mes amis ! est le premier besoin de mon cœur.

Vous verrez par la lettre ci-jointe que vous êtes chéri dans ce pays, partout où vous êtes connu, et que votre souvenir y est soigneusement cultivé.

Me voici contente, paisible... à peu près, car je vous avouerai, mon ami, que je ne goûte pas encore un bonheur parfait ; j'ai été trop agitée, trop inquiète pour ne pas m'en ressentir. L'incertitude où j'étais sur la réussite du voyage de votre ami m'a beaucoup fait souffrir ; j'avais dû pourtant lui conseiller ce voyage lorsque je l'ai cru utile. J'ai ensuite été surprise et émue de le voir arriver au moment où je venais de lui conseiller le contraire. Enfin j'espère qu'il n'aura pas à s'en repentir, et si son cœur a été soumis à une pénible épreuve, il faut l'attribuer aux circonstances et s'en consoler par la pensée que la raison, la volonté de faire pour le mieux, nous ont tous guidés. Si je n'avais envisagé ce voyage comme un devoir, j'aurais préféré me soumettre encore à une longue séparation plutôt que d'éprouver toutes les perplexités par lesquelles j'ai passé.

Mon ami me pardonnera de lui écrire si peu, ou plutôt il m'en dédommagera par une jolie petite lettre, où il me répétera qu'*il m'aime bien*. Je serre dans mes bras ce bon frère, que je me plais à honorer et à chérir de toutes les facultés de mon âme.

## A LA BARONNE DE STEIN

Schoppenvir, 5 novembre 1798.

O ma bonne Octavie, ma tendre amie, ma sœur, que de choses j'ai à t'apprendre ! Combien j'aurais aimé à te les apprendre plus tôt, si les embarras qui s'ensuivaient ne m'en eussent empêchée, et surtout si leur incertitude ne m'eût fait préférer le silence aussi longtemps qu'il n'y a eu que du vague à te dire ! Je n'ai jamais lu sans un profond attendrissement les lettres tracées par ta main, que nos amies m'ont communiquées, et où je trouvais l'assurance de ton bonheur et les témoignages de l'amitié que tu me conserves. Tous les jours, chère Octavie, mon cœur bat pour toi à l'heure mystérieuse dont nous sommes convenues de penser l'une à l'autre devant Dieu ; je me transporte auprès de toi, je te contemple au milieu de ta famille et de tes occupations, je te suis dans la vie que la Providence t'a destinée. Ta douce et sainte image m'apparaît, ton exemple m'élève, m'arrache à moi-même pour me faire devenir meilleure, et je trouve toujours dans mon Octavie le modèle, la consolation, l'exquise jouissance que m'ont offerts les premières années de notre liaison. Tu seras toujours la bien-aimée de mon âme, belle et bonne Octavie.

Tu te rappelles le voyage que j'ai fait avec Henriette, au mois de juillet, de l'autre côté du Rhin. L'affection que Joseph avait déjà pour moi s'accrut encore, et je la payais d'un retour sincère, mais sans projets arrêtés d'avenir : je n'en sentais pas le besoin. Ce n'est pas que l'idée d'une union n'existât dès lors ; mes amis l'avaient conçue, et je n'eus pas de peine à l'adopter. Mais il y avait encore bien des obstacles, et ma santé d'ailleurs pouvait être exposée à des rechutes. Le temps seul devait en décider, et nous nous quittâmes, Joseph et moi, sans nous inquiéter de l'extension qu'il nous serait permis un jour de donner aux liens que nos âmes avaient contractés. J'étais fort heureuse de compter parmi ceux que j'aime un si parfait ami. Quand je fus de retour ici, ses lettres et les miennes nourrirent ces dispositions. Un mois après, je fus obligée d'entreprendre un second voyage dans le même pays, mais seulement dans une ville frontière où j'étais appelée chez des parents pour des affaires de famille. Augustin [1] m'avait accompagnée, et les deux amis, instruits de mon arrivée, se transportèrent dans cette ville. La grande question de ma santé avait été, dans l'intervalle, résolue favorablement. Tout s'était éclairci pour Joseph, et ses vœux ne rencontraient plus d'obstacle ; dès que je parus devant lui, je pris l'engagement de lui appartenir un jour, mais le terme ne pouvait pas encore être fixé. Nous nous vîmes pendant quinze jours, nous achevâmes de nous connaître, de nous *harmoniser*, de nous faire du bien en cherchant à nous perfectionner mutuellement; moi surtout, je reçus de bons exemples et d'utiles leçons, et nous nous séparâmes de nouveau sans prévoir au juste notre réunion définitive. Joseph a écrit à ses parents et obtenu leur consentement; ils vont jusqu'à se montrer très satisfaits du mariage de leur fils. Il est ici depuis plusieurs jours, il tâche d'y arranger ses affaires, et sans doute il ne quittera plus ce pays sans que je sois devenue la compagne

---

1. M. Augustin Perier.

inséparable de sa destinée, peut-être dans un mois, dans six semaines...

Que je te parle maintenant, chère amie, de nos projets pour l'avenir. Nous retournerons auprès de Camille pour ne plus le quitter. En attendant d'autres circonstances, nous habiterons la ville que nous avons visitée l'été dernier, et les deux amis mettront en commun leur fortune. Joseph va recevoir en outre de son père, et en faveur de son mariage, une somme de 24 000 livres, qui lui permettra de s'associer à un négociant de ses amis: Voilà donc une assez jolie fortune assurée, un *pays neutre* à l'abri des chances politiques. Les deux amis sont singulièrement considérés dans le pays qu'ils habitent; ils en ont reçu les témoignages les plus flatteurs et sont sûrs d'être protégés à tout événement.

Joseph me promet un voyage à Nordheim[1], et j'y compte d'autant plus qu'il partage mon empressement à l'exécuter. Je ne me possède pas de joie en pensant que peut-être d'ici à six mois je reverrai mon Octavie; que je vivrai de nouveau à ses côtés. Bien chère amie, partage un peu tout le bonheur que je me promets.

Joseph est le meilleur des hommes, meilleur encore que nous ne l'avions tous cru; il est impossible d'avoir une âme plus pure, plus tendre et en même temps plus énergique pour le bien. Il a la simplicité d'un enfant, avec un esprit philosophique éminent et une piété douce sans mysticisme. Il travaille douze, quatorze heures par jour, à des ouvrages de morale, à des recherches philosophiques, à un traité de psychologie qu'il compte publier bientôt, et où il établit un système tout nouveau sur les facultés humaines. Il a un

---

1. Résidence du baron et de la baronne de Stein.

besoin immense de faire du bien aux hommes, d'être utile à la société, de répandre le bonheur autour de soi. Son ami, son digne émule, est doué d'un esprit charmant et d'un cœur qui n'a pas moins de prix. Ne penses-tu pas, chère Octavie, qu'il sera délicieux de passer sa vie entre ces deux êtres, de pratiquer la vertu à côté d'eux, et de répandre quelques agréments sur leurs jours en se dévouant à eux?

J'apprécie bien tous ces avantages, ô mon amie! mais je suis effrayée de ce changement d'état, des devoirs qu'il fera peser sur moi; ma faiblesse me fait craindre de ne pas les remplir comme je le devrais, et Joseph est trop au-dessus de moi pour ne pas m'imposer un peu. J'espère me trouver mieux lorsque tout sera accompli, et comme on dit qu'il y a des grâces d'état, je saurai sans doute, avec de la bonne volonté, suffire à celui qui m'est destiné.

Gronde-moi, mon amie, si je le mérite; viens aussi me soutenir et m'encourager. C'est un terrible pas à franchir que celui qui vous conduit aux devoirs d'épouse et de mère, qui vous assigne un rang dans la société et vous impose des obligations nouvelles envers des inférieurs et des supérieurs. Il n'y a rien là qui te coûte, ma tendre amie, tu avances noblement dans le chemin qui t'est tracé; tu as toujours su te soutenir et t'élever plus haut; ton âme est grande et généreuse, il ne lui faut d'autre dédommagement aux plus grands sacrifices que son propre témoignage et celui de la raison. Je crois, mon Octavie, que je saurais aussi jouir de l'approbation de ma conscience; je crois qu'il y a dans mon cœur les moyens de contribuer au bonheur de ceux que j'aime; mais il me reste tant à refaire, à corriger, à acquérir! Je suis parfois bien misérable... Viens à mon secours, toi, le premier ange consolateur qui ait volé vers moi dans les premières années de mon délaissement. Il me semble distinguer bien clairement le bonheur dans l'avenir, mais je ne le goûte pas encore; aide-moi à le posséder bientôt dans toute sa plénitude, et ce sera un nouveau bienfait de ta céleste amitié.

### A CAMILLE JORDAN

Schoppenvir, 7 novembre 1798.

Il est juste, mon cher ami, que celle qui vous prive de Joseph cherche à vous en dédommager, et je ne saurais mieux y réussir qu'en vous parlant de lui, et de ce qui se passe autour de lui. Je veux vous rendre un compte fidèle de nos pensées et de nos actions, un compte fidèle..., ah! ne l'espérez point, je le tenterais en vain. Le cœur et ses jouissances ne s'analysent pas; interrogez le vôtre, vous y trouverez un écho qui vous répétera comme on s'aime ici, comme on y est heureux, comme on le serait bien davantage si Camille, le meilleur des amis, le plus chéri des hommes, était à nos côtés. Je ne vous le dissimulerai pas, vous manquez à Joseph; votre souvenir l'attendrit, votre image lui est sans cesse présente, son cœur s'élance souvent vers vous. Croyez-vous que je cherche à en arrêter l'essor? Non, je m'unis à lui, je visite, par la pensée, les lieux que vous habitez; nous vous serrons dans nos bras, nous nous écrions ensemble : Sois béni, ô le meilleur des hommes! Sois heureux! Jouis du bien que tu fais! Ceux dont tu as assuré le bonheur ne veulent vivre que pour le tien, et te payeront par leur tendresse et leur reconnaissance tout ce qu'ils te doivent. O mon Camille, si vous pouviez vous douter jusqu'à quel point vous remplissez deux cœurs qui savent aimer, vous souririez à cette image.

Que je vous dise maintenant comment se passent nos journées. On se lève avec le jour, chacun agit de son côté et fait seul un premier déjeuner. Vers neuf heures Joseph paraît au salon, déjà enivré de psychologie; Annette tâche de s'y trouver aussi, *sans intention*. On se salue gravement, on se demande très poliment comment on a dormi, comment va la santé : ce sont des attentions réciproques. Peu à peu les personnes qui se trouvaient dans le salon s'éclipsent et abandonnent la place aux plus constants à se la disputer. On s'assied l'un à côté de l'autre, bien près, dans l'embrasure d'une croisée. Annette rougit un peu du manège de ses alentours qui ont eu l'air de l'abandonner tout exprès pour ménager un tête-à-tête ? c'est embarrassant, convenez-en. Eh bien ! la fausse honte, toujours à côté des filles, fait quelques simagrées, et dans le fond on est fort aise de pouvoir envisager son Joseph sans contrainte, lui répéter qu'on l'aime, et se laisser parfois bien caresser, ce qui est en vérité une douce chose. On croit avoir beaucoup à se dire, et l'on se quitte au bout d'une heure, le cœur encore plein de tout ce qu'on n'a pas eu le temps de se dire. Joseph va travailler, les autres en font semblant, chacun à son petit tripotage, à ses petites occupations, et on ne se revoit qu'à table, à midi. Pendant le repas, Joseph fait l'aimable, dit mille douceurs à droite et à gauche; il y en a pour tout le monde, hors pour une pauvre petite créature qui est, je vous assure, bien douce, bien modeste, et qu'il prend à tâche d'impatienter, de tourmenter, de faire enrager. Cela fait vraiment le scandale de toute la société, et quand on pense que ces deux êtres sont faits pour vivre ensemble, on en tremble. Vous ne vous faites point d'idée de la courtoisie et de la galanterie de Joseph pour nos dames. Il leur distribue des compliments en abondance, il n'en manque jamais l'occasion, dût-il ne la saisir que par les cheveux. Ce soir, ayant entendu chanter Fanny, il lui a dit qu'*il en avait remercié le ciel*; hier il prétendait qu'*il suffirait que du poison passât par les mains de Fanny pour perdre sa maligne influence*. Il dit aussi qu'on ne peut aller à meilleure école que celle de M<sup>me</sup> de Berckheim..., *parce qu'on mange d'excellents mets à sa table*, et c'est à propos de ragoûts allemands qu'il lui a rendu cette éclatante justice. Eh bien ! j'ai l'air de me venger par des impertinences des tours qu'il me joue, mais je suis forcée de vous avouer qu'il plaît infiniment, qu'il est chéri du père et de la mère de Fanny, et que même cette *bonne enfant* ne cesse de me répéter combien elle le trouve intéressant et aimable. Il faut convenir aussi qu'on ne peut montrer plus de bonté, de simplicité, d'attentions délicates et de qualités solides, que Joseph n'en déploie ici. Ne me trouvez-vous pas bien osée de vous tracer un portrait si inférieur à la réalité de celui de notre ami?

Après le dîner, nous lisons ensemble Klopstock ou Voss, nous causons, et les autres lisent aussi ou travaillent de leur côté, et nous ménagent encore un petit tête-à-tête. A trois ou quatre heures Joseph retourne au travail jusqu'à huit heures, où il est appelé par la cloche du souper. Après on cause, Joseph raconte des anecdotes, parle de voyages, un peu de politique, de philosophie, si je ne me trompe; enfin il fait les frais de la conversation. A dix heures chacun se retire, et le lendemain même vie que la veille. Joseph est assez content du travail qu'il a entrepris ici [1]; sa seconde partie avance. Bien loin de l'empêcher, je suis contente de notre raison à tous deux, de l'emploi de notre temps; dix ans d'union ne sauraient nous former davantage.

Joseph ne reçoit pas de nouvelles de Paris; il est très contrarié de ce silence. Comme il n'espère guère obtenir son congé [2] par les voies usitées et déjà entamées, il va s'adresser au Directoire. S'il ne réussit pas, il aura fait du moins tout ce qu'il fallait pour réussir, et il saura marcher comme un autre vers les rives lointaines, où il pourra signaler son courage. J'irai en ce cas chez une de mes parentes qui m'offre une retraite honorable.

Que de fois, dans la journée, nous pénétrons dans votre petite chambre! Nous vous suivons partout; votre image nous est douce et consolante. Dans peu nous serons auprès de vous; je vous enverrai Joseph, si je ne pouvais encore l'accompagner de quelque temps. Mon bon Camille, le sacrifice que vous avez fait, l'isolement où vous vous trouvez, se mêlent à toutes nos jouissances; je n'en supporterais pas l'idée, si je ne savais que cela ne doit guère durer, et si, au fond de mon cœur, je n'avais l'espérance de vous en dédommager un jour par notre tendresse et notre reconnaissance. Soyez un peu touché de la certitude que vous êtes tout ce que nous avons de plus cher au monde.

---

1. Le *Traité des signes et de l'art de penser*, dont la minute fut copiée par M$^{lle}$ de Rathsamhausen et M$^{mes}$ de Berckheim, et qui remporta le prix proposé sur ce sujet par l'Institut de France.

2. M. de Gerando, après avoir été contraint de se réfugier de l'autre côté du Rhin, avait été admis comme volontaire dans le 6$^e$ régiment de chasseurs à cheval en garnison à Colmar.

Joseph a reçu des lettres de ses parents ; celle de sa mère est tout à fait bonne et m'a beaucoup touchée, celle du père a cinq pages ; il plaisante, il raisonne, il parle de son fils avec grande estime, et paraît jouir du lien qui l'unit à vous et des succès que lui préparent ses travaux. J'ai l'espoir de retrouver une famille dans la famille de notre ami, de pouvoir chérir une bonne mère, honorer un second père ; je ferai tout ce qui dépendra de moi pour mériter leur affection et contribuer à leur bonheur.

Je ne vous parlerai point de Fanny, j'en laisse le soin à Joseph. Au commencement il a eu l'air de faire un peu l'indifférent à la vue de cette délicieuse petite créature ; sa philosophie, peut-être sa prudence, ne lui permettaient pas de l'admirer autant qu'elle le mérite ; mais ce sage accompli a fini, tout comme un autre, par rendre hommage à sa grâce et à sa beauté. Le père et la mère de Fanny me chargent de les rappeler à votre souvenir ; celle-ci voudrait bien connaître Camille dont nous lui parlons tant. Peut-être, au printemps prochain... Il est question d'un voyage à Carlsruhe, à Nordheim ; il serait si naturel de se trouver sur leur chemin ! Mon cœur bat fort à chaque idée de réunion d'amis, il en est de si douces ! Vous rappelez-vous celle du mois de juillet, qui se renouvellera, je l'espère ? Adieu, mon excellent ami.

AU MÊME.

Chez M. Pfeffel, à Colmar, 26 décembre 1798.

Il ne me reste que peu de moments avant le départ du courrier, mais ils me suffiront pour instruire mon cher Camille de ce qui se passe parmi nous, et me permettre un petit reproche sur son silence à mon égard. Joseph me lit à peine une ou deux lignes de vos lettres ; vous ne me dites mot, je suis donc plus que jamais privée de vos nouvelles, et je vous assure que je le sens bien.

Que vais-je vous dire, mon excellent ami ? Demain se fera la première *assignation*, décadi prochain l'*assignation formelle* qui confondra pour jamais les destinées de votre meilleur ami et d'Annette. Je n'ai point l'âme tranquille, je vous l'avoue ; il s'agit de tout le sort de Joseph, de tout son avenir.... Mais je suis un être bien faible, bien insuffisant pour répondre à tant de confiance ; je le sens et m'en effraye. Je cherche à me rassurer de mon mieux, je me dis combien le découragement serait dangereux en ce moment, je me dis de rassembler toutes mes forces, tout mon caractère, toute mon âme, pour exécuter le bien autant que j'en ai la volonté, pour m'y vouer sans réserve. Je me jette dans le sein de Dieu, j'espère tout de son assistance. Il ne voudra sûrement pas que Joseph, le meilleur des hommes, devienne malheureux, et il disposera tout pour lui servir de récompense. J'espère que je serai un instrument entre ses mains, pour combler les vœux de mon bien-aimé. Cher Camille, encouragez-moi, répondez-moi du bonheur de votre ami, apprenez-moi à devenir digne du sanctuaire que je vais habiter. Vous m'avez envoyé de bien jolies choses, mon bon Camille; je suis toute parée de vos dons, un charmant collier, des boucles d'oreilles, sans oublier le beau portefeuille que Joseph m'a remis de votre part dès son arrivée.

Il finira son manuscrit pour l'Institut après demain, peut-être ce soir. Il a reçu, à ce sujet, une charmante lettre de Garat. Pensez à nous, mon bon Camille, surtout à l'heure où votre âme se recueille plus particulièrement pour s'élever vers son auteur. Nous vous bénissons à chaque heure de notre existence. Je ne saurais vous le dire assez, nous sommes à vous, à vous plus qu'à personne, et nous le serons toute notre vie.

## II

# LETTRES

ÉCRITES PAR

## MADAME DE GERANDO

APRÈS SON MARIAGE

# LETTRES

DE

# MADAME DE GERANDO

APRÈS SON MARIAGE

---

A LA BARONNE FRITZ DE DIETRICH

Colmar, vendredi soir, janvier 1799.

Que ta dernière lettre m'a touchée, ma bien bonne Amélie ! Que j'aime à recueillir dans mon cœur tout ce qui se passe dans le tien, à me voir l'objet de ta confiance et de ton amitié ! Oh ! tu m'es bien chère, mon Amélie. Le moindre nuage qui passe sur ton front m'attriste, et ce qui t'arrive d'heureux me pénètre de joie. J'espère que ton bon Fritz[1] ne te causera plus aucune inquiétude, j'espère que tout se disposera autour de toi de manière à te laisser goûter pleinement le bonheur qui t'attend, et à permettre à chacun de le partager.

J'ai aussi besoin, mon amie, de déposer dans ton cœur la tristesse que nous cause le départ de ton excellente mère, de ma généreuse bienfaitrice. J'ai encore si peu de

---

1. Le baron de Dietrich, qui venait d'être malade.

temps à passer dans ce pays, que tous les moments que je puis consacrer aux personnes qui me sont chères me deviennent précieux. Nous nous arrangerons pourtant de manière à voir encore quelques jours ta mère lorsqu'elle t'aura quittée. Combien de fois n'ai-je pas envisagé avec douleur le terme de mon existence au sein de ta famille, l'époque la plus heureuse de ma vie, où j'ai trouvé des amies, des sœurs, des parents, qui ont remplacé les miens, où j'ai puisé le peu de bien qui est en moi, l'exemple et l'amour de la vertu! Si désormais mon mari est heureux et s'applaudit de son choix, si Dieu nous accorde des enfants qui nous bénissent, si je goûte le contentement de moi-même, supérieur à toutes les jouissances terrestres, c'est à vous tous que je le devrai.

J'aurais voulu pouvoir écrire aujourd'hui à l'autre bonne Amélie [1]. J'ai à vous remercier l'une et l'autre, mes amies, de vos charmants cadeaux pour mon mariage, à vous gronder un peu de tant de dépense; mais à vous dire, au bout du compte, qu'ils m'ont fait grand plaisir, et que j'ai reçu avec reconnaissance ces touchants témoignages de votre affection.

Bonsoir, amie bien-aimée. Mme de Berckheim te donnera les détails de la noce; tu verras, sans qu'elle l'avoue, combien tes parents ont eu de bontés pour nous. Mon cher Joseph t'offre l'hommage de sa tendre amitié. Aime-le, mon Amélie, il est si bon! Je t'embrasse, je suis heureuse, je suis toute à toi.

---

1. Mme de Dietrich, belle-sœur d'Amélie de Berckeim, mariée ensuite à M. le baron de Sahune.

## A LA BARONNE DE STEIN

Colmar, février 1799.

J'ai besoin de te dire, mon Octavie, que nous devons tout à Camille [1], que notre union est son ouvrage, qu'il s'est prêté à bien des sacrifices dont le plus grand a été de se séparer du compagnon de son existence. J'ai bien appris à le connaître, je l'admire, je le révère, je le chéris tendrement. Il y a en lui un mélange de pénétration et de simplicité, de sensibilité et de gaieté ; il a une âme forte, il est courageux, vertueux et ingénu en même temps, mais son ingénuité est celle d'un enfant qui devine le mal sans l'avoir jamais connu. Je n'ai pas vu d'homme plus aimable, d'une société plus douce et plus intéressante.

Notre avenir, ma bonne amie, est encore dans un vague impénétrable, mon bonheur ne l'est pas. Unie au meilleur des hommes, je suis sûre de me trouver partout heureuse à ses côtés. Son cœur sera mon asile, et ses vertus deviendraient ma force, si j'en avais besoin. Je suis encore bien loin, mon Octavie, d'être digne de celui à qui la Providence m'a associée ; il est au-dessus de moi comme les anges sont au-dessus des humains. Je le respecte et je l'aime comme tout ce qu'il y a de plus pur sur la terre. Pardonne-moi mon enthousiasme, ou plutôt je puis t'assurer qu'il ne se mêle pas d'enthousiasme à mes paroles ; c'est un hommage que je rends à la vertu et à la vérité.

Je t'avoue, chère amie, que je suis un peu effrayée d'a-

---

1. Camille Jordan.

vance de ce que j'aurai à faire en quittant l'Alsace : une nouvelle famille, des figures étrangères, des sociétés, le monde, des convenances sans fin.... Je ne suis pas plus *civilisée* qu'autrefois ; comment me tirerai-je de ce labyrinthe ? Heureusement que mon cher Joseph aime la retraite autant que son père et moi nous l'aimons ; nous nous retirerons donc au milieu des bois ou bien au haut d'une colline, dès que nous aurons satisfait à ce que nous devons à nos parents et à nos amis, et là nous attendrons paisiblement que les circonstances nous permettent de partager le sort de notre famille.

Je me sens un grand désir de bien employer mon temps, de former mon esprit et mon jugement ; j'ai tout près de moi une source inépuisable qui est toute disposée à épancher ses richesses sur moi. Je te dirai même que mon mari attache un grand prix à une vie active et laborieuse, et sans se l'avouer à lui-même, il souffre un peu de me trouver moins instruite qu'il ne l'avait cru ; il me faut donc acquérir tout ce qui me manque. Je t'assure qu'il ne m'en coûtera pas peu. J'ai été longtemps sans oser et presque sans pouvoir, à cause de ma santé, m'occuper à rien de sérieux ; cela m'a fait beaucoup de tort. Maintenant j'ai la perspective de nombreux devoirs, la responsabilité de l'emploi de ma vie, les désirs de mon mari à suivre, et d'une manière d'autant plus indispensable qu'ils ne sont fondés que sur des motifs d'amélioration nécessaire à mon bonheur autant qu'au sien. Je suis quelquefois très abattue, très découragée, disposition dangereuse et qui énerve mes facultés les plus précieuses. Mais cet état de faiblesse ne m'est pas habituel ; j'espère beaucoup du temps, de l'exemple de mon mari, de son indulgente bonté, de ma tendresse pour lui. Je m'élève aussi aux vues de la divine Providence, qui m'a assigné ma tâche ici-bas, tâche si facile et si douce, que je dois être d'autant plus exacte à la remplir. Enfin je me confie aussi un peu dans les facultés de mon cœur animé d'un grand désir de faire le bien et le bonheur de ce qui m'appartient.

Mon Octavie, parle-moi souvent le langage de l'amitié austère et vigilante. Toi, si bonne, si pénétrée de tes devoirs, si courageuse à les remplir, si dévouée à tout ce qui est bien, toi qui ne suis d'autre loi que la loi du meilleur, soutiens ton amie, joins tes conseils à tes exemples. Tu connais toute la puissance de l'amitié, tu as sur moi plus d'empire que tout autre ; je te promets d'être fidèle à ta voix.

Pfeffel et sa famille vont bien. Il a fait des vers charmants pour ta sœur Fanny, tu les trouveras bientôt dans *Flora* [1]. Tu y auras déjà vus ceux qu'il a faits à l'occasion de mon mariage [2]. Il est toujours la bonté même, touchant et magnanime dans son amitié. Tu es souvent nommée dans nos entretiens avec lui, et tu occupes dans son cœur une place qu'aucune autre ne peut remplir. Frédérique est toujours

---

1. Recueil de poésies allemandes qui se publiait alors en Alsace.
2. Il avait eu lieu le 30 décembre 1798. Un prêtre non assermenté était venu donner la bénédiction nuptiale, pendant la nuit, dans une chapelle située sur une montagne des Vosges.
La pièce de vers de Pfeffel était intitulée : *Une fleur d'hiver pour la couronne nuptiale d'Annette*. En voici un extrait (traduit de l'allemand) :
« Le voici donc, le jour de la bénédiction, où la main de la Providence tresse autour de ton front si pur une couronne de roses célestes, que depuis si longtemps elle te réserve, récompense de ta piété filiale. Oh ! quel bonheur pour moi, que mon cœur dans lequel le tien sait lire, n'ait pas besoin d'exprimer tout ce qu'il éprouve, alors qu'il te salue, amie, comme la fiancée du noble homme à qui Dieu a lié ta destinée ! Combien il est doux de recevoir et de donner à la fois la récompense de la vertu ! Jouis longtemps de ton bonheur dans le tranquille sanctuaire de la sagesse

la meilleure et la plus sage des amies, un cœur tendre uni à un esprit élevé, prudent et réfléchi.

Les nouvelles de Grenoble sont assez fréquentes pour nous tenir au courant de ce qui s'y passe. Henriette a reçu son clavecin d'Erard et a joué dernièrement dans un concert public avec un succès prodigieux. Elle est l'idole de tout ce qui l'entoure, de tout ce qui la connaît. Louise [1] se fait aussi beaucoup admirer, et son talent musical n'est pas moins goûté.

Si je devais m'éloigner de cette contrée, mon cœur en souffrirait profondément ; je laisserais derrière moi des êtres qui me sont bien chers, mais je sens aussi que le jour qui me réunirait à toi me dédommagerait de tous les sacrifices et remplirait presque tous les vides. Je suis bien fière, mon Octavie, quand je pense que j'ai une âme qui sympathise avec la tienne.

Parle-moi de tes occupations, du plan que tu t'es formé pour ta vie particulière et ta vie du monde. J'espère que tu ne négliges plus la musique ; les talents sont si agréables, ils sont même si utiles ; ils exercent un grand charme sur ceux qui nous entourent, et quand on les possède déjà comme toi, il faut en faire usage. Continues-tu de peindre ? Fais-tu quelques études suivies ?

Joseph nous a donné, à Fanny et à moi, des leçons de grammaire générale ; tu sais que je n'en avais jamais reçues. Fanny a fait plus de progrès que par tous les autres

et auprès d'un initié des muses, et si, de ta nouvelle patrie, tu tournes vers les plaines éloignées de l'Alsace tes regards rassasiés de désirs, nomme-lui l'ami que des liens anciens et sacrés rattachent à toi, qui dilate son cœur pour lui faire place aussi, et qui à l'entrée de la vallée de la mort et à la pensée du ciel se réjouira encore d'être l'ami d'Annette. »

1. M<sup>lle</sup> de Dietrich, qu'avait épousée M. Scipion Perier.

enseignements ; je suis à peu près aussi avancée qu'elle, et nous continuons maintenant à nous instruire seules dans cette aride science. Joseph a une méthode excellente ; nous n'avons jamais eu de grammaire entre les mains, il nous l'a apprise par raisonnement ; nous avons été obligées de tout trouver nous-mêmes. Nous décomposons des phrases, nous faisons l'analyse de chaque mot, et nous le plaçons dans le rang que la règle lui assigne. De cette manière nous en viendrons à savoir la grammaire de toutes les langues. Joseph nous a fait aussi un cours de littérature.

Adieu, ma bien-aimée. Tes parents se portent bien ; je suis de plus en plus comblée de leurs bontés. Sois fidèle à l'heure du rendez-vous [1].

A LA MÊME

Colmar, 13 mars 1799.

Notre cher Camille est allé auprès de toi, ma bonne amie, et sans doute il y est encore. Je t'écris tout particulièrement pour te le recommander, comme je te recommanderais ma vie, si elle était en danger. Console bien cet excellent ami, assiste-le de tout ton pouvoir pour lui faire trouver un séjour agréable. Weimar lui conviendrait beaucoup, ne saurais-tu pas l'y faire recommander ? Tu connais ses talents, ses mérites, mais tu ne sais pas ce que

---

1. C'était l'heure d'une prière du soir dans laquelle M<sup>mes</sup> de Berckheim et leurs amies intimes étaient convenues de se consacrer mutuellement un souvenir devant Dieu.

Camille est pour moi, ce qu'il a fait pour moi.... Tu ne sais pas quel être angélique est notre Camille, et je lui témoigne ma reconnaissance en lui enlevant son ami, son bonheur ! Dédommage un peu cette belle âme des sacrifices qu'elle nous a faits ; elle a tout ce qu'il faut pour sympathiser avec la tienne.

Il m'est doux de penser que tu as vu, que tu vois encore un de nos plus chers amis, qui sait t'apprécier et que tu apprécieras tant. S'il était déjà parti, donne-lui quelquefois de tes nouvelles, donne-lui toutes les consolations de l'amitié, ouvre pour lui tous les trésors de ton âme; la sienne est si pure, si élevée !... Mon Joseph est bien bon, mais son ami ne l'est pas moins. Vois où il a envie d'aller, et si son choix est fait, tâche de le seconder. Je crois, au reste, qu'il cherchera une retraite douce et paisible, plutôt qu'un théâtre de distractions et d'amusements; alors il ne lui faut que protectior et bienveillante hospitalité. Ce que tu feras pour lui sera plus que pour moi, car il m'est mille fois plus cher que ma propre personne. Il est triste, il est malheureux; son cœur souffre toutes les privations ; il est vertueux et grand : que de titres auprès de mon Octavie !

Nous sommes chez Pfeffel depuis deux jours ; nous partons demain pour aller au *Bocage* et prendre congé de nos autres amis. Mardi nous serons en chemin pour nous rendre chez les parents de mon mari, et nous rapprocher d'Henriette que je verrai sous peu. Quel bonheur je me promets en la serrant de nouveau dans mes bras !

Je reçois les lettres les plus touchantes des parents de mon mari; nous sommes attendus à Lyon avec impatience. Je ne manquerai pas de te donner de mes nouvelles dès mon arrivée. Je suis toujours la femme la plus heureuse.

Mon mari vaut beaucoup mieux que moi ; c'est le seul nuage que je vois autour de nous, mais je tâcherai de m'élever vers celui que Dieu m'a donné pour guide et pour modèle. Je ne pense pas à toi sans m'attendrir jusqu'aux larmes ; tu as la première ému mon cœur ; il est à toi, ma parfaite amie.

---

### A LA BARONNE FRITZ DE DIETRICH

Besançon, 24 mars 1799.

Depuis que je vous ai quittées, mes bonnes amies, je n'ai point passé une heure sans penser à vous, sans vous regretter. Il m'en coûte d'abandonner les montagnes de l'Alsace, les bosquets de Schoppenvir, les lieux où je suis née, où mes parents ont vécu, où je laisse derrière moi ce que j'ai de plus cher, où j'ai goûté la paix au milieu de jours orageux. Mais ainsi le veut ma destinée, sans doute mon bonheur, car malgré ce qu'il m'en semble en ce moment, j'espère être heureuse en contribuant au bonheur des autres, surtout à celui de mon bon Joseph.

Bon Dieu ! que je suis étonnée de me trouver à 40 lieues de vous, et de n'avoir rien d'intéressant à vous dire ! En dépit de l'empire de la nouveauté sur l'imagination, je trouve notre contrée bien plus belle que celle que je viens de traverser : elle n'a rien de remarquable jusqu'à Béfort. A 6 lieues de là, on côtoie le Doubs jusqu'ici ; il coule lentement dans un étroit vallon, entre deux cimes de rochers peu élevés, mais très escarpés, et présentant une muraille massive taillée à pic. Il n'y a place que pour la route, la rivière et une bordure de prairies. Le pays est en général aride et bien moins peuplé que les départements du Rhin. Le service de la poste se fait bien, et les postillons sont honnêtes et complaisants.

A la sortie de Baume-les-Dames on voit un château brûlé : c'était une abbaye de Bénédictines, qui a été incendiée pendant la révolution. Un jacobin nous dit que dans quatre ou cinq jours les aristocrates ne voyageront plus en sûreté par ici, désignant ainsi l'époque des élections.

Lolo[1] paraît s'amuser de son voyage ; il est tout à fait aimable, soigneux de ne pas gêner et très bon enfant, mais à l'approche de la nuit il est dévoré d'inquiétude ; il craint les brigands, il a peur d'en être assailli dans la chambre même où il couche, quoiqu'il la partage avec ma femme de chambre. Dans la journée il n'est pas moins à plaindre ; c'étaient des montées et des descentes qui, quoique imperceptibles, ne laissaient pas de l'alarmer beaucoup ; il voulait chaque fois descendre de voiture, disant *qu'on ne peut avoir trop de prudence en voyage*, et lorsque nous cherchions à le rassurer par notre exemple, il répondait *qu'il ne se consolerait pas de se casser la tête parce que nous ne nous casserions qu'un bras*. Il nous fait beaucoup rire et paraît se bien trouver avec nous. Je vous prie, mes amies, de donner de ses nouvelles à M$^{me}$ sa mère.

Il m'a été impossible d'exprimer comme je l'aurais voulu à M. et M$^{me}$ de Berckheim ma vénération, ma reconnaissance, mon profond et éternel attachement. J'étais trop pénétrée d'amertume au moment d'une séparation si pé-

---

1. C'était le petit nom d'un jeune Alsacien que sa mère avait confié à M. et M$^{me}$ de Gerando.

nible, pour conserver la faculté de me livrer à des sentiments plus doux; mais je m'en nourrirai le reste de mes jours, et si la Providence m'envoie encore des épreuves, si mon âme est abattue, je tournerai mes regards vers Schoppenvir, je me rappellerai les bienfaits que j'y ai reçus, et je serai soulagée.

Ma bonne Frédérique, sois tous les jours auprès de M. Pfeffel, qui m'a servi de père et qui est le meilleur de mes amis, l'interprète de mes sentiments. J'ai peu su les lui témoigner, mais j'ose me flatter que depuis longtemps il les a compris, et quoique éloignés désormais, nous nous comprendrons encore. Recueillez pour vous-mêmes, ma chère Frédérique et ma chère Sophie, les assurances de la plus constante amitié.

C'est à toi que j'adresse ma lettre, bonne Amélie, parce que j'aime à croire qu'elle te trouvera encore à Schoppenvir, où tu rends heureux tous ceux qui t'entourent. Je vous presse contre mon cœur, sœurs bien-aimées, excellente Amélie, chère Fanny; je n'ose me livrer à l'émotion que me cause votre souvenir. Octavie m'a donné un bel exemple de raison et de courage dans une circonstance semblable et plus difficile pour elle; je ne veux pas me contenter de l'admirer; ainsi, mes amies, vous m'aurez fait du bien dans toutes les occasions.

### A LA MÊME.

Lyon, 16 mai 1799.

Je me mets à tes pieds, mon excellente Amélie, non pour satisfaire à mes remords, mais pour te faire agréer mes regrets d'avoir passé plusieurs mois sans être parvenue à t'écrire. Que te dirai-je? Des voyages sans fin, des distractions continuelles, une correspondance incessante, puisque je me trouve à tout moment éloignée de toutes les personnes avec lesquelles je suis en relation de devoirs ou d'amitié, mille empêchements m'ont toujours mis en arrière pour t'écrire, pour épancher mon cœur dans le tien. Nous sommes revenus hier soir en ville, et nous partons dans trois jours pour Paris, sans savoir combien de temps nous y resterons. Schweighauser nous a trouvé un appartement de trois pièces avec une cuisine à l'hôtel de Boston, rue du Colombier. Nous y serons au rez-de-chaussée et nous aurons la jouissance d'un jardin. Scipion[1] nous a devancés de quelques semaines; il viendra loger avec nous, si cela lui devient possible; nous lui serons utile dans sa position, et cette vie en commun nous sera très agréable. L'âme de notre ami est si belle et son commerce si intéressant sous tous les rapports!

J'espère que Mme de Berckheim t'aura fait part d'une longue lettre que je lui ai écrite à mon retour de Grenoble. Tu y auras vu combien notre Henriette est heureuse, combien elle et sa cousine[2] sont chéries, admirées. J'ai trouvé Louise en très bonne santé, avec un peu d'embonpoint, jolie, plus aimable que jamais, parce que ne pouvant se dissimuler qu'elle plaît beaucoup, je crois qu'elle jouit de cette douce conviction. Elle n'est pas seulement très aimée dans la famille Perier, mais aussi singulièrement distinguée dans la société et autant vantée qu'Henriette. Je ne vous cacherai pas (ce que vous désirez tant savoir) que Scipion en est très

1. M. Scipion Perier
2. Mlle Louise de Dietrich.

enthousiaste, que c'est une amitié des plus tendres, une grande admiration des perfections de notre amie, mais rien de plus jusqu'à présent. Scipion paraît décidé à ne se marier jamais. Louise le paye d'un retour sincère, elle a de la confiance, de l'amitié, de la sympathie et tout ce que vous voudrez ; mais elle ne voit pas plus loin, ne désire pas davantage, connaissant la résolution de Scipion de ne point se marier. J'ai évité, pendant que je me trouvais avec elle, de faire aucune remarque, aucune plaisanterie qui pût l'empêcher d'être bien à son aise et de jouir en paix des trésors que lui fait goûter une amitié bien prononcée. Vous savez comme elle est timide et délicate, un rien suffirait pour troubler son âme. Elle se transporte souvent en Alsace par la pensée ; le souvenir ou plutôt l'éloignement de sa famille l'émeut vivement ; elle croit mal faire de rester si longtemps séparée d'elle. Je lui ai fait sentir combien elle contribuait à la félicité d'Henriette et de sa famille ; j'ai dit à ta sœur que vous ne demandez pas mieux que de savoir longtemps Louise heureuse chez elle et que vous lui en faites encore le sacrifice. J'ai le regret de vous dire que je n'ai vu, à Grenoble, personne qui pût convenir à Louise : elle a un mérite trop relevé pour s'unir à aucun autre que Scipion.

J'ai aussi été parfaitement contente d'Henriette ; son humeur a repris tout son charme ; elle a toujours sa grâce, sa gaieté, une sage prudence dans la moindre de ses actions, et elle s'y prend d'une manière admirable pour acquérir sur son mari un empire qui n'est pas facile avec un caractère jaloux de son autorité. Elle y met de la persévérance, de la douceur, de l'insinuation, de la soumission partout où il en faut ; elle réussit au mieux ; son mari est sans cesse à ses genoux et dans l'enchantement de son âme angélique. Il est vrai que peu de femmes sont aussi bien partagées qu'elle et qu'Augustin a le cœur le plus pur, le plus aimant et l'esprit le plus droit possible; il est aussi tendre époux que nous l'avons connu ami chaud et fidèle.

Je ne puis mieux comparer l'intérieur de toute cette famille qu'au vôtre, bien chère Amélie, alors que tes sœurs et toi vous étiez dans la maison paternelle : mêmes vertus, affection, sympathie, douce gaieté. Tous sont bons, et on a plus d'esprit qu'ailleurs en général, ce qui rend leur société aussi piquante qu'agréable. Joignez-y l'instruction, la richesse qui règne dans la maison de la mère des Perier, et le très bon ton chez tous, et vous vous représenterez une réunion charmante où brille Henriette et où elle est surtout regardée comme un ange tutélaire. Tout cela n'efface point le souvenir de ses jeunes années; elle y donne souvent des regrets, mais elle apprécie aussi les biens dont elle est comblée et les vertus qui l'entourent.

Il me semble, mes amies, que je ne vous ai point assez fait part de ma nouvelle existence, des personnes que je vois, du choix qu'il y aurait à faire parmi elles, et du pays que j'ai parcouru. Je doute qu'il y ait quelque chose de plus enchanteur que les environs de Lyon, surtout les bords de la Saône : des vues magnifiques, étonnantes par leur variété. La rivière coule entre deux rangées de collines, et ces collines, jusqu'à six ou sept lieues de Lyon, sont couvertes, jusqu'au sommet, de maisons de campagne délicieuses, avec des eaux, des pelouses, des ombrages formés par de hautes charmilles ou de grands marronniers, tilleuls, acacias, etc. On croirait traverser une ville d'une immense étendue, coupée par des jardins, des promenades et une rivière.

Les rives du Rhône ne le cèdent qu'à celles de la Saône et sont aussi très peuplées. Nous en revenons, après avoir passé quinze jours chez notre bonne tante de Gerando. Tous les jours c'étaient des réunions et goûters. Il n'y a pas un Lyonnais, pour ainsi dire, qui n'ait sa maison de campagne ; quelques-uns, comme MM. Tolosan, Régny, etc., ont des palais où des fêtes brillantes nous ont été données.

Les esprits sont ici dans une grande excitation politique, mais la ville est tranquille, et les pauvres Lyonnais ne soupirent pas après autre chose.

Je te prie de faire part de ma lettre à nos amis, surtout à ma bonne Frédérique, à laquelle j'écris si peu. Ma lettre ne doit être que pour le cercle intime de l'amitié, elle n'aurait pas d'intérêt pour d'autres. Ma bonne Amélie, vous toutes, mes chères amies, je vous aime plus que jamais, et votre affectueuse estime comble mes vœux.

Je vois tous les jours Victoire[1], cette âme de feu, cet esprit si délicat. Adieu, mon ange ; mon mari te présente ses hommages ; il est toujours le meilleur des hommes, et tous ceux qui le connaissent en disent autant.

---

### A LA BARONNE DE STEIN

Saint-Ouen, près de Paris, 22 septembre 1800.

Je rougis de honte et de remords, mon Octavie, en me rappelant mon long silence envers la meilleure de mes

---

1. Une sœur des Perier, mariée avec M. Tesseyre.

amies. Il n'y a pas de raison pour le faire excuser; je ne puis qu'avouer mon invincible paresse, et ne dirai rien d'une mauvaise santé qui, pendant six mois, m'avait fait interdire l'écriture. Elle est rétablie depuis assez longtemps, mais la dangereuse habitude avait pris racine, et il me semblait être malade encore lorsqu'il s'agissait de prendre la plume. Je te dirai aussi que pensant constamment à toi, nourrissant mon cœur de ton souvenir et y puisant encore une partie essentielle de mon bonheur, je me figurais presque que ce sentiment inaltérable se communiquait journellement jusqu'à toi, qu'il établissait entre nous une relation sympathique... N'est-ce pas, mon Octavie, ni le temps ni les distances n'ont interrompu cette chaîne électrique qui unit autrefois nos jeunes cœurs et y alluma la plus tendre affection? Tu es, tu seras à jamais mon amie la plus chère. Je me rappelle chaque jour ton auguste vertu, ton âme noble et aimante, ta beauté si majestueuse... Pardonne, Octavie, mais ta beauté aussi m'est chère; elle est chez toi l'emblème d'une beauté plus admirable encore. Je te salue, sœur bien-aimée, épouse adorée, heureuse mère. Qu'il m'est doux de pouvoir te donner ces titres, qui assurent ta félicité! Avec quels transports je tiendrai ton petit Charles dans mes bras, sur mes genoux, contre mon cœur, si je suis assez heureuse pour te revoir le printemps prochain, comme ta mère me le fait espérer.

Je t'ai dit que ma santé a été mauvaise; ne t'en alarme pas, elle est parfaite à présent. Il ne manque à mon bonheur que d'en être plus digne, et c'est le seul vœu personnel que je forme. Il en est encore un autre, celui de te voir un jour rapprochée de mon cher Joseph, pour que tu puisses mieux apprécier cette âme angélique, cette vertu parfaite.

Je n'en connais pas, mon Octavie, d'aussi douce, d'aussi courageuse pour vaincre tout ce qui pourrait y mettre obstacle ; je ne connais pas de vie aussi exemplaire, aussi austère, sans en porter les marques extérieures, et puis cette admirable simplicité, cette candeur qui témoigne de la pureté de son âme.

Nous avons passé l'été dans une campagne délicieuse, à une demi-lieue de Paris, dans la maison de M. Necker[1], sur les bords de la Seine, maison charmante, située au milieu d'un parc bien boisé que la rivière environne ; des gazons, des bosquets, la solitude, la visite de quelques amis, des promenades avec mon mari, un peu d'étude, un peu de lecture,... voici ma vie en abrégé. Camille est resté cinq mois avec nous et n'a pas peu contribué à notre bonheur. L'hiver prochain il doit se réunir à nous pour ne plus nous quitter. Son frère Augustin vient aussi s'établir à Paris. Joséphine[2] arrivera dans un mois avec sa mère ; nous attendons Henriette et son mari pour le mois de décembre ; Scipion s'annonce aussi. Marie[3] et M. de Montbrison sont ici depuis cinq jours avec leurs deux enfants ; ils nous promettent six mois. Quelle délicieuse réunion pour cet hiver ! Que de voix, que de cœurs, mon Octavie, pour te désirer ! Je vois assez souvent ton beau-frère Dietrich, qui est tout à

---

1. Un des deux châteaux de Saint-Ouen, qui a appartenu depuis à M. Ternaux et à M. Legentil. M. et Mme de Gerando l'ont habité pendant trois ans, et c'est là que M. de Gerando a composé son ouvrage sur la génération des connaissances humaines, auquel un prix fut décerné par l'Académie de Berlin, et qui est devenu l'*Histoire comparée des systèmes de philosophie.*
2. Mme Perier, mariée depuis à M. de Savoye-Rollin, qui a été un membre du Tribunat.
3. Mme d'Oberkirch, mariée à M. de Montbrison, qui a été recteur de l'Académie de Strasbourg.

fait aimable pour mon mari. Nous avons aussi Bach et Schweighæuser ; Metzger nous visite tous les jours quand il est à Paris ; tu vois que nous sommes entourés d'Alsaciens, et je t'assure que c'est un titre qu'il m'est doux de retrouver dans mes relations. Parmi les dignes amis de Joseph, il y a deux frères bien intéressants, que je voudrais voir unis à deux sœurs... que tu devines ; mais Scipion ne veut pas encore se marier, quoiqu'il aime tendrement Louise.

Depuis que je connais Paris, ses spectacles, ses plaisirs, ses sociétés, et que ma curiosité est satisfaite à cet égard, je mène une vie très retirée. Je n'ai pas plus qu'autrefois le goût du monde ; il n'y a que la présence de mes amis qui me soit vraiment agréable, et le charme de ces rapports ne se retrouve pas dans les cercles, dans les brillantes réunions de la capitale.

Je vois fort souvent un oncle (frère de ma mère) et une tante qui sont pleins de bonté pour nous ; ma tante surtout, qui est Anglaise, me témoigne un attachement qui me touche. Elle est encore jeune, tout à fait belle, aimant le monde, la toilette ; elle a un cœur excellent, une franchise rare, le caractère anglais, les goûts français, l'esprit léger. Dévouée quand elle aime, disant en face qu'elle hait ou qu'elle méprise, elle est très aristocrate, attachée à la noblesse, à la fortune, à tout genre de distinctions, hors celles qui datent de la Révolution. Elle aime mon mari presque de passion ; tout ce qui est vrai, honnête et droit, fait impression sur elle, mais elle est blasée sur les vices et les ridicules, parce qu'elle en a tant vus en sa vie, qu'ils sont pour elle une inévitable condition des habitudes de la société. La plus grande corruption ne l'étonne pas, mais elle répand des larmes généreuses au récit d'un malheur ou d'une action belle et courageuse, et elle serait capable de s'imposer un sacrifice pour en faire une elle-même. Avec cela, elle est égoïste, consacrant le plus souvent sa fortune à sa toilette et à sa table... Ce portrait te paraîtra contradictoire; il est cependant tracé au naturel.

J'ai eu une grande joie de revoir la bonne Marie. Elle est éclatante de beauté, de jeunesse, de santé et de bonheur; son mari toujours vif et spirituel. Je vis de l'espérance, chère amie, qu'il ne s'écoulera pas une année sans que je t'aie aussi embrassée, mais je n'en suis pas moins empressée de recevoir de tes nouvelles, surtout des détails sur ton existence. Dis-moi une parole d'amitié, j'en ai besoin plus que jamais. Je suis mécontente de la lettre que je t'écris; je voudrais recourir à un langage nouveau pour exprimer à mon Octavie tout ce qu'elle est pour moi, car je ne puis dire que faiblement tout ce que je sens pour elle.

Ma bien-aimée, je t'appelle à ce rendez-vous où nos âmes se rencontrent et se comprennent; il n'est pas de jour où je ne goûte la consolation et la douceur de ce moment consacré aux plus tendres souvenirs, et je le prolonge souvent.

### A M. PFEFFEL

#### A COLMAR [1]

Paris, le 6 ventôse an IX (19 février 1801)

Je vous consacre, mon ami, le premier usage de mes

---

[1]. Toutes les lettres adressées à M. Pfeffel concernent Théophile Conrad Pfeffel, le poète alsacien. — M^me de Gerando venait d'apprendre la mort de M^lle Fanny de Berckheim.

forces, non pour vous consoler, mais pour confondre ma douleur avec la vôtre... Je ne sais pourquoi j'appelle douleur ce que j'éprouve, je suis anéantie. Les affligés pleurent, et moi je ne pleure point. La source de mes larmes est tarie depuis longtemps.

Vous direz, mon ami, qu'il fallait un coup de foudre pour m'arracher à mon apathie et à mon silence, mais vous m'aurez excusée si l'on vous a rendu compte de ma position. Je suis, selon toutes les probabilités, dans mon troisième mois de grossesse, et depuis cette époque je n'ai pas eu un moment de santé. Je suis faible et attristée, indifférente aux plaisirs de la vie,... mais non aux souvenirs de l'amitié. C'est au milieu de cet état de langueur et presque de souffrance, que Fritz de Dietrich, accablé de ce qu'il savait, de ce qu'il ne prévoyait que trop, perdant la tête, me dit ainsi qu'à Scipion, lorsque je descendais l'escalier de la maison des Perier : « Fanny est morte en ce moment ! » Voilà les premières paroles que j'ai entendues sur cet affreux événement. Ne pouvant me maîtriser, terrassée par ce coup, j'eus une longue crise de nerfs, et il fallut en déguiser la cause devant Henriette[1], devant ses parents, tous fatigués de leurs propres maux. Scipion me reconduisit chez moi ; je fus menacée d'un accident. Notre ami Metzger était chez nous ; il disait toute la vérité à mon mari, et à moi il me dit que Fanny était malade... Je me rassure, je me persuade que Dietrich exagère en disant qu'elle est morte ; j'espère tout, je n'ai plus de crainte que pour Henriette, je supplie qu'on ne paraisse pas trop inquiet devant elle. Le lendemain, Metzger nous envoie une espèce de journal de la maladie :

1. Mme Augustin Perier, une des sœurs de la défunte.

ce sont les symptômes les plus fâcheux. Je crains de nouveau, j'attends avec anxiété le courrier du lendemain; tout était renfermé pour moi dans l'attente de ce courrier... On savait notre malheur, mais on n'osait me le dire; mon cher Joseph souffrait le martyre... Enfin, Henriette est instruite, et c'est elle qui m'écrit; elle voulait venir me voir. Sa force d'âme est en proportion de ses vertus; elle me donne l'exemple du courage. Jamais son âme ne m'a paru grande et belle comme en ce moment. Je ne redoutais plus rien pour elle; c'était le plus grand bien que je pouvais recevoir au milieu de si cruelles émotions.

J'invoquai l'ange qui avait disparu, je priai pour ses malheureux parents, pour ses tendres amis... Je suis bien à présent. Je ne suis pas résignée, mais soumise, car la résignation est volontaire et douce, et je suis toute glacée en me prosternant devant la loi irrévocable et toujours sage de la Providence.

Je me dis : je souffre, et tant d'autres souffrent plus que moi! Voilà ce qui m'accable, car cette idée de la douleur des autres n'a point de bornes, et ce n'est pas la vôtre, mon ami, qui me pèse le moins, à moi qui sais si bien comme vous aimiez, comme vous regretterez l'un de vos enfants d'adoption. Depuis longtemps la coupe d'amertume est sur vos lèvres; il n'est pas une de vos douleurs qui ne soit venue retentir au plus profond de mon cœur, quoique j'aie été obligée de l'envelopper dans le silence. J'ai été si absorbée par le sentiment des peines de mes amis, de tous les malheurs qui sont venus fondre sur nous, que je n'ai pas encore su jouir de l'espérance de devenir mère. Concentrée dans le présent, je ne puis sourire à l'avenir,... à cet avenir si incertain. Je mets toute ma destinée au pied du trône de l'Éternel, je l'unis à la destinée de l'ange qu'il a rappelé à lui. Oh! quelle belle ascension que celle de cette âme si pure et vraiment céleste! Mais le vide qu'elle laisse ici-bas ne sera jamais rempli.

Nous sommes pénétrés de la plus tendre vénération pour votre excellent frère [1] et sa digne femme. Les moments qu'ils nous accordent sont les plus agréables que nous goûtions ici. La conversation de M. votre frère, ses vastes et inépuisables connaissances, font nos délices. Il dîne aujourd'hui chez le consul Lebrun avec mon mari.

Accordez-moi, cher ami, votre bénédiction et un mot qui me redise que vous daignez m'aimer toujours.

---

## AU MÊME

Saint-Ouen, 28 germinal an IX (18 avril 1801).

Nous avons eu une grande joie, cher ami, d'apprendre les bons procédés de M. le préfet Noël à votre égard [2]; c'est, comme il le dit lui-même, bien peu de chose, mais j'espère que cela peut conduire à mieux, et sans vous occuper beaucoup pour le présent, porter quelque relâche aux travaux fatigants auxquels vous vous étiez assujetti. Ah! mon excellent ami, si quelques-uns de mes rêves pouvaient se réali-

---

1. M. Christian-Frédéric Pfeffel, auteur d'un *Abrégé chronologique de l'histoire du droit public de l'Allemagne*, et qui avait été attaché, avec le titre de jurisconsulte de Louis XVI, au ministère des affaires étrangères de Versailles.
2. M. Pfeffel venait d'être nommé secrétaire-interprète de la préfecture du Haut-Rhin.

ser, vous auriez bien du repos, bien des loisirs, et moi je serais bien heureuse. Je vous reverrai un jour, je l'espère ; je mettrai mon petit enfant sur vos genoux, dans vos bras ; je le ferai si bon, si simple, avec un petit cœur si droit, qu'il sera digne de vos bénédictions.

Je suis parvenue, mon cher ami, à placer ici la pauvre Henriette R***[1] ; une dame qui tient une pension de jeunes demoiselles consent à la prendre pour diriger provisoirement la classe lorsque cette dame ne peut y être elle-même. Mais Henriette est encore bien ignorante pour enseigner les autres. Mon mari se propose de lui donner des leçons pour la former ; nous la garderons un peu chez nous avant de la remettre à sa destination, et là elle pourra se préparer à se charger seule, un jour, de l'éducation d'une jeune personne, ce qui assurerait son sort.

Depuis que nous sommes à la campagne, mon mari est absorbé par un travail qu'il a entrepris bien tard ; il veut concourir pour le prix proposé par l'Académie de Berlin sur *la génération des idées.* Il a commencé son mémoire, il y a quinze jours ; il doit être fini demain, et il le sera, quoique Joseph soit obligé de se rendre quatre fois la décade à Paris, pour remplir son emploi au ministère de l'intérieur[2].

Le peu de mots que j'ai pu vous adresser aujourd'hui a déjà fait du bien à mon cœur ; tout ce qui me rapproche

---

1. Voir la lettre suivante du 8 frimaire an X.
2. M. de Gerando, dans une lettre adressée aussi de Saint-Ouen, quelques jours après, à M. Pfeffel, lui disait : « Je suis délivré depuis trois jours d'un travail extraordinaire, le plus rapide que j'aie fait en ma vie : c'est un mémoire pour l'Académie de Berlin, que je devais remettre le 30 germinal, et que ma santé ne m'a permis de commencer que le 13 du même mois. »

de vous est doux et salutaire. Je vous bénis du fond de mon âme, elle se nourrit de votre pensée, du souvenir de vos bienfaits, de votre paternelle tendresse.... Mon état me dispose souvent à la mélancolie ; le souvenir de l'ange qui a disparu[1] me déchire le cœur ; son image m'est présente le jour et la nuit. C'est une douleur à laquelle je ne vois pas de remède.... Ai-je besoin de vous répéter que mon Joseph est excellent, que je trouve en lui le plus grand don que je pouvais recevoir du ciel ? Oui, j'ai besoin de vous le redire, à vous que je ne puis entretenir que de mes sentiments les plus intimes, à vous qui êtes le dépositaire de tout ce que je sens, de tout ce que je pense.

---

AU MÊME

Paris, le 8 frimaire an X (29 novembre 1801).

J'ai reçu, mon cher ami, les plus tristes détails sur la misère des L***, émigrés, et vous en avez, peut-être, été vous-même témoin lorsque vous les avez vus à Fribourg. Je n'aurais pas demandé mieux, vous le pensez bien, que de venir à leur secours, si je le pouvais ; mais mon frère qui est aussi émigré, réclame, avant eux, mon assistance. Nous sommes cependant parvenus à obtenir pour eux un mandat de cent vingt livres tiré par un ami de mon mari sur M. de Turckeim, à Strasbourg. J'ai pensé, cher ami, que je pouvais vous envoyer ce mandat ; vous pourrez facilement le

---

1. M<sup>lle</sup> Fanny de Berckheim.

faire toucher et prier M. Jacobi, qui est à Fribourg, d'en remettre le montant à ces pauvres L*** dont la situation me tourmente vivement. Il est affreux d'être, à leur âge, privé de tout, et de recourir à la bienfaisance des étrangers. De pareilles infortunes peuvent seules me faire désirer des richesses dont on serait à même de faire un si bon emploi.

Depuis que je vous ai parlé d'Henriette R*** que nous avons fait venir à Paris, nous l'avions placée, comme institutrice, chez le baron de Normann, à Stuttgard. Elle était logée, nourrie, avait vingt-cinq louis pour sa dépense, et était traitée, d'après son propre dire, comme la fille aînée de la maison. Ses occupations se bornaient à faire lire, écrire et parler en français les jeunes demoiselles de Normann ; elle pouvait profiter des leçons de tous les maîtres qu'on leur donne, et elle passait les après-midi dans la société : elle était enchantée. Au bout de quatre mois, elle prétend que sa santé ne lui permet pas d'être gouvernante d'enfants et que c'est une place peu digne de sa naissance ; elle demande à M<sup>me</sup> de Normann et obtient la permission d'aller rétablir sa santé à Strasbourg, et je m'attends à ce qu'on la prie d'y rester. Il nous en a coûté cent écus pour la faire venir ici et l'envoyer à Stuttgard, et dès son arrivée dans cette ville elle empruntait huit louis à Cotta sous le nom de mon mari. Nous voici hors d'état de rien faire pour elle à l'avenir.

Ma Fanny vient à merveille ; elle voit, elle sourit, elle a donc des sensations agréables ; tout est précieux pour une mère. J'ai surtout besoin de prier Dieu ; depuis que j'ai un enfant, je sens à tout moment que tout dépend de lui et vient de lui....

Vous avez eu la bonté, l'été dernier, de m'envoyer quelques nouvelles productions de votre excellente plume ; je les ai lues avec le plaisir qu'éprouve l'amie qui lit dans la pensée de son ami et retrouve partout son cœur. On met souvent ici à de rudes épreuves mon goût constant pour la littérature allemande, qui est étrangement défigurée par d'impitoyables traducteurs. Il vient de paraître une traduction de la *Messiade* en trois gros volumes, par une Mᵐᵉ de Kurtzrock ; ce n'est en aucun langage humain. Il n'y a pas une liaison entre deux idées, pas une phrase intelligible. Vous jugez comme on se moque de cette dame de *jupon-court,* qui réellement mériterait les verges, si elle n'avait plus de soixante ans. Mais ce qui est désolant, c'est que nos Français s'avisent de juger Klopstock d'après cette barbare production. C'est Cramer qui a autorisé l'auteur à la donner au public, ce même Cramer qui s'occupe, depuis cinq ans, à nous donner un opéra en prose, et qui étant allé, naguère, voir Rewbell et les autres membres du Directoire, les quitta tout stupéfait, en faisant cette réflexion éminemment philosophique : ce sont des hommes tout comme les autres.

Vous pensez bien que depuis que j'ai Fanny je sors très peu, et j'apprécie bien le privilège que je lui dois de pouvoir rester chez moi. Ma société est à peu près la même tous les jours, composée de la famille Perier, des Jordan, des Gueneau de Mussy et de Mathieu de Montmorency. Parfois c'est de l'extraordinaire, assez piquant ; ainsi, l'autre jour, nous avions à déjeuner, outre le cercle d'amis intimes, Mounier, Pastoret, Savoye-Rollin, l'archevêque de Corinthe, Mᵐᵉ de Staël, la princesse douairière des Deux-Ponts, etc. Il faut que Gerando vous parle de Mounier ; il pourra mieux que moi vous donner une idée exacte de cet homme remarquable par l'énergie et la loyauté de son caractère, un amour sage et pur de la liberté, réunis aux qualités du cœur.

Les femmes que je vois le plus souvent sont Mme de Rollin et Mme de Champagny, femme de notre ambassadeur à Vienne. On ne se douterait pas qu'elle est née sur ce territoire étranger : c'est la modestie, la douceur, la piété en personne. Elle est extrêmement jolie, toute jeune encore quoique mère de huit enfants, tous nourris par elle. Elle a représenté ma belle-mère au baptême de ma fillette et est accouchée le lendemain. Son mari et elle font un ménage parfait. M. de Champagny fit tout ce qu'il put pour se décharger de l'ambassade ; il adressa une lettre de refus à Bonaparte, préférant aux satisfactions de l'ambition la douce vie qu'il mène auprès de son excellente femme et au milieu de ses enfants. Le premier consul a persisté, il a fallu partir. M. de Champagny s'en dédommage en écrivant, par chaque courrier, des lettres de vingt à trente pages à sa femme qui, dès six heures du matin, met la main à la plume pour ne pas rester en arrière dans ses réponses.

Je voudrais vous parler de mon cher Joseph, de cette vie prodigieusement laborieuse, de cette simplicité conservée au milieu du monde où il y en a le moins, de cette âme aimante, de ce cœur où il semble que le levain des faiblesses humaines n'entrera jamais ; mais vous le connaissez assez déjà pour comprendre tout ce que je pourrais en dire. Dans notre retraite, dans nos douces soirées, vous êtes souvent désiré en tiers avec nous. Chaque jour, bien cher ami, je m'entretiens avec vous et je demande à Dieu le retour de ces heures que je coulais à vos côtés, tenant votre main dans la mienne. Je recommande ma Fanny à vos bontés, et je vous prie d'offrir mes tendres respects à Mme Pfeffel.

## A LA BARONNE FRITZ DE DIETRICH

Paris, janvier 1802.

Je sens, belle et bonne Amélie, combien vous devez toutes être mécontentes de moi, mon silence n'ayant pas la même excuse que celui de Joseph. Je me confiais en votre générosité, mes chères amies, et j'espérais que vous ne m'en écririez pas moins.

Que je te dise d'abord que j'ai eu le plus vif regret de ne pas voir arriver ici ton mari à l'époque où il l'avait annoncé. Il est connu de Bonaparte, il a beaucoup d'esprit, de lumières ; l'accès du premier consul lui eût été ouvert, et il me semble qu'il aurait pu faire quelque chose d'utile à lui et à son frère. J'ai eu un grand dépit de la résolution qui l'a retenu à Strasbourg. Pour m'en consoler, je me suis dit (ce que vous vous serez sans doute dit aussi) que l'expérience du passé nous laisse peu de confiance dans le présent, que nous bâtissons encore sur un sable mouvant, et qu'il est prudent de ne pas s'établir au pied du Vésuve, quelque agréable qu'en soit la position. Je me plais à croire que vous avez fait pour le mieux, que tout tournera à l'avantage d'êtres si dignes du bonheur et pour lesquels j'invoque chaque jour les bénédictions divines.... (Ces mots sont ajoutés par Joseph qui est à côté de moi). — Qu'ils sont terribles, les maris qui veulent se mêler de tout ! Je sais depuis longtemps que le mien dirait mieux que moi, mais qu'il me laisse parler à ma manière ! M<sup>me</sup> de Staël, je crois, avait bien raison de prétendre qu'*on ne dit jamais mieux que ce qu'on dit soi-même.*

A propos, nous devons aller après-demain passer quelques jours chez elle, à sa campagne de Saint-Ouen, avec Mathieu de Montmorency. Elle fait ombrage au Gouvernement, et pour le mettre en paix, elle se retire d'ici, pour peu de jours cependant. Elle aime beaucoup Joseph, il a aussi pour elle une tendre affection. L'esprit prodigieux et la réputation européenne de M$^{me}$ de Staël m'imposent et m'intimident; mais la bonté de son cœur, l'injustice de quelques hommes envers elle, me touchent profondément, et je pourrais l'aimer beaucoup, si elle ne m'était pas trop supérieure. Mon Dieu ! qu'elle dit de jolies choses, et qu'elle les dit bien !

Vous êtes-vous souvenues du 27 décembre, jour où je fus unie à mon Joseph, où je me trouvais encore sur ces rives de l'Alsa, que Pfeffel a célébrées et que l'amitié et les souvenirs de ma jeunesse rendent sacrées pour moi? Nous avons fêté ce jour avec Mathieu de Montmorency, Scipion Perier, les deux Gueneau de Mussy, qui sont venus partager notre déjeuner. J'étais retenue au lit par un rhume ; Joseph y posa un petit secrétaire en maroquin, dans lequel je trouvai des vers qu'il avait faits et dont je t'envoie copie. Après le déjeuner nos amis nous ont lu un fragment de Thompson sur un fortuné mariage, quelques pages de Gray, une pièce de vers de Fontanes, et sur les deux heures chacun alla de son côté. Joseph et moi nous restâmes seuls ; quelques instants furent consacrés à la prière, et le soir nos amis vinrent encore se réunir à nous.

Donne un baiser pour moi à ton Emma ; je te vois souvent, mon Amélie, la porter dans tes bras, lui faire des caresses ; je vois combien elle est gentille et belle. Ma Fanny fait tourner la tête à nos amis, et pour leur bien commun.

je suis presque obligée de souhaiter qu'ils ne la voient jamais.

Après-demain, avant d'aller à Saint-Ouen, nous irons assister à la première séance de Sicard aux Sourds-Muets. Sa place lui a été rendue ; c'est une joie générale, et toute particulière pour nous, car c'est un de nos meilleurs amis.

Je suis toute à toi, ma bien-aimée Amélie, ma sœur d'affection. Je parle de toi à tous nos amis, ils savent combien tu es belle ; en vérité, je ne puis m'en taire. Ils savent mieux encore combien tu es excellente.

---

## A M. PFEFFEL

Paris, 7 germinal an X (28 mars 1802).

Joseph prétend qu'il vaut mieux écrire peu à ses amis que point du tout ; je crois qu'il a raison, mais c'est précisément ce qui m'est impossible. Une fois que la conversation est commencée, il me prend envie de tout dire ; je n'ai le temps de faire mes lettres ni courtes, ni longues, et je suis privée, par ma faute il est vrai, d'une des plus douces et des plus consolantes occupations de la vie, celle de s'entretenir avec les personnes que nous aimons et qui sont loin de nous. Voici ma confession, cher et bon ami, et je la répéterai à Frédérique et à toutes ces tendres amies qui paraissent avoir tant à se plaindre de moi.

Cependant que de secrets entretiens n'ai-je pas tous les jours avec vous ? J'espère que vous les entendez, que mon affection et tout le dedans de mon âme vous sont bien connus. Il viendra un temps où je pourrai vous le rendre plus sensible encore, où je vous répéterai les douces et saintes paroles de l'amitié et de la reconnaissance. Je me promènerai encore avec ma chère Frédérique au beau soleil d'Alsace, au pied de ces majestueuses montagnes qui m'apparaissent souvent, dans ces sentiers champêtres où nous parlions ensemble de ceux que l'absence nous avait ravis, de ceux que nous ne reverrons qu'après avoir subi une glorieuse métamorphose. Oh! cher ami, que tous ces souvenirs sont vifs dans mon cœur! Quel ardent désir ils me donnent de retrouver dans l'avenir quelques-uns des moments passés!... Ces désirs sont entre les mains de Dieu et ne peuvent être mieux pour notre bonheur.

J'ai eu le plaisir de voir hier M. votre frère qui souffre un peu de la goutte. Il se plaint de ne pas recevoir de vos nouvelles ni de celles de sa petite favorite Sophie[1]. C'est toujours votre bonne petite Sophie, n'est-ce pas? Elle y consent, quoique la voilà *dame* et peut-être bientôt mère, ce qui exige, je vous assure, tout plein de respects.

J'ai à vous demander un service; ne pouvant faire mieux, j'importune un ami. Il m'a été donné jadis une pension de 400 livres par le comte de Montbéliard qui avait épousé une de mes tantes. M. de Montbéliard étant mort émigré, cette pension me semblait engloutie dans le torrent révolutionnaire: point du tout. Je n'y songeais même plus, lorsque quelqu'un nous a dit ici qu'elle était encore valable et qu'il faut produire les titres qui l'établissent, notamment une

---

[1]. Une des filles de M. Pfeffel, mariée depuis quelques mois à M. Erkmann, Strasbourgeois.

expédition légalisée de l'acte de donation passé à Colmar, le 4 mars 1784, par-devant le notaire Meyer. Cette pièce se trouve en votre ville, et il vous sera facile de vous la procurer.

Je vous quitte à la hâte, ma petite Fanny a besoin de moi. J'embrasse les mamans présentes et futures de votre famille, et vous, excellent ami, je vous honore et vous chéris plus que je ne puis dire.

---

### A LA BARONNE DE STEIN

Saint-Ouen, près Paris, 22 juillet 1802.

Camille Jordan m'annonce, ma chère Octavie, une bonne occasion pour t'écrire. Depuis trop longtemps mon cœur va au-devant de cette occasion, pour que je n'en profite pas avec empressement. J'ai souffert, plus que mes amies, du silence que j'ai gardé à leur égard, rien au monde ne pouvant me tenir lieu des bienfaits de l'amitié ni du charme des premières liaisons de ma jeunesse, devenues des liens pour l'éternité. On prétend, chère amie, que l'âge et l'expérience rétrécissent le cœur et éteignent le sentiment; cela peut être vrai pour les choses qui appartiennent à l'empire de l'imagination, mais il n'en est pas ainsi des premières affections de l'âme. Je sens que l'âge et l'expérience resserrent ces nœuds-là, et qu'on finit par se concentrer dans le cercle des amies qui ont ouvert pour nous les portes de la vie. On se moque quelquefois de moi, mais je ne puis m'empêcher de dire (parce que je le crois profondément) que je ne trouverai plus nulle part ces nobles cœurs d'Alsace, cette candeur, cette bonté généreuse, tant de goût pour tout ce qui est bien, une si touchante ignorance du mal, une si belle faculté d'aimer. Mes souvenirs, mes regrets et mes espérances suffisent bien à mon cœur, mais je plains ceux qui n'ont pu vous connaître, tes excellents parents, tes sœurs et toi, ni savoir comme on aime quand on a vécu au milieu de vous, à Schoppenvir, sous la protection des plus aimables vertus et de la bienfaisance.

J'ai reçu de tes nouvelles, ma bien-aimée, d'une manière bien satisfaisante pour moi, par M<sup>me</sup> de Wohlzogen qui t'avait vue peu auparavant et a pu me parler de toi, de tes enfants. Tu sais que j'en suis à mon premier, et je voudrais réellement mériter le titre de mère de famille, qui me paraît si doux. Ma petite Fanny est jolie et forte pour son âge, et m'a donné jusqu'à présent peu d'inquiétude. Elle a une si aimable petite physionomie, pleine de finesse et de bonté, qu'elle plaît même aux étrangers. Son père en est fou... Je vois dans cet enfant une espérance tout entière, comme dirait M<sup>me</sup> de Staël; j'y vois le fruit de ma vie et de ma destinée, puisque je dois la lui consacrer. Mon existence s'écoule doucement auprès du plus tendre et du meilleur des hommes, et au milieu de quelques vrais amis qui font notre société la plus habituelle. Il n'y a guère qu'une haute réputation de vertus ou de lumières qui puisse me faire sortir de ma retraite ou me faire désirer d'y admettre quelqu'un ; mais je n'en néglige pas l'occasion, et puisque la Providence m'a accordé une situation où elles s'offrent à nous plus fréquemment que partout ailleurs, j'en veux profiter et j'en apprécie les avantages.

Je mets au rang de ces personnes dont on se souvient pour la vie, M^me Necker de Saussure, dont j'ai fait la connaissance l'hiver dernier. C'est une cousine de M^me de Staël, que nous voyons aussi fort souvent et qui ne cesse de nous étonner. Sa cousine est une fille du célèbre Saussure de Genève, une nièce de Bonnet, et a été élevée par eux. Elle a toutes les vertus, une science extraordinaire (plus que n'en a M^me de Staël), et un esprit et un jugement qui vont fort bien avec tant de lumières. Elle enseigne tout elle-même à ses enfants, le latin, la physique, l'histoire naturelle, et jusqu'à la musique. Sa vie est extrêmement laborieuse. Elle est du reste parfaitement aimable, également recherchée des savants et des hommes du monde.

J'ai fait aussi la connaissance de M. de Rumford; je l'ai vu et entendu avec le respect et la sympathie qu'inspirent les bienfaiteurs de l'humanité. Il doit venir déjeuner chez nous la semaine prochaine, et nous irons ensuite avec lui passer la journée dans la vallée de Montmorency, près de la maison de campagne que j'habite.

Tu seras sans doute bien aise d'avoir quelques détails sur des dames dont les noms t'auront plus d'une fois frappée dans nos almanachs des Muses et recueils de poesies, comme M^mes de Bourdic-Viot, Pipelet, Dufrénoy, de Montolieu, etc. La première est peut-être la plus spirituelle de toutes, surtout dans la conversation, pleine de vivacité, de traits, ayant le don de dire tout ce qui peut flatter et une parfaite bonté de caractère, mais d'une laideur à nulle autre pareille. — M^me Pipelet, assez bien de figure, divorcée et courtisée, hardie, coquette, du reste bonne femme, dit-on. — Je connais plus particulièrement M^me Dufrénoy qui est liée avec mon mari et Camille Jordan; elle me témoigne de l'amitié, et ses amitiés sont des passions. Elle a fait autrefois des chansons pour animer les républicains, et elle allait les chanter dans les rues, au milieu des Parisions, à une époque où il a fallu les exciter à de périlleuses entreprises. Depuis les excès révolutionnaires elle est devenue aristocrate aussi ardente qu'elle avait été patriote exaltée. Ses paroles n'expriment que l'énergie, mais quoiqu'elle soit sur le retour de l'âge et enlaidie par des maladies, son cœur respire encore l'amour. Ses souffrances physiques lui ont beaucoup fait perdre de son talent littéraire. Tu pourras apprécier toi-même celui de M⁰ᵉ de Montolieu, en te rappelant *Caroline de Liechtfield*, dont elle est l'auteur, et les *Nouveaux tableaux de famille*, d'Auguste Lafontaine, qu'elle vient de traduire admirablement. C'est assurément la femme qui écrit le plus purement et avec le plus de goût.

Vous allez avoir incessamment un roman de Mᵐᵉ de Staël, que le public attend avec impatience; il est sous presse. — Mᵐᵉ de Genlis occupe presque à elle seule toutes celles de Paris. Nous avons encore beaucoup de génies féminins, mais je ne les connais guère. Les femmes auteurs sont, je crois, moins appréciées ici qu'en Allemagne. Les Français ne veulent que jeunesse, grâces, plaisirs et vivacité de sentiments, dans ce sexe si gâté, si adulé et si injustement jugé par eux. Mᵐᵉ Récamier est bien la perfection en ce genre. Les gazettes t'auront entretenue de ses voyages et de ses succès à Londres, à Bath, en Écosse, à Spa, en Hollande. Elle est de retour ici; nous sommes voisines et déjà presque amies. Je ne sais pourquoi elle a pris une sorte de goût pour moi. J'éprouve un irrésistible attrait pour sa délicieuse figure. C'est une bonne petite créature, point gâtée autant qu'elle pourrait l'être par son immense fortune et la folie de la mode et des hommes qui lui assignent le premier rang parmi les jolies femmes. Mais s'il y a de la sympathie entre nous deux, tu n'exigeras pas d'elle des pensées bien graves ni des sentiments bien profonds.

Parmi les personnes que je t'ai nommées, j'ai oublié Mme Cottin, auteur de *Claire d'Albe* et de deux autres romans du plus grand intérêt, et Mme de Flahaut, auteur d'*Adèle de Senanges*. Ce sont toutes deux des femmes à grandes passions et malheureuses par elles, parce qu'elles n'ont pas su les placer convenablement ni les accorder avec les devoirs de leur sexe et de leur condition. Elles se persuadent trop facilement qu'il leur est permis de se détourner de cette route droite et simple que la nature nous a tracée.

J'aime mieux que tout cela Mme de Champagny, femme de notre ambassadeur à Vienne, où elle est allée le rejoindre. C'est la seule femme ici avec laquelle je me sois liée un peu intimement ; c'est la vertu, la piété et la modestie les plus parfaites. Elle aime son mari avec cette ardeur que d'autres femmes n'ont que pour leurs amants. A vingt-sept ans, mère de huit enfants (elle en a conservé cinq), elle a l'air de n'avoir que dix-huit ans ; une figure charmante, timide et douce comme un ange. Je la regrette vivement. Elle a emmené Augustin Jordan qui reste à Vienne, attaché à la légation.

Je voudrais te raconter, ma bonne amie, tout ce qui me semble pouvoir t'intéresser ; ce serait un assez long chapitre si je m'y abandonnais. Ne t'arrête, dans mes bavardages, qu'aux expressions de mon cœur ; celles-là sont toujours vraies, et le tien est assez bien disposé en ma faveur pour les entendre avec quelque plaisir. Si tu veux me faire éprouver celui de tous auquel je serai le plus sensible, tu m'écriras longuement pour ne me parler que de toi et de ce qui t'intéresse. Je t'en conjure, bien chère amie, malgré les deux cents lieues qui nous séparent, ne restons pas étrangères l'une à l'autre. Faisons-nous tout le bien que nous pouvons, l'amitié est si puissante! Rappelons-nous ce que nous lui devons déjà; que ce trésor de nos jeunes années ne soit pas négligé, maintenant que nous avons plus que jamais besoin d'y puiser bonheur, conseils et courage, pour accomplir notre destinée.— Je te presse dans mes bras, ma bien bonne Octavie. Puisse ce bonheur devenir plus réel un jour et n'avoir pas seulement le charme d'un beau rêve ! Je le demande à Dieu comme un des plus grands bienfaits qu'il puisse m'accorder.

A LA BARONNE FRITZ DE DIETRICH

Paris, 22 nivôse an XI (12 janvier 1803).

Je te remercie d'être aussi venue à mon secours quand je suis si malheureuse, ma douce Amélie, ma tendre sœur. Tu as été souvent déjà pour moi un ange consolateur, car depuis longtemps, tu le sais bien, la coupe de la vie m'a paru amère. A présent il n'y reste plus une goutte rafraîchissante, amère ou douce; elle est entièrement renversée. Le temps, les événements poursuivent leur marche; tout changera, c'est l'humaine condition, mais rien ne changera pour moi : je ne suis plus même dans cette triste condition de l'humanité.

Je voudrais bien ne pas t'inspirer tant de pitié, d'autant

plus que j'en éprouve peu pour moi-même; mais j'essayerais en vain de régler ma pensée.... Il n'en existe plus qu'une seule, sous mille formes que je me retrace sans cesse, ma Fanny, mon enfant! Elle m'a été enlevée! Je ne pleure pas, mes larmes ne pourraient attendrir personne, pas même Dieu.... Il ne ressusciterait pas ma fille parce que j'aurais pleuré. Si tu savais combien elle était belle! Lorsqu'elle vivait je ne le disais point : il me suffisait de le voir. Comme elle nous aimait! A dix mois elle comprenait déjà les jeux et y était empressée; elle les interrompait pour nous présenter sa bouchette, afin que nous la baisions. Elle tournait autour de moi, regardait par-dessus mon épaule pour me surprendre et demandait un nouveau baiser qu'elle était bien sûre d'obtenir.... et je pleurais de joie. Elle aimait les animaux au point de passer une heure entière, debout, devant une cabane de lapins. La vue d'un cheval la mettait tout en mouvement; elle prenait sa tête dans ses petits bras et le caressait à plaisir. Un oiseau pouvait l'occuper agréablement tout le jour; elle était tout amour pour son entourage habituel, mais les figures nouvelles n'avaient aucune part à son attention; elle nous réservait tout. Son père était encore plus chéri que moi; il apaisait ses cris lorsqu'elle souffrait; dès qu'elle l'apercevait elle se précipitait vers lui... et le meilleur des hommes était le plus heureux des pères!

Jamais mère ne fut enivrée du bonheur de l'être, autant que moi. Cependant quelquefois, en regardant Fanny, j'étais effrayée de ce que tant de félicité et d'affection se trouvait renfermé dans un vase si fragile; je n'avais que trop raison d'en être effrayée. La dentition paraît décidément avoir été la cause de sa maladie; le pauvre petit ange n'a pas pu supporter ce travail.

Me voici sans avenir; je formais mille projets, et je ne devais plus faire un pas sans ma fille. Mes promenades du printemps, des voyages en Alsace, à Grenoble, ma fille devait tout embellir; j'allais jouir de son enfance mille fois plus que de ma jeunesse. Lorsque nous sommes jeunes et même très heureuses, l'amour-propre, de petits intérêts personnels, viennent troubler notre sécurité; mais quand une mère revit en sa fille, le cœur, l'esprit et la raison sont en harmonie pour composer la jouissance la plus parfaite. Il ne manque alors que le pouvoir de la faire durer, et nous ne l'avons jamais, ce pouvoir.

C'est en faveur de mon pauvre Joseph que je réclame ton plus tendre intérêt; il est, je crois, plus à plaindre que moi; la perte de son unique enfant est la première de ces douleurs dont on ne guérit point. Il n'avait pas encore pleuré un père, ni une mère, ni l'un de ses amis les plus chers. Son existence était encore complète, et la voilà tranchée par la moitié !

Au milieu de ces ténèbres, mon âme est encore éclairée par une lumière qui vient d'en haut; je sens que je dois beaucoup à Dieu. Avec quelle sévérité il m'a visitée ! Mais il ne m'a pas abandonnée, puisque lui seul me console. Il laisse incessamment présente à ma pensée la conviction que ma bien-aimée est heureuse; il a gravé cette conviction au fond de mon cœur : je le sais, parce que je sais qu'il y a un Dieu. Il a permis que pendant plus d'un an j'aie goûté toutes les joies de la maternité, et ce souvenir excitera toujours ma plus vive reconnaissance. Une misérable créature pourrait-elle oublier une année de bonheur, un si grand don de Dieu?

J'ai reçu hier une lettre de M<sup>me</sup> de Berckheim, que j'ai relue plusieurs fois. Ah! je savais bien qu'elle compatirait à mon sort.... Il y a entre nous une si malheureuse analogie[1]! La voilà cependant auprès de toi, environnée de trois petits enfants, et chaque courrier lui apporte des nouvelles satisfaisantes d'une autre de ses filles; toutes font sa gloire et son bonheur aussi. Ah! que j'ai besoin de la croire heureuse encore, ainsi que vous toutes qui êtes entrées dans cette sainte et délicate carrière de la maternité! Accordez-moi souvent, tendres amies, le bienfait de me parler de vos enfants, de leurs progrès, de leurs jeux mêmes; j'y verrai volontiers l'image de tout le bonheur que j'aurais pu goûter et la certitude du vôtre. Un souvenir plein de reconnaissance, je te prie, chère Amélie, à toutes les personnes qui se souviennent de nous et nous accordent de la pitié.

---

### A M. PFEFFEL

Paris, 25 nivôse an XI (17 janvier 1803).

Nous craignons, bien cher ami, que vous ne soyez inquiets, vous et les vôtres, de notre santé, de notre sort.... Il est entre les mains de Dieu qui est toujours bon. Il ne rendrait pas si malheureux si on ne pouvait pas tout attendre de son aide; il ne dispenserait pas tant de douleur, s'il ne réservait une joie quelque part. Peut-être est-elle

---

1. Mme de Berckheim avait perdu sa fille Fanny, dont le souvenir avait fait donner le même nom par M. et Mme de Gerando à leur fille.

bien loin, cette joie, et pour nous elle n'est certainement que là où est ma fille.... Nous allons bien *moralement*, mais mon mari est malade. C'est un bien, pour moi, de le soigner ; je tiens donc encore à la vie par quelque chose, par un sentiment, par un devoir. Nos parents nous pressent beaucoup de venir à Lyon, et il est bien probable que nous partirons dès que la santé de Joseph le permettra. Ce ne sont pas les distractions ni l'oubli de la peine que nous irons chercher ; Dieu me préserve de vouloir détourner ma pensée du douloureux souvenir de ma bien-aimée Fanny ! Elle lui sera constamment vouée, comme ma vie devait l'être si la sienne eût duré. Je la vois, je l'entends sans cesse, et je sens que c'est avec un ange que je suis en relation. Qu'elle était belle, et douce et aimante ! Vous ne vous doutez pas de tout ce que je pourrais vous raconter de touchant d'un enfant qui avait à peine seize mois. Comme elle savait aimer, et n'aimait que son père et sa mère ! Quels tendres témoignages elle nous en donnait !... Au lieu de ses douces caresses, ce sont des étreintes de fer qui serrent nos cœurs ; mais Dieu l'a voulu.... Le peu d'instants que j'ai encore à vivre valent-ils la peine d'appeler sur eux le bonheur ? Pour moi mon enfant existe, il vit plus que jamais, et dans une atmosphère céleste. Pardonnez-moi, bon ami, de vous entretenir d'un seul sujet ; quelque desséché que soit mon cœur, il a besoin de s'épancher. Je suis encore capable d'aimer, mais c'est peu de chose en comparaison de ce que je pouvais avant que Dieu m'eût condamnée à connaître le bonheur le plus doux et à le perdre pour jamais.

O ma douce Fanny, gentille enfant ! Elle remplit encore tout mon être ; je suis toute à elle.... Que de tendres petits baisers sa bouchette appliquait sur mes lèvres, parce que son cœur en connaissait déjà le besoin ! Je ne vous parle de rien autre ni de personne, je vous en parlerais si mal ! Oh ! vous avez bien pitié de nous, j'en suis sûre, quoique vous et Frédérique ne nous ayez encore rien dit. Souvenez-vous de nous devant Dieu ; c'est en sa présence que nous devons tous nous retrouver avec l'oubli de tant de maux. Je vous quitte, ami vénéré, pénétrée pour vous de la plus tendre affection.

## A LA BARONNE FRITZ DE DIETRICH

Saint-Ouen, 5 avril 1803.

Je m'étais proposé, bien chère Amélie, de t'écrire par le retour de ton mari, mais ensuite j'ai pensé que ma lettre viendrait mieux dans un autre moment que celui d'une arrivée si désirée et où vous auriez tant de choses à vous dire. J'ai appris que tu es dans ta retraite ; me voici depuis trois jours dans celle que je compte habiter jusqu'à mes couches. L'analogie de nos positions va me rendre encore plus touchant mon entretien avec toi ; l'amitié s'exprime, se sent mieux au sein d'une nature paisible, que dans les distractions et les ennuis du monde. J'ai toujours lu dans ton cœur ; ton image et ta pensée reposent au fond du mien ; je sais qu'il en est de même de toi à mon égard, et que tu m'aimes comme une sœur. Je n'en forme pas moins la résolution de te parler plus souvent de ma tendresse et de mon existence, je dirai aussi de notre commun malheur [1]. Celui qui m'a frappé, chère Amélie, oppresse toujours mon cœur, il confond ma raison, il a couvert toute mon existence de deuil. Perdre si subitement un être si aimant et déjà si parfait, on ne s'en console point, on ne s'y fait pas ! Tout ce qui est beau et bon, chaque émotion dont je suis encore susceptible, me rappellent mon enfant. Et les jours riants du printemps, qui étaient autrefois son image, et l'orage qui éclate au moment où je t'écris, les nuages qui assombrissent le ciel et qui sont l'image de notre douleur, tout me parle de ma Fanny.... Elle ne t'aura pas été présentée, elle n'aura jamais connu le sourire angélique de mon amie.... Pardonne, Amélie, si je te fais du mal, quand tu devais attendre de moi des consolations ; mais je n'ai pas la crainte de réveiller d'amers regrets dans un cœur où ils seraient près de s'effacer ; je viens confondre ma douleur avec la tienne, et tu n'en seras que plus disposée à m'entendre.

6 avril.

Ma lettre a été interrompue hier par l'arrivée d'Henriette et d'Augustin qui sont venus pour la première fois à Saint-Ouen ; ils ont été enchantés des agréments de ce séjour et me promettent de nous y visiter souvent. Je leur ai donné rendez-vous, avec toute leur famille, pour le 10. Camille doit nous amener M$^{me}$ de Staël et M$^{me}$ Récamier, qui avaient formé le projet de venir nous demander à déjeuner. Il sera intéressant de voir à la fois les deux femmes qui font le plus de bruit à Paris, l'une par son esprit, l'autre par sa

---

[1]. M$^{me}$ de Dietrich avait aussi perdu une fille en bas âge.

beauté. Henriette doit aussi m'amener Michelette (M$^{me}$ de Barthélemy), qui est curieuse de connaître les deux célébrités.

La santé de ta sœur est fort bonne. Son maître de chant l'amuse et l'occupe. Elle t'aura déjà parlé d'une soirée que nous avons passée ensemble chez M$^{me}$ de Staël, il y a une dizaine de jours, mais elle ne t'aura pas dit le succès général qu'elle y a obtenu. M$^{me}$ de Staël est enchantée d'elle, de son aisance, de sa grâce; des hommes l'ont déclarée la plus jolie femme de l'assemblée, où se trouvaient M$^{mes}$ Récamier, Visconti, d'Aiguillon, Lucchesini, etc. Sa toilette était de la plus grande simplicité à cause de son deuil, mais elle lui allait délicieusement. Un peu de rouge, l'éclat des bougies, relevaient admirablement sa charmante figure. On a fait de la musique; nous avions Frédéric et une harpiste distinguée qui m'a bien fait penser à toi. La réunion était aussi brillante que nombreuse; on y remarquait MM. Cobentzel, Lucchèsini, Ralitchof, et la suite de ces ambassadeurs. Marie pourra d'ailleurs te raconter les fêtes de cet hiver et les plaisirs de Paris, et rappeler tes souvenirs sur tout ce qui peut t'intéresser dans ces récits.

Voilà notre bonne Marie déjà loin; bientôt je perdrai aussi Henriette. J'avais eu l'espérance de la suivre, de me réunir à vous au moment de l'arrivée d'Octavie, mais mon état s'y oppose. J'ai besoin d'arrêter d'avance ma pensée sur le bonheur qu'il me promet, pour supporter l'idée que je ne verrai point mon Octavie et toutes les bonnes amies qui m'attachent tant à l'Alsace. Cette privation est d'autant plus cruelle qu'elle va s'étendre peut-être à plusieurs années, et qui oserait se promettre de disposer de l'avenir? Je t'avoue, mon Amélie, que cet éloignement d'une grande partie de ceux qui me sont si chers, me donne souvent une invincible tristesse. N'avons-nous pas reçu de terribles avertissements sur le vide de nos projets et de nos espérances? Je n'en forme plus, je me soumets à la volonté d'en haut, et alors tout est bien.

Parle-moi un peu plus de tes enfants, quand tu m'écriras; tout m'intéresse dans des êtres qui t'appartiennent de si près. Les enfants m'ont charmée de tout temps; les tiens doivent déjà babiller, jaboter de petites bêtises que j'aime à la folie.

Dis nos amitiés à ton excellent mari que je ne plains plus depuis qu'il est auprès de toi, car, à tes côtés, il supporte tout. Je regrette l'aimable portrait qu'il portait toujours sur lui et dont j'avais le plaisir de jouir quelquefois. Ma douce amie, je te reverrai un jour en *réalité*, n'est-ce pas? Tu ne laisseras pas toujours ton mari venir seul à Paris, il y est trop malheureux. Je te presse contre mon cœur, il est bien à toi.

## A LA BARONNE FRITZ DE DIETRICH

### ET A LA BARONNE DE STEIN

Paris, juillet 1804.

Chère Amélie, bonne Octavie, permettez que je vous adresse M. de Viala, ami intime d'Augustin Jordan, lié aussi avec Camille et mon mari, homme aimable, estimable, bon parmi les bons. Il m'a demandé mes commissions pour Strasbourg et témoigné le désir d'y connaître mes amies, dont je ne puis m'empêcher d'être fière et de parler aux personnes avec lesquelles j'ai des relations. M. de Viala serait bien aise, s'il passe plus de vingt-quatre heures à Strasbourg, de voir une des réunions de votre société. Je désire surtout qu'il voie que vous valez mieux que nos Parisiennes, dont la plupart n'ont pas toute votre bonté, votre indulgence, votre candeur, votre aimable simplicité.... Il est vrai que vous n'avez point leur coquetterie. Je serai bien aise que M. de Viala en juge, et que j'aie satisfaction sur cela.

Mais je voudrais vous parler, mes tendres amies, de bien autre chose. Le silence de ma plume est à tout moment interrompu par les souvenirs que je nourris et que je vous adresse; vous êtes toujours une des grandes joies de ma vie.... hélas ! si une mère qui a perdu un enfant, qui ne sait si elle en conservera jamais, peut parler de joie ! Mais cela me fait toujours du bien, de me rappeler tout ce que vous avez été, tout ce que vous serez éternellement pour moi. Mon fils a neuf mois, il ferait notre bonheur, un grand bonheur, si le passé ne me faisait tant redouter l'avenir.

Je vois peu Louise[1], parce qu'il me faut aller chez elle et que mon enfant m'occupe sans cesse et presque uniquement. Cependant je l'ai vue et embrassée avant-hier; elle souffre encore, mais elle en sera bien dédommagée. Que de bonheur un cœur comme le sien ne saura-t-il pas trouver dans le sourire d'un enfant, dans les soins qu'elle lui donnera, et les espérances qu'il réalisera sans doute ! Heureuses les mères qui osent se confier en l'avenir ! Il y a encore un grand fonds de bonheur enseveli dans mon cœur, mais il

---

1. Mme Scipion Perier.

n'ose paraître, tant a été cruel le désenchantement que j'ai eu. Lorsque Gustave aura trois ans je me réjouirai, et cependant j'ai vu hier Mᵐᵉ de Humboldt qui a perdu à Rome un fils de seize ans; je connais des exemples plus terribles encore : il ne faut plus compter la vie pour rien. Pardonnez ! ce n'est pas ce que je voulais vous dire, mais je ne puis plus écrire sans revenir toujours sur une douleur qui ne finira jamais. Ne me croyez néanmoins ni malheureuse ni déraisonnable, je suis seulement bien sérieuse. M. de Viala pourra un peu vous parler de nous, si vous le faites parler. Adieu, Amélie, Octavie; pardonnez-moi des torts qui ne sont qu'*apparents;* mon cœur est à vous, avec tous les sentiments les plus tendres qu'il puisse renfermer.

## A LA BARONNE DE STEIN

Paris, 22 décembre 1804.

Ne te plais-tu pas à croire, ma chère Octavie, que je ne suis pas aussi coupable envers mes amies que je le parais ? J'écris moins, parce que mon esprit est devenu encore plus sérieux qu'il ne l'était déjà, mon caractère plus mélancolique, depuis que Dieu m'a repris le cher ange qu'il m'avait donné. Sans avoir le droit de me plaindre, possédant encore des éléments de bonheur au delà de mes espérances, je n'ai pourtant pas de joie à répandre dans mes rapports ni dans ma correspondance avec mes amis. Je ne souhaite rien de plus que ce qui m'a été accordé, mais mon cœur restera toujours un peu malade des plaies qu'il a reçues. La perte de mon enfant y a déjà imprimé un sentiment douloureux que je ne perdrai plus, parce qu'il est venu à la suite de beaucoup d'autres, et l'on prend une habitude du malheur, qui persiste après le coup dont on a été frappé, et dont on ne peut se défaire, comme il en est de beaucoup d'autres habitudes. On conserve toutes les facultés qui entretiennent l'inquiétude de l'esprit, le malaise de l'âme; il n'y a que celles qui font naître la joie, qui sont éteintes. Voici, chère amie, le secret de mon silence.

Unie d'âme et d'esprit à ta respectable mère, j'avais demandé à Dieu, pour le prix de sa vertu et de ses bienfaits, qu'elle n'éprouvât pas les nouvelles et incurables douleurs que tu m'avais fait appréhender. J'ai remercié le ciel aussi vivement que je l'avais imploré, en revoyant ton frère Sigismond [1] rétabli et mieux portant qu'il ne m'avait paru à son précédent voyage. Lorsque j'ai appris son arrivée à Paris, j'avais un extrême désir de le voir, et par un tendre intérêt pour lui, et plus encore parce que sa présence me retrace les personnes que j'honore et que je chéris le plus au monde. Je souris à l'aspect de ces jours pleins de douceur, qui ont succédé aux alarmes; je vois tes bons parents entourés de leurs bien-aimées filles, et renouveler ces temps heureux dont j'ai été témoin.

Mon Gustave se trouve à merveille de sa nourrice. Je conçois ta surprise en apprenant qu'un enfant de treize à quatorze mois a encore une nourrice, mais ce qui m'a empêchée de le sevrer, à l'entrée de l'hiver et lorsqu'il n'a presque point de dents, c'est le souvenir de ma Fanny que

---

[1]. Devenu le général de Berckheim, et dont le fils est aujourd'hui général de division d'artillerie.

j'ai perdue, dans la même saison, deux mois après l'avoir sevrée, au milieu de sa dentition. Elle a été la victime de mon inexpérience!.... Dieu semble me bénir maintenant, et mon fils me donne beaucoup d'espérances. Puissé-je mériter ce bienfait par tout ce qui peut plaire à Celui qui me l'accorde !

Que je te parle maintenant de notre nouvelle situation [1], si nouvelle surtout pour mon mari, car pour moi, à un surcroît d'occupations près, je me tiens toujours dans la retraite, autant que les convenances peuvent le permettre. Gerando n'a plus un jour de l'année, plus un moment dans la journée à sa disposition, depuis sept heures du matin jusqu'à onze heures du soir, et parfois bien plus tard encore. Il ne peut plus écrire à sa famille, à ses amis, il ne peut aller les voir ; c'est un assujettissement continuel, et pour moi une existence remplie de privations : je l'ai envisagée ainsi dès le premier moment. Mon mari n'a pas eu, comme moi, le temps de s'appesantir sur ces réflexions ; il a fallu se décider le jour même de la proposition que lui a faite le nouveau ministre [2] et entrer en fonctions le lendemain. Voici le côté sérieux de notre position, mais toutes les choses de ce monde ont plusieurs faces, et je vais t'en montrer de plus riantes, pour te consoler ; je voudrais en jouir aussi bien que je sais les reconnaître.

Dans la place qu'occupe mon mari on peut faire beaucoup de bien, rendre beaucoup de services, et personne n'est plus fait que lui pour sentir le prix de cette position.

---

1. M. de Gerando venait d'être nommé secrétaire général du ministère de l'intérieur, qui embrassait alors, outre l'administration générale, l'instruction publique, les cultes, l'agriculture le commerce et les travaux publics.

2. M. de Champagny, qui succédait à Chaptal.

Il y est appelé par la confiance et l'estime d'un homme excellent, auquel il sera toujours honorable d'avoir été en quelque sorte associé. Il est à l'abri de la crainte de devenir l'instrument de l'injustice ou de l'intérêt personnel ; jamais sa conscience ni sa délicatesse ne seront blessées sous l'administration d'un ministre qui en a bien autant que lui, qu'il aime et dont il est aimé depuis longtemps. C'est d'ailleurs l'entrée d'une carrière brillante, si elle est durable, qui ne laissera du moins aucun regret amer en s'anéantissant. Elle ne rend dépendant que du ministre. Elle assure une honnête aisance : nous sommes logés, meublés, chauffés, éclairés ; nous avons une des voitures du ministre à notre disposition ; le traitement est de 15 000 francs, avec un supplément de quelques mille francs au bout de l'année.

Me voici bien punie de ma paresse à écrire, et punie par où j'ai péché ; j'ai maintenant une vingtaine de lettres oiseuses ou ennuyeuses à faire par jour. La situation de mon mari m'astreint à une multitude de petits devoirs qui feraient des ennemis, si l'on s'en dispensait. Des solliciteurs en grand nombre s'adressent à madame, parce que les occupations du mari le rendent inaccessible. Des gens vous accablent de visites, de politesses et d'invitations, parce que vous êtes en place et que chacun a *une affaire*. Eh bien ! il faut répondre à tous ; je n'ai point, comme mon mari qui n'en a pas le temps, de raison à dire pour m'en dispenser ; je ne serais qu'impolie, et l'on en voudrait peut-être au *secrétaire général des fautes de sa femme*. Il a donc fallu en prendre mon parti, et quoique je défende ma porte autant que possible, plusieurs heures par jour se passent à répondre à des billets ou à des mémoires touchant des intérêts particuliers. Dans le nombre il y en a en faveur desquels le cœur est vraiment ému, car j'ai passé par tant de situations diverses que je sais bien me mettre à la place de chacun; on s'associe à ces intérêts et l'on voudrait au moins que ce ne fût pas un sentiment stérile. Le ministre de l'intérieur a des secours en argent et en nature à distribuer, les uns à des pauvres honteux, les autres qu'on fait porter à domicile; mais il y a au moins deux cents demandes par semaine, et on ne peut y satisfaire que bien insuffisamment. Tu comprends donc quels pénibles embarras, quels regrets quelquefois se mêlent à la jouissance de contribuer à faire un peu de bien.

Permets, mon Octavie, que cette lettre s'adresse aussi à tes sœurs et à ta cousine Amélie [1]. Je ne puis écrire que si rarement qu'il faut bien, mes amies, que vous ayez la générosité de partager le peu que je vous envoie. Qu'il me serait doux de pouvoir épancher mon cœur tout entier auprès de vous!

---

### A M. MARET [2]

Paris, décembre 1804.

Mon mari me dit, Monsieur, que je puis joindre mes prières aux siennes et à celles de M<sup>me</sup> D....; je dirai du fond de mon âme ce que j'en pense.

Vous savez ce que peut une femme qui a un peu de cou-

---

1. M<sup>lle</sup> Amélie de Dietrich, depuis baronne de Sahune.
2. Depuis duc de Bassano.

rage et beaucoup de cœur : M^me D... en est un touchant exemple. Elle a été très riche, très belle, unie à un homme âgé. La Révolution les ayant privés d'une magnifique existence, son mari se crut trop heureux d'obtenir le greffe du tribunal d'Alexandrie. Le climat lui était contraire, il devint aveugle. Sa femme, auteur et poète, se confina dans son greffe et y remplit sa place pendant deux ans, échangeant les agréables travaux de la littérature contre des écrits de procédure. Le besoin de conserver du pain à son mari et à son fils lui inspira ce noble dévouement, mais la cécité de M. D... servit de prétexte pour lui ôter sa place, et il revint à Paris où, depuis deux ans, il ne vit que du travail de sa femme qui s'est fait clerc de procureur et passe sa vie à copier des papiers du Palais. Je suis souvent témoin des efforts qu'elle fait pour lutter contre un sort si rigoureux ; elle lui est bien supérieure, et en vérité elle est mue par des sentiments bien plus nobles que les passions qui savent si souvent triompher des obstacles.

Vous jugerez mieux que moi, Monsieur, de son mérite littéraire. Je puis vous assurer que son cœur et son esprit sont à la hauteur de son infortune. Elle me disait hier : « Si j'obtenais la pension dont jouissait M. G..., mon mari aurait de quoi vivre et je serais heureuse pour le reste de mes jours. »

Dès mon jeune âge j'ai tremblé au seul mot de bonheur, car c'est là tout le secret de la vie humaine. Je ne puis entendre prononcer ce mot sans m'associer, de toutes les facultés de mon âme, aux vœux de ceux qui espèrent encore le trouver. Il vous est souvent donné, Monsieur, de réaliser ces vœux et de faire croire au bonheur par tous les heureux que vous faites. Je ne saurais vous souhaiter de meilleure récompense, après les bénédictions du ciel, que celle de jouir du bien que vous faites.

## A LA BARONNE FRITZ DE DIETRICH

Château de Clichy, 25 septembre 1805.

C'est en t'écrivant, ma bonne Amélie, que je viens chercher quelque adoucissement aux regrets que me cause un espoir trop légèrement conçu. Je me voyais déjà à Strasbourg avec mon mari et mon enfant, au milieu de nos amis, le plus près possible de tes parents, de toi, passant là notre hiver avec un bonheur que nous n'avons pas goûté depuis longtemps. Mais la guerre a encore éclaté, et nous n'irons pas à Strasbourg, parce que notre ministre n'y va pas. Je ne sais donc plus quand je reverrai ce pays où me rappellent tant de souvenirs et de sentiments, où je me serais empressée de visiter d'excellents amis et des tombes sacrées. Je ne devrais point, chère amie, porter dans ton cœur la tristesse qui est si souvent dans le mien et que la crise politique où nous nous trouvons ne fait qu'augmenter, puisqu'elle menace le repos de nos familles. Mais je suis au centre de tous les discours et de tous les mouvements belliqueux, et je ne puis m'en distraire un moment qu'en venant causer avec une amie ou me mêler aux jeux de mon enfant.

J'ai eu de tes nouvelles par ma bonne sœur qui m'a écrit que ton mari n'est pas encore rétabli. Je suis peinée de te voir condamnée à souffrir en ce que tu aimes le plus justement au monde, mais je sais que ta belle âme suffit à tout, à la douleur comme aux plus douces affections. Ma sœur me parle aussi de tes enfants et les trouve aussi charmants que bien élevés. Je m'étais arrêtée, avec tant de plaisir, à l'idée de voir mon Gustave jouant avec ton Albert et ton Eugène; c'eût été un si agréable tableau. Mon fils ne connaît pas de plus grande jouissance que d'être réuni à des enfants; j'espère que son caractère sera heureux pour lui et pour les autres.

On nous promet ta cousine Amélie [1] pour l'hiver prochain; je serai doublement heureuse du contentement de sa sœur et du mien. J'ai vu ton frère Sigismond avant son départ pour l'Alsace; je pense que tu seras aussi satisfaite que nous de sa bonne mine et de sa santé. Je suis bien préoccupée des alarmes auxquelles M. et M<sup>me</sup> de Berckheim vont être livrés, ayant trois fils aux armées. Hélas! depuis bien des années il n'est plus de calme pour eux.

Me voici dans un grand château, chez la belle M<sup>me</sup> Récamier qui est en vérité une charmante personne et, sous bien des rapports, m'en rappelle d'autres que j'aime si tendrement et qui souvent m'ont rendue si vaine. Ta beauté, chère Amélie, n'est pas effacée des souvenirs de ce pays; M. Récamier m'en parlait encore hier soir, et je t'avoue ma faiblesse, cette appréciation me fait toujours plaisir. Mais il est des choses que j'aime encore plus en toi, tu n'en doutes pas, et je me flatte de conserver toujours ma part dans les trésors de ton cœur. Épanche-le tout entier dans celui de ton amie; je ne puis cesser d'avoir en commun tous tes maux, tous tes biens, ainsi que, dans ma jeunesse,

---

1. M<sup>me</sup> la baronne de Sahune.

tu as adouci les uns et tu m'as fait participer aux autres. J'appelle du fond de mon âme toutes les bénédictions sur toi, chère Amélie, et sur ceux que tu aimes.

---

## A CAMILLE JORDAN, A LYON

Paris, 27 janvier 1806.

Je viens vous chercher, mon Camille, dans la douleu d'une perte commune[1] que je sens aussi vivement que vous pouvez le faire vous-même; les justes regrets que vous causera cette perte augmentent encore les miens. Elle est irréparable pour vous et pour Gérando. Quel conseil, quel exemple, quel soutien dans la carrière publique, quelle consolation dans tous les moments de la vie, qu'un tel ami! Depuis longtemps nous avions des craintes, mais nous étions loin de penser qu'elles dussent se réaliser sitôt, et nous fondions encore quelque espérance sur un voyage à Grenoble, dont il s'occupait avec bonheur. Il a fini sans avoir les angoisses de la mort et les douleurs de la séparation d'avec ses enfants; eux-mêmes n'y pensaient pas, et personne n'a eu le courage de les y faire penser. Ils ont joui de l'existence du meilleur des pères jusqu'au dernier instant, mais lorsque l'illusion s'est évanouie la stupeur a été affreuse. Mᵐᵉ de Tessé les a emmenés chez elle; ils sont tous les trois

---

1. Celle de Mounier (Jean-Joseph), l'illustre député aux États généraux de 1789.

réunis dans une chambre. Victorine [1] a une sorte de délire; rien ne lui fera plus de bien que la présence des deux êtres qui se sont partagé, avec elle, les plus tendres affections de son père.

Il y a eu hier huit jours, j'ai passé plus d'une heure avec lui, ma main dans la sienne; il avait quelque chose de plus affectueux qu'à l'ordinaire; il était impatient de savoir quand vous arriveriez, et je l'assurai, d'après ce que m'avait dit mon mari, que ce serait bientôt. Je ne pus m'empêcher de faire grande attention à ce vif désir de vous revoir, et je croyais bien que vous en auriez encore tout le temps. C'est dans la nuit du samedi au dimanche, à trois heures, qu'il a expiré. Il s'est fait lever une demi-heure auparavant, et a eu un assez long évanouissement; mais en revenant à lui, il dit à ses enfants qu'il allait mieux, que le spasme se passait et que le lendemain il serait tout à fait bien... En effet, n'est-il pas *tout à fait bien?* Ah! je n'ai pas besoin de vous dire tout ce que je pleure en lui : personne ne l'a mieux apprécié, mieux aimé, que vous. Mon pauvre mari est malade de chagrin et alité. On espère une place pour le fils, des pensions pour les filles, mais rien n'est assuré. La haute raison, la vertu de l'excellent ami que nous avons perdu, lui attirent toutes sortes d'hommages qui nous étonneraient, vu les lieux d'où ils viennent, si nous n'avions éprouvé toute la puissance de l'ascendant qu'il devait exercer sur tout ce qui l'a connu.

Gerando a écrit hier à votre frère Augustin, afin de vous garantir de l'horrible surprise d'une nouvelle que vous au-

---

1. L'aînée des deux filles de M. Mounier, mariée depuis à M. Achard, receveur général des finances.

riez pu apprendre par les journaux. Je vous plains de toute mon âme, d'après ma propre douleur : quel vide pour toujours, et pour mon mari quel précieux lien de moins à Paris ! Je pense que lorsqu'il vous écrit il vous parle quelquefois de sa femme et de son fils. Vous aimerez notre Gustave, il sera pour vous l'espérance d'un bonheur que vous goûterez bientôt, si mes souhaits sont exaucés. Veuillez disposer votre femme à avoir de la bienveillance pour moi.

### A LA BARONNE FRITZ DE DIETRICH

Paris, 12 février 1806.

Je ne connais que depuis hier, mon Amélie, ton accablant malheur [1]; combien j'en gémis avec toi ! Mon mari et Scipion me l'ont caché depuis plusieurs jours ; ils m'avaient fort alarmée, mais ne m'avaient pas dit toute la vérité. Ah ! que je la trouve affreuse ! Est-ce en ce moment que j'essayerais même de t'adresser une seule parole de consolation ? Il n'est pas en la puissance humaine de te persuader que tu n'as pas fait une perte immense en perdant celui qui t'a tant aimée. Je me le dis avec douleur, je ne puis t'offrir, ma pauvre Amélie, que des larmes et une tendre union de regrets. Te voir condamnée, à ton âge, à un malheur sans retour, cette pensée m'est insupportable.

Je n'ai pas à te rappeler, ma bien-aimée, qu'il te reste

---

1. M<sup>me</sup> de Dietrich venait de perdre son mari.

des enfants, vrai trésor pour ton cœur, et que tu leur dois tout ton courage, toutes tes forces et la conservation de ta santé. S'il est possible que les bienheureux sachent ce qui se passe dans ce monde de misères, quel plus grand bien pouvons-nous leur faire que de nous montrer dignes d'eux, bien plus par un culte de tendres et respectueux souvenirs que par d'excessifs regrets?

Pense, mon Amélie, à tout ce que ton mari a eu à souffrir, à sa vie laborieuse et inquiète, à sa déplorable santé qui ne permettait plus d'espérer qu'il pourrait atteindre le terme ordinaire de la vie, et dis-toi à tous les instants : *Il doit être si bien ! Il est soulagé de tant de maux !...* Réfugie-toi sans cesse dans la pensée, bien propre à adoucir les douleurs d'une âme généreuse, que *lui* n'est plus à plaindre.

Tout ce que je te dis, avec l'affection d'une sœur, ne m'empêche pas de sentir les déchirements du cœur de l'épouse et de la mère. Hélas ! après avoir appelé à son aide tout ce que peuvent suggérer la raison, la cruelle loi de la nécessité, la résignation chrétienne, on retombe dans les droits de la nature, et on pleure.... Mon mari me charge de t'exprimer de sa part les mêmes sentiments ; nous avions assez connu M. de Dietrich pour l'estimer, l'aimer et le regretter toujours.

J'adresse un baiser à chacun de tes enfants, je te plains, je prie pour toi; que Dieu te bénisse et te console ! Il en a seul le pouvoir.

## A M. PFEFFEL

Rouen, 15 juillet 1806.

Mon bien cher ami, nous avons reçu aujourd'hui un courrier bien agréable pour nous, et mon mari veut me laisser le plaisir de vous en parler. M. de Champagny lui écrit que l'Empereur vient de signer, dans le dernier travail avec son ministre, le décret qui vous alloue la pension de 1200 francs que nous désirions tant pour vous et à laquelle vous aviez tant de titres. Ce petit avantage, cher ami, est loin de renfermer tous les biens que nous vous souhaitons; mais dans l'impuissance de nos moyens pour réaliser tous nos souhaits, nous jouissons du bien qui vous est fait, comme d'une des plus douces satisfactions qui pût nous arriver, et nous y trouvons l'accomplissement tout à la fois d'un acte de justice et des vœux de l'amitié.

Je parierais, excellent ami, que vous ne comprenez rien à cette date de Rouen. Nous y sommes, depuis dix jours, chez nos amis M. et M<sup>me</sup> de Savoye-Rollin [1]. Mon mari avait grand besoin de cette agréable distraction pour réparer un peu l'épuisement de ses forces. Le hasard a voulu que l'Empereur lui ait fait donner une mission en Normandie, qui a parfaitement secondé le projet que nous avions d'y aller remettre nos santés dérangées. Ah ! le beau et riche pays, mon cher ami, et qu'il a dû, en effet, exciter l'envie des conquêtes !

---

1. M. de Savoye-Rollin était alors préfet de la Seine-Inférieure.

Nous sommes revenus, cette nuit, du Havre où j'ai rendu pour la première fois mon hommage à l'Océan, et visité l'intérieur d'un navire. Cette mer sans limites, ces vagues rugissantes rappellent à la toute-puissance de Dieu, et l'homme se joue de l'Océan! J'y ai vu des centaines de petites barques de pêcheurs le couvrant au loin, et j'ai très distinctement aperçu les Anglais dont les vaisseaux n'étaient qu'à deux lieues. On prend une grande idée de leur puissance en les voyant venir braver sur nos côtes une domination qui assujettit l'Europe entière. J'ai vu là et je vois partout ici un affligeant contraste entre la richesse d'un sol couvert d'abondants trésors, et les misères de la guerre, qui paralysent l'industrie et le commerce.

Ce qui anime singulièrement le tableau qu'offre ce pays, c'est qu'il unit la plus belle culture, les plus magnifiques campagnes, à des manufactures et des ateliers de toute espèce. Le peuple est bon, laborieux; les usages, les physionomies, les caractères, ont beaucoup de rapports avec ceux des Allemands, et démentent absolument l'opinion que certains proverbes donnent des Normands. M. de Rollin qui est bien à même de les connaître, en pense comme nous et juge que c'est une excellente population.

Un jour je vous dépeindrai le pays de Caux, ses belles fermes, ses habitations entourées de vergers, ses champs couverts de blé, de lin, de trèfle, de troupeaux, de bouquets de bois qui désignent au loin chaque village. Ces campagnes si riantes, si vertes et animées plus qu'elles ne le sont ailleurs, ont beaucoup de rapport avec celles de l'Angleterre; aussi ce pays est-il un jardin anglais continu. J'ai été trop charmée pour n'avoir pas beaucoup pensé à vous, pour ne pas avoir vivement désiré la présence de mes amies, de Frédérique surtout, afin de les voir jouir d'un spectacle si ravissant et si varié.

Adieu, mon excellent ami; vous faites beaucoup pour mon bonheur en m'assurant que vous me conservez des sentiments dont je suis si fière, mais dont je suis encore plus touchée. Je fais, à tout moment, des vœux pour votre santé et pour retrouver encore ces heures délicieuses que j'ai passées à côté de vous et que rien ne peut me faire oublier.

AU MÊME.

Paris, 28 septembre 1806,

Vous devez penser, bien cher ami, que nous avons tout à fait partagé le déplaisir que vous a causé la lettre du chef de division du ministère, qui ordonnançait le payement de votre pension, et nous avons compris que vous n'en ayez pas voulu à ce titre [1]. Mais, cher et bon ami, ce n'est pas cette lettre-là qui faisait votre *titre*, c'est celle du ministre. L'autre n'était qu'un mot d'avis et de formalité, et n'entraîne aucune conséquence que vous puissiez regretter. Mon mari cependant a vu celui qui l'a écrite, pour qu'il en fasse une autre et corrige son erreur; il a promis de le faire. En attendant, n'hésitez pas à toucher les deux mois échus, en représentant la lettre de M. de Champagny, qui ne laisse aucun doute sur l'intention de l'Empereur.

1. Il y avait sans doute dans cette lettre quelques termes bureaucratiques qui avaient froissé la dignité de M. Pfeffel.

Depuis quelques jours je vois de bien belles choses et qu'on ne peut voir qu'à Paris : c'est l'exposition des salons de peinture et de sculpture, et celle de tous les produits des arts et de l'industrie. Dans une si grande foule d'objets, il y en a beaucoup assurément de médiocres ou de mauvais goût ; mais, je ne sais, l'œil ne s'y arrête pas, et on ne regarde véritablement que ce qui mérite l'attention ou excite l'admiration. Je trouve aussi bien intéressante cette réunion considérable des œuvres de nos meilleurs manufacturiers, artistes, inventeurs, fabricants, ces gens si laborieux, si industrieux, véritables bienfaiteurs de l'humanité, puisqu'ils donnent du pain à tant d'individus. En les voyant, on se sent le vif désir de les voir protégés, honorés, et qu'un gouvernement paisible et tutélaire succède à tant de gloire militaire.

Que j'ai d'envie, cher ami, de vous présenter mon petit Gustave et de vous voir poser sur sa tête, en le bénissant, votre main paternelle ! Puisse-t-il devenir vraiment aussi aimable qu'il l'entend dire souvent de lui ! Il parle déjà l'alsacien dans la perfection, parce que sa bonne a été jusqu'à présent son institutrice, et, par malheur, je ne sais pas assez bien l'allemand pour le corriger de ce patois. — Nous sommes bien heureux quand nous recevons de vos nouvelles ; dites-vous cela, cher ami, pour vous encourager à nous consacrer quelques moments. Privés de vous voir, nous ne connaissons pas de plus grand plaisir que celui de vous lire et de nous entretenir de vous.

P. S. — Sachant que vous aimez le thé, je prends la liberté de vous envoyer, par M. Bach qui va avoir le bonheur de vous voir, un échantillon du meilleur thé que j'ai pu me procurer ici ; si vous le trouvez bon, j'aurai un grand plaisir à vous en envoyer davantage. Je joins à cet échantillon un petit déjeuner de porcelaine ; je l'ai choisi le plus simple possible, mon excellent ami, pour que vous me pardonniez de vous l'offrir.

A M<sup>me</sup> RÉCAMIER [1]

Paris, 13 octobre 1806.

On m'avertit, chère amie, que le valet de chambre de M<sup>me</sup> de Staël part à l'instant ; j'en profite pour vous remercier de votre bonne lettre et vous dire ce que nous avons fait pour nos pauvres enfants [2]. On m'a remis les douze cents francs ; j'ai payé deux mois de nourriture, le quartier des maîtresses, celui du loyer. Mon mari a écrit lui-même à nombre de personnes de sa connaissance pour leur proposer à chacune une souscription de cent écus par an, que la plupart ont acceptée. En voici la liste, en y joignant ceux sur lesquels nous comptons encore......

Mon mari vous prie maintenant de voir, avec M<sup>me</sup> de Staël, dans les personnes de votre société, quelles sont celles qui accepteraient une de ces souscriptions de cent écus, et nous aurons alors le bonheur de n'abandonner aucune des enfants

---

1. Alors à Auxerre, auprès de M<sup>me</sup> de Staël. Cette lettre a été publiée par M<sup>me</sup> Ch. Lenormant dans les *Souvenirs et correspondance de M<sup>me</sup> Récamier*, t. I, p. 123.
2. Des jeunes filles recueillies dans une maison fondée, sur la paroisse Saint-Sulpice, par M<sup>me</sup> Récamier.

dont nous nous sommes chargées dès l'origine, ce qui fait, avec celles qui sont déjà sorties et placées, plus de soixante individus qui vous devront leur moralité, leurs talents et leur pain. Cette pensée, chère amie, console de bien des peines et de bien des injustices; elle donne le courage de continuer sans s'embarrasser des jugements humains.

J'écrirai à M<sup>me</sup> de Staël au premier jour; je veux la remercier de ses bontés. Adieu, mon amie, donnez-moi de vos nouvelles, et que je n'ignore rien de ce qui vous intéresse ni de vos desseins.

---

## A M. LE BARON THÉOBALD DE MALZEN

### A BAYREUTH (BAVIÈRE)

Paris, 6 janvier 1807.

On croirait, mon cher cousin, d'après ce que vous me dites de votre frère et de vous, que vous m'avez envoyé vos portraits en profil, et je ne serai pas plus embarrassée de reconnaître et de distinguer mes cousins Théobald et Érasme, que si je les avais déjà vus. Je juge aussi, d'après votre lettre, que vous êtes un jeune homme fort heureux. Votre imagination vous sert à merveille, elle vous peint tout en beau.... « Il est impossible que votre cousine ne soit pas aimable et jolie.... » Eh bien! j'y consens, cela ne peut m'offenser. Mais si jamais j'ai à me venger d'une de vos malices, je me ferai voir telle que je suis, je vous mettrai à l'épreuve, et peut-être vous faudra-t-il du courage pour ne pas me renier.

Comment ! avec tant de qualités qui vous distinguent, vous êtes de plus modeste ; vous me faites l'aveu que vous avez la petite taille de votre père ; c'est vraiment me traiter avec l'abandon de l'amitié. J'espère, mon cousin, que vous avez d'autres traits de ressemblance avec vos dignes parents, et la bonté que vous me témoignez m'en est une nouvelle preuve.

Vous avez oublié, mon cher Théobald, que je suis de beaucoup votre aînée ; vous avez plaisanté sur moi comme sur une cousine germaine. Eh bien ! je veux vous ramener au respect que vous me devez, et je serai pour vous une tante *à la mode de Bretagne*. J'espère que ce titre un peu sévère vous imposera, et cependant pas assez pour vous empêcher de m'aimer beaucoup. J'y répondrai de tout cœur.

---

## AU PRINCE PRIMAT CHARLES DE DALBERG

### GRAND-DUC DE FRANCFORT-SUR-LE-MEIN[1]

Paris, février 1808.

MONSEIGNEUR,

Je vous prie de ne pas en imputer la faute à mon cœur, si je vous témoigne avec une extrême réserve la reconnais-

---

1. Auparavant électeur et archevêque de Mayence, archichancelier de l'empire d'Allemagne en 1802. Il était venu à Paris au commencement de l'année 1808.

sance que vos bontés m'inspirent. Elles me touchent vivement ; elles font souvent naître en moi le désir de les mériter en justifiant l'estime que Votre Altesse veut bien m'accorder et la bienveillance avec laquelle elle daigne oublier toutes les sortes d'infériorité qui me séparent d'elle.

Je pourrais être fière, Monseigneur, d'avoir obtenu des titres à une amitié telle que la vôtre, mais cette satisfaction orgueilleuse n'est pas celle qui émeut mon âme ; c'est, plus encore, l'espérance que tant de bonté et tant de vertus dont Votre Altesse offre le constant exemple me rendront meilleure. Vous avez rempli un de mes vœux les plus chers en me permettant de vous appeler mon ami : c'est là ce que vous êtes pour moi au fond de mon cœur, quels que soient les titres que votre élévation me commande de vous donner.

Daignez croire, Monseigneur, que je saurai répondre à votre généreuse confiance, à la sainte amitié que vous avez la bonté de m'offrir et aux trois conditions qui en sont la base. Mon âme est faite pour ce noble sentiment ; il a souvent fait la consolation de ma vie, et presque tout mon bonheur au milieu des orages qui ont assailli ma jeunesse. Cette amitié est un nouveau bienfait que je dois à mon mari ; je sens bien que c'est surtout la bienveillance qu'il a inspirée à Votre Altesse, qui rejaillit sur moi, et c'est ainsi que ma reconnaissance pour le meilleur des hommes augmente chaque jour par tous les biens que je lui dois.

Lorsque Votre Altesse me connaîtra mieux, elle verra que sous une enveloppe bien ordinaire je renferme le sincère désir de tout ce qui est noble, vrai et bon, et une ardente compassion pour les peines et les douleurs des autres hommes. Mon cœur n'a jamais connu de sentiment plus vif que cette tendre pitié qui nous unit d'un lien sympathique à tous les malheureux, et nous transforme pour ainsi dire en eux-mêmes pour sentir tous leurs maux. Cette profonde sensibilité ne m'a pas rendue heureuse, mais elle a soutenu et animé ma vie. Puisse-t-elle au moins disposer Votre Altesse à me juger avec indulgence, malgré tout ce qui me manque!

Je la supplie de me pardonner si j'ai essayé d'avoir recours à ma plume pour mieux exprimer mes sentiments; j'avais besoin de soulager mon cœur d'une reconnaissance que je vous ai si mal témoignée. Veuillez recevoir, Monseigneur, avec votre bonté accoutumée, les assurances de ma tendre vénération.

## AU MÊME.

*Paris, février 1808.*

Je vous envoie, Monseigneur, avec empressement, les feuilles que Votre Altesse m'a permis de lui adresser. Elles seront pour moi un monument précieux de la bonté avec laquelle vous daignez accueillir une femme qui n'a que le mérite de vous révérer et de vous chérir du fond de son âme. La puissance souveraine vous assure l'obéissance et le respect, mais c'est votre cœur qui vous fait aimer et vous donne des amis. Je m'efforcerai de mériter ce titre, et si Dieu nous a assigné des degrés si éloignés sur l'échelle sociale, il permettra du moins que nous nous retrouvions rapprochés par le but que se prescrivent les âmes généreuses.

Je supplie Votre Altesse de ne pas s'offenser de la libre effusion des sentiments qu'elle m'a inspirés ; je ne me consolerais point de perdre, par trop de timidité, les précieux témoignages de sa bienveillance. N'y a-t-il pas de ces occasions rares où il est permis de sortir de son propre caractère pour s'élever à la hauteur des circonstances et profiter des bienfaits de Dieu ? Un des plus grands que j'en ai reçus, Monseigneur, c'est de pouvoir vous dire, avec autant de vérité que de respect, que personne au monde ne vous est plus dévoué que mon mari et moi.

Quand je me sentirai attristée par les effets d'une imagination trop vive, par des émotions trop répétées et qui me porteraient à croire que tout bonheur est une illusion, je me reposerai dans la pensée du bien que vous faites, des heureux qui couvrent la terre où vous régnez, des bienfaits que vous répandez sur toutes les classes, et surtout sur celles qui ont le plus besoin de protection parce qu'elles ne peuvent presque rien pour elles-mêmes. Oui, je me complairai dans l'image du prince vertueux qui a su réunir (ce qui se rencontre si rarement) l'amour du bien et le pouvoir de l'accomplir.

Klopstock dit, dans une de ses odes, qu'il se présentera un jour devant le Sauveur avec une coupe toute pleine des larmes que les chrétiens auront versées en lisant la *Messiade*. Pour vous, Monseigneur, vous aurez bien mieux à offrir : ce seront toutes les larmes des misères humaines que vous aurez séchées.

Que Votre Altesse daigne agréer, etc.

AU MÊME

Paris, 26 février 1808.

Monseigneur,

J'ai lu, à côté de mon mari, avec une douce émotion, les touchantes expressions de votre bonté et de votre amitié [1]. Il veut que je vous dise, en son nom et au mien, qu'elles resteront à jamais gravées dans nos cœurs, comme

---

[1]. Elles avaient été adressées dans une lettre en allemand, dont la traduction s'est retrouvée dans les papiers de M. de Gerando. Nous l'insérons ici pour mieux faire connaître celle qui avait inspiré ces sentiments au prince primat.

Paris, 22 février 1808.

« Noble amie, lorsque, dans des heures sereines, vous goûterez, avec votre digne époux, les délices de la bienfaisance, les sentiments élevés de l'amour de la vertu ; lorsque vous vous communiquerez les sublimes impressions de l'adoration de Dieu ; lorsque vous serez entourés d'amis choisis qui sentiront profondément le prix d'Annette et lui exprimeront ce profond sentiment avec amour, respect et vérité ; alors souvenez-vous de *l'absent* qui lut dans votre belle âme, qui apprit à vous aimer autant qu'il sut vous admirer, qui a trouvé en vous un charme et des grâces dont nulle autre femme ne lui offrit le modèle, et qui sont en vous un don divin de candeur et de pureté. Vos magnanimes exemples, les vertus de votre mari, influeront encore sur moi lorsque je serai déjà loin de vous ; ils ranimeront mes forces pour soutenir le combat de la vie, pour accomplir avec fermeté mes sérieux devoirs.

» Je vous ai imposé une grande tâche que la vieillesse n'a pas l'habitude de confier à la jeunesse, mais vous l'avez acceptée ; vous êtes seule capable de la remplir, et vous serez fidèle à vos promesses. Femme aimable et bonne, vous qui couronnez mes cheveux blanchissants des fleurs qui naissent de chacune de vos pensées et de vos sentiments, aucun événement ne peut plus rompre le lien sacré que la vertu, l'amour du bien et l'amitié ont formé entre la noble dame de Gerando et son constamment dévoué

» Charles de Dalberg. »

nos actions se gravent dans le livre de vie. Mais, cher et bon Prince, le bonheur que je ressens de ce précieux témoignage de votre bienveillance est accompagné d'un regret : je ne mérite pas tout ce que vous dites de moi, et il se mêle trop d'imperfections à mon désir de bien faire. Je vous prie donc, pour le repos de ma conscience, de ne voir en moi que ce qui s'y trouve véritablement, un cœur droit et aimant. J'abandonne toute autre prétention, parce qu'elle serait fausse.

Laissez-moi vous dire aussi que notre attachement pour vous est aussi tendre que respectueux. Votre pensée, votre image, éveillent en nous l'idée de toutes les vertus et d'une bonté infinie comme celle de Dieu qui vous l'inspire. Il faut que l'impression qu'elle a produite sur moi ait été bien vive, pour qu'elle m'ait fait surmonter la réserve naturelle à mon caractère, et il n'y a puissance sur la terre qui aurait pu me faire rechercher d'autres relations d'amitié comme j'ai recherché tous les moments qui pouvaient me rapprocher de vous.

Nous aurons l'honneur de vous voir demain, Monseigneur, et cependant je vous écris parce que je n'oserais pas vous dire tout ce que je voudrais, bien que Votre Altesse, par sa noble simplicité, rassure les plus timides.

J'ai d'ailleurs une prière à vous adresser, Monseigneur : c'est de résoudre une petite difficulté qui m'embarrasse et sur laquelle vous aurez la bonté de me donner demain votre avis. La dame du palais qui est chargée d'écrire à l'Empereur pour ma présentation à la cour, d'après des renseignements qu'on lui a fournis sur mon nom de famille, fait mention de moi comme nièce de la princesse de Montbéliard, petite-fille de la princesse de Grimberghe, cousine de la princesse de Hesse, et ayant d'autres alliances princières. Je crains que cela ne me donne l'air de prétentions que je suis bien éloignée d'avoir. Ma véritable gloire, c'est le nom de mon mari, et le seul, il me semble, qu'une femme ait le droit de faire valoir. J'ai prié la dame du palais de suspendre jusqu'à demain l'envoi de sa lettre, et j'espère que Votre Altesse voudra bien me guider dans la réponse qu'on attend de moi. Je la prie d'agréer l'hommage de ma tendre vénération.

AU MÊME

Paris, mars 1808.

Je ne sais si j'aurai encore le bonheur, avant le départ de Votre Altesse, de passer avec elle quelques-uns de ces moments paisibles, si précieux à l'amitié. Je ne sais que dire au milieu de ces audiences où je ne vois que des visages que je ne connais pas. Je voudrais, avant de subir une séparation qui me sera douloureuse, établir une parfaite harmonie entre nous ; il n'y a point d'absence pour des âmes qui s'entendent bien.

Il n'est plus en votre pouvoir que je n'entre en partage de vos maux et de vos biens, que je ne ressente tout avec vous et pour vous. Un nouveau lien s'est joint à tous ceux qui m'unissent à mon bien-aimé mari : la profonde vénération, le tendre attachement que Votre Altesse nous inspire, se confondent dans nos cœurs. Chaque jour, notre pensée nous élèvera vers cette haute sphère que vous remplissez de bontés, de vertus et de bienfaits. Nous nous consolerons de tant de maux qui affligent les hommes, en voyant tous ceux que vous effacez, et nous nous glorifierons devant Dieu d'avoir été les amis d'un prince tel que vous.

Mon âme s'est unie à la vôtre, autant qu'il m'a été possible, par une confiance sans réserve, et n'est-ce pas cette confiance qui confond véritablement l'existence de deux amis? Si je mérite de vous retrouver dans un monde meilleur, vous n'aurez plus rien à apprendre de moi. Vos exemples, vos discours, ont ranimé ma piété, ce sentiment céleste qui nous fait traverser, avec des ailes de séraphin, toutes les misères humaines. J'aimerai Dieu plus encore que mon mari et mon enfant, et il pourra me dire un jour : Je lui pardonne, parce qu'elle a beaucoup aimé. Depuis longtemps je ne connais ni les projets ni les vœux téméraires, et je n'ai d'autre ambition que de rendre ma vie entièrement pure. Je voudrais me dépouiller des faux alliages de la vertu et ne conserver que la simplicité d'un enfant ; je voudrais être digne de mon mari et des amis que le ciel m'a accordés. Le saint enthousiasme du bien, de la pitié et du respect pour le malheur, je l'ai conservé tout entier ; je réunirai toutes mes facultés pour le nourrir, et peut-être ne mourrai-je pas sans avoir atteint ce degré d'amélioration qui me fera tomber dans l'éternité comme le fruit mûr se détache de sa branche, en automne, aux derniers rayons du soleil. Voilà, mon vénérable ami, un sentiment persévérant que vous serez toujours sûr de trouver dans le cœur d'Annette.

Il faut, Monseigneur, que vous ayez quelque pitié du vide et de la douleur que votre départ va nous laisser. Tout ce qui est soumis à des conditions humaines conserve de l'imperfection, il s'en trouve même dans notre amitié ; il y a une inévitable disproportion entre le sentiment que nous éprouvons pour vous et celui que nous vous inspirons. Vos pensées et vos vues se portent au loin et sont grandes comme votre destinée, comme vos devoirs ; et nous, nous ne portons pas nos regards plus haut, nous n'avons rien de plus cher que vous. Eh bien ! c'est en quoi il nous a été donné de vous surpasser ; il vous sera impossible de nous rendre en affection tout ce que nous avons à vous offrir, et nous serons contents pourvu que vous vouliez bien l'agréer.

Daignez, Monseigneur, me dire aussi la manière la plus directe dont mon mari et moi nous pourrons correspondre avec vous. Je ne vous parlerai point à l'avenir, dans mes lettres, le langage de cette amitié que je ne confie qu'à vous-même ; j'y mets trop de prix pour risquer d'admettre le public dans le secret de notre intimité. Je ne pourrai donc que vous réitérer mes constants hommages et tâcher de donner quelque intérêt à mes lettres en vous faisant part des nouvelles de ce pays, du moins de celles qui peuvent s'écrire. Nous voulons surtout nourrir l'espérance de revoir bientôt Votre Altesse ; ce bonheur serait pour nous une récompense des meilleures actions.

A présent, cher Prince, dites-moi que vous me pardonnez la liberté que j'ai prise de vous parler comme à un de mes meilleurs amis. J'ai tenté de vous exprimer l'attachement de mon mari comme le mien ; il est impossible que vous vous offensiez de ce qui est si vrai. Adieu, je vous baise la main avec autant de respect que de tendresse.

AU MÊME

Paris, avril 1808.

Monseigneur,

Je crois avoir assez respecté le repos dont Votre Altesse avait besoin à la suite d'un voyage et les occupations qui l'attendaient après une longue absence. Je me suis interdit de vous écrire plus tôt, Monseigneur, par le même sentiment de discrétion qui m'a empêchée de rechercher l'honneur de vous voir encore les derniers jours que vous avez passés à Paris. Les regrets que vous y avez laissés sont bien vifs au fond de tous les cœurs; j'évite de sonder le mien à ce sujet, comme on craint de toucher à une plaie douloureuse. Mais nous conservons, mon mari et moi, l'espérance de vous revoir, de vous porter nos hommages jusqu'aux lieux que vous habitez, si vous tardez trop à vous rendre à nos vœux.

Votre Altesse a été témoin de mon début à la cour; j'y suis retournée depuis, dans les occasions ordinaires de cercles, spectacles, etc. J'ai été successivement chez les princesses, qui m'ont accueillie avec la bonté qui les caractérise; mais c'est avec un intérêt redoublé par le souvenir de ce que vous m'en aviez dit, que j'ai vu l'Impératrice et la reine de Hollande, dont j'ai reçu des témoignages de bienveillance plus marqués encore. Cependant, pour vous parler du fond du cœur, l'atmosphère de la cour n'est pas celle qui me convient; la vie me paraît si rapide que je voudrais en faire un usage plus utile. J'arrive là avec un esprit d'observation entièrement neuf. J'ai pitié de cette singulière agitation qui se lit dans les traits des plus sages, pour arriver aux premières places, pour obtenir un regard, se trouver sur le passage qui fait espérer une parole du souverain ou qui marque une distinction. Je voudrais faire une suite de tableaux *à la Hogarth* de tout ce qui se voit sur ces physionomies. Je ne puis vous dire la paix intérieure que me donne leur embarras, car à cet égard je suis bien plus heureuse que ces courtisans, et quelque grand que soit un souverain, ma pensée se porte plus haut ou plus loin ; je place avant toutes les considérations humaines l'estime de moi-même et la présence de Celui qui lit dans tous les cœurs, et quand on ne met la faveur des puissances de ce monde qu'au troisième rang, on ne s'en préoccupe pas beaucoup. Je ne sais pas trop quelle serait mon humeur si j'étais homme, mais comme femme, mon ambition ne va pas plus loin.

J'ai vu quelquefois le bon comte de Beust, j'ai dîné avec le baron de Dalberg et sa famille; je ne saurais vous dire quel intérêt ces rencontres ont pour moi par le lien qu'elles ont avec vous. C'est par elles seules que nous avons de vos nouvelles,... je me trompe : nous en avons aussi par les gazettes. Dieu ! quelle manière de correspondre avec un ami ! Je ne m'y accoutume pas, et il faut vous être attaché plus qu'à personne au monde pour vous pardonner d'être prince ; tout cela me paraît gênant en amitié.

Votre Altesse aura sans doute appris par les journaux la suite des rapports des quatre classes de l'Institut sur les progrès des sciences et des lettres. J'entends dire que ce travail intéressant n'aura pas un résultat aussi marqué qu'on se le promettait, il est assez incomplet. Celui de

M. Chénier reste sans effet, parce qu'il loue tout. Des éloges distribués sans discernement sont aussi satiriques pour les uns qu'ils sont insignifiants pour les autres. L'Empereur a ordonné l'impression des rapports aux frais du gouvernement, et il en a confié l'examen à M. Cretet, en lui indiquant les bornes qu'il prétendait prescrire à certaines opinions contraires à la morale publique. Le ministre s'est déchargé de sa responsabilité sur mon mari, ce qui l'a mis dans le cas d'indiquer des corrections, de donner des conseils à des hommes dont il a reconnu la supériorité en mille occasions. Leur amour-propre s'en est blessé; ils ont mal interprété la délicatesse d'un confrère qui avait donné la forme d'un conseil amical à ce qui pouvait devenir un ordre supérieur. Ils ont surtout trouvé commode pour eux de s'en prendre à mon mari plutôt qu'au ministre dont il n'était que l'organe, plutôt qu'à l'Empereur. Il y a eu d'abord un grand déchaînement contre celui dont le pouvoir n'avait rien qui leur imposât. Vous pouvez penser à quelle hauteur le caractère de mon mari élevé au-dessus de leurs injustes et mauvais procédés; c'est dans ces moments qu'un homme de bien, s'appuyant sur le témoignage de sa conscience, est plus fort que tous ceux réunis contre lui, et se sent assuré d'une assistance vraiment divine, puisqu'elle vient de la vertu même.

Mais il est survenu des circonstances qui ont fait sentir à ces Messieurs l'utilité d'un rapprochement; ils se sont empressés d'avouer leurs torts; l'harmonie est rétablie, l'oubli très sincère du côté de mon mari, et la leçon bonne. Si l'expérience désabuse d'une confiance bien douce et trop souvent trompée dans les vertus des hommes, l'indulgence qu'elle commande conserve au moins quelque chose de ces illusions de la jeunesse, qu'on ne se rappelle pas sans regrets. Les hommes auront beau faire, nous aimerons toujours mieux expliquer leurs torts par leurs faiblesses que de les attribuer à la méchanceté, et ils ne parviendront pas à faire succéder l'amertume du mépris à cette aimable bienveillance qui rafraîchit le cœur et nourrit une si douce paix au dedans de soi même.

Ah ! nous serions bien ingrats si nous jugions la société d'un œil sévère, dans le moment où nous sommes environnés d'un cercle d'amis admirables par leurs vertus, leur tendresse et les agréments qu'ils répandent sur notre vie. Trois de mes cousines, que M. Pfeffel a chantées dans ses poésies d'une manière si touchante, M^lles de Berckheim et d'Oberkirch, sont à Paris avec leurs maris et demeurent chez moi. Elles me rappellent mes premières affections, mes premiers bonheurs, mes premiers engagements avec la vertu. Elles sont encore d'une beauté ravissante, et j'avoue que les grâces unies aux beautés de l'âme me séduisent au delà de toute expression. Je sens qu'il faudrait être mille fois bonne pour mériter un si excellent mari, des amis si tendres et si parfaits, et tant d'affections dont je suis l'objet.

J'avais voulu m'imposer des bornes, Monseigneur, en vous écrivant ; je n'ai pas su les garder. Je vous ai ouvert mon cœur, comme je le faisais ici dans votre salon vert, quand j'étais favorisée de quelques entretiens particuliers si favorables à la confiance. Voyez-y au moins, Monseigneur, un nouvel hommage offert à votre admirable bonté. Elle est également l'objet de ma reconnaissance et de ma vénération.

AU MÊME

Paris, mai 1808.

Monseigneur,

M. le comte de B*** a eu la bonté de me remettre hier l'inestimable présent que Votre Altesse daigne faire à mon mari ; je l'ai reçu en son nom avec autant de respect et d'attendrissement que de reconnaissance. Mon mari ayant eu la bonne pensée de me faire participer au bonheur de posséder le portrait de Votre Altesse, je m'en suis emparée avec un empressement qu'Elle voudra bien me pardonner. Il est supérieurement monté, de manière que je puisse le suspendre à mon collier et le placer là où on aime à sentir reposer l'image de la personne que l'on vénère le plus. Elle me quittera donc rarement, elle me sera aussi constamment présente que le souvenir de vos bontés et le désir de retrouver une des plus grandes satisfactions de notre vie, celle de jouir des entretiens de Votre Altesse et de lui témoigner notre respectueuse affection. Je veux vous dire encore un mot, Monseigneur, de ce magnifique portrait. Il est admirable de ressemblance ; l'œuvre de l'artiste est d'un grand prix, et le travail du bijoutier parfait. Si vous aviez pu voir ce portrait depuis qu'il a été monté avec tant de goût, vous en seriez assurément très satisfait.

Mon mari a fait part à Votre Altesse du nouveau témoignage qu'il a reçu de la confiance de l'Empereur [1]. Nous ne

---

1. M. de Gerando venait d'être nommé membre de la junte de Toscane et chargé de son organisation administrative.

sommes pas, malgré toute notre philosophie, assez détachés des agréments de ce monde pour ne pas apprécier à leur valeur les bontés de Sa Majesté, mais cette séparation nous est bien pénible. Votre Altesse sait quelle union de tous les instants, quelle communauté de tous les sentiments existent entre mon mari et moi. Je l'aurais accompagné si la santé délicate de mon fils ne m'avait fait craindre pour lui les fatigues d'un long voyage dans une saison très chaude, et tout notre avenir est dans cet enfant. Dans le cas où l'absence de mon mari devrait se prolonger jusqu'à la fin de l'hiver, nous irions le rejoindre à l'automne, mais je ne le présume pas. Il espère terminer sa mission dans deux ou trois mois, et il conserve ses fonctions au ministère de l'intérieur. Il m'écrit tous les matins ; je reçois ses lettres par l'estafette le sixième jour ; cette régularité et cette promptitude de correspondance adoucissent beaucoup notre séparation, et son séjour à Florence est accompagné de tous les agréments d'une excellente société, d'un beau climat et de cette admirable union de la pompe des arts avec les heureuses institutions que ce pays doit aux Médicis et à Léopold.

Vous voyez, Monseigneur, que j'ai conservé l'habitude de vous entretenir de nos plus chers intérêts, et à quel point je me confie en votre indulgente bonté.

Je détache de ma lettre les feuilles qui contiennent, pour répondre au désir de Votre Altesse, le résumé de ce que j'ai appris sur les suites des expériences physiques et chimiques qui ont excité son intérêt [1]. La plupart sont un peu an-

---

[1]. Il s'agissait d'expériences faites par M. Ampère, intime ami de M. et M$^{me}$ de Gerando, et c'était lui qui avait rédigé les notes jointes à cette lettre.

ciennes, et comme je ne dois user qu'avec discrétion de la permission que m'a donnée Votre Altesse de lui écrire de temps en temps, j'attendrai, pour lui envoyer des notes sur des expériences plus récentes, qu'Elle veuille bien m'y encourager. Je crains qu'Elle ne sache déjà tout ce que je puis lui mander; je la prie, en ce cas, de mettre ces feuilles de côté sans les lire. Daignez agréer, Monseigneur, l'hommage, etc.

## A CAMILLE JORDAN

### A LYON

Paris, 26 juillet 1808.

Je voulais, très bon ami, vous écrire une longue lettre, et ne trouvant pas le temps de la faire, je ne vous ai pas écrit du tout; j'en suis mal à l'aise, comme d'un devoir négligé. Je reçois de vous un bien aimable souvenir, et les expressions de votre amitié vont droit à mon cœur ; c'est un chemin qu'on ne trouve pas facilement lorsque je suis triste et malheureuse. Toutes mes amies sont loin; mon mari est plus loin encore ; l'abandon et l'isolement réveillent les souvenirs pénibles; on a le temps de s'arrêter à tout; le passé se rattache à l'avenir, l'un irrévocable, l'autre plein d'incertitude, et ils tombent ainsi de tout leur poids sur l'âme livrée complètement à elle-même. Toutefois, je trouve bien vite un repos, très supportable, dans une sorte d'indifférence qui naît de l'habitude de mesurer la durée de toutes choses. Ce procédé ne ramène pas au bonheur, qui ne se compose pas d'éléments négatifs, mais c'est un sort au moins tolérable : n'est pas aise qui veut.

Comment! vous ne vous dites pas à vous-même que si Gerando ne vous écrit pas, c'est que cela ne se peut? J'avoue que je me fâche toujours quand je suis obligée de justifier mon mari; comment peut-on douter qu'il ne fasse pas pour le mieux? Je vais quitter ce ton courroucé et vous donner de ses nouvelles. L'air de Florence convient parfaitement à sa santé; il m'en vante sans cesse les bons effets. Il est d'ailleurs très content du général qu'il a pour collègue dans la junte; il lui trouve de bonnes intentions et le goût des honnêtes gens, en commençant par mon mari que le général distingue fort. Je doute encore que Gerando puisse revenir avant le 1$^{er}$ janvier; si son absence devait se prolonger jusque-là, j'irais le retrouver avec mon fils. Ce voyage est aussi une résolution qui obscurcit mon horizon, à cause de cet enfant pour qui je crains les chances qu'il aurait à courir. Mais je me fais conscience de vivre exclusivement pour lui; je ne me dois pas moins à son père qui nous désire vivement, et Dieu nous protégera.

Vous savez sans doute ce qui m'est arrivé avec M$^{me}$ de Staël. Un jour elle a été assez bonne pour ajouter quelques mots à une lettre de M$^{me}$ Récamier; c'était bien m'autoriser à y répondre, et je ne demandai pas mieux. Mais au moment de le faire, j'ai perdu la tête; je ne sais quelle frayeur s'est emparée de moi; il me semblait que pour écrire à M$^{me}$ de Staël il fallait avoir bien de l'esprit, et je me suis sentie toute découragée. En la voyant, je m'étais contentée de l'admirer; l'idée ne m'était pas venue qu'elle pourrait tenir compte de moi. Mais il y a des moments d'illusion qui gâtent tout, et celles de l'amour-propre ne sont pas les moins sottes. Expliquez cela, si vous en trouvez l'occasion, et veuillez mettre quelque soin à ce que les bonnes impressions qu'on a données sur moi à Mme de Staël ne s'effacent point. Dites-lui que je lui souhaite tout le bonheur possible et que ce vœu part si bien de l'âme, qu'il devrait être exaucé.

Je vous écris devant la croisée de mon jardin, pendant un orage accompagné d'un vent froid, qui forme un temps épouvantable; je n'entends autour de moi et je n'ai pour toute distraction que le bruit de la tempête et le son de la pendule. Voilà des images qui ne réagissent pas agréablement sur l'imagination, et j'écrirais jusqu'à demain que ce serait toujours de la même teinte. Il faut donc, avec toute la confiance qu'inspire votre indulgente amitié, vous dire adieu et vous quitter, en priant Dieu qu'il vous accorde, ainsi qu'à nous, toutes les bénédictions que vous lui demandez et que vous méritez si bien.

## AU BARON DE VOGHT

### A HAMBOURG

Paris, 1808.

Il y a longtemps, Monsieur le baron, que je vous aurais écrit, si j'étais moins malheureuse par l'isolement où je me trouve depuis le départ de mon mari pour Florence. Dans cet état, mon cœur se ferme à tous les agréments de la vie, même à l'amitié. C'est vous en découvrir toute la pauvreté, mais en me communiquant peu, je suis plus maîtresse de mes forces. Quand de nouveau je vivrai en famille, quand, chaque jour, je pourrai ranimer et rajeunir mes affections, en donnant du bonheur à l'homme à qui je dois tout le mien, alors j'aimerai mieux mes amis, je causerai avec eux, je serai toute disposée à mettre en commun avec eux tous les biens qui me seront rendus.

Je crains de vous montrer toute ma maussaderie. Ce que j'ai de mieux vient de mon cœur; les autres sources sont taries. Ce n'est pas bien, n'est-ce pas, de me confier si peu en votre indulgente amitié? Je ne la méconnais pas, mais si je ne puis offrir des fleurs à mes amis, je voudrais du moins ne pas les envelopper du crêpe qui me couvre.

Vous m'avez écrit une lettre charmante, que j'ai relue plusieurs fois, Monsieur, pour mon plaisir et celui des personnes qui sont dignes de l'entendre. J'en vois souvent qui aiment presque autant que moi à parler de vous. Votre retour ici nous dédommagera de bien des privations. Ah! l'on oublie facilement ses peines auprès d'un véritable ami; on fait mieux que les oublier, on les partage avec lui.

Tous ceux que vous nommez dans votre lettre en sont bien reconnaissants. Plusieurs, depuis que vous ne les avez vus, ont payé ce tribut de bien et de mal, établi par la Providence au milieu de cet ordre éternel que nous admirons encore, même lorsque nous souffrons. Je ne vous parlerai point de Juliette [1], je sais qu'elle vous a écrit souvent, et vous pouvez la compter au nombre de vos plus fidèles amies; mais j'apprends que vous persistez dans vos préventions contre une des siennes [2], et que je me suis complète-

---

1. M<sup>me</sup> Récamier.
2. M<sup>me</sup> de Staël.

ment trompée en vous prédisant que ces préventions tourneraient un jour en enthousiasme. Y aurait-il donc une sorte de gloire à résister à un ascendant qui, jusqu'à présent, a subjugué tout le monde? Pardon, Monsieur, si ayant trop compté sur ma prévoyance, je vous plaisante un peu. J'espère encore que nous serons à l'avenir mieux d'accord sur ce sujet.

Je vous ai bien regretté un jour où, à Saint-Cloud, on jouait l'*Oreste* de Voltaire; c'étaient M^lle Duchesnois et Talma, tout ce que j'ai vu de plus admirable, de plus parfait comme talent, et la pièce, en vérité, a aussi son mérite. Huit jours après, on a donné l'*Électre* de Crébillon : même sujet tragique,... mais quel triomphe pour Voltaire!

Votre imagination a dû un peu s'arrêter devant ce parterre de rois et de souverains applaudissant à Racine et à Corneille. Dès le siècle prochain, on ne parlera plus de ces souverains, excepté d'un seul. Racine et Corneille vieilliront comme Homère, et n'en seront peut-être que plus célèbres.

Traitez-moi, Monsieur, avec une indulgente bonté. Une de vos lettres me rendrait heureuse, surtout si elle m'annonçait votre prochain retour. Les sentiments que je vous ai voués sont au rang de ceux qu'on exprime mal, parce qu'ils valent mieux que des paroles fugitives.

A M. X*** [1]

Paris, 1808.

J'avais assez envie, Monsieur, la dernière fois que j'ai eu l'honneur de vous voir, de vous parler de quelques parents que j'ai en Allemagne, car le hasard pourrait vous les faire connaître, et votre bonté vous porterait à les obliger. Je ne vous en ai rien dit, parce que c'est de peu d'importance pour eux-mêmes, et que je craignais d'ailleurs d'abuser de votre bienveillance. Mais la réflexion me fait presque toujours écarter cette crainte d'être importune; il vaut sans doute mieux la surmonter que d'empêcher des actes d'obligeance, et je finirais par me reprocher d'avoir moins de courage que vous n'avez de bonté. Je vous envoie donc ma note sur mes parents allemands.

MM. de Trips se trouvent maintenant dans le grand-duché de Berg; ils y occupaient des places sous l'ancien gouvernement, mais je ne sais ce qu'on a fait d'eux; je serais bien aise qu'ils fussent protégés. Ils ont auprès d'eux M. de Rathsamhausen, leur oncle, ancien chanoine de Guebviller (Alsace), neveu du dernier prince-abbé, ruiné par la Révolution, émigré ayant obtenu sa radiation. Il m'avait écrit pour le faire nommer aumônier du prince Joachim, chose qui m'était impossible. Si ses désirs pouvaient être satisfaits, j'en serais fort aise; son état, son nom et son âge lui donnent peut-être quelques titres à une place semblable.

---

1. C'était un haut personnage attaché au prince Murat, grand-duc de Berg.

Il y a de plus, Monsieur, la famille tout entière du baron de Lassberg, à laquelle je suis alliée, demeurant à Donaschingen, attachée au prince de Furstenberg, et qui doit avoir beaucoup souffert des nouvelles circonstances politiques. Le père est un vieillard fort estimable ; il a une fille aînée qui est un ange de bonté et de dévouement envers ses parents ; elle a été aussi un ange de beauté, avant qu'une sensibilité trop profonde n'eût altéré sa charmante figure. L'intérêt que je lui porte est surtout un tribut payé à sa vertu.

Mais ce que j'ai à cœur par-dessus tout, c'est la radiation de MM. de Rathsamhausen de Nonnenvihr et de Darmstadt. Celle-là, je vous la demanderais à genoux si elle dépendait de vous, et je n'oublierai jamais l'intérêt que vous y avez déjà mis. Ce sont les plus proches parents de mon père, et j'ai tant aimé mon père, que je ne puis assez honorer ceux qu'il m'a laissés. Je ne vous recommande donc pas seulement, Monsieur, un intérêt de famille, mais aussi un intérêt de cœur et d'affection. Vous savez que nous autres femmes, nous n'en avons pas d'autres dans la vie, et je m'en contente. Cette source de bonheur me paraît plus abondante et plus complète que la souveraine puissance qui dispose des empires.

Je n'ai plus rien sur le cœur, Monsieur, et il faut que je sois bien sûre de votre parfaite obligeance pour vous avoir tout dit, même mes désirs les plus vagues. Nous souhaitons, mon mari et moi, de vous revoir promptement, et nous vous prions de mettre nos hommages aux pieds de Son Altesse Royale.

## A LA BARONNE DE STEIN [1]

1808.

Je veux, ma bonne et fidèle amie, unir ma voix à celles qui te répètent, de tant de manières différentes, que tu nous es bien chère, que tu es vivement regrettée dans cette réunion qui me rappelle nos plus beaux jours d'Alsace. La Providence a beau prendre soin de nous et nous combler de plus de biens que nous n'en méritons, il y a dans la jeunesse une abondance de vie et de moyens de bonheur, et surtout une confiance dans l'avenir, que rien ne fait revivre à l'âge où nous sommes. Mais il a des avantages que je ne méconnais point; la raison dans sa maturité, la conviction de la vertu dans toute sa force, l'influence qu'il nous est donné d'avoir par nos liens de famille et d'amitié, sont d'un plus grand prix que ces charmantes illusions qui forment l'aurore de la vie. Je ne vaux pas beaucoup mieux, chère amie, mais je suis plus persuadée que jamais qu'il n'est qu'une route pour arriver à cette portion de félicité que nous pouvons obtenir dès ici bas : c'est d'aimer, c'est de vouloir le bien, et de diriger sans cesse vers ce but notre âme et nos actions. Par ce désir au moins, mon amie, peut-être suis-je toujours digne du lien qui m'unit à toi. Je suis bien heureuse de la présence de tes sœurs, je jouis particulièrement de celle d'Amélie [2] qui est aussi avec nous.

---

1. Cette lettre, qui ne porte pas de date plus précise, a été écrite sans doute de Schoppenvir, pendant un séjour de M. et M$^{me}$ de Gerando en Alsace, où ils étaient réunis aux deux sœurs de M$^{me}$ de Stein.
2. M$^{me}$ la baronne de Dietrich.

Son fils Eugène et le mien sont très bons amis... Gustave est plus gâté que ma raison ne l'approuve, mais c'est presque inévitable avec la faiblesse naturelle des parents quand on n'a qu'un enfant, et que sa santé est à tout moment altérée. Cependant je ne crois pas qu'il importe peu de gâter les enfants, même dans le premier âge; la peur que j'en ai, l'intérêt de mon fils, que je considère avant tout, m'aideront, j'espère, à surmonter cette tendre faiblesse qui remplit les cœurs d'un père et d'une mère qui ont placé toutes leurs joies dans ces aimables créatures.

Quelqu'un t'aura mandé peut-être que j'ai été dans le cas de me faire présenter à la cour et chez tous nos princes et princesses, depuis que mon mari est maître des requêtes : c'est dans les usages. Je m'en suis mal tirée, mais on se fait à tout, et je n'y porte ni vues intéressées ni prétentions. Ma vie est assez agitée; mes connaissances sont devenues nombreuses, et les devoirs de société se multiplient à mesure; mais je me réserve toujours des moments pour la véritable amitié, pour me reconnaître moi-même, me rendre compte de mes actions et apprendre à les mieux diriger. Adieu, mon amie; je suis toute à toi, et je le serai toujours.

## A LA BARONNE FRITZ DE DIETRICH

Paris, 18 septembre 1808.

Je te préviens, chère bonne amie, que l'Empereur partira d'ici mercredi matin 21, et qu'il sera probablement à Strasbourg le 23 ou le 24 ; je ne sais s'il doit s'y arrêter. Il ira de là à Erfurt. Tout son voyage ne doit durer, dit-on, que trois semaines ; il repassera donc à Strasbourg dans la première quinzaine d'octobre. Je t'avertis de tout cela, pour que tu en tires parti dans l'intérêt de tes affaires [1], si tu as encore l'intention de voir l'Empereur.

Qui m'eût dit, bien-aimée Amélie, que je serais, après t'avoir quittée, deux mois sans t'écrire? Je n'ai sûrement pas besoin de te dire combien ce silence a pesé sur mon cœur, mais par suite de la nouvelle mission et du départ de mon mari pour la Toscane, j'ai eu bien plus à écrire que jamais, cinq, six heures par jour ; une fois même je suis restée treize heures sans quitter ma plume, et j'en ai été malade pendant quelques jours. Et puis ma vie avait tout à fait changé depuis le retour de tous ceux qui étaient à Bayonne. Je suis allée tous les jeudis à Saint-Cloud, et deux fois la semaine chez M. de Champagny [2], à ses grands dîners qui réunissaient l'Europe et l'Asie, car je m'y suis trouvée plusieurs fois avec l'ambassadeur de Perse. Pour te donner l'idée du peu de temps qui me restait, voici le tableau d'une seule *neuvaine :* jeudi, à Saint-Cloud ; vendredi, chez M. de Champagny ; samedi, chez M. Cretet, ministre de l'intérieur ; dimanche, à Romainville ; lundi, à la noce de M<sup>lle</sup> Rendu ; mardi, chez l'archichancelier et l'architrésorier ; mercredi, chez M<sup>me</sup> de Tessé ; jeudi, encore à Saint-Cloud ; vendredi, au service funèbre de M. Portalis, et de là dîner à Passy, etc., etc. ; et puis c'était à recommencer. Au milieu de cette vie mondaine, j'ai bien pensé à toi ; je me

---

1. Les forges de Niederbronn, qui appartiennent encore à la famille de Dietrich.
2. Alors ministre des affaires étrangères.

retrace ce que tu es pour t'imiter, pour être plus digne de ton amitié.

Tout le monde, dans ma maison, est en paix et heureux depuis qu'Henriette R., ma femme de chambre, dont le caractère était si acariâtre, en est sortie; elle a encore bien abusé de ma bonté avant de me quitter. Je suis persuadée qu'elle est entrée honnête chez moi, mais sa liaison avec un mauvais sujet l'a corrompue sous tous les points. J'ai su seulement depuis son mariage, qui a eu lieu pendant qu'elle était à mon service, que son mari avait été moine dans le couvent des Petits-Pères, à Paris, et qu'il en était sorti au commencement de la Révolution, pour aller demeurer avec une femme qui a été sa concubine pendant dix-huit ans. Il a acheté un billet de confession pour se marier, au lieu de faire une confession véritable; il s'en est même vanté, et cette manière de se jouer et d'abuser de la religion, qui aurait dû dégoûter une honnête fille, n'a inspiré aucune répugnance à Henriette qui, m'a-t-elle dit, savait tout cela. Malgré les reproches que j'ai à lui faire, j'ai pitié d'elle et je ne l'abandonnerai pas si elle tombe dans la misère.

Ton père a eu la bonté de m'écrire la meilleure et la plus gracieuse lettre du monde; ses bonnes paroles me semblent une bénédiction paternelle.

J'ai eu occasion de voir M<sup>me</sup> de Suffren; nous avons passé une soirée ensemble à Saint-Cloud. Je vois plus souvent encore deux dames de sa connaissance; l'une m'assure que M<sup>me</sup> de Suffren lui a déclaré l'intention de créer un majorat dans sa famille, sans doute pour un de ses gendres, ce qui exige 15 000 francs de rente.

Mon cousin Louis de Rathsamhausen est sous-inspecteur

des eaux et forêts à Livourne, avec promesse d'une inspection au mois de janvier.

Au milieu d'une vie si agitée mon intérieur est souvent couvert de nuages, et j'ai bien besoin de l'affection de mes amies. Tu sais que je n'en ai pas de plus chère que toi, sur qui je compte davantage. Adieu, bonne Amélie, c'est ainsi que j'aime le mieux t'appeler.

---

## A CAMILLE JORDAN

### A LYON

Paris, 10 octobre 1808.

Vous avez eu, mon cher Camille, une bien bonne idée de m'écrire, et je vous en remercie, car l'absence de Joseph m'avait laissée dans une trop grande ignorance de vos nouvelles. Rien n'est plus rempli que ma vie en cette absence, et cependant elle me paraît bien insipide, bien triste, et j'ai à peine le sentiment de ce qui s'y passe, étant tout entière aux regrets que me donne une si longue séparation. Vous savez que je ne m'y étais pas attendue, et que dans le cas d'un long séjour à Florence, je devais aller y retrouver mon mari; mais, le moment venu, des obstacles de toutes sortes se sont élevés, et nos amis ont été d'accord pour me persuader que les intérêts de Joseph souffriraient beaucoup de mon éloignement du lieu où ils viennent tous aboutir. J'ai fait à la raison ce sacrifice de tous mes désirs, et me voici comparant mon existence morale à celle des animaux engourdis par les glaces de l'hiver. Une entière indifférence au présent et une seule préoccupation, celle de l'avenir qui me rendra mon bonheur domestique, ressemblent bien à cela.

J'espère, cher ami, que cet heureux moment nous réunira tous les trois, et que nous passerons encore de longues soirées ensemble. Il me sera bien doux de vous présenter mon fils, tel qu'il est à présent; vous aimerez en lui sa parfaite ressemblance avec son père; je ne croyais pas que la nature copiât si fidèlement. Ce qui me touche surtout, c'est la candeur de son âge, et l'idolâtrie de ses parents n'a pu gâter cet heureux naturel.

Je puis vous assurer, mon cher Camille, qu'aucune des personnes qui vous intéressent ici ne se refroidit à votre égard par l'absence; j'en vois souvent qui vous aiment et vous désirent, et les dames ne jouent pas le moins beau rôle dans cette constance de souvenirs et d'amitié.

Toute ma vogue auprès de l'amie [1] de Mathieu de Montmorency repose sur quelques phrases empreintes de mélancolie, qui se trouvaient dans mes lettres à cette jeune et charmante amie. Vous savez que c'est assez mon humeur, et je ne m'attendais pas à l'effet que vous m'attribuez. Le témoignage que vous m'avez souvent rendu auprès d'elle est bien plus flatteur et plus touchant pour mon cœur, sans que je le croie bien mérité; mais un peu d'aveuglement est une preuve d'amitié dont je fais grand cas, je ne m'en cache point.

Vous ne me parlez pas de Julie [2] dans vos lettres, et très

---

1. M<sup>me</sup> Récamier.
2. M<sup>me</sup> Camille Jordan.

peu de vos enfants ; qu'aviez-vous donc de mieux à dire?

Nos pauvres amis Scipion Perier sont bien à plaindre, mais Louise a beaucoup plus de calme et de courage que nous ne l'espérions. Toutes les femmes de cette famille me conviennent parfaitement, et je ne suis pas mal, je crois, avec les hommes. J'ai fait, cet été, quelques conquêtes difficiles, en cultivant ce qui m'était resté sous la main.

On craint que M. de Bonald n'accepte pas la haute position qu'on lui a offerte, préférant la retraite et l'obscurité à tous les honneurs. On a beau dire, c'est pourtant de la philosophie qu'on lui prête.

Je mets toute la mienne à végéter, à patienter, et puis, quand mon mari reviendra, je ferai bombance. Il est bien plus à plaindre que moi ; j'ai mon fils, j'ai des amis, mais je les aimerais mieux si je l'avais aussi.

Adieu, cher ami ; j'embrasse vos enfants et votre femme, si elle veut bien le permettre.

---

## AU MINISTRE D'ÉTAT MARET, DUC DE BASSANO

Novembre 1808.

Monseigneur,

Mon mari, retenu à Parme par une mission[1] désagréable et peu importante (car il y fait fonction de commissaire aux

---

1. Elle lui avait été momentanément conférée à la suite de celle qu'il venait de remplir à Florence comme membre de la junte d'organisation de la Toscane.

revues), a peu d'espoir d'arriver assez à temps à Paris pour profiter complètement du service que lui a rendu Votre Excellence. Il m'enverra une lettre pour Elle par le courrier de demain; il a besoin, en vous remerciant de votre extrême bonté, de vous confier tout ce qui se passe dans sa pensée.

Il a été présenté, dans les intentions les plus obligeantes, pour occuper une place dans le *Magistrat du Rhin* [1]; mais il n'envisage pas sans inquiétude cette décision, par des raisons plus ou moins fondées que je vais confier à Votre Excellence. Les attributions, le caractère même de cette place lui sont presque entièrement inconnus, et quelque avantageuse qu'elle puisse être, son dévouement à ses devoirs lui ferait craindre d'être peu propre à la remplir. C'est, de toutes les branches de l'administration, celle qu'il connaît le moins et qui exige cependant beaucoup d'études. Depuis neuf ans, tous ses travaux au ministère de l'intérieur ont été dirigés vers un même but, législation administrative, industrie, commerce, établissements de bienfaisance, ressources et besoins publics de chaque département; voilà ce qu'il risque d'oublier pour commencer une carrière nouvelle dont il craint de se mal tirer. La fonction dont il s'agit exigerait d'ailleurs une représentation dans une ville de continuels passages et de nombreux voyages; il faudrait paraître à diverses cours, présider trois sessions en différentes villes, et mon mari, ne devant avoir de fortune que dans un avenir qu'il espère encore éloigné, craindrait de mal répondre à l'attente de Sa Majesté Impériale, s'il ne soutenait de hautes fonctions par la dignité extérieure qu'elles exigent.

1. Juridiction supérieure administrative dont le siège était à Strasbourg.

Si néanmoins, informé de ces circonstances, l'Empereur persistait à appeler M. de Gerando à ces nouvelles fonctions, il est prêt à s'y rendre, et il remplira là, comme partout ailleurs, le devoir d'un fidèle sujet. Mais Sa Majesté daignera peut-être prendre en considération les sacrifices qu'imposerait à mon mari un éloignement qui le mettrait hors du conseil d'État et le séparerait de M. de Champagny, dont l'amitié est pour lui un bonheur de chaque jour. Il vient de remplir à Florence, avec tout le zèle dont il est capable, une mission importante et difficile, dont les résultats sont placés maintenant sous les yeux de Sa Majesté. Ne serait-il pas utile même au maintien du bien qu'il a pu faire, à l'encouragement de ceux qui viendront après lui dans de semblables missions, que l'Empereur daignât fixer son sort d'une manière qui témoignât de la bienveillance de Sa Majesté? Un changement de destinée, susceptible d'une interprétation douteuse, serait extrêmement pénible à M. de Gerando. Il considère d'ailleurs que son ancien poste de secrétaire général du ministère de l'intérieur vient d'acquérir une grande importance depuis que Sa Majesté s'en est réservé la nomination. C'est dans cette situation perplexe qu'il demande un conseil salutaire à Votre Excellence; qu'elle veuille bien décider si la place dans le *Magistrat du Rhin* est préférable à celle qu'il quitterait au ministère de l'intérieur, et s'il lui serait permis de l'envisager comme un témoignage de satisfaction de la part de Sa Majesté.

Votre Excellence voudra bien se rappeler que je ne m'adresse point au ministre d'État en lui confiant nos intérêts et nos sentiments; je les dépose avec simplicité dans le cœur de M. Maret. Puisse-t-il y voir un nouvel hommage à sa parfaite bonté!

A M. X****[1]

Paris, mai 1809.

Mᵐᵉ Pfeffel, bien persuadée, Monsieur, de la part que vous prendrez à la perte si douloureuse qu'elle a faite, a désiré que je vous l'annonce, dans l'espérance que le sentiment qui me fait partager vos regrets en adoucira l'amertume.

Nous avons perdu subitement ce bon et digne vieillard. Vendredi il a encore dîné avec quelques amis, il s'est couché à onze heures; à une heure il ne vivait plus. Il a eu à peine quelques instants pour sentir et annoncer le danger. Sa mort ressemble à sa vie : c'est celle du juste. Il a employé le court intervalle de la vie à la mort à remettre avec paix et confiance son âme entre les mains de son Créateur, qu'il suppliait de le recevoir avec miséricorde.

C'est une apoplexie foudroyante qui l'a enlevé à sa famille et ses amis, lorsque la fraîcheur et la vigueur de son esprit leur faisaient espérer de le conserver encore longtemps, malgré ses quatre-vingt-un ans. Vous connaissiez, Monsieur, la supériorité de ses lumières, ses vertus, toutes les qualités qui le faisaient aimer et respecter, et vous trouverez dans votre propre cœur, mieux que je ne puis les exprimer, tous les pénibles sentiments que sa perte nous fait éprouver.

Agréez, Monsieur, avec les compliments de Mᵐᵉ Pfeffel, l'expression de sa confiance dans la continuation de votre

---

1. Le nom n'est pas indiqué; c'était un ami de M. Pfeffel.

amitié pour elle. Agréez aussi celle de l'attachement sincère et de la haute considération de mon mari pour vous; je m'unis à tous ses sentiments.

## A LA BARONNE FRITZ DE DIETRICH

### A STRASBOURG

Dijon, 16 juillet 1809.

Je n'ai pas pu t'écrire, ma bonne Amélie, avant de quitter Paris; tu sais bien, je pense, que nous nous rendons à Rome où mon mari va remplir une nouvelle mission[1]. Nous nous reposons ici, chez M^me Lecoulteulx, sœur de M^me Camille Perier, et dont le mari est préfet de la Côte-d'Or. Je profite de cette pause pour t'adresser mes tendres et tristes adieux.

J'ai laissé, mon fils à Passy, chez M^me Gautier-Delessert; il y sera à merveille, comblé de soins et de bontés, mais j'ai le cœur déchiré de cette séparation, et je sens que toutes les magnificences de l'Italie ne me seront rien sans mon enfant. Si je l'avais emmené, si j'avais osé l'exposer, dans cette saison, aux chaleurs de Rome, ce voyage me paraîtrait charmant. J'avais été, l'année dernière, séparée de mon mari pendant dix mois; il a désiré que je l'accompagne, et je n'ai pu le lui refuser quand il a besoin de mon aide dans le poste si difficile auquel il vient d'être appelé. Mais je n'aurai plus un instant de repos ni de bonheur jusqu'à ce que nous soyons réunis tous les trois. Ne trouves-tu

[1]. Celle de membre de la Consulte des États romains.

pas que Mᵐᵉ Gautier est bien bonne, bien généreuse, de se charger de notre enfant, d'autant plus qu'elle sent toute la gravité de cette responsabilité ?

Nous avons emmené de Paris avec nous Mᵐᵉ Camille Perier, parce que son mari a été obligé de la quitter, trois semaines après son mariage, pour aller à Vienne, on ne sait pour combien de temps ; elle ira le rejoindre dès qu'elle le saura pourvu d'un poste fixe à notre ambassade. Mᵐᵉ Camille Perier est bonne, très égale, très gaie, et tout à fait jolie personne ; je crois que son caractère conviendra parfaitement à celui de Camille. Joseph Perier compte se marier aussi en septembre.

J'aurai besoin plus que jamais, dans ce triste éloignement, de recevoir souvent des nouvelles de toutes mes amies. Écris-moi toujours à l'adresse du ministère de l'intérieur ; on m'enverra mes lettres par l'estafette qui va de Paris à Rome en huit jours. Je t'aime bien, mon Amélie; tu seras partout au plus profond de mon cœur.

## AU BARON THÉOBALD DE MALZEN

### A BAYREUTH (BAVIÈRE)

5 novembre 1811.

J'avoue, mon cher cousin, qu'il n'y aurait point de raisons suffisamment bonnes pour justifier mon silence, et je ne veux pas vous en dire de mauvaises. J'aime mieux me confier à votre indulgence, à l'amitié que vous m'avez toujours témoignée, et je compte sur la bonté de votre cœur, comme vous devez compter sur la tendresse du mien.

C'est à Rome, mon cher ami, que j'ai eu de vos nouvelles et la première annonce de votre mariage, par M. de Tournon[1]. Il vous est très attaché et m'a dit des choses fort agréables de votre femme. Il eût désiré vous emmener avec lui, mais vous étiez retenu par des chaînes qu'il n'avait pas la force de rompre, et qui contribueront bien plus à votre bonheur que tout ce qui pouvait résulter pour vous des projets de M. de Tournon.

Je voudrais bien savoir tout ce que votre mariage a porté de changement dans votre existence, quels sont vos devoirs, vos occupations, vos plaisirs. Avez-vous un enfant, ou l'espérance d'en avoir prochainement? Votre situation et votre fortune suffisent-elles à vos vœux? Il est vrai qu'à votre âge on n'est pas au terme de sa carrière, et que vous avez droit d'espérer tout ce que vous pourriez encore désirer. Pardonnez toutes ces questions au tendre intérêt d'une parente qui vous aime plutôt comme une sœur que comme une cousine.

Je suis si persuadée, mon cher Théobald, que vous éprouvez le même sentiment pour moi et pour ce que j'ai de plus intime, que je vais vous parler aussitôt de mon mari et de mes enfants. Gerando a un peu plus de loisirs depuis qu'il est au conseil d'État, et il passe, dans une maison de campagne qu'il vient d'acheter à Nogent-sur-Marne, ses moments de liberté. Ce séjour est fort de mon goût aussi, et fait le bonheur et la santé de mes enfants. Je n'ai pas grand'chose à vous dire de Camille; il a les yeux noirs, les

---

1. M. le comte de Tournon, alors préfet de Rome, avait rempli auparavant une mission en Allemagne où il avait connu M. de Maizon.

cheveux blonds; il est mieux portant et plus fort que ne l'était son frère à son âge, il est aussi plus vif et plus gai ; ce sera une tout autre manière d'être. Il ne faut plus vous représenter votre ami Gustave tel que vous l'avez vu : il a huit ans et la taille d'un enfant de onze ans. Il a un précepteur à demeure, et l'année prochaine il suivra, comme externe, les classes d'un de nos lycées. Dès cet hiver il va commencer le latin et le grec, concurremment un peu de géométrie, le dessin, et il apprendra à lire et écrire la musique. Il a la conception facile et vive, et sera, je crois, très propre à tout ce qui dépend des opérations du jugement et de l'attention. Mais il aime les succès et les éloges plus que je ne voudrais, et se fie trop à une sorte de facilité. Voilà ce qu'est devenu, jusqu'à présent, ce petit garçon pour lequel vous avez eu tant de complaisance et de bonté : il n'en a pas assurément perdu le souvenir, et nous, nous y pensons encore plus que lui.

Continuez, mon cher cousin, à aimer nos enfants et leurs parents, et soyez assuré que vous n'aurez jamais d'amis ni plus fidèles, ni plus tendres.

## A LA BARONNE DE STEIN

*Paris, 20 février 1812.*

Je t'ai écrit à Weymar, ma bien-aimée Octavie, par la voie du ministère des relations extérieures, aussitôt que j'ai su que nous avions une grande douleur à partager avec toi [1]. J'avais appris que c'était là que tu avais dû recevoir la funeste nouvelle et que ma lettre devait te trouver. Mais voici qu'Henriette me mande qu'elle doute que tu aies pu accomplir ton projet de voyage, et j'ignore si l'expression de ma tendre sympathie te sera parvenue. Je me hâte de te chercher encore, bien bonne amie, de t'offrir un asile au fond de mon cœur, comme ma pensée en cherche un bien souvent au fond du tien. A mesure que les plus doux liens de notre jeunesse se brisent, que la vie devient plus sérieuse par l'âge et par tant de cruelles épreuves, nous avons plus besoin les uns des autres pour supporter le fardeau dont il a plu à Dieu de nous surcharger, sans doute dans de grandes vues de bonté, car il n'en peut pas avoir d'autres, et c'est là ce qui soutient ma confiance et mon courage. Au bout du compte, on a bientôt vécu, et ce qui importe seulement, c'est que le souverain Juge soit content de la tâche que nous avons remplie.

Je n'ai pas osé, ma bien chère Octavie, te parler de moi dans ma dernière lettre ; absorbée par le douloureux sentiment qui t'accablait tout entière et que je partage si intimement, comment aurais-je pu t'entretenir d'autre chose ? Aujourd'hui je cède à celui qui m'entraîne vers ma plus ancienne amie pour épancher mon âme. Ah ! crois bien, mon Octavie, que dans ce séjour consacré aux plaisirs, dans une sphère qui s'est agrandie bien au delà de mes vœux, mon existence est devenue bien sérieuse et mêlée de bien des sacrifices. Les circonstances nous en imposent un nouveau en ce moment, compensé par de nouvelles preuves

---

Mme de Stein venait de perdre son père, le baron de Berckheim.

de la confiance de l'Empereur[1], mais qui nous arrache encore une fois à nos foyers et à nos goûts paisibles, et qui me séparera probablement de mes enfants, ou du moins du plus jeune ; car nous allons nous diriger vers des lieux lointains et qui pourraient leur être défavorables, et j'aime mieux me priver d'eux que de les exposer à un sort incertain. Tu seras peut-être étonnée que je les quitte, mais au milieu des liens qui m'enlacent, je vais à l'objet de mes affections qui a le plus besoin de moi, et dans cette circonstance je suis persuadée que c'est mon mari. Tu sais que rien au monde ne peut dédommager le cœur d'une mère, et je me résigne à tout ce que le mien aura à souffrir. Sans la résignation, douce influence d'un Dieu de pitié, que deviendrions-nous? Et puis ma pensée franchit ces points intermédiaires qui marquent la route de la vie jusqu'au point extrême, et alors je me trouve forte du néant de toutes ces choses qui passent et qui n'auront plus de valeur en cet instant suprême.

23 février.

Le jour même, mon amie, où j'ai commencé cette lettre, j'ai reçu pour mon mari qui était allé passer deux jours à la campagne, l'ordre de son prompt départ pour la Catalogne où S. M. daigne lui confier un poste honorable, mais difficile. J'irai le rejoindre dans deux mois, lorsque la saison sera plus favorable à mes enfants, et je m'établirai d'abord avec eux à Perpignan, où je ne serai éloignée de mon mari que d'une petite journée. Nous pourrons nous

---

1. M. de Gerando venait d'être nommé intendant général de la Haute-Catalogne, dont le chef-lieu était à Girone.

voir souvent, et au besoin nous serons bientôt réunis. Voilà, chère amie, comme le sort se plaît à ballotter certaines destinées. Nous avons acheté, l'année dernière, une maison de campagne; nous venions de louer et de meubler entièrement une maison en ville, de faire un établissement complet, comptant sur une existence stable et permanente; il faut quitter tout cela pour chercher d'autres lieux et d'autres mœurs.

Si cette lettre n'était pas déjà trop remplie de détails qui me concernent presque uniquement, je te parlerais beaucoup de mes enfants dont chacun, selon son âge, remplit mon cœur et mon temps. L'aîné nous fait bien jouir par les espérances que nous donnent ses progrès et la maturité de son intelligence; le petit bambin est un charmant bijou qui me fait passer les plus gais moments que j'aie encore connus. — Si tu n'as pas reçu ma première lettre, veuille bien la faire demander, à Weymar, à Mme de Spiegel à qui je l'ai fait adresser, ne sachant comment te la faire parvenir autrement. J'espère que je ne serai pas encore punie, par du guignon, de mon inexcusable paresse qui vient cependant plus souvent d'une sorte de découragement et de la *lourdeur de la vie* que de toute autre cause. Sois assez généreuse, mon Octavie, pour me dire que tu m'as pardonné.

Il me tarde d'avoir de tes nouvelles, personne encore ne m'en a données depuis ton malheur. Veuille Dieu avoir exaucé mes vœux et t'avoir assistée dans ta peine! Adieu, bien chère amie; je fais une caresse à chacun de tes enfants; quand les verrai-je? Quand me sera-t-il donné de revoir leur excellente mère?

## A LA BARONNE FRITZ DE DIETRICH

### A ROUEN

Paris, 26 mai 1812.

Je te remercie, bonne Amélie, de l'élan de ton amitié qui t'appelait auprès de moi dans un moment où elle serait bien propre à adoucir les regrets de la séparation que m'impose le départ de mon mari pour la Catalogne. Mais je te remercie aussi d'avoir écouté les conseils de ta sœur en n'exposant pas ta santé si affaiblie à une fatigue qui aurait pu l'altérer davantage. Si toutefois l'air de Rouen lui était contraire, reviens auprès de moi, chère amie; tu y trouveras soins et tendresse autant que là où tu es, une grande tranquillité et le silence dont tu as besoin. Ta société me serait très douce et me ferait du bien, mais je veux avant tout que cela te soit avantageux et que ta sœur et tes amis n'en murmurent pas.

Voici donc mon bon Gerando enlevé à cette aimable réunion [1] qui le rendait si heureux, *trop heureux*, disait-il, et voilà pourquoi elle ne pouvait durer. Il vous a, toutes et tous, bien regrettés, et il m'a chargé pour Henriette et pour toi de plus de choses affectueuses que je ne pourrais vous en redire.

Louise [2] a été pour nous d'une bonté bien touchante; elle vient souvent nous voir, et elle est aussi aimable

---

1. M<sup>me</sup> de Dietrich et M. et M<sup>me</sup> Augustin Perier avaient récemment passé quelques semaines chez M. et M<sup>me</sup> de Gerando.
2. M<sup>me</sup> Scipion Perier.

qu'elle peut l'être, c'est tout dire, car on n'est pas meilleur.

Tu sais sans doute que mon mari, avant son départ, a fait nommer M. de Berckheim surnuméraire au ministère de l'intérieur; c'est bien peu, mais c'est un titre pour devenir quelque chose un jour.

Tu ne craindras plus maintenant de venir occuper la chambre que laisse vide le départ de Gerando; elle est pour longtemps à ta disposition, et je voudrais bien te la voir occuper jusqu'à son retour.

Ma bien-aimée Amélie, quelques personnes te chérissent autant que moi; personne ne peut t'aimer davantage, sentir mieux tout ce que tu es, et te souhaiter avec plus d'ardeur un bonheur proportionné à tant de mérite et de bonté.

---

A LA MÊME

Paris, 10 juin 1812.

Ta lettre, ma bonne Amélie, m'a donné tout le bonheur que mon cœur est accoutumé à recevoir de vous, mes anciennes et parfaites amies. La vue de ton écriture ou celle de tes sœurs, de votre excellente mère, votre image, que je sais si bien me retracer, réveillent en moi les plus doux souvenirs de ma vie. Cependant, chère amie, ces sentiments si purs, ces émotions toujours si vives quand je pense à vous, sont mêlés d'amertume, parce que telle est la condition de notre existence sur la terre, et que ces sentiments se reportent sur bien des personnes aimées dont nous ne reverrons la plupart qu'après avoir payé ce bonheur du prix de notre vie. J'espère qu'alors notre espérance ne sera pas trompée et qu'un peu plus tard, un peu plus tôt, nous serons tous réunis dans ce séjour de la vertu et des amitiés saintes, que Pfeffel avait poétiquement transporté dans une île; mais cette île ne se trouve que dans l'immense océan de l'éternité.

Ma lettre se ressent de l'accablement où me met la mort de deux personnes qui m'étaient chères par mille aimables et bonnes qualités, et qui étaient du petit nombre de celles sur l'affection desquelles je pouvais compter. L'une est morte sous mes yeux, et j'ai assisté à tout ce sublime et terrible spectacle de la transformation de notre être.

Crois-moi, mon Amélie, nous sommes tous destinés à souffrir, et notre existence est un mystérieux mélange de bienfaits et de peines, de joies et d'amères douleurs. Dieu veut émouvoir notre sensibilité de toutes les manières, et nous faire désirer le repos là seul où il est possible de le trouver.

Mme Gautier-Delessert me parle souvent de toi, d'Henriette et de Marie[1], et elle aime que je l'entretienne de vous. Il en est de même de Mme de Verneaux, et surtout de M. de Champagny qui conserve un souvenir très particulier de mes aimables amies.

Tes sœurs vont se réunir à vous, sans doute, à Schoppenvir; quel moment favorable encore pour que je revoie l'Alsace! Mais il ne m'est pas permis d'y penser; mes enfants, mes devoirs, des nécessités d'économie... Voilà dé

---

1. Mme de Montbrison.

grands mots, et des raisons plus grandes encore. Donne-moi de vos nouvelles à tous, et crois, mon Amélie, que tu es profondément chérie de ton Annette.

## AU DUC DE FELTRE

### MINISTRE DE LA GUERRE

Nogent-sur-Marne, 16 août 1812.

Monsieur le Duc,

Lorsque j'ai eu l'honneur de voir Votre Excellence, je l'ai quittée pénétrée de deux sentiments également profonds, mais bien différents. L'un provenait de la reconnaissance que je dois à la bienveillance que vous témoignez à M. de Gerando ; l'autre, d'une certaine sévérité que j'ai cependant cru remarquer dans le jugement que vous avez porté sur le parti qu'il s'est vu obligé de prendre en sollicitant un congé [1].

Il se joint à ces impressions un mécontentement de moi-même, parce que je me suis mal acquittée du devoir que me prescrivait cette disposition de Votre Excellence. Partagée entre un enfant et mon mari malades, venant d'être obligée de quitter celui-ci, douloureusement inquiète sur les premiers intérêts de mon cœur, je suis bien loin de conserver mes forces et ma présence d'esprit.

J'espère de la bonté, de la justice de Votre Excellence,

1. M. de Gerando était alors intendant général de la Haute-Catalogne.

que malgré les occupations qui absorbent son temps, elle me permettra de réclamer un instant toute son attention pour lui faire connaître les circonstances qui environnent M. de Gerando.

Il a, depuis treize ans, consacré au pays ses talents et ses veilles. Il a fait preuve de tous les courages. Il est parti pour la Catalogne, affaibli par les suites d'une fièvre pernicieuse qu'il avait due au climat de l'Italie; sa mauvaise santé ne lui a point paru un motif suffisant pour se refuser à donner de nouvelles preuves de son zèle. Personne n'a pu en juger mieux que vous, puisque tous ses travaux vous ont été particulièrement soumis.

Des labeurs incessants, un excès peut-être de sollicitude pour les intérêts qui lui étaient confiés, ont achevé d'épuiser sa santé; mais les circonstances paraissaient délicates et difficiles; les Anglais étaient là avec leur flotte; Puycerda, où il se trouvait retenu, pouvait être attaqué; on parlait d'empoisonner les Français.... Mon mari est resté à son poste et il y eût péri, comme c'était son devoir, si les mêmes apparences de dangers avaient continué d'exister, si les succès de nos généraux et la dispersion des ennemis n'avaient pas tout calmé. M. de Gerando avait une fièvre continue et des défaillances; il habitait un lieu où il ne pouvait pas se procurer les secours les plus simples, les plus indispensables. Il s'est fait transporter à six lieues de là, chez un ami, pour y passer quelques jours, prendre les avis d'un médecin et se mettre à même de reprendre son service. C'est dans cette situation qu'il s'est borné à demander un congé, afin que le service public, dans aucun cas, ne fût abandonné. Bien loin de le négliger en attendant, il se fait rendre compte de toutes les affaires qui se présentent et entretient une correspondance journalière avec le centre de son administration. Je me plais à espérer qu'un peu de repos lui rendra bientôt toutes ses forces.

Dieu me garde de faire ici l'apologie de M. de Gerando, ni de croire qu'il en ait besoin! Mais témoin de toute sa vie, pénétrée de respect pour son généreux caractère et ses courageuses vertus, j'ai cru devoir essayer d'en offrir le tableau à Votre Excellence dans une circonstance où il suffira de les lui avoir rappelés pour écarter les nuages qui auraient pu les voiler un instant.

J'ai l'honneur d'être avec respect, Monsieur le Duc, etc.

---

## A LA BARONNE DE STEIN

Paris, 24 septembre 1812.

Je viens d'apprendre, ma bien-aimée Octavie, ton arrivée en Alsace et ta réunion à ta famille. Mon cœur est au milieu de vous, chères amies, et le plus sensible bonheur qui pût m'advenir encore, serait de me retrouver avec vous, à Schoppenvir, aux pieds de votre mère, dans ce lieu qui me rappelle les plus doux souvenirs de ma vie, habité par les anges protecteurs de ma jeunesse et de mes malheurs. C'est ainsi que vous m'apparaîtrez toujours, ô bonnes, ô chères amies, que je porte si véritablement dans mon cœur.

Je t'écris, mon Octavie, dans les derniers moments de mon séjour ici, au milieu de mes préparatifs pour aller rejoindre mon mari en Catalogne. Il est juste que je partage et que je cherche à adoucir la tâche sérieuse imposée à l'homme public qui se voue au service de son pays, et qu'il trouve dans le bonheur domestique quelque distraction à ses graves occupations. Ma situation, depuis son départ, n'a pas été moins pénible que la sienne; il m'a fallu bien du courage, il m'en faut en ce moment pour quitter mon plus jeune enfant, faible, languissant, souffrant encore de sa dernière dentition, mais cet état même de sa santé m'interdit de l'emmener dans un si long voyage. Je resterais auprès de lui si son père n'avait encore plus besoin de moi. Lui aussi a été malade, sa santé me réclame, et son âme a plus encore à désirer des consolations que mon enfant ne saurait goûter. Je prends donc toutes mes précautions pour laisser mon Camille entouré des meilleurs soins, et je mène à mon mari son fils aîné qui nous donne déjà les plus douces satisfactions. J'ai le cœur brisé de quitter l'autre, mais je n'ai pu qu'obéir au devoir, à la nécessité.

J'aimerais à recevoir de toi quelques détails sur tes enfants et ce qui compose ta propre existence, quel qu'en soit le mélange de bien et de mal; je sais combien tu mérites l'un et combien tu es supérieure à l'autre. Je rêve souvent à un événement, encore inconnu, qui pourra t'amener un jour à Paris sans autre but qu'un peu de curiosité bien naturelle et beaucoup d'amitié dont tu comblerais les vœux. Ne pourrais-tu pas les réaliser en te faisant accompagner de ceux de tes enfants qui peuvent le moins se passer de toi, et de ton mari, cela va sans dire? Mon Dieu! quelle serait mon inexprimable félicité, s'il m'était accordé de recevoir chez moi ma bien-aimée Octavie, et de récapituler avec elle tant d'années silencieuses, tant de souvenirs amers et doux, et de nous reposer dans le sentiment d'une amitié toujours constante malgré notre longue séparation !

Mes hommages et adorations à ton excellente mère. Mille choses aimables à M. de Stein. A toi, mon Octavie, et à tes enfants, une bonne part de mon cœur.

---

## AU GÉNÉRAL LAMARQUE

### A GIRONE

Lyon, 15 mai 1813.

Monsieur le Général,

Ce fut souvent l'objet de mes réflexions et de mon étonnement, que l'arrangement ou le dérangement des idées dans certaines têtes, et comme cette pauvre intelligence humaine essaye d'encadrer les disparates, les contrastes et les contre-sens. Cela me conduit d'ordinaire à me découvrir beaucoup de bon sens, et c'est là peut-être ma plus grande erreur.

La ville de Montpellier a dessein d'ériger une statue à l'Empereur ; elle s'est adressée à Canova pour lui demander le monument, elle lui a aussi demandé l'inscription. Il a répondu : « Il ne faut point d'inscription, *le nom suffit au héros.* » Il me semble qu'il y a bien de la simplicité et de l'énergie dans les derniers mots de cette réponse.

J'ai pris plaisir, un jour, à chercher dans divers auteurs français et allemands des exemples du sublime ; je les ai trouvés tous, sans exception, dans une grande pensée rendue avec une extrême simplicité.

Vous aviez bien raison, Monsieur, de dire que l'art de se faire aimer n'est que le don de savoir bien aimer; je l'ai éprouvé peu de temps avant mon départ de Girone [1]. Je ne puis vous dire à quel point j'ai été touchée et attendrie de l'attachement que M. de B*** nous a témoigné, surtout pendant les derniers jours qu'il a passés avec nous à Perpignan. Il m'a persuadée de la vérité de ses sentiments; je n'en dirai pas autant de leur durée; il est naturel, à son âge, de ne ressentir que des impressions vives et passagères. Je lui voudrai, toute ma vie, toutes sortes de biens, et je désire qu'il réalise l'idée honorable que j'ai besoin de me former des personnes que j'ai distinguées et qui me sont chères.

Nous avons vu passer ici M. le comte de Saint-Marsan, notre ministre à Berlin, avec lequel nous sommes fort liés. Il nous a expliqué d'une manière satisfaisante et très curieuse les événements du Nord; il s'est trouvé placé dans des circonstances aussi embarrassantes qu'extraordinaires. L'empereur de Russie et le roi de Prusse n'avaient jamais cru que l'Empereur pût les combattre avant la fin de la saison, mais tous leurs généraux étaient persuadés qu'ils seraient battus si on leur livrait bataille. Toute l'issue de la campagne paraît décidée, et nos désastres seront sans doute réparés. Les voyageurs qui reviennent d'Allemagne ont été surpris du nombre et de la beauté de nos corps d'armée. Aucunes troupes alliées n'étaient encore réunies

---

[1] Mme de Gerando venait de quitter cette ville où son mari avait rempli les fonctions d'intendant général de la Haut-Catalogne, et où M. le général Lamarque commandait l'armée française.

aux nôtres, ni en état de l'être; la victoire appartient toute entière aux Français.

Je me rappelle souvent et avec regret l'hôtel de l'Intendance de Girone, le bon voisin que nous avions[1], l'heure de quatre à cinq, nos conversations toutes pleines de sincérité, de confiance, d'amitié. Vous trouverez partout, Monsieur, une société plus aimable que la mienne, mais je prétends à l'avantage de vous bien apprécier et de vous être attachée plus que personne. Je vous donnerai bientôt des nouvelles de votre fils, et je vous prie de ne plus me laisser désirer les vôtres.

La santé de mon mari ne s'est pas encore améliorée; il a la fièvre tous les jours, et me paraît triste et abattu. J'ai bien des sujets de peine, contre lesquels n'est pas assez puissante l'habitude d'en ressentir et d'y opposer de la fermeté ou de la résignation; mais je trouve encore du bonheur dans l'amitié, et j'ai besoin de pouvoir compter sur la vôtre.

AU MÊME

Paris, 8 juin 1814.

Ah! que c'est mal à vous de ne pas m'écrire, et que c'est malhonnête de ne pas me répondre! Je ne puis rien vous dire de pis, et la colère où je suis ne permet pas de vous en dire moins.

---

1. L'hôtel qu'occupait, à Girone, le général Lamarque, était situé presque en face de celui de l'intendance générale.

Il me semble qu'il n'y a plus de raisons à présent pour que vous ne veniez pas à Paris, et moi j'en ai mille pour vous y souhaiter. Il y a des moments où on a le cœur plus ouvert au bonheur ou aux consolations de l'amitié.

Vous parlez avec enthousiasme, dans vos lettres, de M. le duc d'Angoulême ; vous diriez de même du roi si vous le voyiez ; il ne faut pas moins d'élévation dans l'esprit qu'il en a dans le cœur, pour accomplir la tâche sacrée, si difficile, à laquelle la Providence l'a destiné. Venez nous voir, venez revoir votre fils, que vous avez été si heureux de connaître [1], et unissez-vous ici à ce concert de louanges et d'espérances qui anime les Français.

A propos, vous seriez étonné si je vous nommais les personnages qui ont lu votre dernière lettre à mon mari. Comme elle était la fidèle expression de vos sentiments et de votre dévouement au pays, nous l'avons fait mettre sous les yeux de ceux qui sont le plus capables de les apprécier et de les récompenser. J'y ai joint une explication pour qu'on sache bien ce que vous êtes ; l'*individualité* est, de toutes les propriétés, celle qui ne peut s'aliéner ; je me trompe, rien n'est si commun que de n'être plus *soi*. Mais vous n'êtes pas de ce nombre, et il faut que justice vous soit rendue.

Je sais bien que vous prenez assez d'intérêt à nous pour vouloir connaître ce que nous devenons, mais voici l'occasion de me venger de votre silence, et je ne vous en dirai rien.... Il est vrai que je n'en sais rien moi-même.

Je m'arrête pour ne pas faire une lettre, lorsque j'ai si

---

1. Il était né pendant que son père était en Catalogne.

bien résolu de n'en pas faire. A la rancune près, je suis plus que jamais votre très véritable amie.

---

## A LA BARONNE FRITZ DE DIETRICH

Paris, 12 septembre 1814.

Je t'avoue, mon Amélie, qu'un motif intéressé me fait rompre mon silence, car j'ai un grand service à te demander. Mais tu partages déjà l'intérêt qui me préoccupe ; tu en as tant témoigné à mon excellente sœur, elle le mérite si bien, que ce sera aussi un soulagement pour ton cœur que de l'aider à sortir de la situation déplorable où l'a jetée la suppression de la place qu'occupait son mari près le *Magistrat du Rhin*. Ah ! mes propres peines, bonne amie, quelque vraies et sérieuses qu'elles aient été naguère, m'ont paru légères en comparaison de ce que me fait éprouver le sort de ma sœur et de sa nombreuse famille, alors que nous sommes réduits nous-mêmes à un strict nécessaire. M. Hersinger vient d'être envoyé à Strasbourg pour y remplir des fonctions qui comprennent celles du *Magistrat du Rhin*, qu'on a supprimées, et avant son départ il nous a promis de faire tout ce qui dépendrait de lui pour procurer une place à mon beau-frère. C'est pour entretenir M. Hersinger dans ces bonnes dispositions que je fais appel à toute ton amitié.

L... est plus que jamais dans ses vapeurs ; je ne me figure pas une existence plus triste que la sienne, plus contre raison et contre nature ; je n'en voudrais pour rien au monde. Je la plains autant que je l'aime, et c'est un vrai chagrin pour tous ses amis que de la voir ainsi.

La comtesse Mélanie de Montjoie [1] arrive incessamment avec toute sa cour ; je suis empressée de la connaître, d'après tout ce que tes sœurs m'en ont dit. Camille Jordan l'a vue à Lyon, belle, bonne, très aimée des princesses. Elle y a retrouvé, avec beaucoup d'émotion, l'infidèle que vous connaissez ; son dur égoïsme est puni. Dans la position où est aujourd'hui Mélanie, elle eût été un parti bien avantageux, surtout pour un ambitieux.

Tu as laissé ici, chère amie, un souvenir bien vif chez tous ceux qui t'ont vue, surtout dans la famille Delessert. Où es-tu ? Que fais tu ? Donne-moi des nouvelles de ta mère, d'Octavie, de tes enfants, dans une de ces bonnes lettres qui suppléent à l'absence. Mon mari et moi nous te chérissons de toutes les facultés de notre cœur, et moi je n'ai jamais su y placer rien au-dessus de toi et de tes sœurs.

---

### A M. GUILLEMIN [1]

Nogent-sur-Marne, 12 décembre 1814.

Retenue à la campagne, Monsieur, plus longtemps que je ne croyais y rester, je vais commencer l'entretien que je vous avais demandé en vous faisant connaître le caractère

---

1. Dame d'honneur de la princesse Adélaïde d'Orléans.
1. Chef d'une institution de jeunes gens à Paris, puis consul général de France aux États-Unis.

et les dispositions de votre nouvel élève, pour suppléer au temps que vous n'avez pas encore eu de suivre vos propres observations, qui seraient assurément bien plus justes que les miennes....

L'amour-propre, qui donne de l'activité à toutes les actions, l'amour-propre, je le sais, est un ressort qu'il ne faut point détruire ; on le compte même dans la société pour bien plus qu'il ne vaut à mon avis. Je ne voudrais pas l'affaiblir, mais mon désir serait de cultiver à côté, et avec un soin extrême, un mobile plus puissant encore et qui dominât les autres, celui de la conscience, qui apprend, lorsqu'on a pour soi ce premier interprète de la pensée de Dieu, à se mettre au-dessus du jugement des hommes et à dédaigner les éloges, les honneurs et les récompenses. C'est ainsi qu'on a de l'inflexibilité dans ses principes, c'est ainsi qu'on a du caractère, chose si rare et cependant si nécessaire depuis que toutes les bases de l'ordre social ayant été ébranlées, chaque homme aurait besoin de s'appuyer contre une haute colonne, pour ne pas abandonner, au premier choc, le terrain qu'il s'est choisi.

Les enfants qui annoncent des facultés plus actives sont précisément ceux qui courent les plus grands dangers. Il en est de cela comme des outils tranchants, d'un usage si utile, et que l'inexpérience ou de mauvaises intentions peuvent transformer en armes meurtrières.

L'habitude de l'exagération est tantôt un défaut de jugement naturel aux enfants, tantôt un effet de la faiblesse ou de l'instabilité de leur organisation, qui les jette rapidement hors des limites du vrai. Je crois que cela mérite une plus grande attention que l'on n'en porte d'ordinaire à ce genre de travers. C'est un défaut de justesse dans les idées, de précision dans les paroles, quelquefois même de sincérité, qui déconsidère beaucoup dans la société. Je me suis souvent aperçue que les personnes qui exagèrent manquent essentiellement leur but. Elles veulent étonner, intéresser, et elles ne donnent à connaître que les bornes de leur esprit et leur défaut de sens. Ce qu'elles disent n'a plus aucune valeur, et, ce qui est plus grave, c'est qu'au fond c'est aussi une manière de mentir, mais la plus sotte de toutes, puisque chacun est à même de mesurer l'étendue du mensonge et de rabattre de chaque parole pour la réduire à la vraisemblance. On n'ajoute pas plus foi aux discours des gens qui ont cette manie, qu'on ne croit à la fidélité de l'histoire dans un roman historique.

Ce ne sont pas les succès que je désire sur toutes choses pour votre élève, quoique j'aie éprouvé déjà combien je puis y être sensible ; mais je n'oserais en faire l'objet de mes demandes à Dieu ni de mes efforts pour une éducation. Si le cher enfant confié à vos soins obtient des succès, j'en jouirai assurément, mais je ne serai pas affligée si rien ne le fait sortir de la classe ordinaire des hommes. Quelle est la mère, si elle devait choisir, qui ne préférât pour son enfant le bonheur obscur à de brillants mécomptes ? Que votre élève soit toujours en paix avec lui-même et qu'il puisse, chaque jour, se mettre avec joie en la présence de Dieu, ce sont là tous mes vœux. Nous avons tous vécu dans des temps de rudes épreuves, et nous savons bien que la paix avec sa conscience et avec Dieu est un asile où l'on peut toujours n'être point malheureux, même en souffrant beaucoup.

Je désire que l'enfant reçoive une instruction religieuse solide, approfondie, longtemps cultivée. Les dogmes du catéchisme sont nécessaires, mais ils ne suffisent plus aux hommes d'aujourd'hui pour les fixer et les attacher à la religion. Il faut les y amener par toutes les facultés, par le cœur et la raison d'abord ; il faut qu'ils soient persuadés par la vérité, mais aussi charmés par le goût et par l'esprit, et qu'ils sentent à la fois les beautés et la nécessité de la religion. Il y a quelque chose de si grand dans l'âme d'un homme vraiment pieux ! N'eût-il d'ailleurs que bien peu d'esprit, bien peu de lumières, s'il est religieux dans la sincérité et la candeur de sa foi, un caractère de grandeur se manifestera dans toutes ses actions.

Il est parmi les hommes un genre d'erreurs pour lesquelles la société a beaucoup d'indulgence (et l'indulgence n'est certes que justice de la part des uns à l'égard des autres), mais je voudrais qu'on n'eût point privilégié certaines fautes dont les suites ne me paraissent pas moins funestes que celles de tant d'autres que l'on condamne plus sévèrement. Je ne sais pourquoi des hommes ont mis les femmes et leur conduite à l'égard des femmes tout à fait en dehors de leur moralité et des reproches de leur conscience. Ils ne jugent point du tout condamnable et déclarent honnête homme celui qui commet, chaque jour, ce suicide de ses plus nobles facultés et quelquefois même de son existence. Familiarisés avec ce qu'il y a de plus faible ou de plus misérable dans notre sexe, ils se privent du secours si doux et si heureux qu'ils trouveraient dans les vertus aimables des femmes ; ils finissent par n'y plus croire, et alors l'abrutissement est complet.

Ah! que votre jeune élève soit préservé de ce malheur, quand il sortira de vos mains ! C'est pourquoi j'attache tant de prix à ce qu'on cultive de bonne heure en lui cette fleur de délicatesse dont le respect pour les femmes est le garant.

J'ai entendu dire à des hommes sans reproche à cet égard, que la religion seule les a garantis, que les sentiments d'honneur, de justice et de délicatesse, n'eussent point suffi pour les préserver à l'âge des passions, et que la pureté de leurs mœurs n'a été sauvée que par l'inflexibilité de la loi religieuse. Voilà une raison de plus qui me fait souhaiter que l'âme de votre élève soit imbue des principes et des habitudes qui le détournent de tout ce qui est mal, ou du moins le rappellent au bien s'il venait à s'en écarter, et l'empêchent d'ériger en règle de conduite les erreurs qu'il aurait à faire excuser par suite de la dangereuse indifférence que trop d'hommes professent sur ce point. Nous sommes encore loin sans doute de l'époque à redouter pour le cher enfant que je vous recommande, mais il faut préparer de loin les bases sur lesquelles on veut édifier. Je vous prie instamment de me faire part, de temps en temps, des observations que vous aurez faites sur son compte ; nous avons besoin de nous éclairer et de nous aider mutuellement, pour atteindre le noble but d'en faire un homme et un chrétien.

## A LA BARONNE GUILLAUME DE HUMBOLDT [1]

### A VIENNE (AUTRICHE).

Paris, 1814.

J'ai l'assurance, Madame, que cette lettre aura un meilleur sort que celles que j'ai eu l'honneur de vous adresser depuis un an, et sur lesquelles vous avez gardé un silence qui m'a fait supposer que vous ne les avez point reçues.

Ce silence et d'autres aperçus pourraient d'ailleurs me faire craindre qu'un voile ne se soit interposé entre vous et nous. Nous avons beau, M de Gerando et moi, interroger nos souvenirs et notre cœur, nous ne parvenons pas à comprendre ce qui aurait jeté ce voile sur nos amicales relations : nous voyons l'effet sans connaître la cause. Mais sûre de notre attachement à votre personne, qui s'étend à tout ce qui vous appartient, de notre reconnaissance pour la bienveillance que vous nous avez toujours témoignée, j'ose vous interroger, Madame, sur cet apparent oubli et sur ce qui a pu vous y amener. C'est une démarche que je ne ferais pas auprès d'une personne envers laquelle je pourrais me résoudre à l'indifférence ; il me serait facile, alors, d'oublier à mon tour, mais ce n'est plus possible quand on a été accoutumé à recevoir des marques de votre amitié.

Il s'est passé bien des événements, Madame, qui nous ont souvent et vivement ramenés a vous, de la pensée, et nous ont fait prendre part à ce que vous deviez éprouver.

[1]. Belle-sœur de l'illustre savant Alexandre de Humboldt.

Nous avons appris que vous aviez conservé votre fils, et ce bonheur, au milieu de beaucoup de calamités, vous aura consolée de bien des choses.

Cette lettre vous sera remise par une de mes cousines, M<sup>me</sup> la comtesse de Razoumoffsky, accompagnée de sa mère qui est ma tante. Permettez, Madame, que, pénétrée du souvenir de votre parfaite bonté, je recommande à votre bienveillant accueil une femme charmante qui obtiendra bientôt par elle-même tout l'intérêt que je demande en mon nom. Elle est appelée à Vienne par des circonstances assez pénibles pour ajouter encore à l'intérêt qu'elle mérite par l'aimable perfection de son caractère et les grâces de sa personne ; je n'en ai vu aucune résister au charme que ce double avantage lui fait exercer, et j'espère qu'un jour vous l'aimerez aussi.

Si vous désirez avoir quelques détails sur ce qui nous concerne, M<sup>me</sup> de Razoumoffsky pourra satisfaire votre aimable intérêt. Vous apprendrez que depuis notre départ de Rome où nous avions eu de si douces relations avec vous et M. de Humboldt, nous avons été bien loin de mener une vie paisible et sédentaire ; mais quelques sacrifices de nos goûts et de nos habitudes favorites ont été compensés par les progrès de nos enfants et par ce salutaire mélange de biens et de maux, dont la Providence se plaît à composer la destinée humaine.

Dans les moments où je n'ai pas assez de bonheur réel, je me plais à en rêver à ma guise : il m'arrive alors de me créer quelque circonstance qui me rapproche de vous, Madame ; c'est encore un de ces tableaux d'imagination que j'aime à composer. Mais je ne veux pas attendre ce moment trop incertain, pour vous renouveler l'assurance de mon attachement le plus inaltérable. Veuillez, Madame, admettre M. de Humboldt au partage de tous les sentiments que je vous exprime.

---

## A LA BARONNE FRITZ DE DIETRICH

Paris, 16 janvier 1815.

Cette lettre, ma bien tendre amie, te sera remise par M. Bermond que je te prie d'accueillir avec ta grâce et ta bonté accoutumées, en y ajoutant tout ce que tu voudras bien pour faire honneur à ma recommandation. Appelé à Strasbourg par une place à laquelle il vient d'être nommé, il désire surtout pouvoir y cultiver la meilleure société, dans laquelle il saura bien tenir sa place. C'est un très honnête homme, d'un caractère et d'un commerce parfaitement sûrs, aimable, gai et complaisant. Il est l'ami le plus intime d'un de nos amis, et c'est ainsi que nous l'avons connu et apprécié. Je te renvoie, pour plus de détails, à ma lettre à Marie, dont il est aussi porteur.

Veux-tu connaître un de mes vœux, chère Amélie ? Je voudrais surtout avoir une bonne lettre de toi, où tu me parles beaucoup de ta personne, de tes enfants, de tes frères, d'Octavie, de tout ce qui te tient de si près, de tout ce qui doit influer sur ton bonheur. Ce bonheur, chère amie, est une grande, une essentielle partie du mien.

Ma vie est fort retirée et fort occupée, assez calme et douce au fond de mon âme. Il y a plus de retentissement des agitations passées qu'il n'y a de trouble actuel. L'espérance est là où le contentement ne serait pas complet. Hélas! ce contentement n'est pas de ce monde, et une fois qu'on en est bien convaincu, on est bien accommodant sur tout le reste. Mes premiers intérêts se concentrent dans mes enfants, et jusqu'à présent ils me donnent satisfaction.

Puissé-je, mon amie, te revoir bientôt, et en attendant ce doux revoir, que nos cœurs soient fidèles à cette ancienne amitié qui a été un des plus grands bienfaits de notre existence!

## A CAMILLE JORDAN

### A LYON

Paris, 9 mai 1815.

Je devais vous écrire, mon cher Camille, aussitôt après le départ de mon mari pour Metz[1]; mais je tombai malade le lendemain, et j'ai passé quinze jours au lit. J'ai à présent un bien autre souci que toutes les souffrances qui me seraient personnelles : mon second fils a une forte coqueluche, et vous savez les longs tourments que cause cette maladie. Enfin, cher ami, quelles qu'aient été les peines qui ont rempli ma vie, à aucune époque je ne me suis sentie aussi à plaindre; tout ce que j'ai de forces et de facultés se concentre à opposer du courage à la nécessité, et je ne suis

---

1. M. de Gerando y avait été envoyé en qualité de commissaire extraordinaire, pour organiser la défense du territoire national dans la Moselle.

plus bonne à rien. Je suis dans un état de langueur qui flétrit toute mon existence, mais c'est un vrai soulagement pour mon cœur que de vous exprimer toute mon amitié.

Il y a longtemps que je ne vous en ai pas dit autant sur moi-même; j'ai toujours trouvé que les paroles soulagent bien peu; il me semble, au contraire, que le silence mitige ce qui deviendrait trop vif en se hâtant de toucher aux blessures de l'âme.

J'ai vu, par les passages de votre correspondance avec mon mari, qu'il m'a communiquée depuis votre départ de Paris, que nous avons toujours été dans un parfait accord de jugements et d'opinions avec vous, et que vous n'avez été, pas plus que nous, surpris de rien de ce qui est arrivé. Il y avait, dans toute la marche du gouvernement, un mouvement accéléré qui le poussait à faux et vers une chute quelconque.

Mon mari doit revenir aujourd'hui; sa mission a été facile dans un bon pays où l'on avait peu dérangé, l'année dernière, les hommes et les choses, et où il y avait peu à retoucher cette année-ci. Il y a recueilli les plus touchants et les plus unanimes témoignages d'estime et de satisfaction des habitants. Il est fort question de l'y nommer député; quant à moi, je préfère qu'il ne soit pas appelé à monter sur un théâtre qui pourrait devenir si orageux.

Je vois souvent Benjamin Constant, et la chose du monde la plus amusante, la plus curieuse, la plus piquante, c'est de l'entendre. Je n'ai pas le temps de vous expliquer le tableau qu'il trace du présent, ce qu'il entrevoit de l'avenir. La lutte des rois contre l'indépendance des peuples l'inquiète peu pour la liberté; il voit plutôt, en résultat, les peuples s'élevant contre les rois, et ne manquant point, dans cette entreprise, de chefs habiles et audacieux.

Il trouve l'Empereur *phénomène*, plus qu'il ne peut l'exprimer et plus qu'il ne s'y attendait ; il est dans l'étonnement de la prodigieuse variété et souplesse de ses facultés. Il est avide de l'entendre pour recueillir toutes les paroles qui peignent ou qui décèlent ce *prodige*. M. de Sismondi a eu, l'autre jour, un entretien de deux heures avec l'Empereur ; il en est sorti avec les mêmes impressions qu'il m'a racontées peu après. Ce seraient les modifications, les nuances de ces impressions et de ces jugements, qu'il serait amusant de retracer, si j'en avais le temps.

Je vois quelques spéculateurs politiques douter encore de la guerre ; pour moi qui, par défaut de lumières, crois facilement aux apparences, je ne puis me persuader que nous ayons le bonheur d'échapper à de si terribles menaces.

M<sup>me</sup> Michel[1] a dû faire ou faire faire au ministère de la guerre les démarches que vous lui aviez demandées relativement à M. de Mauduit fils. Je n'ai pu la voir depuis l'hiver dernier ; chaque fois que j'ai passé chez elle, on a toujours dit qu'elle était à la campagne. J'ai appris indirectement qu'elle est en arrangement de divorce ou de séparation de corps, et c'est sans doute l'ennui d'une si triste affaire qui l'éloigne du monde et de ses connaissances.

Juliette[2] vient d'être assaillie par un nouveau désastre : elle a été obligée de venir, de presque la totalité de sa fortune, au secours de son mari ; elle l'a sauvé momentanément par ce sacrifice. Elle s'est conduite avec la plus grande générosité. Hier elle est partie pour passer une quinzaine

---

1. Charmante femme d'un banquier qui avait alors une triste notoriété.
2. M<sup>me</sup> Récamier.

de jours à Angervilliers, où elle va se trouver seule avec la maîtresse de la maison et avec Ballanche qu'elle a emmené dans sa calèche Ballanche fait bien des jaloux ; B. C.[1], entre autres, est dévoré de la passion la plus folle et la plus malheureuse pour cette enchanteresse. Ah! c'est bien un autre tourment pour lui, que toutes les agitations de la politique et de l'ambition ! Juliette répond à cela qu'elle est dégoûtée de tout, indifférente à tout, qu'elle n'aime rien, pas même elle, et vous pouvez croire qu'un tel obstacle à vaincre excite bien la vanité de son admirateur et son goût pour les difficultés. Vraiment il ne se possède plus, et ses traits en sont horriblement décomposés. Il est très plaisant à entendre, parce qu'il regrette beaucoup, dit-il, de ne plus aimer sa femme, et il se trouve malheureux qu'elle ait appris à se passer de lui.

Si vous pensiez que nous conserverons mieux et plus longtemps la tranquillité à Paris qu'à Lyon, qui est bien plus abordable, pourquoi ne viendriez-vous pas vous réunir à nous avec Julie et vos enfants ? Notre maison de Nogent serait à vous tant que la saison et les circonstances vous la rendraient agréable, et quoi qu'il advienne, n'est-ce pas une consolation que de se trouver réunis, au moment de l'orage, sous un même abri ?

Je suis fatiguée de mon *laconisme* (on me l'a recommandé par prudence), et je crains que vous ne le soyez aussi. J'aurais encore mille choses à vous dire, mais il n'y a pas moyen. Adieu, mes amitiés les plus tendres pour vous et M<sup>me</sup> Jordan.

1. Benjamin Constant.

## A LA BARONNE DE STAEL

### A COPPET

Paris, septembre 1815.

Mᵐᵉ de Krüdner, chère Madame, m'a chargée de vous dire le regret qu'elle aura de quitter Paris sans vous y avoir rencontrée, et je saisis avec empressement cette occasion de vous exprimer mes propres regrets de ne pas vous y voir. Vous laissez un bien grand vide dans le monde que vous n'habitez point, et bien de la tristesse dans le cœur des amis que vous quittez.

Je voudrais vous parler de Mᵐᵉ de Krüdner qui m'a si souvent parlé de vous et vous a désirée comme une des personnes qui l'eût le mieux comprise, mais je ne puis vous faire un portrait exact de cette femme extraordinaire. N'avoir que des paroles pour les faire parvenir à une grande distance, c'est un obstacle invincible pour vous la faire comprendre ; il faut l'avoir vue et entendue, et vous auriez été plus vite que moi en accord avec elle. C'est assurément une très belle âme, une très sainte vie, un esprit supérieur, qu'elle dédaigne maintenant qu'elle croit avoir un meilleur secours, et qui cependant éclaire admirablement sa doctrine et sa piété. Je ne suis point, en tout et partout, à son niveau ou à sa hauteur ; peut-être même m'en écarterais-je à dessein, pour suivre une autre route qui m'est mieux connue, à laquelle je suis plus habituée, et qui serait bonne aussi en y restant bien fidèle. Mais Mᵐᵉ de Krüdner touche, émeut, entraîne et persuade le cœur, alors même que la raison voudrait essayer de la combattre; et qu'y a-t-il à opposer à l'entraînement du cœur? Je ne crois pas que le mensonge puisse jamais s'en emparer.

Je ne trouve l'explication du mystère de l'ascendant qu'exerce Mᵐᵉ de Krüdner, que dans sa bonté qui est parfaite et s'épanche avec un irrésistible attrait. Des erreurs pourraient avoir accès dans son esprit; tout est pur, bienveillant, charitable dans ses intentions, et cette puissance d'amour la met en possession d'une immense influence sur les autres. Elle en a une bien grande sur l'empereur Alexandre qui lui donne toute sa confiance et tous les moments que ses devoirs n'absorbent point. Je ne saurais pénétrer ce que la Providence permettra des suites de l'alliance de ces deux âmes, et si des vues si saintes et si mystiques sont ce qui convient le mieux à ce monde troublé par les orages et les passions, mais qui s'agite aussi pour atteindre un but généreux et recouvrer une noble indépendance.

Je vois partout, même dans les erreurs et les malheurs de l'homme, bien mieux le secret de sa grandeur que la condamnation de ses misères; il ne peut y avoir rien de petit là où il y a de l'immortalité, et les atomes qui peuplent ce vaste univers participent à la perpétuité.

J'ai rencontré Monsieur votre fils; il m'a parlé de vos prochains voyages, et je ne suis pas étonnée que vous choisissiez cette époque et cette saison pour réaliser un ancien projet. A votre retour, vous trouverez sûrement plus d'harmonie et plus de prospérité dans notre commune patrie. Nos vœux vous suivront en tous lieux, et nous resterons animés du vif désir de vous revoir bientôt.

M. Benjamin Constant voit souvent Mᵐᵉ de Krüdner, et

ils s'apprécient mutuellement. M^me Récamier va aussi à son école et s'en trouve bien. Mathieu[1] s'en était fié d'abord à des gazettes pour juger de la conduite politique de mon mari ; il était revenu dans des dispositions sévères qui ont dû s'évanouir devant la vérité, devant une des conduites les plus pures qu'il y ait eu pendant les cent jours.

Ma santé est mauvaise, mais je n'ai pas le temps de m'en apercevoir ; toutes mes facultés sont ailleurs.

Vous voyez, chère Madame, combien nous comptons sur votre intérêt, puisque je vous entretiens de tout ce qui nous concerne. N'est-ce pas vous dire aussi la part bien tendre que nous prenons à tout ce dont votre bonheur se compose[2] ?

1. Le duc Mathieu de Montmorency.
2. La réponse de M^me de Staël, datée de Martigny le 27 septembre, a été publiée dans les *Lettres inédites et souvenirs biographiques de M^me Récamier et de M^me de Staël*. Paris, 1868. Elle y exprimait ainsi ses sentiments pour M^me de Gerando : « C'est au milieu des Alpes et du Valais, *my dear* madame, que je veux vous répondre ; il me semble que la solitude met davantage en relation avec vous. Je suis très frappée de ce qu'on m'a mandé et de ce que vous me confirmez des conversations de l'empereur Alexandre avec M^me de Krüdner... Je vous reverrai, noble et spirituelle amie, peut-être dans six semaines, si mes tristes affaires me rappellent, peut-être dans six mois, si je vais à Rome. Il serait bien bon à vous de m'écrire, pour que je ne fusse pas entièrement séparée de tout ce qu'il reste encore d'excellent et de spirituel en France... Me permettez-vous de vous embrasser tendrement et de me recommander à vos nobles pensées qui vont vers le ciel comme des prières ? »

## AU GÉNÉRAL LAMARQUE

Paris, 1815.

J'ai lu des lettres de M<sup>lle</sup> Sauvan, cette nuit, à côté du lit de mon cher petit malade. Je vous écris de nuit aussi et à la même place.

Je goûte fort les lettres de votre amie ; comme elle vous admire ! Je me trouve d'accord avec elle dans ce sentiment pour vous ; je ne sais si c'est au même degré, mais c'est bien avec autant de sincérité.

Cependant il ne me va pas de vous voir aussi héros que vous l'êtes pour elle ; si vous étiez *en tout* si héroïque, vous ne seriez dlus à ma mesure ; j'ai besoin d'être attirée par un autre sentiment. L'admiration qui élève si haut même celui qui l'éprouve, n'est pas assez tendre pour les épanchements de mon amitié. Je vous admire donc peut-être moins, mais c'est pour vous être plus affectionnée : me le pardonnez-vous ?

Ami, il faut que vous soyez un homme bien bon, accoutumé à une indulgence sans bornes, pour que vous ayez pu pardonner à M<sup>me</sup> T*** l'outrageante proposition qu'elle vous a faite. Qu'elle ait cherché à vous abaisser, cela ne m'étonne pas, elle doit vous désirer à son niveau ; mais qu'elle ait eu l'aveugle témérité de vouloir vous induire à la démarche la plus déshonorante, donne chez elle la mesure d'une âme que je n'aurais jamais cru habiter le corps d'une femme.

En vérité, mon ami, vous allez dire que si je ne sais pas

bien admirer, je sais bien m'indigner ; oui, oui, l'un et l'autre avec la même énergie : l'un est la *contre-épreuve* de l'autre.

**Je voulais causer, et je suis** *à fin*. Nous sommes deux, la souffrance et moi, et je ne suis pas toujours la plus forte. Je ne suis plus qu'un pauvre être où apparaît encore un cœur qui ne fut pas sans bonté, et qui, jusqu'à sa dernière pulsation, aura encore une douce et tendre émotion pour vous. Adieu, soyez bon, c'est être le plus près possible de la Divinité ; mais sachez aussi vous indigner quand il le faut, car vous êtes homme.

## AU MÊME

Paris, 6 décembre 1815.

J'ai laissé le soin à Monsieur votre beau-frère, mon cher ami, de vous parler de vos affaires, et je me suis réservé celui de m'en occuper. Il est vrai qu'il n'est ni voix ni autorité que je n'aie invoquées pour vous, et surtout pour mettre dans tout leur jour votre conduite et votre caractère, qui n'auraient besoin que d'être bien connus pour se passer de toute autre recommandation. Il est peu de personnes considérables, à Paris, qui n'aient entendu parler de vous depuis quelque temps, ou qui n'aient lu votre mémoire [1] ou

---

1. Ce mémoire devait être un résumé de la brochure intitulée : *Défense du général Lamarque compris dans l'ordonnance du 24 juillet 1815*, qui a été publiée depuis par le général.

vos lettres, dont j'ai fait faire des extraits, car rien ne vous peint mieux et plus honorablement.

J'ai eu de longs entretiens à votre sujet avec le préfet de police, ami du ministre ; il m'a promis de lui remettre votre dernière lettre et d'appuyer la demande que vous faites de vous rendre dans le département des Basses-Pyrénées. J'ai trouvé de plus un homme considérable et fort considéré, qui est dans l'intimité de M. Decazes, et qui a consenti à lui faire la même demande pour vous. Je ne puis cependant vous dire ce que j'en augure. Des gens qui trouvent commode de ne se soucier de rien pour n'avoir pas à s'en mêler, nous disent de rester dans une entière sécurité ; un bien plus grand nombre, animés de passion, peut-être aussi de peur (mal épidémique le plus rapide que j'aie jamais vu), prétendent que vous avez tout à craindre, et qu'il ne vous reste plus qu'à vous soustraire au danger. Vos amis vous avaient préparé cette voie, elle est toujours à votre disposition ; il ne m'appartient pas en ce moment de réfuter vos objections. Il faut encore un peu lire dans l'avenir et conserver, en attendant, toute votre confiance dans la bonté du roi et dans l'équité des lois. On dit qu'après le jugement du maréchal Ney les Chambres s'occuperont du sort des individus menacés comme vous l'êtes ; on prétend qu'on s'arrêtera à une mesure générale ; le moins sera l'exil, mais on ne croit pas qu'on aille au delà pour aucun d'eux.

Ne sachant pas si le roi a lu votre mémoire, j'ai obtenu de M. de Montmorency d'en remettre une copie à Sa Majesté. M. de Richelieu l'a également reçu des mains d'une personne qui est dans son intimité ; je l'ai remis moi-même au préfet de police ; je l'ai envoyé au ministre par un de ses amis. Il a été lu avec intérêt par ceux mêmes qui ont des préventions contre vous. Tous ces soins cependant n'ont encore rien produit de manifeste et de positif.

Les personnes qui sont un peu liées avec moi ne m'abordent plus sans me demander de vos nouvelles ; il est vrai que vous êtes devenu l'objet de ma plus constante préoccupation, depuis que je ne puis plus reposer ma pensée dans la sécurité que me laissait votre bonheur passé.

L'Espagnol obligé de s'expatrier, dont je vous avais parlé et dont vous m'avez demandé des nouvelles, a obtenu un passe-port du prince Auguste de Prusse, malgré la différence de religion et l'importance que le prince y attache. Il a eu de plus une recommandation très puissante sur le cœur de ce prince, qui a promis de le prendre sous sa protection dès son arrivée à Berlin. Le proscrit avait trouvé moyen de se procurer des passe-ports anglais et français pour se rendre et demeurer à Londres, mais c'était par une voie d'intrigue ; il n'a pas voulu en user et se donner les apparences d'un coupable prêt à se sauver à tout prix. Le passe-port prussien, quoique moins bien appliqué à sa situation, lui a paru plus honorable et plus sûr, l'ayant eu directement des mains du prince, qui a bien voulu prendre intérêt à lui sans intervention secrète ou subalterne.

Excusez-moi auprès de madame votre sœur[1] de ne lui avoir pas encore écrit ; je voudrais, en lui faisant part de quelque chose qui pût faire du bien à son cœur, donner du prix à ma lettre, et j'attends... Cette excellente sœur équivaut, dans la balance de votre destinée, à tout le mal qui s'y mêle, et son dévouement est bien propre à vous consoler.

1. M<sup>me</sup> Ducasse.

J'ai été charmée de faire la connaissance de monsieur votre beau-frère ; sa franchise, sa droiture, sa bonté d'âme, se font bien vite apprécier, et depuis que je l'ai vu, je comprends ce que vous m'avez dit du bonheur que goûte madame votre sœur dans une telle union.

Dans toutes les démarches que j'ai faites à votre sujet, j'ai été autorisée et dirigée par mon mari qui s'associe à tous les sentiments qui me les dictent.

*La belle des belles* [1], dont je vous ai souvent parlé et que vous avez vue chez M<sup>me</sup> de Staël, a été la perfection de la bonté pour vous. Lorsque je vous dirai un jour tout ce que vous avez inspiré d'intérêt et de sollicitudes à quantité de belles âmes, vous trouverez comme moi qu'on ne peut trop aimer, dans la pauvre espèce humaine, ces nobles créatures, même celles qui ne sont que faibles quand elles nous paraissent abaissées, et qui souvent sont admirables de dévouement et de générosité. Plus je vais, plus il me paraît que Dieu a dû être content de son œuvre quand il eut fait l'homme et la femme ; c'est assurément ce qu'il y a de mieux dans sa magnifique création, si j'en excepte les anges que je ne connais pas.

Adieu, cher ami ; il me tarde que cette lettre vous arrive. J'espère cependant que mon silence ne vous a pas fait douter de moi. Si j'étais plus heureuse, je vous écrirais plus souvent, et je goûterais mieux la douceur des épanchements du cœur.

1. M<sup>me</sup> Récamier.

## A Mᵐᵉ RÉCAMIER

Paris, 1815.

Je suis bien maladroite, bonne amie ; je ne vous trouve encore pas. J'ai une grâce nouvelle à vous demander, et c'est toujours avec la même confiance. Nous souhaiterions que M. le duc de Richelieu lût le mémoire du général Lamarque au roi. Ce mémoire a produit le meilleur effet sur plusieurs de ceux à qui on l'a communiqué. MM. Garnier, de Gaucourt, Lainé, etc., sont devenus de chauds partisans du général depuis cette lecture. S'il produisait le même effet sur M. de Richelieu, cela serait bien heureux ; mais il faudrait qu'il lui fût remis par quelqu'un d'assez considérable et assez connu de lui pour l'engager à le lire. Les ministres en général ne lisent guère ; les premiers ministres, je pense, encore moins. Il faudrait aussi que la personne qui le lui remettrait fût assez bienveillante et point exagérée, pour ne pas envenimer la blessure au lieu de porter remède... Il me semble qu'on ne peut rien refuser à une personne excellente comme vous, et que vous trouverez facilement quelqu'un qui se chargera de faire cette recommandation à M. de Richelieu, ce qui, du reste, n'a rien de bien embarrassant ni de mystérieux, puisqu'il s'agit d'un écrit adressé à l'autorité supérieure. S'il ne vous est pas possible de le faire remettre, renvoyez-le-moi ; il faudra que je me retourne ailleurs.

J'aurais bien aimé vous voir et vous consulter sur une

chose importante. Si je n'avais pas promis ma soirée à quelqu'un chez qui je vais, je serais revenue chez vous.

Adieu, bonne et bien chère.

---

### A LA MÊME

Paris, 1815.

Deux personnes d'un haut rang et d'autorité nous ont fait dire hier, sachant l'intérêt que nous prenons au général Lamarque : « Il faut qu'il parte. » Un ministre a dit à mon mari : « Il ne m'appartient pas de donner des conseils, mais à sa place, je partirais. »

Voilà des conseils, chère amie, bien d'accord avec ce qui se passe et ce que les événements du jour font présumer pour les jours suivants. Il est bien urgent, comme vous voyez, de sauver ce pauvre général, mais aucun de ceux qui sont de cet avis ne lui en fournit les moyens, et il n'y a que les femmes assez capables de dévouement au malheur pour se charger de cette noble tâche. J'espère en vous, bonne amie. Pourquoi M. de Metternich ne ferait-il pas pour le général Lamarque ce que l'on a fait pour des hommes qui avaient moins de titres à l'intérêt des caractères impartiaux et justes? Je voudrais que vous eussiez pu entendre hier l'éloge qu'on m'a fait de l'admirable conduite du général dans la Vendée, de sa conduite plus belle encore à Tours, lorsque toute l'armée s'offrit à lui pour sa défense, et qu'il répondit : « Je me brûlerai la cervelle à cette croisée, si vous m'empêchez d'obéir au roi. »

Nous aurions préféré pour lui l'Angleterre à tout autre pays, parce qu'il en sait la langue, parce qu'il serait très à portée de s'embarquer, et que pour aller ailleurs il faudra traverser toute la France. Cependant tout port de salut est bon, et ceux qui seraient assez généreux pour lui en offrir un le seront sans doute aussi pour lui en faciliter l'abord.

Adieu, âme si bonne et si noble ; chaque jour je sais mieux combien vous êtes excellente. Je vous aime tendrement.

---

### A LA BARONNE FRITZ DE DIETRICH

Paris, 7 février 1816.

Je m'entretiens souvent avec toi, bonne amie, *mentalement* ; dans les temps d'épreuves, le souvenir de nos amis, la confiance dans l'accord de nos sentiments avec les leurs, sont notre force et notre consolation. Les plus périlleuses épreuves, il est vrai, sont passées, mais le retentissement en sera encore long dans l'avenir, et je ne conçois pas que ceux qui ne sont pas appelés à faire exacte justice à tous veulent appliquer d'autres remèdes à notre situation sociale, qu'une mutuelle indulgence et une immense pitié. Je ne trouve que ce dernier sentiment dans mon cœur, car il n'est plus personne aujourd'hui en France qui ne soit devenu plus ou moins un objet digne de cette pitié. De grands malheurs me donnent de nouvelles forces pour aimer les malheureux et leur porter secours avec tout le zèle dont je suis capable, et c'est ainsi, je l'espère, que nous obtiendrons de voir un terme aux infortunes et que nous mériterons les bienfaits qui nous sont rendus. Voilà, à peu près, toute ma profession de foi en fait d'opinion, et ce que j'ai le plus constamment éprouvé depuis que le trouble de tant d'événements m'avait ôté presque tout courage de m'entretenir avec mes amies. Ce silence était cependant pour moi une peine nouvelle et une grande privation; j'aimerais tant à savoir plus souvent ce que tu penses et ce que tu fais, à recevoir aussi des nouvelles de ta mère qui est en tête de mes plus profondes affections!

Dis à Marie[1] que j'ai fait bien vivement recommander son fils Alphonse à M. le marquis de Vence, son colonel, par M<sup>me</sup> la comtesse de Thourette, sa tante, et qu'elle l'a fait de la manière la plus pressante. J'ai engagé un jeune de Vaux, fils d'une dame de nos amies et camarade d'Alphonse, à se lier avec lui. M. de Vaux est un excellent sujet, fort instruit, ayant le goût du travail; sa mère lui fait continuer ses études à Fontainebleau. Nous avons pensé que ce serait une fort bonne société pour M. de Montbrison.

J'ai appris avec bien de la peine les chagrins de cœur du bon et honnête M. Bermond; c'est un excellent homme qui a tous les mérites, hors celui d'être riche. Je ne connais personne qui ait plus d'amis que lui, et qui en soit plus fêté quand il est ici au milieu d'eux; il a aussi pour eux les soins les plus délicats. Fort estimé dans son administration, il résiste, par sa parfaite réputation, à toutes les épreuves des vicissitudes politiques. Il a bien de l'admiration et ne

---

1. M<sup>me</sup> de Montbrison.

l'attachement pour toi et parle avec reconnaissance de tes bontés.

Depuis que j'ai commencé cette lettre, M. de Sahune est venu prendre congé de nous ; malgré son purisme exalté, il a été tout à fait aimable et bon enfant. Je ne suis pas assez entendue en politique pour que des nuances me créent des difficultés, et je ne suis pas surtout assez ennemie de moi-même pour que ces nuances empoisonnent l'amitié. Malheureusement chacun n'a pas cette disposition, et des femmes mêmes croient que la haine est quelquefois un devoir et une vertu.

J'écris à M<sup>me</sup> de Berckheim pour lui rendre compte de ce qu'on m'a dit de M<sup>lle</sup> B***; elle te communiquera sans doute ma lettre. Et toi, mon Amélie, si ce mariage avait lieu, ne viendrais-tu pas à Paris? Et ta mère?... Mon Dieu! mon Dieu! si je la revoyais, si je t'embrassais, quel dédommagement à tant d'années de peines et de bouleversements! Il y aurait là toute satisfaction pour mon cœur. Je te presse, bien chère amie, contre ce cœur qui renferme tant de sentiments tendres pour toi.

## A M. CHRISTIAN[1]

Paris, 28 juin 1816.

M. de Gerando a voulu, Monsieur, que je vous renvoie votre manuscrit le plus tôt possible ; il l'a lu hier soir et

---

1. M. Christian était un Belge, homme de cœur et d'esprit, qui s'était voué avec succès à des études et travaux de mécanique, et qui, après

ce matin, et je l'ai vu au comble de la satisfaction ; il dit que c'est un ouvrage parfait (vous voyez que M%%me%% de Lézay a raison de vous appeler une *perfection*). Cette lecture a fait beaucoup de bien à mon mari ; il y a trouvé la solution d'un problème qui depuis longtemps occupait sa pensée. Il désire que vous vous hâtiez de le mettre au net et de le faire copier, pour qu'il puisse le communiquer à M. Becquey et à M. Lainé.

Moi aussi, Monsieur, je viens de lire votre ouvrage ; je n'espérais pas qu'il fût à ma portée, mais je l'ai lu par intérêt pour l'auteur, et j'ai senti qu'il y a dans les hautes intelligences des rayons qui se communiquent toujours aux esprits les plus faibles et agrandissent la sphère de la pensée chez ceux mêmes qui ne sauraient s'élever à la hauteur de ces intelligences. Quel magnifique enchaînement, quelle liaison non interrompue dans l'œuvre entière du Créateur et dans toutes les perceptions auxquelles il a appelé la créature ! Rien n'est isolé dans l'humanité ; quelle qu'y soit ma place, je sens bien qu'il existe aussi une relation entre le vermisseau qui brille la nuit à mes pieds, les astres que je contemple, les anges qui célèbrent des concerts dans les cieux, et surtout avec tous les êtres doués comme moi de l'inépuisable faculté d'aimer et de souffrir. Ne pensez-vous

---

avoir professé à Bruxelles, aspirait à la place de directeur du Conservatoire des arts et métiers à Paris, place qu'il obtint, en 1816, grâce à l'estime et à l'appui de M. de Gerando. C'est M. Boringlor, petit-fils de M. Christian, qui a bien voulu communiquer la correspondance ici insérée et qu'avaient précieusement conservée son aïeul et puis sa mère, fille unique de M. Christian.

L'état de souffrance dont parle M%%me%% de Gerando dans cette lettre et dans plusieurs autres qui sont empreintes d'un profond détachement de la vie, avait son origine dans un mal irrémédiable au sein, qu'elle avait contracté en pansant une plaie contagieuse d'une pauvre femme à qui elle donnait des soins.

pas que partout où il y a un battement de cœur, pour l'hirondelle comme pour l'homme, il y a souffrance et amour, joie et angoisse?

Est-ce vous ou la lecture de votre manuscrit, qui m'a conduite à ce rapide épanchement de tant d'idées confuses? Je n'en sais rien, mais je suis souvent oppressée de mille sentiments qui gonflent mon cœur et que je suis rarement tentée de dire, parce qu'un certain tact m'avertit que je ne serais pas comprise, et que je ne me soucie pas de prodiguer en vain des sons et des paroles. Je ne me persuade point que vous m'approuviez, que vous me trouviez en toute chose juste et raisonnable, mais j'ai confiance en votre droiture, en votre bonté : droiture et bonté font naître l'indulgence. Avec bien d'autres je pense à ma pensée avant de la leur livrer; mais avec mes amis je pense librement et tout haut. C'est un minerai que je leur fournis; s'ils le passent au creuset, il en restera bien encore quelque chose.

Je souffre, je suis attristée de souffrir et de ne voir pour terme qu'une séparation d'avec ce que j'ai de plus cher; il en résulte que je n'ose me confier là où je déchirerais d'autres cœurs en montrant une telle perspective. Vous pensez bien que je dédaigne de m'adresser à l'indifférence; un silence absolu sur de si grands intérêts est bien sec, bien sévère, et j'ai besoin quelquefois de m'en soulager. Je ne vous suis pas nécessaire, vous pouvez donc m'entendre; vous me voulez du bien, je puis donc vous parler de moi. Dites-moi s'il y a de l'égoïsme dans ce procédé; je le crains,... pardonnez-le-moi.

AU MÊME

3 juillet 1816.

J'ai vu, Monsieur, celui qui a une si grande influence sur le sort de l'amie dont je vous ai parlé; je n'en ai pas été mécontente. Je l'ai trouvé fort disposé à la raison, et il m'a paru assez honnête homme. Il n'entend pas bien ce qui est très délicat et très généreux, mais ce qui ne pénètre point chez lui par le cœur est compris par l'esprit, et c'est une ressource.

J'ai embrassé avec fermeté la tâche que l'amitié m'impose, et je l'accomplirai avec constance. C'est de moi que mon amie doit apprendre le terme de ses espérances; il serait trop cruel de l'entendre de la bouche de celui qui devait les réaliser.

Je souffre profondément du mal que je vais faire éprouver; mon amie vaut mieux, mille fois mieux que moi, et cependant je sais et je sens que je bénirais la main courageuse qui sonderait mes blessures pour les guérir.

Il faut vous l'avouer, Monsieur, dussiez-vous me juger trop faible : celle à qui je dois enlever une dernière illusion me fait une bien douloureuse pitié. Je n'entends rien à la justice de ces gens qui n'ont aucune indulgence pour des malheurs provenant de nos fautes; avoir à s'en accuser est un malheur de plus, un poids qui retombe sur notre propre cœur. Il est si facile et si commode d'être sévère pour les autres, de faire de la morale à leurs dépens, et ces austères moralistes se pardonnent souvent à eux-mêmes tant de choses ! La sévérité est une arme dont il est permis de se servir contre soi-même, parce qu'on est sûr de la main qui la dirige; mais on ne sait point jusqu'où on l'enfonce dans le sein d'un autre.

Ce n'est pas mon amie qui m'est une occasion d'exercer cette équitable indulgence; je ne trouve qu'à estimer et admirer dans cette excellente personne. Vous m'avez aidé, Monsieur, à la conserver toujours digne d'elle-même en dissipant l'obscurité de mon jugement, et c'est pour vous témoigner ma reconnaissance de l'appui que vous m'avez prêté, que je vous fais part du premier succès que je viens d'obtenir et que j'espère rendre complet.

---

AU MÊME

Paris, 15 juillet 1816.

Je vous envoie, Monsieur, un livre que vous ne lirez pas, je crois, sans intérêt; il est du moins bien précieux pour moi, car il a été écrit par un de mes amis pour mon instruction religieuse et celle de mes cousines. C'était un aimable vieillard [1], un poète fort goûté en Alsace et dans l'Allemagne; son cœur était pur, son esprit éclairé, son âme très grande. Il m'aimait autant que ses belles facultés lui avaient départi le don d'aimer. Je l'ai perdu, il y a cinq à six ans, et cette perte a été irréparable pour moi. Oh! Monsieur, que de secours j'avais reçus pour la vertu : d'excellents parents, de nobles amis, des malheurs qui m'ont mûrie de

---

1. M. Pfeffel.

bonne heure! Dès mes jeunes ans j'ai vu mes semblables sous des attributs sublimes dans leur simplicité, dans tout l'éclat de l'intelligence et des lumières; je suis restée bien petite à côté d'eux, mais je n'aurais pu supporter plus de grandeur, et souvent j'ai craint de succomber sous le poids de mes facultés. Je me suis donc bornée à ne déployer mon existence que devant Dieu, et lorsque j'étais joyeuse en sa présence et bien avec moi-même, je n'avais plus d'autre but. Ma vie *intérieure* (au dehors ma vie n'a presque point paru, et j'étais même jalouse de la cacher), ma vie intérieure, dis-je, a été assez semblable à une ode lyrique, chantée souvent avec de douloureux accents, souvent avec la douce expansion d'un bonheur qui n'était compris de personne. Ce bonheur me venait quand je quittais les sphères fantastiques pour réaliser le bien que j'avais rêvé, remplaçant une activité d'imagination par une activité d'action, *matérialisant* en quelque sorte les formes subtiles de ma sensibilité; j'étais heureuse, en un mot, quand j'avais abandonné la pensée pour agir.

Aujourd'hui l'état de ma santé me condamne à penser plus que je ne puis agir. La vie que je mène, la préoccupation de l'avenir, le traitement même qu'exige ma maladie, tout porte à l'exaltation, à la perte de l'équilibre, et je me sens, presque à tout moment, voisine d'un danger, sans que je puisse bien m'expliquer quel est ce danger. Il me faudrait plus de calme, et cependant mon cœur n'est troublé par rien; mes affections sont douces et puisées à des sources pures; je ne regrette rien, je ne souhaite rien, je bénis Dieu de ses bienfaits, sans avoir à lui en demander de nouveaux. C'est mon sang, c'est ma poitrine qui sont en feu et qui me brûlent; je suis malade jusque dans mon organisation intellectuelle, quoique ordinairement je me porte bien dans cette partie-là. Je cherche où me réfugier... Dieu devrait me suffire, comme tant d'autres fois; mais non, je voudrais une créature semblable à moi, presque aussi insensée que moi. Ah! le beau compliment que je vous fais là, si vous prenez pour vous le vœu que j'exprime! Ce n'est pas ce que j'ai voulu dire ni ce que je pense; je ne sais pas pourquoi cela est ainsi tombé sous ma plume, car si vous étiez comme moi, vous ne seriez bon ni à moi ni à personne autre : que Dieu vous en préserve !

---

## AU MÊME

Paris, 27 juillet 1816

J'ai lu votre dialogue, Monsieur, et toute pénétrée de la satisfaction que j'en ai eue, j'ai désiré que mon mari le lise aussi.

Je vais vous parler de son jugement plutôt que du mien; il m'a dit en me rendant le manuscrit, et ne sachant pas qu'il venait de vous : « C'est très remarquable, c'est excellent, il faudrait engager l'auteur à continuer. » Je vous ai nommé, et il a encore plus insisté.

Ce matin, de bonne heure, avant de commencer la lecture de votre écrit, je m'étais mise à penser, comme on fait de la prose sans le savoir; je pensais à la destinée de l'homme, cet être si voisin de la Divinité, et cependant si bizarre et si fou, si digne d'admiration et de pitié, un mystère continuel et si curieux à rechercher; n'est-ce pas ce que nous sommes tous? Il suffit de regarder au dedans de soi pour en rire et pour en gémir, pour s'enorgueillir et pour être confondu.

Je faisais d'une nation un individu, et je me disais: Pourquoi les nations n'obéissent-elles pas aux mêmes lois morales que celles qui régissent les individus? Pourquoi ne pas les élever ou les ployer aux mêmes règles de justice et de vérité? Dans les jugements qu'on porte sur elles, pourquoi ne pas les juger avec l'indulgence que nous devons avoir, pour de si bonnes raisons, les uns pour les autres? Je personnifiais ainsi la nation française dont on dit tant de mal, peut-être comme on dit souvent d'une femme très belle, qu'elle n'a pas d'esprit, pour se venger du succès qu'obtient sa beauté. Je trouvais donc que cette brillante et folle nation est une charmante et bonne créature, avec laquelle j'aime encore mieux vivre malgré ses défauts, et dont les séductions, que ma raison n'approuve pas constamment, subjuguent toujours mon cœur.

C'est après avoir ressassé ces idées que j'ai lu votre écrit, et j'y ai retrouvé, dès les premières lignes, les imaginations qu'au temps de ma jeunesse je croyais des créations. Mais vous allez bien plus loin, bien plus haut que je ne saurais jamais atteindre. Assurément, ce n'est pas un parallèle que j'ai voulu établir en vous signalant cette analogie de mes réflexions avec vos doctrines morales et politiques.

Comme vous avez admirablement saisi le caractère et les desseins de Pitt! Savez-vous que ce sont des monstruosités bien séduisantes, et que mon enthousiasme patriotique en comprend jusqu'aux aberrations? Que Dieu nous en garde cependant! La justice pour tous est plus belle encore que le plus noble fanatisme.

Si je vous parle ainsi à tort et à travers, c'est qu'il y a en moi un vaste monde d'idées, plus vaste encore en sentiments. J'en produis bien peu au dehors, parce que j'ai reconnu de bonne heure que le mieux et le plus commode est de rester au niveau du vulgaire, d'être toujours compris de chacun et de ne pas élever le ton au delà de sa sphère. Le silence remplit bien ces vues, mais alors que de pensées étouffées comme des fruits dans leur germe! Une de celles dans lesquelles je me complais le plus, c'est que moins nous nous prodiguons ici-bas en y restant inconnus, mieux nous arriverons, tout neufs, pour ainsi dire, et presque entiers, dans cette autre existence plus parfaite que celle-ci.

Je suis troublée par plusieurs personnes pendant que je vous écris, et je ne sais plus ce que je dis. Adieu, Monsieur; j'espère que vous me confierez la suite du dialogue.

---

AU MÊME

Nogent-sur-Marne, 26 août 1816.

Je suis bien aise, Monsieur, de mon entretien d'hier avec vous. Je craignais de m'être trompée, d'avoir mal interprété le sens de vos paroles; je m'en voulais de la malice que je me supposais à votre égard, mais vous dites que je vous ai bien compris, et je ne m'en étonne pas. J'aime mieux votre franchise que toute autre chose; elle est la source de toutes les belles et bonnes qualités.

Mon idéal s'élève au delà de toutes les réalités que recherchent tous les hommes et qu'ils profanent si misérablement. Ce que je dis ici, je le dis plutôt de votre espèce que de vous personnellement, que je mets à part. Je n'ai pas la prétention de vous faire changer d'idées; nous conserverons chacun les nôtres, et je ne suis pas bien sûre qui de nous a raison. Je voudrais me persuader que c'est vous, puisque vous croyez ce qui *est*, et moi ce qui *n'est pas*, et les choses comme elles sont réellement semblent préférables à celles comme on les imagine. Cependant je ne saurais me désister, je ne puis que laisser aux autres la liberté de voir autrement. Je me console souvent du vide de mon existence, par la pensée que j'ai beaucoup réservé pour l'autre monde, peu usé de celui-ci.

Il y a des choses qui me semblent si admirables dans les facultés de l'homme, le porter si haut, si près de la Divinité, dans le concours de toutes les puissances de l'âme et du corps, le faire, pour ainsi dire, entrer lui-même en partage avec Dieu dans le mystère qui explique tout l'univers, qu'en user vulgairement, sans la réunion de toutes les conditions qui en font un acte sublime d'intelligence et de félicité, me paraît un abus, une *profanation*, je le répète.

Le véritable amour est un mystère assez beau, assez grand pour avoir son culte et son sacerdoce; il a besoin de toutes les sanctions de la morale, et l'*amour dans le mariage* me le révèle tout entier. Ceux qui ont manqué cet accord divin n'ont plus qu'à mourir, pour renaître au bonheur et le comprendre mieux encore.

Voilà, Monsieur, bien des propos à tort et à travers; ce

n'est qu'une esquisse de tout ce que je pense à ce sujet. J'ai bien de la joie de pouvoir chaque jour, dès mon réveil, embrasser mes deux enfants. Mon Dieu! faudrait-il sitôt renoncer à ce bonheur?

### A LA BARONNE DE STAEL

Paris, 28 août 1816.

M. de Montmorency nous fait espérer de vous voir bientôt. Ah! quel bonheur, chère Madame, de vous entendre et de vous communiquer tant de choses sur lesquelles nous devons nous comprendre si bien! Je ne sais cependant si des paroles sont un soulagement pour des maux sans remède. Le silence conserve et concentre mieux les forces et le courage dont on a besoin, et parler est souvent une opération de l'âme bien douloureuse.

Ma santé est tout à fait mauvaise; je ne suis pas effrayée du but qui s'offre à nous dès que nous formons nos premières pensées, mais je le suis des douleurs qui m'y mènent. Jusqu'à présent, aucune de mes facultés n'y a succombé, bien au contraire; elles redoublent d'activité et d'énergie pour me faire admirer tout ce qui est beau, pour aimer tout ce qui est bien. Je veux encore satisfaire ce pauvre cœur à force d'aimer. Je relis, je recherche les plus nobles pensées, les beaux vers, les belles actions, les traces lumineuses du génie, les chefs-d'œuvre des arts, qui nous révèlent en les contemplant, par une émotion que je ne sais dire, le mystère et le besoin de l'infini. Je ne connais les joies de l'espérance que depuis que je m'essaye à l'abandon de toutes les espérances fugitives de ce monde. Je ne me sens point cependant détachée de ce qui anime et embellit l'existence ; je me plais à boire jusqu'à la dernière goutte de vie ; je ne détourne mes regards que de la douleur des séparations. Depuis longtemps je n'attache plus le nom solennel et sacré du *malheur* qu'à l'œuvre de la mort, aux pertes irréparables auxquelles elle nous condamne, et puis aux longues déceptions de l'amour de la patrie.

Plus je m'examine dans l'intention sérieuse de n'en appeler qu'à mon cœur et à ma conscience, plus je me sens affermie dans les croyances de toute ma vie ; car, en vérité, la source en était pure, et mes motifs grands et généreux. Je ne saurais m'en dédire au moment de me rapprocher du centre de la justice et de la vérité. Je graverai encore dans le cœur de mes fils le besoin énergique du bonheur, de la gloire, de l'indépendance de leur patrie, et de la dignité de l'homme, qui certes ne se manifeste pas exclusivement dans les privilèges de certaines classes de la société. Je ne sais pourquoi ma fierté s'agrandit par le sentiment de l'égalité des droits, mais il me semble que celui qui se sent au niveau de tous peut élever le regard bien haut, et qu'on ne trouve plus qu'une triste solitude dans les sphères supérieures du monde où nous vivons.

J'anticipe, Madame, sur le moment où je vous verrai, en laissant aller ma plume au gré de mes pensées les plus intimes... Il n'y a plus rien de vrai, plus rien de stable dans les discours et les actes, et je ne vois plus de base nulle part, si ce n'est la pensée humaine qui avance lentement, nuit et jour, à travers les obstacles, comme la lave des volcans.

Ceux qui, autour de nous, devraient avoir le moins de sécurité par leur situation et la responsabilité qu'ils ont encourue, sont ceux qui en ont le plus. Ils se croient sûrs de l'avenir et des événements au moyen de demi-précautions qui n'ont aucun caractère, parce qu'ils émanent de personnes qui n'en ont pas ; ils s'enferment dans une enveloppe de liège pour nager entre deux eaux. D'autres prennent un plus court chemin : ils ont un dessein fixe et positif, ils y vont par-dessus toutes les digues, ils ont la force que les passions prêtent toujours aux luttes politiques.

La raison est un devoir, mais elle n'assure presque jamais le succès ; ce n'est donc pas le succès lui-même que l'on doit se proposer avant tout, mais le bien qui seul a un caractère immuable. Je ne sais si nous sortirons de la confusion du vague et de l'indécis par celle du chaos, ou par le rétablissement d'un vieil édifice relevé sur des étais de vieux bois, à défaut de solides fondations. Je me réfugie dans la croyance que le Roi est doué de toute la force que donnent la sagesse et les lumières, et qu'il triomphera de tous les genres d'exagération qui s'y opposent. Heureux sommes-nous d'avoir pour régulateur de nos destinées un homme d'une raison supérieure et jamais obscurcie par les tourbillons de poussière que l'on élève autour de lui !

La séance de l'Académie française a été remarquable dans les nouvelles annales de la royauté, non seulement par le retour des anciennes formes et coutumes, mais aussi parce qu'elle a été exclusivement consacrée au culte de la légitimité, dont M. de Sèze a été le grand-prêtre. Dans cette solennité, il l'a proclamée comme un dogme incontestable, seul fondement des institutions sociales, de tous les devoirs et de toute la moralité de l'homme public, sans lequel du moins il n'y a jamais eu et il ne pourra jamais y avoir d'honnête homme. M. Ducis et l'orateur ont été représentés, par l'orateur lui-même, comme les deux uniques modèles en ce genre de gloire et de vertu, M. Ducis n'ayant pas même voulu participer aux prix décennaux adjugés par ses pairs, pendant que le tabernacle de la légitimité était voilé comme, au jour du deuil solennel de la chrétienté, on voile celui de la Divinité.

M. de Fontanes a reparu à cette séance dans toute la supériorité de son talent; il a été couvert d'unanimes applaudissements. L'assemblée était divisée en vrais croyants pleins de zèle et de foi, et, comme il s'en trouve par le monde entier, en incrédules et hérétiques. Le discours de M. de Sèze, fondé, ainsi que les sermons de Bourdaloue, sur le dogme et sur la conviction, ne renfermait que lumières et vérités évidentes pour les uns, inconvenances, orgueil et verbiage pour les sceptiques et faux raisonneurs. On n'a rien contesté à M. de Fontanes; sa modération, sa brillante et rapide éloquence, ont ébloui tout le monde.

J'ai honte de vous adresser une lettre si longue et si confuse; je souffre trop pour mettre de l'ordre dans mes idées, et surtout dans ce que j'écris.

Dites-moi, je vous prie, quand je vous verrai. Agréez les hommages de mon mari, aussi impatient que moi de votre retour, et, de même, tendrement dévoué à votre personne [1].

[1]. La réponse de M<sup>me</sup> de Staël, datée de Coppet, le 24 septembre 1816, a été publiée dans les *Lettres inédites de M<sup>me</sup> Récamier et de M<sup>me</sup> de Staël* Paris, 1868. Elle contient ce passage : « Ce que vous me dites de votre santé m'afflige, mais j'espère que votre âme en triomphera. Vous avez tant de facultés, et les facultés tiennent de quelque manière à la force physique. »

## A M. CHRISTIAN

*Nogent-sur-Marne, 29 août 1816.*

Il me semble, Monsieur, qu'il se forme entre nous une noble et sincère alliance d'amitié. Je suis prompte à vous communiquer les véritables joies de mon cœur, et les joies maternelles sont au premier rang. Vous avez déjà vu que je ne vous épargne pas non plus dans la participation à mes peines, et que je vous retrace toutes les nuances de mon âme et de mon imagination, avec cette confiance qu'inspire la certitude que chacune de mes pensées ainsi déposées devient un dépôt sacré.

J'ai besoin, par un sentiment d'équité, de justifier Mᵐᵉ de Staël auprès de vous ; mon mari, en vous parlant hier de l'intimidation qu'on éprouve en sa présence, l'a sévèrement traitée, et elle ne le mérite pas. Sans doute une vanité puérile pourrait se trouver déconcertée devant cette femme extraordinaire, mais elle a le tact trop sûr et trop fin pour ne pas discerner la vérité et l'esprit partout où il y en a, et leur assigner le rang qui leur convient. Si vous permettez que ce soit moi qui aie l'avantage de vous faire faire sa connaissance, vous serez satisfait d'elle, et vous verrez bien vite s'évanouir cet épouvantable fantôme dont on vous a menacé hier.

Vous me disiez que je ne vous traite pas encore avec sévérité ; je doute que cette disposition me prenne jamais à votre égard, mais je vous ai promis de *chercher*, pour faire preuve de bonne volonté, car ce n'est pas l'occasion ni la matière qui m'ont manqué. Eh bien ! en scrutant mes souvenirs, j'ai trouvé quelque chose : ce quelque chose n'est qu'une idée vague, née d'une de vos paroles, il y a déjà longtemps. Un jour que je serai bien hardie, je vous le dirai. Ah ! si vous alliez encore me deviner, je serais bien confuse ; je crois que j'ai un peu peur de vous, depuis que vous allez si vite au but sans le manquer.

Revenez me voir le plus tôt possible ; la bonté soulage tous les maux, et vous ne serez pas insensible à la pensée que vous êtes devenu un des éléments de mon bien-être.

AU MÊME

Nogent-sur-Marne, 2 septembre 1816.

Il me faut de vos nouvelles, Monsieur ; que je sache ce que vous a fait la pluie d'avant-hier. Si nous vivions sous l'empire des fées, vous seriez récompensé de votre bonne action d'être venu me voir ; un tissu imperméable, invisible, vous eût enveloppé et garanti de toute mauvaise influence.

J'ai composé un refrain qui n'est pas encore mis en musique, et qui veut dire : *Venez me voir de bonne heure*. N'est-ce pas en effet le style de tous mes billets ? Revenez donc me voir de bonne heure, afin de vous trouver ici lorsque les deux chères amies que j'attends y viendront ; cela vaut bien la peine de hâter le moment de savoir ce qu'elles auront à nous dire. Je prie pour le succès de vos vœux ; je prie de si bon cœur, que je ne néglige aucune des cérémonies d'usage, pas même le signe de la croix au commencement et à la fin de la prière. J'ai bien pu me décider, pour me mettre plus en repos, à ne jamais importuner le ciel de l'arrangement de ma propre destinée, et je laisse tout venir d'en haut; je ne suis point capable du même acte de soumission pour ce qui intéresse mes amis; j'ai besoin de croire que j'y puis quelque chose et que Dieu voudra bien m'entendre.

Votre présence me protégera contre les fantômes de mon imagination. La mélancolie ne me paraît point un don aimable et touchant, comme le disent quelques personnes, mais une véritable maladie morale; je ne saurais m'y complaire. Ce n'est pas contre les autres que la mienne s'exerce (hé, mon Dieu! je n'ai qu'à les bénir et les aimer); c'est sur moi-même que retombe tout le poids de ma tristesse. Auprès de vous je m'en sens soulagée; vous êtes un ami qui me défendez contre un ennemi.

Je suis poursuivie par un mystère de l'âme, dont je n'ai pas la révélation; il me semble cependant que c'est le besoin immense et non satisfait du beau, du bien, dans tout leur éclat et sans voile, de l'immortalité enfin. En me recherchant, en m'interrogeant bien, je ne trouve que cela.

Adieu, à vous revoir.

## AU MÊME

Paris, 4 septembre 1816.

Je voudrais vous voir, cher Monsieur, le plus que je puis et que vous pourrez, pendant les quelques jours que je passe ici avant de retourner à Nogent. Venez dîner avec moi, je vous prie; venez, vers trois heures, me prêter votre bras, parce que j'ai à faire, avant le dîner, une course pour obliger quelqu'un.

Je suis bien à plaindre, car je succombe sous le joug de ma mauvaise santé, d'une tristesse toujours croissante et que je ne sais plus maîtriser. Je ne connais pas de position plus pénible à supporter que celle de lutter, avec des forces qui n'existent plus qu'à moitié, contre l'impérieux sentiment des devoirs que nous ne pouvons plus remplir.

J'ai l'habitude de ne découvrir dans la conduite d'autrui que ce que je ne puis éviter d'en savoir, et vous aurez compris la réserve que j'ai apportée dans notre entretien au sujet d'une personne qui m'est chère. Je me plais à me montrer à vous à découvert, et s'il y a des taches, il ne faut pas que vous me disiez, comme hier, que vous n'en voyez pas, que vous trouvez tout bien en moi; il faut m'aider à ce que tout le devienne, alors vous aurez accompli le devoir d'un ami. Il est vrai que j'ai un ardent désir de ne pas faire un seul pas hors de la droite ligne des bonnes et généreuses actions; elles sont si belles par elles-mêmes, qu'on en est déjà suffisamment récompensé par le charme qu'on y trouve : c'est la vraie mélodie de l'âme.

Ne me louez plus, je vous en prie; vos louanges me font un remords de conscience. Vous êtes incapable de vouloir me flatter, car ce serait trahir l'amitié; mais alors vous êtes abusé sur mon compte, et je ne dois pas le souffrir. Acceptez cette grande simplicité d'âme et de cœur que vous avez remarquée; je ne me reconnais aucune des qualités que vous m'attribuez. Quant à cette simplicité, je n'en ai pas le mérite; je ne sais pas d'où elle me vient. C'est peut-être parce que je me crois toujours en présence de Dieu et que je ne pense jamais être en présence des hommes.

---

AU MÊME

Paris, 5 septembre 1816.

J'aurais bien envie, mon cher Monsieur, si le temps se soutient sans pluie, de sortir un peu de ce caveau où il me tient reléguée depuis si longtemps. J'ai besoin d'être libre, comme un poisson jeté sur le sable a besoin d'eau. Voulez-vous m'accompagner dans une course quelconque, à pied ou en voiture, que vous m'aiderez à décider? Je n'ai d'autre but que de me retrouver sous la voûte des cieux. Je suis abandonnée à moi-même pour toute ma demi-journée et ma soirée; mon mari et mon fils Gustave s'en vont dîner à Passy.

Il me semble qu'il dépend de vous de m'aider à sortir de l'état d'atonie où je suis; essayez de m'en faire honte. Une seule parole peut-être serait capable de ressusciter une âme errante dans l'obscurité et dans le vide; cette parole, je ne puis pas vous la dire, car je ne la sais pas; autrement, je me la serais déjà adressée. Je suis très à plaindre de ne pas me retrouver moi-même; certes, j'aurais pu être bien mieux, mais être *moins* est une si triste condition, que j'ai peine à la supporter. Ne serait-ce pas l'effet d'un dernier effort de ce détachement des choses mobiles et passagères, auquel je m'essaye depuis si longtemps? J'aurais voulu franchir d'un vol rapide l'espace qui sépare la terre et le ciel, et je me sens encore fixée à la terre par les pieds qui m'y retiennent comme clouée. Non seulement je ne puis m'élever, mais pas même me soulever.

Je me réfugie dans la prière, et j'y trouve encore mon meilleur soutien. Quand on sait prier, on n'est pas vraiment à plaindre : n'est-ce pas vivre déjà de la vie éternelle?

---

AU MÊME

Paris, 7 septembre 1816.

Le mauvais temps m'empêchera de rien faire aujourd'hui de ce que je m'étais proposé; je ne vous verrai donc point chez les dames où nous devions nous rencontrer; je passerai ma journée dans le silence et la solitude. S'il est possible d'extraire quelques gouttes d'essence d'un être pétrifié, j'écrirai à M<sup>me</sup> Christian.

Il me faudra consacrer presque tout mon temps à des détails de ménage; je serai contente de moi, car j'aurai rempli une de ces journées dont je suis si fière quand j'ai été presque aussi intelligente qu'une machine. Je ne prétends pas humilier les machines par cette comparaison; je sais tout le respect qui leur est dû lorsque c'est devant vous que j'en parle, et il y a peut-être bien de la coquetterie à m'assimiler à elles. Mais qui saurait approfondir tous les replis du cœur et les ruses d'une femme?... J'ai ouï dire que c'est impossible. Dites-moi, je vous prie, s'il faut être bien fin pour me connaître; vous pouvez certes m'en donner la mesure, car, pour de la finesse, vous n'en manquez pas, et j'ai un peu bonne opinion de moi en voyant que je n'en ai pas peur.

Adieu, Monsieur; il me reste la ressource et la consolation de pouvoir vous appeler un *brave homme*, et lorsque ma conscience me permettra d'y ajouter un titre plus noble encore, ce sera un beau jour pour moi. Pour Dieu, ne me trouvez pas trop impertinente.

## AU MÊME

Nogent-sur-Marne, 6 octobre 1816.

Je suis arrivée hier ici un peu tard, fortement émue, ébranlée par la fatigue. Ce séjour m'est doux et le temps est beau, mais vous ne serez pas content de moi, vous me blâmerez tout bas, si je vous dis que mon insatiable cœur, tout en s'abreuvant à la source des profondes affections de mère et d'épouse, me fait trouver à redire à l'absence de mes amis. Ah! j'en suis bien convaincue par une longue expérience, rien ici-bas ne suffit à aimer; Dieu et l'éternité peuvent seuls combler l'immense capacité, satisfaire la soif ardente des amours humains. Tout ce que nous pouvons, ce que nous osons, ce qui nous est permis, est si loin de nous contenter, que c'est sous cette impression décourageante que je me laisse souvent aller à cette indifférence que vous prenez en pitié, quelquefois en dérision. J'ai au fond de mon âme de grandes et mystérieuses aspirations que je ne saurais exprimer, mais Dieu m'entend, et si je n'étais entendue de lui, je sens que j'en mourrais. Ma première pensée, mon premier vœu pour moi-même, fut d'être aimée ; c'est alors qu'en voyant un excellent vieillard presser contre son cœur une de mes jeunes cousines, ce cri s'échappa du fond de ma poitrine : Oh! quand aurai-je le bonheur d'être aimée ainsi ?... Dieu merci, ce souhait fut exaucé à l'instant même [1]; mais n'ai-je pas été téméraire comme Sémélé, lorsqu'elle voulut que Jupiter lui apparût dans toute sa splendeur, et qu'elle fut consumée par la foudre? N'ai-je pas voulu que la Divinité descendît en moi dans toute sa puissance? Et sa puissance est surtout amour.

C'est depuis ce jour, l'aurore de tous mes beaux jours, que tout ce que j'ai connu et éprouvé n'a pu suffire à la plénitude de mon besoin d'aimer, malgré tant de satisfactions et de joies intimes que Dieu m'a accordées. Mais il me reste encore autre chose à faire dans ce monde; je puis agir, me dévouer et même parler, comme le colosse de Rhodes rendait ses oracles au moment où il était frappé des rayons du soleil. N'ai-je pas raison de me comparer à une statue creuse qui, assurément, ne savait pas du tout ce qu'elle disait?

Mon Dieu, je ne songeais nullement, au début de ma lettre, à vous parler ainsi ; j'avais tout autre chose à vous dire, mais ma plume est la maîtresse, et moi je ne le suis pas du tout.

---

1. Allusion à l'affection paternelle de M. Pfeffel pour M<sup>lle</sup> de Rathsamhausen.

## AU MÊME

*Nogent-sur-Marne, 10 octobre 1816.*

Je vous recommande, Monsieur, le soin de votre santé dans la journée de demain; restez à Paris, s'il pleut le matin, ou bien à Nogent, s'il pleut le soir. Je serais fâchée de vous revoir aussi fatigué que vous paraissiez l'être la dernière fois que je vous ai vu.

En me retrouvant seule avec moi-même, je suis effrayée de la confiance sans bornes à laquelle je me suis laissée aller à votre égard; il y a quelque chose d'audacieux dans le courage de tout dire. Que vous paraît une âme toute à découvert? N'est-ce pas un spectacle de misères, ou, comme la touffe de fraisier étudiée par Bernardin de Saint-Pierre, un monde entier habité par mille peuples divers? Je suis triste chaque fois que j'ai ainsi tout vu, tout considéré en moi-même; il y a bien des taches sur ce beau moral dont je suis idolâtre, et il faut voiler ou du moins draper la statue pour en faire supporter l'examen.

Aidez-moi donc à réaliser cet idéal de *beau* et de *bon*; prêtez-moi quelque peu de vos forces, à moi, femme et faible créature, pour que je mette en pratique tout ce que sent mon âme, et que j'aie un jour de satisfaction complète et pure avant de quitter cette sphère d'expériences, d'erreurs et d'épreuves. Tout cela, tout le bien que je voudrais, est en dedans de moi; il s'agit de le porter au dehors. O mon Dieu! avec quelle ardeur mon cœur s'élance vers cette perfection idéale qui n'est autre que vous-même!

Je me sens un peu plus élevée à votre niveau, Monsieur,

depuis que je vous sais aussi une faiblesse, un défaut ou une erreur (appelez-la comme vous voudrez); je n'en suis pas fâchée, autrement la distance entre nous eût été trop grande. Vous n'avez à vous reprocher que le péché d'Adam lorsqu'il se laissa séduire par sa femme, et ce serait manquer à la piété filiale que de juger trop sévèrement cette faiblesse de notre premier père.

## AU DUC DE RICHELIEU

### MINISTRE DES AFFAIRES ÉTRANGÈRES

Paris, 1816.

Je suis si touchée, Monsieur le duc, de l'intérêt que vous témoignez à M. de Gerando, que je cède avec confiance à la demande que vous avez bien voulu faire, d'une note sur les missions qu'il a été appelé à remplir hors de France.

Environné du respect dû à vos vertus plus encore qu'à votre rang, votre suffrage seul serait déjà une récompense pour l'homme de bien, si celui de sa conscience pouvait ne pas lui suffire.

M. de Gerando n'a jamais pensé qu'il pourrait avoir à appeler le jugement des autres sur ses actions, bien moins encore à le redouter. Avec quelle satisfaction toutefois il peut y laisser pénétrer la plus vive lumière! Et si sa vie tout entière a des secrets, ce ne sont que les secrets qu'une âme délicate se réserve à elle-même et ne porte que devant Dieu, pour n'en pas altérer la pureté par les louanges humaines. Il y a une sorte de simplicité dans les bonnes intentions, qui met l'âme en repos; on laisse arriver et passer les événements qui disposent de notre destinée; on reste *soi*, et l'on sent, avec une juste fierté, que c'est encore être quelque chose, qu'on possède une dignité que rien ne peut abaisser.

La première mission de M. de Gerando fut l'organisation administrative de la Toscane. Il s'y est environné des conseils des personnes les plus considérables et les plus estimées, et c'est avec le secours de leurs lumières qu'il a maintenu et régularisé tout ce qui pouvait encore contribuer au bonheur des habitants, réparer les malheurs inévitables dans les bouleversements politiques. C'est là qu'il a acquis l'inaltérable amitié des princes Corsini et des hommes les plus éminents par leurs vertus; c'est là que son nom est encore chéri et honoré pour le bien qu'il a fait et celui qu'il eût voulu faire.

Deux ans après cette mission, je passai dans les mêmes lieux et je fus obligée de m'arrêter dans une auberge de campagne. Il y avait vis-à-vis un très beau château; j'allai me promener dans le parc pendant que mes mules se reposaient. Les maîtres se trouvaient au château; ils ne me connaissaient point, mais ils virent bien que j'étais Française et voyageuse. Ils nommèrent M. de Gerando, et j'eus l'inexprimable satisfaction d'entendre en faire l'éloge le plus complet, et de recevoir pour lui le tribut d'estime le plus libre et le plus désintéressé qu'un homme ait jamais obtenu. Ce témoignage était d'autant plus sincère, que ceux de qui il émanait ne savaient point à qui ils l'exprimaient, et qu'ils furent loin de l'étendre aux collègues qui, à cette époque, s'étaient trouvés associés à M. de Gerando dans les mêmes fonctions. Je quittai ces bons Toscans sans leur révéler l'intérêt que j'avais pris à leur récit, mais une joie bien pure était au fond de mon cœur.

En 1809, M. de Gerando a été envoyé à Rome comme membre de la Consulte. Ami du repos et de l'obscurité, déjà las de vivre hors de chez lui et loin de sa famille, il apprit sa nomination avec une peine redoublée par bien d'autres considérations ; il la refusa. L'Empereur était à Vienne ; il envoya l'ordre au ministre de la police de faire partir M. de Gerando, et le ministre, en lui communiquant cet ordre, ajouta qu'il devait savoir que c'était plutôt un exil qu'une mission de faveur. Mon mari n'arriva à Rome que plus de quatre mois après ses collègues, et, par conséquent, sans avoir participé à rien de ce qui s'était fait dans cet intervalle. Cependant aucun pouvoir n'aurait été assez puissant pour le contraindre à ce que sa conscience eût repoussé : le Pape n'était plus dans ses États.

Bien sûr d'avance des principes auxquels il serait fidèle, M. de Gerando entrevit, dans l'espérance de faire encore le bien et d'empêcher le mal, un dédommagement à de nombreuses contrariétés. On sait tout ce qu'il a fait pour s'opposer au serment exigé des prêtres, quoique étranger par ses fonctions à tout ce qui les concernait. Il écrivit au ministre des cultes, il finit par écrire à l'Empereur lui-même, pour faire révoquer l'ordre donné : ses lettres existent encore dans les bureaux du ministère des cultes. Il refusa de concourir à l'exécution de cette mesure.

Du moment que M. de Gerando fut arrivé à Rome, les monuments des arts, les propriétés publiques et particulières, furent respectés ; pas un tableau, pas une statue, n'ont été déplacés. Il ne mit pas moins de zèle au maintien des institutions. Protéger, conserver, laisser toute chose intacte, autant qu'il dépendait de lui, fut l'objet de ses soins les plus actifs, l'esprit dont il fut constamment animé, et il eut certes à lutter contre bien des obstacles.

Il s'est opposé, avec une immuable fermeté, aux mesures d'oppression; il a refusé sa signature à plusieurs actes de la Consulte, et par ce motif, pour mieux constater qu'il n'y prenait aucune part, il s'absenta plusieurs fois de Rome au moment où ces actes intervenaient. C'était si bien connu, que le peuple même disait qu'il était surprenant de ne pas le voir à Fénestrelles [1]. Par la suite, en séance générale du conseil d'État et en présence de l'Empereur, il fut prouvé que M. de Gerando n'avait point mis son nom à des arrêtés dont Napoléon lui-même fut obligé de blâmer l'injustice et la rigueur.

Le Vatican, Saint-Pierre, la Propagande, n'ont été conservés au Pape que par les efforts de mon mari pour les laisser entre les mains des mêmes administrateurs auxquels le Saint-Père les avait confiés. Mgr Valle qui lui en a témoigné une si vive reconnaissance, Mgr de Gregori qui lui rendrait le même témoignage, et le cardinal Consalvi, dans toutes les occasions, se sont exprimés sur lui avec les plus grands éloges.

Il fut averti que l'ancien roi de Sardaigne, retiré dans un monastère à Rome, se trouvait dénué de toutes choses. Il prit sur lui de faire offrir au roi une somme d'argent, que celui-ci crut provenir d'une source assez pure et présentée avec des sentiments assez respectueux, pour en accepter l'hommage. L'Empereur ensuite l'a convertie, sur la demande de M. de Gerando, en pension viagère.

1. Forteresse où étaient envoyés des détenus pour cause politique

Longtemps après la mission de M. de Gerando dans les États-Romains, et lorsqu'on n'avait plus rien à espérer de son influence, il reçut des témoignages de reconnaissance de plusieurs villes qui le regardaient comme le protecteur de leurs droits et de leurs institutions : c'étaient des objets d'art, qui étaient la marque d'un souvenir durable. Il crut devoir les accepter, ce qu'il ne se fût pas permis s'ils avaient été offerts à l'époque où ils eussent pu compromettre sa délicatesse ou son impartialité.

Je ne vous citerai, Monsieur le duc, qu'un seul trait, une seule circonstance de sa mission en Catalogne : c'est que dans le temps où pas un Français n'osait se hasarder seul et sans escorte au milieu des indigènes, M. de Gerando se montrait souvent parmi eux et échappait à tous les dangers que les militaires eux-mêmes le blâmaient de braver. Il n'était venu dans ce pays que pour opposer à la force et à l'autorité arbitraire de l'armée l'autorité des lois et les mesures régulières de l'administration. Les malheureux habitants de Girone savaient bien qu'il n'y portait que le désir de soulager leur infortune.

Dans toutes ses missions, il n'a jamais reçu (ce qui était pourtant accordé d'ordinaire à ses collègues) ni frais de voyages ni indemnités pour des déplacements et des installations qui se renouvelaient incessamment. Il ne demandait rien, et son faible patrimoine, amoindri par les malheurs de la Révolution, a été absorbé par les services mêmes qui auraient dû les réparer.

Ce récit ressemble à une apologie, et cependant rien n'est plus éloigné de ma pensée ; je n'ai voulu qu'y déposer la vérité et l'exprimer avec franchise et simplicité.

C'est par de tels souvenirs, Monsieur le duc, que nous

conservons de la fermeté contre les coups du sort et de la sérénité au milieu d'une nouvelle destruction de notre fortune. S'il ne nous reste rien, nous nous sentons du moins élevés au-dessus de notre situation, car il y a de la grandeur dans le malheur, et d'inépuisables consolations à ne l'avoir pas mérité. Ce n'est plus alors qu'un enseignement de la Providence pour nous apprendre à profiter de cette grande leçon.

Agréez, Monsieur le duc, etc.

## A LA BARONNE FRITZ DE DIETRICH

Paris, 29 juin 1817.

M. Coulmann, chère Amélie, un de nos estimables et aimables compatriotes, m'a dit qu'il espérait te voir en allant aux eaux de Niederbronn. Je trouve ainsi une bonne occasion de te faire donner de mes nouvelles, et de te prier de ne pas me faire attendre davantage des tiennes.

M. Coulmann est frère de Mme la comtesse Walter, veuve du général de ce nom, et de Mme Metzger, morte peu d'années après son mariage. C'est un jeune homme fort instruit et de très bonne compagnie.

J'ai appris par ma sœur que tu es établie au Jœgerthal [1]. Je voudrais, chère amie, que tu n'y fusses pas trop seule et

---

1. Nom d'une montagne près de Niederbronn, où était situé le château du baron et de la baronne de Dietrich.

tout abandonnée à des souvenirs que ce lieu te retrace peut-être plus vivement qu'un autre.

Frédérique trouve une bien triste diversion à des peines déjà si lourdes dans l'appréhension d'un avenir qui est bien fait pour l'effrayer. La circonstance que je sous-entends, tout ce que j'en ai su et vu, lorsqu'elle se confia entièrement à moi dans le voyage qu'elle fit à Paris, me l'ont rendue plus chère encore et plus digne d'estime. Elle éprouvait un sentiment si tendre, si pur et si désintéressé, mais si fortement combattu par le devoir et la religion, et la religion a obtenu un si beau triomphe, que j'ai plus que jamais aimé cette bonne Frédérique. J'ai vu aussi toute la beauté de son cœur dans le redoublement de son amitié pour une autre personne qu'elle savait mieux aimée qu'elle, et dans les vœux qu'elle faisait pour l'union de ceux au bonheur desquels elle s'est sacrifiée. Jamais bonté plus parfaite en toute chose ne s'est révélée à moi avec des sentiments plus élevés.

Adieu, bien chère amie; j'espère une longue lettre de toi et j'en ai besoin.

A M. *** [1]

A MAYENCE

Paris, 1817.

Je n'ai pas la prétention, monsieur et cher ami, de bien répondre à une aimable lettre que vous m'avez écrite l'année dernière, et qu'a déposée chez moi une personne qui n'a pas laissé son adresse. Mais nous avons besoin, mon mari et moi, de ne pas rester ignorants de ce que vous faites et de ce qui vous est advenu, à vous et à tout ce qui vous appartient. Il serait si difficile de retrouver dans un autre individu toutes les qualités dont se compose le vôtre, que cette conviction nous a toujours un peu rassurés sur votre sort, dans ce tournoiement de la roue des destinées, qui élève et qui abaisse selon le mouvement de la main qui la dirige.

La politique va comme la mode : après avoir épuisé les nouveautés, elle retourne à ses premières inventions et nous redonne les costumes de nos grand'mères ; et nos grand'mères se croyaient et étaient jugées belles, élégantes, gracieuses, autant que nous transformées en Grecques ou en Romaines. Allez-vous conclure de cette réflexion que j'aime tout autant le gothique? Ne vous hâtez pas de me deviner, je ne veux pas vous en laisser la peine ; j'ai appris de trop bonne heure mon Plutarque, pour hésiter dans le choix, s'il y avait à choisir.

---

[1]. Le nom n'est pas indiqué dans la minute de cette lettre. Elle était adressée à un littérateur allemand, probablement à Jean de Müller, historien, qui avait été conseiller aulique à Mayence.

Je sais que vous êtes resté fixé à Mayence. Dites-moi la nature et l'étendue des avantages que vous y avez conservés ou acquis. N'y a-t-il aucune espérance de vous voir refaire un voyage littéraire et scientifique à Paris? Il me serait bien doux de vous revoir et d'épuiser dans de longues conversations les sujets que les bornes d'une lettre ne permettent pas même d'entamer.

Ma santé a été souvent mauvaise; elle inquiète ceux qui m'aiment, mais je ne partage pas leurs appréhensions. Nous sommes tous aussi immortels que l'était Achille, c'est-à-dire qu'on a oublié de nous tremper dans le Styx de quelque côté par où nous périrons. Je vous avoue que l'endroit vulnérable m'est assez indifférent.

Les hautes et belles facultés de mon mari se dirigent plus puissamment que jamais vers tout ce qui est bien et peut faire du bien aux autres. Il vient de faire encore un ouvrage essentiel sur *les preuves de l'existence de Dieu*. Quant à moi, je lis beaucoup, *je pense*, tout comme le bourgeois gentilhomme faisait de la prose, sans le savoir; mais j'ai la manie des réflexions, des souvenirs, quelquefois des regrets, fort peu celle d'espérer. Vous voyez le bien que me ferait la visite d'un ami tel que vous.

## A CAMILLE JORDAN

*Paris, 1818.*

Si l'on vous a rendu, cher ami, votre exemplaire de l'*Odyssée* traduite par M. Dugas-Montbel, veuillez nous rendre le nôtre; on m'en dit tant de merveilles que j'aurais envie d'y voir.

J'ai vu hier Juliette [1]. Le général Lamarque est sorti fou de chez elle, tant il a été ravi; il m'a demandé si elle avait déjà trente ans. Il est vrai qu'elle était au plus haut degré de la grâce, de l'art et de la coquetterie. Nous avons vu ici Mathieu [2] avant dîner, doux, triomphant et *constitutionnel*.

On me disait hier que M. de Doudeauville avait contribué plus que personne à la réunion des ministériels de la Chambre des pairs avec les Fitz-James et leur parti; il en était tout glorieux. M. de Richelieu, dit-on, trouve le succès si grand qu'il en est effrayé. Ah! pourvu qu'il n'ait pas à s'en repentir un jour!

Comment êtes-vous? Ne vous fatiguez de rien ni pour rien. J'ai vu avec grande satisfaction bon nombre de voix vous porter à la présidence; vous en aurez plus encore aujourd'hui. Cela ne signifie qu'un hommage, mais il est flatteur et juste. Mille bons jours à vous, à votre femme et à votre frère.

## A LA BARONNE FRITZ DE DIETRICH

Paris, mars 1820.

Ma bien chère Amélie, ce n'est qu'après avoir écrit à ta mère que m'est venue la crainte de n'avoir pas assez mé-

---

1. M<sup>me</sup> Récamier.
2. Le duc de Montmorency.

nagé dans ma lettre sa douloureuse sensibilité[1]; veuille donc la lire avant de la lui remettre, et si tu pensais qu'elle pût faire sur ton excellente mère une impression pénible, il vaudrait mieux la supprimer, et tu lui en dirais le motif en ajoutant que je t'en ai fait moi-même la prière.

Ma pauvre et tendre amie, ma sœur chérie, je ne suis pas moins occupée de toi que de ta mère et de tes sœurs. Je sens bien douloureusement la perte irréparable que vous venez de faire; ma raison et ma réflexion calculent tous les biens solides que possédait votre famille dans la personne de ce bon frère, ce qu'il eût été pour tous les siens, pour tes fils particulièrement; et qu'est-ce encore au prix des intérêts du cœur dans le cruel sacrifice de la perte d'un frère? J'aurais voulu t'écrire à l'instant même; mais j'ai été atteinte d'une de mes plus fortes crises de souffrances, qui m'a mise hors d'état de tenir une plume, et je suis encore retenue au lit.

J'ai eu un peu de vos nouvelles par ce qui nous en est revenu de Grenoble, et par M<sup>me</sup> de Rollin qui me communique une partie des lettres qu'elle reçoit ici; mais que ce peu est loin de satisfaire mes vœux et de calmer mes inquiétudes sur votre compte! Ma première sortie, dès qu'elle me sera possible, sera pour aller revoir ta belle-sœur, que j'ai vue une seule fois après le grand malheur dont elle a été frappée.

Elle se propose et sera fort empressée d'aller en Alsace au printemps. Si tes deux sœurs pouvaient faire aussi ce voyage, combien ne souhaiterais-je pas de me trouver à cette réunion de famille! Mais il ne m'est point permis de

---

1. M<sup>me</sup> la baronne de Berckheim venait de perdre son fils, le général Sigismond de Berckheim, qui avait épousé M<sup>lle</sup> Bartholdi.

faire des projets dans mon triste état de santé, et avec tous les assujettissements qu'il entraîne. Avant de songer d'ailleurs à faire une dépense qui ne serait pas de nécessité, il faut prendre des mesures pour faire vivre et élever les enfants de ma sœur que la perte de son mari et les événements ont réduite à une si fâcheuse position. Ah! quelle tâche pour mon excellent mari, mais avec quelle admirable bonté il s'en acquitte!

Tout ce qui te concerne, chère amie, a les premiers droits sur son cœur; s'il ne t'écrit pas, c'est impossibilité, car tu ne peux te faire une idée de la vie qu'il mène, et je crains souvent qu'il n'y suffise pas longtemps. — Mes amitiés à Amélie de Sahune, et d'affectueux souvenirs à tes enfants et à ton gendre. Adieu, très bonne et très aimée; je ne vis pas où je suis, je vis en Alsace, à Nordheim[1], à Grenoble, et je souffre pour vous et comme vous-mêmes.

### A LA BARONNE DE STEIN

Paris, 20 avril 1820.

Ma bonne, ma toujours bien-aimée Octavie, ma santé est devenue si misérable par les lents progrès d'un mal dont je ne dois point probablement guérir, que j'ai été obligée d'attendre jusqu'à ce jour pour t'écrire dans une circonstance où tout mon cœur volait vers toi. J'ai toujours présentes à la pensée ta mère, tes sœurs et toi, depuis cette perte qui a

---

1. Résidence de Mme la baronne de Stein.

porté à votre famille le coup le plus affreux[1]. Ce bon, si vraiment bon et si loyal Sigismond! Il était, selon le besoin, l'appui, la consolation, la joie, l'honneur de tous les siens. La maison paternelle existait encore pour vous tant qu'il a été le centre de vos réunions. Sa mort fait un vide non seulement dans la famille, mais aussi dans la société et dans le pays qu'il a si bien servi. Partout il était bien placé et remplissait généreusement la noble tâche de son existence. Je ne crains pas de rouvrir les plaies de ton cœur, de t'en faire de nouvelles, en te parlant avec effusion de ton excellent frère, c'est encore une occasion pour toi de répandre tes sentiments et tes larmes; ton cœur ne peut qu'en être soulagé.

Il m'eût été doux de donner bien des soins à ton intéressante belle-sœur qui excite si vivement la commisération. Elle ne souhaite d'être entourée que de ceux qui ont connu, aimé son mari, qui savent lui en parler; mais ma maladie s'est aggravée et a mis obstacle à tous mes désirs. Je ne suis sortie cet hiver qu'un petit nombre de fois; c'était pour aller voir la pauvre veuve, et chacune de ces sorties m'a occasionné une rechute.

C'est surtout depuis les couches de M$^{me}$ Sigismond que j'aurais voulu pouvoir être assidue chez elle, veiller sur son enfant, l'entourer de ma longue et triste expérience qui m'a rendue, à mes dépens, si prévoyante pour les dangers de la première enfance. Hélas! elle a perdu son petit ange avant que j'aie pu le voir. Comment peut-elle résister à tant de douleurs à la fois?

Cependant, mon Octavie, il est une personne que je plains

---

1. Celle du général Sigismond de Berckheim, frère de M$^{me}$ de Stein.

et qui m'afflige plus encore : je n'ai pas besoin de te la nommer. Certes, le cœur d'une mère, et d'une telle mère, par la perte d'un tel fils, subit la plus poignante de toutes les douleurs. Je ne supporte pas l'idée que ma bienfaitrice, l'objet de mon culte filial, parfait modèle de toutes les vertus, termine ainsi sa noble existence, accablée sous le poids du malheur.

Sincèrement et doucement soumise à la volonté de Dieu, à ce cours inévitable et seulement un peu prématuré du déclin de la nature, je ne me suis depuis longtemps permis de former qu'un seul vœu : celui de revoir ta mère et toi. Je vivrais ou je mourrais contente, comme il plairait au ciel, si j'avais pu encore, assise aux pieds de ta vénérable mère, poser mes lèvres sur ses mains et les presser longtemps dans les miennes. Je voudrais aussi entendre encore la douce voix de la première amie de ma jeunesse, de la plus généreuse consolatrice de mes malheurs.

Si tu te décidais, chère Octavie, à venir à Paris, tu y retrouverais ta belle-sœur, Louise[1], Marie[2], Mélanie[3], et permets que je me nomme aussi. Toute la famille Bartholdi[4] se ferait gloire et bonheur de t'accueillir; ce sont vraiment d'excellentes gens. Hélas! on déplore encore plus amèrement le sort de Sigismond, en voyant combien il devait être heureux, entouré de personnes si estimables et dont il était aimé jusqu'à l'exaltation.

Après les fidèles amies de ta jeunesse, tu trouverais encore ici bien des personnes empressées de t'accueillir, toutes

---

1. M<sup>me</sup> Scipion Perier.
2. M<sup>me</sup> de Montbrison.
3. M<sup>me</sup> la comtesse de Montjoie.
4. M<sup>me</sup> Sigismond de Berckheim était née Bartholdi.

celles qui te connaissent par moi, qui étaient dignes de m'entendre dire ce que je pense de toi, et qui se forment l'idée la plus aimable et la plus juste de mon Octavie. N'est-ce pas un dédommagement qui est bien dû à une si longue séparation, que je puisse au moins souvent m'entretenir de toi?

J'ai tant à bénir la bonté divine, que si j'ai souvent souffert, je n'ai jamais été tentée de me plaindre. Je me suis toujours sentie émue de reconnaissance pour tant de bienfaits, et cependant je suis en crainte de l'avenir, effarouchée par des pertes nombreuses et cruelles, pénétrée de sources de douleurs qui ne tariront jamais. J'ai peur de *vivre*, parce que la condition de vivre est de *survivre*. Je vois la mort menaçante, pouvant encore choisir parmi ceux qui me sont le plus chers et le plus nécessaires, et mes longues nuits d'insomnie se composent de longues heures d'angoisses auxquelles sert de prétexte le plus léger malaise de mon mari ou de l'un de mes enfants.

L'âge a borné mes goûts, concentré mes affections, mais ne les a rendues que plus vives. Mes émotions sont plus fortes, peut-être parce que mes organes sont plus faibles. Je n'ai pas le courage d'envisager ni de supporter aucune perte, ni pour moi ni pour ceux que j'aime comme moi-même. Je prie souvent et je ne demande qu'une grâce à Dieu, c'est qu'il daigne m'épargner la mort de ceux qui me sont chers, qu'il me laisse ce qui me reste encore et, ce qui n'est peut-être qu'égoïsme, que je sois la première à quitter ce monde.

Ma santé ne me permettant plus de goûter que bien peu les agréments de la société, je ne vois, je ne reçois que des amis, et encore ne le puis-je que peu d'heures de la journée.

Je ne suis guère cependant sujette à l'impatience, quant à celle qui pourrait me venir de mes maux, et cela même me paraît un grand bienfait. J'ai plus de regrets de les faire supporter à ma famille que je n'en ai de les éprouver.

Je vois assez souvent Mélanie et Zoé [1], femmes vraiment aimables et bonnes, rares à rencontrer dans les cours. Je les goûte beaucoup et je les admire. Je m'entretiens souvent de toi avec Mélanie qui te conserve son ancienne affection. Je n'ai pas besoin que tu me dises que tu m'aimes pour y compter toujours, mais il me sera doux de te l'entendre répéter. Mon mari s'unit à moi, bien chère amie, pour t'assurer du plus tendre dévouement.

---

### A LA BARONNE FRITZ DE DIETRICH

Nogent-sur-Marne, 2 septembre 1821.

Depuis longtemps, bien chère Amélie, je n'avais passé des jours délicieux comme ceux que tu m'as fait retrouver à Nogent; ils n'ont eu d'imperfection pour moi que celle de n'avoir été qu'un éclair. Ta présence me rappelait sans cesse la plus douce époque de ma vie, celle qui a eu la plus heureuse influence sur toute sa durée, celle qui s'est écoulée sous la protection de tes généreux parents et de votre tendre amitié. Elle m'a si bien consolée, chères et bonnes sœurs, si bien soutenue dans tous les temps, que je vous aime

---

1. M<sup>me</sup> la marquise de Dolomieu, sœur de la comtesse de Montjoie, et uí a été dame d'honneur de la reine Marie-Amélie.

comme il n'est pas ordinaire d'aimer, mais comme vous méritez bien d'être chéries.

Je regrette de ne plus revoir Albert[1]; il me plaît, il est attachant, il est bon, et il a plus de raison qu'on n'en a à son âge; je l'aime aussi pour tout le bonheur qu'il promet à sa mère qui occupe une si grande place dans mes affections.

Je vais être bien seule; je n'ai jamais craint la solitude; mais elle devient pénible quand elle est accompagnée de beaucoup de souffrances et d'une inaction obligée. Tant qu'il m'a été possible de lire sans fatiguer mes yeux, je ne connaissais ni la longueur des journées ni celle des nuits; à présent qu'aucune occupation n'est à ma portée, il faudrait être *crétin* pour supporter sans tristesse une telle existence. Ma santé restera sans doute la même jusqu'à ce que j'aie achevé de me faire vieille femme. Dans le fond de ma pensée, je passe quelquefois de mauvais moments; je trouve que venue où j'en suis et dans de telles conditions, la vie ne vaut plus la peine d'être si bien gardée à ce prix. Le plus souvent il me semble au contraire qu'il y reste encore assez de bonheur, et surtout d'assez vives et fortes affections, pour y tenir autant que jamais. Le compte, hélas! ne sera que trop vite terminé.

J'espère en toi, mon Amélie, en ta bonté, pour que tu viennes encore me donner quelques jours et te reposer ici, avant de reprendre la malle-poste. Songe combien j'en serai heureuse et reconnaissante! Le petit camarade d'Albert vous réclame aussi tous deux.

Mon mari te propose de t'accompagner jeudi à la distri-

---

1. Le fils aîné de Mme de Dietrich.

bution des prix chez Mlle Sauvan[1]. Tu verrais là une personne admirable par le cœur et l'esprit, la meilleure pension de Paris, et tu assisterais aux triomphes de ma nièce Octavie; et puis, ces joies toutes jeunes et toutes vives, sur de jolis visages, font plaisir à voir.

Adieu, chère et bonne amie; je t'embrasse en attendant de te revoir.

---

### A LA MÊME

Paris, novembre 1821.

Le jour même où j'ai reçu ta lettre, très chère amie, j'ai communiqué à Mme M*** le passage qui la concernait, et je t'envoie sa réponse. Elle sera toujours empressée de faire tout ce qui te serait utile et agréable.

Je me serais plus tôt dédommagée de la peine que m'a fait éprouver ton départ qui a bien serré mon cœur, si mon retour en ville avec les occupations qui en naissent et ma mauvaise santé n'y avaient mis obstacle.

J'ai revu Zoé[2], bien mieux portante depuis qu'elle prend de l'eau de Seltz allongée de rhum, t'aimant et te regrettant beaucoup. Mélanie[3] et ses patrons reviennent aujourd'hui, je crois, s'établir en ville; j'ai vu deux fois la bien bonne Amélie de Sahune, et j'ai échappé au prosélytisme de *sa*

---

1. Qui a été depuis l'éminente inspectrice des écoles de jeunes filles de la ville de Paris. L'Académie française a couronné, en 1879, un ouvrage intitulé : *Mlle Sauvan, sa vie et son œuvre*, et publié par M. Émile Gossot, professeur au lycée Louis-le-Grand.
2. Mme la marquise de Dolomieu.
3. Mme la comtesse de Montjoye.

*politique*. Sa santé n'a pas souffert des fatigues et des ennuis du voyage. Marie [1] va bien, mais a des soucis pour un de ses fils, qui n'a pas pu suivre la carrière qu'elle aurait voulue. Pauline [2] est souvent malade, et sa belle-sœur, M$^{me}$ Camille, assez bien, ainsi que ses enfants. Tous et toutes t'aiment et te regrettent, comme s'ils savaient t'apprécier aussi bien que moi.

Augustin Jordan [3] est dans le zèle des missions et plus que jamais confit dans l'épiscopat; je ne l'en blâme pas, mais on serait tenté de l'appeler l'*abbé Jordan*.

Nous nous entretenons de toi chaque jour, bonne, très bonne amie. Ta présence à Nogent a été pour nous tous une apparition céleste et m'a laissé, à moi, de longues consolations. Tu m'as rappelé les meilleurs jours de ma vie, et tu me les avais rendus tant que tu ne m'as pas quittée.

Je te remercie de me ménager une place dans le souvenir et l'affection de tes enfants; je te prie de dire quelque chose d'aimable de ma part à tous et particulièrement au bon Albert; on fait plus que l'aimer quand on le connaît, on l'estime.

Le château de Vizille est devenu le château de l'oubli; depuis qu'Henriette m'a quittée, ni elle ni son mari ne m'ont écrit.

Reçois, bien chère amie, les hommages de mon mari et de mes enfants, avec mes meilleures tendresses. Tu es pour nous l'ange de l'amitié et de la bonté, et en aucun lieu du monde tu ne peux être plus aimée que tu ne l'es par nous.

1. M$^{me}$ de Montbrison.
2. M$^{me}$ Casimir Perier.
3. Il était alors directeur des cultes au ministère de l'instruction publique et des cultes.

## AU BARON THÉOBALD DE MALZEN

Nogent-sur-Marne, 27 septembre 1822.

Mon bien cher cousin,

C'est ma faute ou plutôt celle de ma déplorable santé, si je ne vous ai pas écrit depuis longtemps. Je viens de recevoir votre seconde lettre; le besoin de vous remercier de votre amitié qui m'est si chère, me poursuivait comme un remords; mais l'écriture m'est devenue singulièrement pénible et m'est interdite par les médecins : voilà mon excuse.

Mes souffrances sont cruelles, mais le découragement, si ce n'est par moments, n'est pas encore venu mêler ses poisons à mes douleurs. Je remercie Dieu de chacune de celles qu'il ne m'envoie pas, plus que je ne me plains de celles que j'éprouve. Je crois lire ses décrets et sa volonté dans ce qui m'arrive, et je n'ai pas le malheur et la sottise de murmurer contre ce que Dieu a résolu.

....Nous venons de subir une réduction de cinq mille francs de traitement par la suppression de la chaire que mon mari occupait à l'École de droit. Cela nous réduit à un si strict nécessaire, que nous aurons de la peine à suffire aux indispensables besoins, ceux qu'impose une mauvaise santé étant tout autres que si l'on se portait bien. Mais mon mari sera moins accablé de travail; ainsi je ne regrette rien.

Je viens de voir ici deux de mes parents : M. Auguste de Tann qui a épousé une demoiselle de Rathsamhausen, et M. de Lassberg; il est fort intéressant par son savoir, son amour du travail et sa noble façon de penser.

Offrez à votre excellente et vénérable mère mon bien tendre hommage, ainsi qu'à mon oncle. Je n'ai plus l'espérance de le voir jamais, ni vous, mon cher cousin, et c'est une de mes douleurs. Que l'irrégularité de mes réponses ne vous empêche pas de m'écrire ; ce sera une consolation pour moi. Adieu, très cher et bon Théobald ; vous m'êtes plus que cousin, il me semble que vous êtes mon frère.

## A LA BARONNE FRITZ DE DIETRICH

*Nogent-sur-Marne, 4 octobre 1822.*

Il y a un an, ma chère bonne, que nous sommes séparées par l'absence et par le silence. L'ignorance de tout ce qui te concerne et t'intéresse pèse bien sur mon cœur. Où en sont ta santé, tes enfants, tes affaires ?

Il y a longtemps que je t'aurais écrit si l'écriture ne m'était pas si pénible et si nuisible ; j'y répugne par cette sorte d'instinct qui se refuse à tout ce qui fait souffrir. Ma santé ne s'est pas améliorée, bien au contraire, et je viens de passer un cruel été. Je ne parviens pas à me remettre des crises que j'ai éprouvées chez M$^{me}$ Camille Jordan à la mort de son mari ; cette mort m'a été bien fatale. Ah ! que mon existence est devenue triste et pénible, surtout par la conviction qu'elle est un assujettissement pour les autres, que j'ai tout à recevoir d'eux, et que je ne puis plus rien pour eux !

Voici l'ennuyeux chapitre qui me concerne épuisé ; j'ai,

Dieu merci, mieux à te dire de ma famille. La seconde année des eaux de Plombières a été aussi favorable à mon mari que la première, et j'espère qu'il ménagera et conservera la santé qu'il a recouvrée. Nos fils continuent à nous donner toutes les sortes de satisfactions.

Tu auras plaint Augustin Jordan de l'événement qui l'a déplacé du ministère des cultes et qui amoindrit sensiblement son aisance. Le sort de notre ami Gueneau de Mussy [1] est cependant bien plus triste; il lui reste huit enfants, et à peu près rien. On vient aussi de supprimer la chaire qu'occupait mon mari à l'École de droit, celle qui lui a fait perdre sa santé, et, pour cette raison, je ne saurais la regretter; je ne l'aurais vu qu'avec crainte reprendre cette année un cours si fatigant. Il conserve donc seulement sa place de conseiller d'État, et il faut qu'il continue de pourvoir à tous les frais d'éducation de quatre enfants de ma sœur. Dieu me garde cependant de me trouver à plaindre, puisque le nécessaire nous reste et que tant d'honnêtes gens ne l'ont pas.

Y a-t-il espérance de te voir à Paris l'année prochaine? Tu devrais bien profiter du séjour que doit y faire Henriette. Ah! que j'en profiterais bien aussi en te possédant avec elle! Mon cœur n'est point usé comme mon corps; ma vie tout entière même s'y est réfugiée, et les bonnes amies de ma jeunesse y occuperont toujours la première et la plus large place.

1. La direction de l'École normale venait d'être retirée au docteur Gueneau de Mussy.

## A MADAME ***[1]

Paris, 1822.

Vous savez, chère amie, que notre début à Nogent n'a pas été favorable à nos santés; celle de mon mari a été assez souvent altérée pour m'inquiéter, autant que j'ai encore la force de me livrer à l'inquiétude. Heureusement cela n'a pas duré; sans être très bonne encore, cette chère santé est maintenant en bien meilleure voie.

Vous qui savez tout ce qu'a enfanté la tête de mon mari par l'extraordinaire abondance et la profondeur de ses facultés, vous pouvez juger du vide que lui laissent la solitude et un désœuvrement forcé et si inaccoutumé pour lui. Il m'a souvent représenté que j'étais trop difficile pour mes relations de société, et que je ne voulais que de l'*exquis*; il est vrai que je n'ai pas son aimable facilité d'esprit et de caractère, qui sait si bien se faire des ressources de celles des autres, et j'aime mieux être réduite à moi qu'au médiocre, ce qui est bien cependant, au fond, la même chose. Mais j'ai l'habitude de me retourner dans ma petite sphère, tandis qu'il ne vaut pas la peine de me débattre dans le petit cercle d'un autre.

Toute cette supériorité de relations à laquelle je prétends se borne pourtant au choix de mes amies et amis; je ne me trouve plus assez de temps et de vie pour en agrandir le

---

[1]. Son nom n'est pas indiqué sur une copie de cette lettre, qui, seule, a été retrouvée; mais quelques termes de la lettre prouvent qu'elle était adressée à une intime amie de M<sup>me</sup> de Gerando, probablement à M<sup>me</sup> la comtesse Auguste de Caffarelli.

nombre. Il est encore vrai que mes amis m'ont gâtée par rapport à la société, et que j'en ai rarement rencontré qui vaille la leur. Mais comme ce n'est jamais pour en dédaigner aucune, et seulement parce que je préfère m'en passer quand elle ne me plaît pas, la faute n'est peut-être pas si grande. Bien loin que j'éprouve du dédain pour la médiocrité, ce qui serait fort étrange, je la crois un moyen de bonheur, et personne ne peut jouir plus que je n'ai toujours fait, de la pensée que la Providence a si généreusement réparti les dons et les facultés, qu'il n'existe presque aucune créature qui n'ait une utilité respectable dans la chaîne sociale, et dont chacun de nous profiterait à son avantage, si nous savions l'y chercher.

J'avoue que la solitude convient toujours à mes habitudes et à ma santé, mais non pas l'isolement, depuis qu'il me reste si peu d'heures dans la journée où je puisse m'occuper de quoi que ce soit, si ce n'est *me souvenir* et *penser*; mais la matière que l'on a à mettre en œuvre de cette manière est parfois difficile à polir, et l'on en est bien fatigué au bout du compte. J'ai de tout temps éprouvé qu'une vie rêveuse n'était pas une vie heureuse, et que le contentement ne se nourrit que dans une sphère d'activité, et avec la conviction que l'on acquitte son tribut relativement à la place qu'on occupe dans ce bas monde. Je connais donc la souffrance, la tristesse, l'impatience, mais pas encore l'ennui, si peu il faut de pâture à mon intelligence.

Dès que je ne souffre qu'à un degré tolérable, comme à présent, il y a dans mon existence infiniment plus de bien que de mal, et quand aucune catastrophe ne tombe sur nous, je jouis de cette mesure du bien au delà du mal, avec un sentiment si parfait de reconnaissance pour Dieu et pour les êtres bien-aimés à qui je le dois, que je passe encore bien de bons moments dans ce sentiment de paix et d'une joie causée par la plénitude de mes affections.

Voilà, chère amie, les alternatives de mon âme, où je ne trouve à redire que d'avoir trop de loisir pour *penser* et *rêver*, ce qui finit toujours par devenir une arme meurtrière dont les blessures sont plus ou moins profondes, lorsqu'on a passé par des situations si diverses, que l'on a déjà tant vu mourir, et qu'on est invité par son âge et par la caducité à s'appliquer souvent à soi-même la pensée de la mort.

Cette pensée m'était familière dès mon jeune âge, car on n'est jamais trop jeune pour la mort; elle m'est devenue habituelle par l'état de ma santé, et plus encore par les douloureux souvenirs de tout ce qui m'a été enlevé. Quelle source de réflexions immenses et de toute nature que cet avenir impénétrable ! Il me paraît aisé, naturel même, de s'y laisser aller en toute confiance pour sa propre destinée. Si même on n'en mesure pas le fond, si aucune sonde n'y a encore pénétré, on sait pourtant bien où l'on va et entre les mains de qui on tombe. Quitter cette vie pour une autre vie n'est donc nullement ce qui doit paraître effroyable; l'attendrissement et le regret portent sur ce que l'on quitte. Je me fais du bien à moi-même, je me calme sur les seules inquiétudes dont je ne puis pénétrer le mystère, en cherchant à me retracer ce que seront après moi les êtres chéris qui me préoccupent, quelle sera la suite de leur destinée, comment elle s'arrangera, ou plutôt je voudrais encore me mêler de l'arranger pour le mieux et leur plus grand agrément. Ainsi, je marie mon cher Joseph, j'établis mes enfants, je vois tout et je préside à tout. Bien loin de m'attrister, comme on pourrait le croire, par ces considérations, j'y puise du repos et je prolonge ainsi mon existence au delà du tombeau.

Pour achever de vous dire toute ma pensée sur un pareil sujet, j'ajouterai que ce n'est pas celui qui meurt qui me paraît remplir la scène la plus douloureuse du drame, si ce n'est par ce brisement du cœur, cette rupture des liens qui ont enveloppé et charmé tout notre être. Il y a donc à la fois, dans la mort, un aspect bien consolant et un dénouement auguste, solennel, auquel on ne réfléchit pas sans un saint tremblement intérieur, outre les répugnances de l'instinct ; et puis on a bien pitié de ceux qu'on laisse après soi, on s'afflige de leur faire éprouver les douleurs qui nous ont nous-mêmes déchirés, et d'en être la cause.

Voici, chère amie, des pensées bien sérieuses, mais je sais qu'elles seront comprises et bien accueillies par vous.

---

### A LA BARONNE FRITZ DE DIETRICH

Paris, 13 mars 1824.

Une lettre de toi, mon amie, me cause toujours une vive et douce émotion. La vue de celle que je viens de recevoir m'a touchée encore davantage et m'a fait plus regretter de ne pas t'avoir écrit depuis longtemps. Ce n'était pas faute de le *vouloir*, mais bien de le *pouvoir*. Je suis accablée d'écriture au delà de mes forces, et pour t'en donner une idée, je te dirai que j'ai écrit, le mois dernier, 153 lettres de toutes sortes et 63 pages in-4°. Pour une pauvre malade, c'est un peu rude et d'autant plus pénible que ce sont les correspondances d'amitié qui en pâtissent, faute de pouvoir y suffire.

Tu auras su par Henriette que M<sup>me</sup> Récamier, ayant craint une maladie de poitrine pour sa nièce, est allée passer l'hiver à Rome ; je n'ai donc pu faire auprès d'elle la démarche que tu m'as demandée au nom de M<sup>me</sup> de Cohorn. Je m'en acquitterai au retour de M<sup>me</sup> Récamier, si cela peut encore être utile. Je suis persuadée de sa bonne volonté, mais j'ignore où en est sa *puissance*, et je ne me connais aucun autre abord auprès de M. de Chateaubriand.

J'ai reçu la visite de M. de La Fontaine que tu nous as recommandé ; je l'ai prié de disposer de mon mari chaque fois qu'il croira pouvoir seconder les démarches de votre ami et faire pour lui ce qui te serait agréable.

Tu auras su mes vives inquiétudes pour la santé de ma sœur. J'ai envoyé à son médecin les consultations qu'il a demandées et je me suis entendue avec lui pour les dépenses nécessitées par la maladie, afin que cette bonne et chère amie ne se trouve privée d'aucun secours ni remède. Je sais, par une triste expérience, les besoins des malades. Pour suffire à ce surcroît de dépenses, il m'a fallu vendre quelques bijoux que je ne regrette pas assurément. Indépendamment des frais d'éducation des trois fils de ma sœur, nous avons aussi à entretenir la petite Amélie qui nous est arrivée. Sa sœur et elle sont d'excellentes jeunes filles et font des progrès admirables dans le pensionnat de notre amie M<sup>lle</sup> Sauvan. Amélie est charmante, pleine de zèle et de moyens pour apprendre, d'un caractère heureux et gai, et point du tout gâtée ; elle n'a encore eu ni causé un moment d'ennui. Que Dieu conserve leur mère [1] !

---

A MADAME *** [2]

Paris, 1824.

.... Le sentiment de ma faiblesse a toujours fait ma force par la défiance de moi-même. C'est encore ce sentiment qui m'inspire une indulgente commisération pour les femmes qui ont quelquefois, par un excès de faiblesse, franchi des bornes sacrées pour elles.

Lorsque j'étais jeune et libre, j'ai voulu être honnête, non seulement par devoir, mais aussi pour ma propre satisfaction, pour être bien avec moi et me retrouver avec plaisir, dans les heures de la solitude, en face de moi-même. Je l'étais encore par fierté de caractère : l'abaissement ne me va pas. Depuis que je ne m'appartiens plus, je ne me suis pas même préoccupée des devoirs de cette nature ; je les remplis tout naturellement.

D'autres motifs, non moins solides que ces anciens sentiments d'honneur dans lesquels j'ai été nourrie, ont aussi dirigé ma conduite : ce sont les sentiments religieux. C'est là que j'ai trouvé mon code de morale, parce que la religion

---

1. Ce vœu qui terminait la dernière lettre qu'ait reçue M<sup>me</sup> de Dietrich, fut exaucé ; mais peu de mois après, le 16 juillet, M<sup>me</sup> de Gerando succombait à sa longue maladie.

2. Son nom n'est pas indiqué sur le brouillon de cette lettre dont il n'a été retrouvé qu'un extrait.

condamne tout ce qui blesse l'honnêteté et la délicatesse. Je n'ai jamais compris que l'on pût se croire obligé à tenir une parole d'honneur légèrement donnée, quelquefois pour l'objet le plus frivole, et manquer à la foi du mariage.

Si je ne fondais ma conduite que sur des principes de sagesse humaine, je me croirais encore tenue de respecter mes engagements, parce que je voudrais ne jamais promettre en vain ni abuser de la confiance que mes promesses doivent inspirer. La vertu se compose de bien des chaînons qui se tiennent étroitement; en briser un seul, c'est défaire la plus belle œuvre qui soit en la puissance de la créature.

Vous pourrez, Madame, si vous le jugez à propos, communiquer ma lettre à la personne qui vous cause tant de sollicitude.

# III

# LETTRES

ADRESSÉES

# PAR MME LA BARONNE DE GERANDO

A SON FILS AINÉ

# LETTRES

ADRESSÉES

## PAR M^ME LA BARONNE DE GERANDO

A SON FILS AINÉ

---

### A GUSTAVE [1]

Albano, près de Rome, 28 septembre 1809.

Mon bien-aimé Gustave, nous voici à Albano, jolie petite ville située sur une colline; nous y sommes venus parce que ton papa avait pris un peu de fièvre à Rome [2], et on lui a dit d'aller à la campagne pour se rétablir tout à fait.

C'est aujourd'hui l'anniversaire de ta naissance, et je me suis réveillée de bien bonne heure et avec un gros chagrin de ne pouvoir passer avec toi cet heureux jour où Dieu a permis que tu fusses donné à ton papa et à ta maman, qui trouveront toujours en toi leur plus grand bonheur. J'ai été ce matin à l'église et j'ai bien prié pour que tu voies sou-

---

1. Alors âgé de six ans et qui était resté à Passy, confié aux bons soins de M^me Gautier-Delessert.
2. Il était alors membre de la Consulte des États romains et habitait le palais Corsini, que le prince à qui il appartenait et qui avait contracté, à Florence, des relations d'amitié avec M. de Gerando, avait mis à sa disposition.

vent, bien souvent, revenir cet anniversaire, que ce soit toujours un beau jour pour toi, que Dieu te bénisse et te conserve sage, heureux et bien portant.

J'ai aussi bien pensé à toi dimanche dernier; nous avons fait une charmante partie de campagne à quatre lieues d'Albano. Nous sommes tous partis à cheval; nous étions douze maîtres et quatre domestiques, avec une escorte de quatorze officiers et soldats de la garde civique, ce qui faisait, en tout, une cavalcade de trente personnes. Nous avons été déjeuner dans un couvent de Récollets, sur une montagne au bord du lac d'Albano, et puis nous avons gravi une autre montagne, bien plus haute, où il y aussi un couvent, et d'où l'on voit deux lacs, la mer, Rome, la Sardaigne et la Corse; c'est une des plus belles vues du monde. Nous sommes revenus, en descendant, dîner au premier couvent où nous avions déjà déjeuné, et qui s'appelle *Pallazole*; l'autre, situé si haut, s'appelle *Monte-Cavo*. Le soir, nous sommes retournés, au grand galop, à Albano, tous enchantés de notre journée.

On nous avait donné une escorte de soldats, parce que nous passions par un endroit qu'on appelle la *Roche du Pape*, où il y a, disait-on, des brigands qui assassinent parfois les voyageurs; mais nous n'en avons pas vu, et les gens de ce pays disent souvent, parce qu'ils ont peur, des choses comme cela, qui ne sont pas vraies.

Nous faisons ici tous les jours des promenades après le déjeuner, montés sur des ânes de grande taille, ce qui amuse beaucoup ton papa et ta maman. Demain matin à huit heures, nous irons, ainsi montés, à une fête de village avec M<sup>me</sup> Guillaume de Humboldt et le prince de Saxe-Gotha. Quand tu verras M. Alexandre de Humboldt, tu lui diras que j'ai grand plaisir à voir Mᵐᵉ sa belle-sœur, qu'elle et ses enfants se portent bien, qu'elle ne compte pas aller à Paris, mais veut retourner en Prusse, et d'abord en Saxe.

Avant de venir ici, mon cher enfant, nous étions allés nous promener dans un magnifique jardin de Rome, où il y a de belles fontaines, des cascades et des jets d'eau qu'on a fait jouer le soir, au clair de la lune. C'est là que ton papa a pris froid, et le lendemain lui est survenue la fièvre dont les suites nous ont amenés à Albano.

Il n'y a pas à Rome d'aussi beaux jardins qu'à Passy; on n'y trouve presque pas d'arbres ni de fleurs; ce sont de hautes allées bordées de buis ou de lauriers en forme de murailles, des colonnes, des temples et de nombreux jets d'eau. Tu ne t'amuserais pas à Rome; on ne peut presque pas s'y promener; il fait bien chaud dans la journée et trop froid le matin. Comme je t'aime beaucoup et que j'aime surtout ce qui te fait du bien et du plaisir, je suis très contente que tu sois resté à Passy, et nous serons reconnaissants, toute notre vie, des bontés qu'on y a pour toi.

Bonsoir, mon cher enfant; je t'écris avant de me coucher; il est déjà bien tard, mais je vais prier encore pour que Dieu te bénisse et qu'il me ramène bientôt auprès de mon bien-aimé Gustave.

Nogent-sur-Marne, 21 octobre 1820.

Je n'ai point causé hier avec toi, mon bon ami, autant que je l'aurais voulu ; je ne pouvais plus écrire. Je ne me porte pas mieux aujourd'hui, mais je suis un peu moins fatiguée de mes *grands* et *importants* travaux de ménage, qui sont, Dieu merci, à peu près à leur fin, d'ici à mon retour à Paris où il y aura encore bien des jours d'arrangement et de remue-ménage.

Tu me disais hier que tu es occupé à observer le caractère de L. et le tien propre ; l'un et l'autre est sage et utile. C'est, en effet, en réfléchissant beaucoup sur toi-même que tu deviendras difficile (et il est permis de l'être sur son perfectionnement), et que tu seras offusqué de toutes les taches que tu y découvriras encore. Quant au caractère de tes amis, pour en avoir qui méritent ce titre et qui puissent le conserver jusqu'à la fin de tes jours, il n'est pas moins important que tu y fasses une grande attention. Mais c'est avant de contracter une liaison, avant de déférer ce nom d'ami si doux et si sacré, qu'il faudrait déjà s'être connus assez pour être sûr qu'on ne s'y est pas trompé et qu'on n'aura jamais à en revenir.

Nous devons une grande indulgence à tous nos semblables, et la porter dans nos simples relations de société. Les personnes que je ne puis estimer ou qui ne m'attirent point par leur mérite, qui peut-être me repousseraient par leurs vices, je ne m'en occupe point, je m'abstiens de communications avec elles, ayant à mieux placer mon temps et mes affections ; mais je ne prononce aucune sentence contre elles. Je ne sais quel secours de la Providence, quelle amélioration les attend, ce qu'elles pourraient dire pour faire excuser leurs défauts et en dévoiler la source qui peut provenir non d'elles-mêmes, mais de ce qu'elles n'ont pas été aidées et éclairées dans le bien. Je me sens donc pleine d'indulgence à leur égard, et je reste neutre de tout jugement. Mais quand il s'est agi *d'aimer*, de faire un choix *d'amis*, j'ai bien senti que je n'étais pas assez forte pour me passer de secours, pour m'exposer à l'influence des mauvais exemples ou pour la braver. Je ne me suis donc attachée qu'à des personnes meilleures que moi, supérieures à moi, qui me fissent sentir cet ascendant d'un mérite éminent, qui nous oblige à nous élever nous-mêmes pour atteindre ceux avec lesquels nous voulons vivre en égaux. Je n'ai jamais eu d'attrait solide et durable que pour ces personnes-là, et mon sentiment, pour être complet, avait besoin de me faire éprouver ce mouvement *d'ascension* (si je puis dire ainsi) que nous communiquent les êtres vraiment vertueux et distingués.

Je te confie ma pensée sur ce point, mon bon ami, pour t'engager à t'en tenir fermement à la même appréciation dans le choix que tu feras. Heureusement le nombre des *bons* est assez grand pour que tu ne risques pas de rester dans l'isolement en voulant les préférer exclusivement. Peut-être toutefois faudrait-il en attendre la rencontre, les jeunes gens de ton âge n'étant pas assez nombreux *en élite*, pour avoir pu déjà se faire connaître sous ces rapports avantageux. Mais, crois-moi, dès que quelqu'un se sera montré à toi sous un aspect qui t'oblige à lui refuser ton estime, soit par une de ses actions, soit par un principe dangereux que tu lui entendrais énoncer, soit par une habitude vicieuse, ou bien en traitant avec légèreté ce qui est essentiel et respectable pour tout honnête homme, crois-moi, dis-je, dès que tu auras fait cette triste épreuve, fais-en une pierre de touche qui soit un avertissement pour toi, et ne te lie jamais intimement avec un de ces êtres-là. Ne témoigne aucun mépris, tu n'en as pas le droit, mais reste étranger à de pareilles relations. A quoi bon les formerais-tu ? Elles ne pourraient contribuer à ta satisfaction et à ton plaisir, avec les habitudes plus distinguées que tu as contractées ; elles ne pourraient t'être utiles dans aucun sens, puisque tu n'aurais qu'à y perdre. Recherche les *bons* et les *forts*, pour t'appuyer sur eux, en faire l'honneur et la joie de ta vie ; mais si, en ton chemin, tu rencontres et tu peux secourir par des paroles encourageantes, par une tendre et généreuse pitié, l'un des *faibles* et des *misérables*, ne le dédaigne et ne le néglige pas ; seulement, ne le préfère pas pour ton ami. Voilà, cher enfant, mes maximes principales en fait d'amitiés et dans leur choix ; si tu veux bien t'en pénétrer, je pense que cela ne te sera pas inutile.

Je regrette que ma pauvre santé, à présent que toi aussi tu es devenu *mon ami*, ne me permette pas de causer plus souvent et bien longtemps avec toi, car il me serait doux de te communiquer ce que j'ai de plus intime dans le cœur et dans la pensée.

Adieu, mon bien-aimé fils ; je te bénis du fond de mon âme.

Nogent-sur-Marne, 1er décembre 1820.

Mme la marquise de Villette [1] aura une fort belle soirée mercredi 6 décembre, avec concert et danse ; il s'y trouvera des connaissances et des amis à nous, entre autres Mme de Montbrison et sa famille. Mme de Villette vient d'écrire pour y inviter ton père et toi, mais toi surtout, mon cher Gustave, qu'elle appelle son *chevalier d'honneur*. Elle propose de te faire chercher, dîner avec elle, coucher chez elle et ramener par elle le lendemain. Tout cela s'arrangera bien aisément, si tu as envie d'aller à cette soirée et d'entendre de la bonne musique. Tu sais que ton père a dessein de venir à Paris mercredi et d'y coucher ; c'est précisément le jour de la soirée de Mme de Villette. Ton père te propose d'aller dîner avec lui ce jour-là chez M. Augustin Perier, et il irait aussi le soir chez Mme de Villette. Vois donc, mon cher ami, ce que le cœur t'en dit pour cette partie de plaisir. Je ferai volontiers le sacrifice de celui que j'aurais à te voir mercredi soir, à un amusement de bon goût, qui t'est offert avec tant de bienveillance.

Nous nous associons chaque jour à toutes tes occupations, mon cher Gustave, et nous n'aimons pas moins à nous associer à tes délassements, à ces plaisirs qui reposent du travail et raniment pour les devoirs. Je t'accompagnerai dimanche, du cœur et de la pensée, à cette réunion de tes

---

1. Nièce de Voltaire qui se plaisait à l'appeler *Belle et bonne*. M. et Mme de Gerando étaient alors ses locataires à Paris, où ils occupaient un petit hôtel séparé par un jardin du grand hôtel qu'habitait Mme de Villette, rue de Vaugirard.

jeunes camarades [1], tous recommandables, je pense, par leurs bonnes inclinations et leur désir de bien faire. Je distinguerai avec satisfaction mon cher fils parmi eux, et ainsi me sera donnée une des joies les plus pures que puisse goûter une mère, c'est que ce témoignage de notre confiance est fondé sur les gages que tu nous as déjà donnés d'une raison et d'une maturité précoces. Si, en de telles circonstances, tu jouis d'une liberté que n'ont pas souvent les jeunes gens de ton âge, c'est parce que nous sommes sûrs de toi, et que déjà nous avons assez bien lu au fond de ton âme pour être convaincus qu'arrivé à l'âge des épreuves et des dangers moraux de la société, par ton caractère, ton goût inné pour tout ce qui est honnête, ton éloignement pour tout ce qui ne l'est pas, tu seras toujours garanti de ce qui serait ou deviendrait, avec le temps, la source du plus léger remords. Une sagesse et une vertu *à la lisière* nous paraîtraient bien peu assurées.

Un homme n'a pas l'heureux privilège qu'ont les femmes d'être constamment tenues éloignées du mal, si elles ne s'écartent pas de leur véritable place, et c'est en quoi je trouve la femme si favorisée dans sa destinée. Quant à vous autres hommes, appelés sur tous les théâtres de la vie, voués au public, devant corriger les désordres de la société par vos exemples ou les réprimer par vos fonctions, vous êtes exposés à voir le mal et les vices à chaque pas. Hélas! ils sont plus souvent l'effet de la faiblesse, d'avoir été privé des secours de l'éducation et des lumières, que celui d'un goût pour la dépravation et la perversité, qui n'est

---

1. C'était un premier banquet annuel composé d'anciens élèves du lycée Henri IV, qui avaient fait ensemble leur rhétorique.

point dans les instincts du cœur humain. Assurément on se complaît bien plus naturellement dans tout ce qui est bon, pur et honnête, que dans le trouble et la honte d'une conduite vicieuse. Il est donc juste de conserver toujours une tendre pitié même pour ceux qu'on ne voudrait pas imiter, même pour ceux qui nous éloignent d'eux par de fâcheuses habitudes ; nous pouvons les blâmer, mais ne soyons pas trop sévères dans notre censure. Bénissons Dieu plutôt des heureux secours qui nous sont venus de nos parents, de nos amis, de l'éducation, des principes religieux que nous avons reçus et qui nous ont mis en une meilleure route ; nous en avons d'autant plus inviolablement contracté l'obligation de ne jamais nous en écarter.

Je t'avoue, mon cher enfant, que dans les rencontres diverses que j'ai faites au milieu du monde, je ne me suis pas crue autorisée à prononcer sur autrui un jugement plus sévère que de regarder comme *m'étant étrangers* les êtres qui ne me promettaient point, par leur moralité et la supériorité du caractère, une amélioration personnelle dans leur commerce. Je ne pouvais *choisir* et *aimer* que ceux qui m'offraient cette garantie ; mon cœur se serait instinctivement refusé à une autre alliance ; je restais non pas *méprisante*, mais seulement *indifférente* pour les autres.

Voilà une bien longue causerie que je pousserais encore plus loin si je pouvais écrire davantage. Ici j'ai devancé ton âge et le temps qui est par devers toi, car assurément votre dîner de dimanche, si simple en lui-même, si ordinaire entre camarades, n'en a été que l'occasion indirecte. Ton expérience future me mettra dans le cas de te développer plus souvent mes principes et mes réflexions, et mon cœur maternel s'en fera un devoir doux et cher.

Paris, 15 juillet 1821.

A présent que je te sais arrivé[1] et bien portant, mon cher enfant, il ne manque plus rien à mon contentement, et depuis longtemps je n'en avais pas éprouvé un aussi réel que celui que je goûte en me transportant auprès de ton père et auprès de toi, en m'associant à vos promenades, à votre petit voyage en Alsace, en ces lieux où s'est écoulée ma première enfance, alors que je n'étais pas plus grande que ne l'est actuellement la petite de M<sup>me</sup> Scipion Perier[2]. Le bon Gueneau de Mussy était hier chez moi au moment où j'ai reçu la lettre de ton père qui m'annonçait ton arrivée, et j'en ai ressenti une joie si parfaite, j'ai si bien compris celle que vous devez avoir éprouvée tous les deux en vous embrassant, que je dis à Gueneau : « Je ne puis le nier, c'est du bonheur que je ressens, du vrai bonheur, et j'en remercie Dieu. » Je ne l'aurais pas goûté, ce bonheur, cher ami, si tu étais resté avec moi, quoique je fusse si sensible à la douceur de te voir souvent ; mais je jouis plus encore de toutes les sortes de biens, d'avantages et de plaisirs que tu vas trouver auprès de ton père, et de la pensée qu'il n'est plus éloigné de toutes ses plus chères affections. Je ne puis assez te dire combien j'en ai de satisfaction, pour que tu retires de cette réunion et des loisirs de ton père le charme et les fruits que je souhaite. Profite d'une si heu-

---

1. M. de Gerando fils était allé rejoindre son père à Plombières.
2. Cette fille de M. et M<sup>me</sup> Scipion Perier est devenue la charmante et digne femme de M. Ludovic Vitet, membre de l'Académie française, qui a eu la douleur et n'a pu se consoler de lui survivre.

reuse occasion pour te livrer souvent au charme si doux et si bienfaisant des épanchements de la confiance sur toutes sortes de sujets. La tendresse, la condescendance, l'extrême bonté de ton père permettent cet abandon et y invitent même. C'est un bonheur que bien d'autres enfants n'ont pas, l'autorité paternelle, la différence des âges, dominant presque tous les autres sentiments.

Ton père a le cœur aussi jeune que le tien, il comprend à merveille toutes les joies de ton âge, il sait s'y associer, et sa bonté le met à ton niveau pour être mieux aussi compris de toi. C'est en te livrant à cette confiance tout entière, en déroulant devant lui les replis du cœur, les incertitudes du jugement, tes réflexions et tes émotions, surtout en l'initiant à ces retours sur soi-même par lesquels seuls on apprend à se connaître, c'est, dis-je, par cette confiance et cet abandon que tu retireras les meilleurs fruits de la société de ton père, et que tu pourras y joindre les jeunes sentiments que tu cultives au sein de l'amitié, à ces sentiments, plus puissants encore, de piété filiale et de reconnaissance que tu nourris dans ton cœur pour tes parents.

Ton père aussi, en lisant ainsi dans tes pensées les plus secrètes, ne sera plus *seul*, regrettera moins l'ami parfait [1] qu'il a perdu, et sera récompensé de tout ce qu'il fait pour toi.

Je suis déjà fatiguée et je remets à demain la lettre que je comptais écrire à ton père, en vous répétant, mes tendres amis, que je suis sans cesse avec vous et que tout ce qui vous aime ensemble au monde ne vous aime pas autant que moi.

1. Camille Jordan.

Paris, 29 juillet 1821.

Hé bien ! mon cher Gustave, n'ai-je pas eu raison d'avoir été, une fois en ma vie, une vraie marâtre, de t'avoir poussé dehors, mis à la porte, forcé de t'éloigner de moi?... Quant à moi, je suis bien satisfaite d'avoir été si méchante, d'avoir obligé mon cher fils à faire ce joli voyage et à en doubler le plaisir pour son père en le rendant témoin de celui qu'il t'a procuré.

J'ai eu hier une grande abondance de biens et de témoignages de votre souvenir. J'ai reçu le matin, par la poste, une lettre de ton père, timbrée de Remiremont, et vers trois heures la visite de M. Rendu, qui est venu, dès son arrivée et avec un empressement bien aimable, m'apporter tous les jolis présents de ton père avec sa lettre et la tienne.

Hier aussi, à dix heures, est venue M<sup>lle</sup> Sauvan[1], toute malade qu'elle est, avec ma nièce Octavie et un grand et beau dessin de celle-ci, encadré, représentant *Bélisaire* : c'est un ouvrage qui vous surprendra, après dix-huit mois de leçons seulement. M<sup>me</sup> Sauvan m'a aussi apporté, dans des corbeilles vertes, deux vases de *Vergiss mein nicht* (*ne m'oubliez pas*) qui ornent maintenant ma cheminée. Plus tard j'ai vu M<sup>me</sup> de Rasoumoffski et M<sup>me</sup> de Montbrison, qui sont venues m'embrasser en mémoire de sainte Anne[2]. Mais c'est ton père et toi qui avez, de si loin, le mieux contribué à me

---

1. Femme d'une grande distinction de cœur et d'esprit, amie intime de M<sup>me</sup> de Gerando, et qui a été depuis inspectrice générale des écoles de jeunes filles à Paris.
2. A cette époque, la fête de sainte Anne se célébrait, dans le diocèse de Paris, le 28 juillet.

faire un jour de fête non seulement par les souvenirs et les jouissances du cœur, mais très réellement aussi par vos lettres, vos soins et vos envois.

Ton camarade X. m'avait remis pour toi sa lettre ouverte; je l'ai donc lue, y étant autorisée. Assurément il ne prêche pas seulement de parole, mais aussi d'exemple, et rien n'est moins *sentimental* que sa lettre. Qu'est-ce que son cœur lui dira donc à quarante ans, s'il le met à un régime aussi sec dès à présent?

---

31 juillet.

Il m'a fallu interrompre ma lettre parce que je souffrais de la poitrine; je la reprends aujourd'hui.

Tu as maintenant déjà, cher fils, assez d'expérience de la diversité des caractères et de l'effet des éducations sur eux, pour avoir pu observer que si la *bonté* est toujours agréable et utile, et même un devoir, la *sensibilité* n'est pas toujours comprise, et ce n'est jamais le lieu de la manifester, là où elle ne serait pas comprise. Hélas! souvent elle ne paraît qu'un ridicule à ceux qui n'en connaissent pas les émotions. La bonté est presque toujours en action, et par conséquent au gré de tout le monde à portée de pouvoir l'apprécier. La sensibilité a quelque chose d'expansif, se nourrit souvent de témoignages sympathiques et s'en contente. C'est un don aimable, précieux par les jouissances qu'il procure, même quelquefois par les souffrances qui en découlent; mais la sensibilité a un charme qui ne saurait être feint. Elle ne se *fait* pas, ne s'*imite* pas ; les faux tons en sont insupportables. Il faut plaindre ceux qui en sont dépourvus et ne pas désirer qu'ils en fassent une prétention ou une étude, car il y a de quoi se boucher les oreilles aux sons agaçants d'une sensibilité contrefaite ou exagérée. Selon les gens avec qui on se trouve en relations, ce n'est pas toujours le cas de témoigner même la sensibilité la plus vraie et la mieux placée, car elle se blesse d'être méconnue. Il faut alors tâcher de rester à leur mesure, et se souvenir que l'occasion à propos de montrer notre cœur à découvert est plus rare qu'on ne pense et ne s'applique qu'à peu de personnes. On ne peut soumettre à la règle ou au compas ce qu'on éprouve à l'égard de ses amis ; avec eux il faut être *soi*, se montrer à eux ce que l'on est, sans calcul du succès ou de l'approbation ; et dans cette diversité des caractères et des facultés, ce n'est pas la désharmonie qui en naîtra, mais une heureuse influence pour se prêter ou se corriger mutuellement, soit en excitant et mettant en commun ce qui ne suffirait pas à l'un, soit en calmant ce qui aurait de l'inconvénient pour l'autre.

Les *Dix années d'exil* de M<sup>me</sup> de Staël, qu'on vient de publier, occupent beaucoup la société parisienne : il y est fort question de Bonaparte. M<sup>me</sup> Gautier m'a dit que M<sup>me</sup> de Staël en parle *admirablement*, d'autres disent *indignement*; le fait est qu'elle en dit bien du mal. Gueneau de Mussy en est ravi, Lucile en est scandalisée, Zoé en était choquée, Juliette allait l'être,... mais M. de Chateaubriand lui a démontré qu'elle aurait tort. L'*Italie*, par lady Morgan, est reçue avec dédain, n'est même pas lue par le beau monde. Les *Mémoires* de l'abbé Morellet, précédés de son éloge par Lémontey, sont lus avec avidité.

Je ne fermerai pas cette lettre sans t'avoir parlé de *Diane*; elle a maigri depuis ton départ, ce qui prouve mieux ses regrets et sa sensibilité que toutes les plus belles phrases qu'on pourrait dire à ce sujet; tu la trouveras donc *srelte* et d'une tournure très propre à la chasse. — Adieu, cher fils, vraie consolation et joie de ma vie; je t'embrasse bien tendrement.

Paris, 5 août 1821.

Je veux t'écrire encore une fois, cher fils, avant notre heureuse réunion, et je veux que tu conserves cette lettre pour qu'elle répande sur toute ta vie la bénédiction maternelle. J'attache une grande influence de bonheur à cette bénédiction; père et mère sont une providence terrestre pour leurs enfants; père et mère n'ont jamais d'autres intentions à leur égard, que celles d'accomplir les intentions de la Providence céleste et universelle. Dans cette loi du Décalogue, si admirable puisqu'elle renferme tous les commandements de la religion, de la justice et de la morale, un seul est accompagné d'une promesse de récompense dès ce monde: « Père et mère honoreras, *afin que tu vives longuement.* » Je veux donc, mon cher enfant, mes chers enfants (car je ne saurais vous séparer), vous prodiguer, de toute l'abondance de mon cœur, ce pieux trésor de la satisfaction maternelle, que vous me faites goûter dans toute son étendue.

Durant les longues maladies que je viens de faire, j'ai dû,

plus que dans un état ordinaire, songer à des séparations, prix et condition du bonheur éternel. Condamnée depuis longtemps à tant de privations par mes souffrances, je ne puis tenir beaucoup à la vie par le charme de vivre, et cependant je n'en ai pu envisager le terme sans de tendres regrets. Oui, cher fils, j'ai vivement désiré et je désire toujours prolonger, s'il plaît à Dieu, une existence que la fidèle et généreuse affection de mon mari, que mes aimables et bons enfants, rendent si douce même au milieu de la douleur; que sont, en effet, les douleurs du corps en comparaison des véritables joies de l'âme?

Cet hiver, ce printemps, lorsque je croyais devoir m'armer de fermeté, me résigner du moins à des séparations momentanées, à demeurer invisible au milieu de vous, tu as été pour moi, cher fils, la source d'une grande consolation; je pensais que ton père en trouverait encore, qu'il la trouverait surtout en toi. J'avais besoin de me figurer ton avenir et celui de ton frère, non sous le rapport de ces conditions passagères de la vie qu'on appelle honneurs, fortune, succès, et qui ne sont pas le bonheur, mais ce que vous serez dans la mesure de l'éternelle durée et de votre contentement intérieur. En te nommant, cher fils, je n'ai trouvé à cette importante question que je me suis faite, qu'une réponse pleine de douceur et de consolation; je me suis dit : *je suis sûre de lui; il sera, toute sa vie, un honnête homme.* O mon fils! que ces paroles demeurent en toi, et si jamais des peines trop accablantes oppressent ton cœur, répète-toi ces paroles; qu'elles te soulagent et te consolent, en récompense de la douce paix que tu as donnée à ta mère quand elle envisageait déjà les angoisses de la mort; et lorsque le temps qui doit venir un jour pour elle sera venu, que tu iras t'entretenir avec sa mémoire sur la tombe où elle reposera, dis-toi avec amour et reconnaissance : *elle a eu toute confiance en moi; je ne la tromperai jamais, cette confiance.* Quelque silence qui semblera régner autour de toi, crois que je t'aurai entendu, crois que je t'aurai répondu : tu le sentiras au fond de ton cœur par la douceur qui s'y répandra.

Ton frère ne peut pas me donner la même sécurité, et il est l'objet de toute ma tendre sollicitude, car son âge lui rend encore nécessaires les soins et la prévoyance d'une mère. Ce n'est pas que je n'aie à son égard les mêmes espérances que tu nous as permis de concevoir; mais, ces espérances, il n'a pas eu le temps de les réaliser. Je lis moins dans son avenir et dans son caractère; sa santé déjà lui refuse de précieux avantages et sera peut-être un obstacle pour toute sa vie : il ne m'en sera que plus cher. Une mère, une mère seule, aime davantage le moins favorisé par le sort, et paye de tout l'amour de son cœur ce que les hasards de la fortune et l'opinion des hommes pourraient refuser à l'un de ses enfants. Envers la société, il faut payer de sa personne, de ses facultés, des services qu'on peut lui rendre, les faveurs qu'on souhaite en obtenir.

Camille[1] a le cœur et le caractère bons; il ne manque à ses facultés que d'être cultivées. Il a comme toi le meilleur et le plus éclairé des pères; il a, de plus que toi, les exemples que tu lui donnes; ce sont déjà bien des garanties de son bonheur à venir. Tu pourras beaucoup y contribuer et goûter toi-même le bonheur de t'occuper de celui d'un

---

1. Le second fils de M*me* de Gerando avait eu pour parrain Camille Jordan. Il est décédé, en 1846, dans le grand-duché de Bade.

frère en le traitant, à mesure que les années le développeront, en véritable ami, en faisant de lui ton *meilleur ami*. Quelles que soient, mes enfants, les chances de la fortune à votre égard, quel que soit celui qu'elle favorisera davantage, je vous recommande de partager également entre vous ses faveurs et ses épreuves. Que ce qui est à l'un soit aussi à l'autre; qu'aucun ne dise : *ceci est à moi*, mais qu'il dise : *ceci est à nous*. Le sentiment le plus parfait de la nature humaine, plus puissant, plus énergique que les passions elles-mêmes et inaltérable dans sa durée, l'amour maternel, vous unit si bien dans mon cœur, vous met si bien au même niveau dans ma tendresse, mes prières et ma bénédiction, que ce sentiment doit vous enlacer d'un doux lien qui ne fera qu'une même destinée pour vous deux.

Le sujet de cette lettre est sérieux, mais il est encore plus tendre que sérieux : c'est l'épanchement de tout mon cœur auprès de toi, cher Gustave. Je me serais peut-être trop attendrie en te parlant; les émotions les plus douces, mais trop profondes, ne conviennent pas à ma santé. Les paroles, d'ailleurs, sont fugitives, et j'ai désiré que celles-ci restent gravées dans cette lettre.

Je t'embrasse bien tendrement, cher et bon fils. *A Dieu*, mon Gustave; en nous cherchant auprès de lui, nous serons toujours sûrs de nous retrouver.

---

Nogent-sur-Marne, 30 juillet 1822.

Je ne résiste pas à une bonne occasion qui se présente, de donner de mes nouvelles à mes chers trésors.

Je n'ai peur de rien, moi, je suis brave comme César, mais je ne suis pas plus invulnérable que lui. Je n'ai pas cependant à me couvrir de mon manteau, et il ne s'agit pas encore de mourir. Je vous ai annoncé hier que je me suis promenée trois quarts d'heure après mon dîner; c'était superbe !... Mais je suis rentrée traînant ailes et pattes, et puis la poitrine, la tête, m'ont fait mal, et une courbature m'a empêchée de dormir.

Je me sens devenir ambitieuse comme Bonaparte ; mon jardin ne me suffit plus ; j'ai envie et dessein de me promener sur terre étrangère, de prendre mes ébats sur la route de Petit-Brie, de voir ce qui s'y passe.... Mais je réserve cette grande entreprise pour le moment où j'aurai le bras de ton père et des témoins dignes de moi, mes deux chers enfants, pour m'applaudir.

La bonne, bonne M<sup>lle</sup> Sauvan est venue me voir ce matin; elle était ici dès huit heures et demie, et est repartie une heure après, pressée par des examens qu'elle avait à faire subir.

Ton billet, cher fils, m'a fait grand plaisir, mais je serai bien plus contente de t'avoir ici.

Nogent-sur-Marne, août 1822.

Cette lettre devant te trouver avec ton père, c'est à toi, cher fils, que je l'adresse, et tu voudras bien la lui communiquer. Il m'est doux de réunir dans l'expression d'un même sentiment ce que j'ai de plus cher et de plus précieux au monde, mes enfants et leur excellent père. A présent tu réunis en toi toutes les affections les plus tendres et les plus honorables qu'un jeune homme puisse inspirer, car à l'attachement, sans égal et sans comparaison, d'une mère, je joins déjà pour toi la confiance et les consolations de l'amitié.

Je t'amènerai samedi ton frère, désirant procurer à l'un et à l'autre le plaisir de vous retrouver ensemble. Je mets un grand prix à voir les progrès de l'affection fraternelle qui doit vous unir; qu'y aurait-il de plus doux pour tous les deux que de retrouver toujours dans un frère le meilleur ami qu'il puisse avoir? La différence d'âge qu'il y a entre vous ne doit contribuer qu'à resserrer ce lien et à rendre vos sentiments mutuels encore plus tendres; l'ascendant de la raison et des années te permettra d'être le protecteur de ton frère, son exemple et son soutien, en même temps que son égal et son camarade par les droits et les liens de la naissance; et lui, il te devra toute la reconnaissance du bien que tu lui feras, et tout ce que ce sentiment ajoute encore à l'amitié.

Sois bon, cher enfant, et puis sois heureux! C'est remplir un des desseins les plus manifestes de la Providence, que de savoir jouir de ses bienfaits et lui offrir l'hommage d'un cœur content et serein. Un de nos amis, fixé en Allemagne, a dit dans un de ses ouvrages : « Une des plus belles prières à Dieu est un regard joyeux et reconnaissant jeté sur son bel univers. »

Je vous embrasse, mes tendres amis, de toute mon âme.

Nogent-sur-Marne, août 1822.

C'est *a propos de bottes*, cher fils, que je t'écris aujourd'hui, pour te donner mon avis sur une grave question,... une question de toilette.

Tu seras peut-être étonné que je paraisse mettre de l'importance à si peu de chose ; mais tout ce qui, aux yeux des observateurs, pourrait leur faire croire qu'un jeune homme est capable d'une recherche ou prétention puérile, n'est pas aussi peu de chose qu'on pourrait le supposer. Tu es encore trop jeune pour être très sensible au jugement des femmes, et j'espère même qu'elles ne seront jamais les seuls arbitres de tes goûts et de tes choix ; mais tu peux être assuré que toute femme de bon sens et d'un jugement un peu élevé concevrait des préventions contre un jeune homme qu'elle croirait entiché d'un soin exagéré pour une partie quelconque de sa toilette, et au lieu de *plaire*, il ne ferait que *pitié*.

Je te saurai toujours gré d'être soigneux, propre, rangé dans ta tenue et ta toilette, de ne pas te laisser aller à une négligence qui annonce paresse ou saleté. Ce soin *raisonnable* de sa personne et de son extérieur influe même, plus qu'il ne devrait, sur une sorte de considération et surtout de succès dans le monde, parce que le monde est toujours repoussé par ce qui le choque ou lui déplaît. Mais l'excès opposé à ce défaut de soins que j'appelle *raisonnables*, produirait un effet semblable par le ridicule qui en résulterait.

Conserve donc de bonnes habitudes de propreté et d'arrangement dans ta toilette, car elles sont presque une *vertu sociale*; mais que ce soit aussi avec une grande simplicité, sans laisser enraciner aucune prétention frivole et *féminine*.

Cette simplicité seule, cette absence non de soin, mais de prétention, est de bon goût. Tu verras tous les jeunes gens bien élevés et appartenant à la meilleure société, se distinguer surtout par cette grande simplicité, et presque toujours les gens de petite condition afficher l'affectation des modes et la recherche de la mise. Les commis de magasin, les garçons limonadiers, les jeunes provinciaux, généralement *font jabot*, portent la cravate haute, des nœuds aux souliers, se gonflent dans leur toilette, et se croient des hommes d'importance parce qu'ils sont bien ajustés, frisottés et pimpants.

La société aristocratique et de l'ancien ton me séduit surtout par la simplicité de ses manières polies et par celle de tout son extérieur. Tu y verras toujours les hommes et les femmes mis bien plus simplement, à moins de frais et avec plus de goût, que ce qu'on appelait autrefois les roturiers. Mathieu de Montmorency t'en offre un exemple ; il est toujours *bien*, mais tout à fait sans recherche, et il ne faut pas dire que c'est parce qu'il est vieux ; il y a vingt-cinq ans, il était jeune et tout de même.

Je voulais depuis longtemps avoir un entretien *d'amie* avec toi sur ce sujet et te dire mon opinion en général sur ces sortes de choses ; mais je ne parle pas quand je veux, comme tu sais. Voilà que je m'en suis acquittée *à propos de bottes*.

Nogent-sur-Marne, 11 octobre 1822.

Depuis plusieurs jours je me propose, mon cher enfant, d'avoir avec toi une conversation, bien à fond, sur ton avenir et les faces diverses sous lesquelles il faut que tu le considères ; si je ne l'ai pas eue encore, c'est que je ne m'en suis pas senti la force. Chaque fois que j'ai voulu entamer cet intéressant et grave sujet, l'émotion dont j'ai été saisie a surpassé le peu de force qui me reste encore. Le seul aspect de mes chers enfants, la vue de leur aimable et, jusqu'à ce jour, calme et douce jeunesse, m'attendrit ; mais quand il s'agit de tout leur sort, de cet avenir auquel la nature ne veut pas que je puisse présider toujours, alors toutes les puissances de la vie qui sont encore en moi, sont trop fortement excitées, et je succombe à cette vive épreuve. Cher et bien-aimé fils, le devoir et la tendresse maternelle, toujours confondus, dominent à la fois ma conscience et mon cœur, car tout est cœur et conscience dans l'amour maternel. Puisse celui que je te porte n'avoir pas été stérile pour ton bonheur !

Je ne saurais égaler la sagesse et les lumières de ton père, ni puiser à une source aussi riche que la sienne ; mais je voudrais réunir ici et te consacrer le tribut de ma sollicitude et de mon affection.

Ton père, d'années en années et récemment encore, t'a adressé d'admirables conseils qui peuvent régler, animer toute ta vie. Cette année-ci seulement et pour la première fois, il t'a présenté l'entrée d'une carrière, après l'avoir méditée et choisie dans le double but de ta plus grande élévation morale et de t'assurer une existence honorable et indépendante. Il te l'a proposée, cher fils, mais il ne voudra pas t'y contraindre. Il faut donc y réfléchir, la considérer mûrement, te rendre bien compte des graves engagements qu'elle te ferait prendre, et ne pas y entrer avec des *demi-résolutions*, avec la perspective d'en sortir si elle te déplaît, et avec la chance d'y avoir perdu peut-être plusieurs années, si, pour n'y avoir pas assez réfléchi, tu prenais en dégoût ses devoirs et ses assujettissements. Il faut dès à présent ne rien te dissimuler à toi-même ; il faut dès à présent, si tel doit être ton sort, l'embrasser *tout entier*, n'avoir plus que cette pensée et cette perspective, diriger tes études vers ce but aussi bien qu'y conformer tes goûts et tes habitudes, et que ces goûts et ces habitudes ne forment point, par la suite, une désharmonie qui nuirait à ta tranquillité d'esprit et aux succès qu'il t'est permis de désirer et d'espérer, en les fondant sur l'accomplissement de tes devoirs.

Cette carrière que ton père te propose[1], dans laquelle il peut si puissamment te guider et t'assister, me paraît belle et, je l'avoue, la plus désirable pour toi. Tu ne peux la suivre qu'avec honneur, et elle te promet avec le temps les fruits utiles que tu seras dans le cas de désirer en recueillir lorsque tu seras devenu père de famille. J'y vois d'abord la garantie d'une haute moralité dans une vie très laborieuse, et, crois-moi, nous n'avons jamais trop de garanties à nous donner à nous-mêmes pour ne pas craindre de tomber, comme tant d'autres, dans les inconvénients de la frivolité, de la mollesse et d'une existence presque nulle, comme celle de tant d'êtres qui *végètent* plutôt qu'ils ne *vivent*. Ici, il ne te restera point de vides ; tous tes instants devront

---

1. Celle du barreau.

être nécessairement consacrés à des études sérieuses mais intéressantes, persévérantes mais variées, au travail mais aussi à ses fruits. Ton caractère revêtira cette dignité propre aux hommes qui doivent tout à eux-mêmes, à leurs efforts, à ce noble sentiment qu'il leur est permis de nourrir, que la société aussi leur doit quelque chose, et qu'elle leur paye du moins infailliblement en une considération justement acquise.

Quels que soient les événements qui viennent agiter la société, renverser la destinée que plus d'un individu s'est laborieusement préparée, tu résisteras à toutes ces mauvaises chances au fond de ton cabinet, où se réuniront toutes tes ressources par ton travail et grâce à un état qui n'aura rien à subir des arbitraires volontés du pouvoir ni des malheurs dont le pouvoir lui-même peut être accablé. Si des douleurs qui navrent tout cœur humain deviennent aussi ton partage, le meilleur remède, la seule diversion, tu les trouveras encore dans le travail. Tu seras d'autant plus disposé à respecter non seulement les institutions de ta patrie, mais aussi l'autorité même qui y préside, que tu en seras plus indépendant pour tes propres intérêts, et que tu sentiras mieux l'appui que peut lui prêter un citoyen probe et éclairé, en échange de la protection qu'il en reçoit lui-même comme membre de la société.

Je ne me suis jamais représenté le patriotisme comme un sentiment hostile à l'autorité qui maintient l'équilibre et l'ordre dans l'état social; le patriotisme même me la ferait chérir dans la proportion de ces bienfaits que la société en reçoit, et comme une des institutions qui doivent être sacrées pour le bon citoyen. Ce que le patriotisme et ma dignité propre me feraient désirer, ce serait de n'avoir jamais à flatter le pouvoir, jamais à le servir contre le sentiment qui s'élèverait du fond de ma conscience, et même de ne pas y rattacher tellement toute mon existence, que mes services devinssent une chaîne, une contrainte, où j'aurais sans cesse à lutter contre mes convictions ou contre le maintien de ma situation, où je verrais sans cesse comme un glaive suspendu pour la menacer. Enfin, je voudrais ne rien devoir au gouvernement par nécessité, mais avoir beaucoup à lui offrir par un dévouement désintéressé aux intérêts sociaux qui doivent être protégés par lui.

Tu vois déjà, cher ami, que j'aurais exclu du choix de ta carrière celle qu'on nomme *administrative*, celle qui vous place immédiatement sous la dépendance du pouvoir et vous soumet aux injonctions gouvernementales. Ce n'est pas que là il n'y ait d'honorables exceptions, de grands services à rendre au pays et de nobles vertus à exercer; mais l'on n'y est *bien* qu'avec la latitude d'une fortune personnelle, caution de l'indépendance de la conduite; on n'y trouve jamais la stabilité, et la stabilité est nécessaire au repos de la vie, aux besoins de la famille. Cette carrière serait assurément un vaste champ pour l'exercice des vertus publiques, et j'en ai connu de beaux exemples; je pourrais te citer les noms de Mounier, de Malouet, de Lecoulteux; je pourrais surtout t'en rappeler un plus révéré encore par toi; mais si j'ai vu ces hommes excellents constamment vertueux dans l'exercice des fonctions administratives, je ne puis dire que je les y aie vus heureux, quoiqu'ils fussent si éminemment protégés par leurs vertus. Et si j'ai vu ces *hommes phénomènes* se maintenir longtemps malgré la sévère indépendance de leur caractère, ils ont cependant succombé aussi aux rapides vicissitudes des événements, et j'en ai vu beaucoup d'autres, estimables à plus d'un titre, perdre à la fois par leurs hésitations la considération publique et la faveur du pouvoir. Se maintenir dans une pareille carrière est une de ces chances de loterie, qui peut d'autant moins échoir à un homme sage, qu'il ne doit pas s'y confier pour fonder son sort et l'existence de sa famille.

Il est un autre état qu'on pourrait désirer comme indépendance et chances de fortune : c'est celui du commerce et des spéculations dans les affaires d'industrie ou de négoce ; cette carrière aussi, il faut l'envisager sous diverses faces. Quant à l'indépendance, elle n'existerait que par rapport à la sphère d'occupations, car c'est un état très dépendant pour le travail, qui condamne à une longue et laborieuse assiduité, surtout quand on n'a pas une fortune personnelle à y faire valoir. Ce n'est donc qu'à force d'activité, de patience, de services rendus à ceux qui t'y protégeraient en t'associant avec le temps à leurs établissements, que tu pourrais parvenir à fonder ton existence propre. Loin de moi la pensée de déprécier cette carrière, si je te la représente ainsi ! Je veux seulement te faire comprendre que là aussi, quelle que soit la profession que tu choisisses, elle sera toujours assujettissante et très laborieuse, et que tu n'en recueilleras les avantages soit de considération, soit de fortune, qu'à la longue et par de grands efforts. Nous aurions pu être induits à préférer cette carrière pour toi, ayant d'excellents amis qui te serviraient d'exemple et d'appui ; nous aurions assurément beaucoup à espérer de l'amitié de MM. Delessert et Perier pour nous et de leur bienveillance pour toi. Mais M. François Delessert lui-même, éclairé par l'expérience, a été loin, ces jours-ci, de conseiller pour toi cette carrière, que tu ne pourrais remplir qu'au prix d'une vie bien dure, de chances bien hasardeuses et d'un éloignement presque constant de ta famille.

Tu pourrais aspirer plutôt à la magistrature, et j'ose croire que tu serais un jour digne d'un si auguste ministère; mais la complète indépendance du rôle qu'on est appelé à y remplir, n'y règne pas toujours non plus dans les fonctions du ministère public : tu peux en juger par des exemples assez récents. Cette carrière est bornée pour la fortune ; les études et le travail encore y sont immenses; enfin, elle est bien sévère. Te sens-tu la force d'être appelé journellement à prononcer ou sur la vie, ou sur l'honneur, ou sur la fortune des individus et des familles ; à leur appliquer toute la sévérité des lois, contre le cri de ton cœur qui excuserait quelquefois ce que d'anciennes dispositions pénales châtient trop rigoureusement? Crois-tu aussi en ton pouvoir de mener la vie austère, concentrée, que commande la magistrature?

Il te resterait encore à songer aux carrières que t'ouvrirait l'École polytechnique. Veux-tu faire les études nécessaires pour entrer en lice et être admis dans cet établissement? Tu n'aurais pas un moment à perdre pour cela, et il faudrait mesurer tes forces avant d'accepter la lutte. Je crois que tu le pourrais avec avantage, si tu le voulais sérieusement, et que tu manquerais plutôt de confiance en toi-même que de moyens pour réussir.

Il me semble avoir parcouru les principales carrières qui te seraient ouvertes, et que cet examen nous conduit à trouver préférable celle que ton père t'indique plutôt qu'il ne te l'impose.

Au reste, la carrière du barreau ne te fermerait pas celle de la magistrature ou de l'administration, bien au contraire. Les lumières que tu y acquerrais, la réputation que tu pourrais y obtenir, favoriseraient beaucoup ton entrée dans une de ces autres carrières, si les temps à venir se régularisent et se consolident de manière à te la faire désirer.

Cependant ce n'est pas avec l'idée que le barreau ne serait qu'un *passage* à autre chose, qu'il faudrait embrasser cette carrière, ou bien tu t'y perdrais ; c'est avec la pensée et la ferme volonté d'y fonder ta considération d'abord et toute ta fortune ensuite. Ce n'est qu'en te la proposant comme but unique que tu y réussiras, et tu t'y perdrais, je te le répète, en tergiversant, en égarant ton imagination dans les incertitudes ou dans de vagues et divers projets. On ne réussit bien et on ne s'élève à une grande considération qu'en faisant converger tous ses moyens vers le but qu'on se propose d'atteindre, et non en les disséminant tantôt à une perspective, tantôt à une autre. Bien peu d'hommes possèdent en eux assez de moyens de succès pour en perdre ou les mal appliquer. Il faut donc que dès à présent tu arrêtes positivement ton choix, que tu y diriges tes études en les rassemblant comme en un faisceau, que tu choisisses même les sociétés qu'il conviendra de fréquenter, et jusqu'à tes goûts et tes délassements doivent, dès ce moment, correspondre à ce que tu te proposes. Encore une fois, il faut surtout qu'il n'y ait plus rien de vague ni d'incertain dans ton but, il faut te persuader que ta volonté sera une grande puissance pour te créer un sort, et on n'a de volonté forte qu'en la concentrant.

Nogent-sur-Marne, 29 août 1823 [1].

Je me sens bien pauvre, bien dépouillée, de n'avoir plus ces deux chères parties de moi-même. Je veux aussi t'écrire, mon Gustave, pour te redire de loin, comme j'aime à te le dire de près, combien tu m'es cher, combien tu me fais goûter toutes les douceurs de l'amitié, de la confiance, unies à la tendresse maternelle. Pourquoi ne te dirais-je pas aussi que j'espère de toi l'accomplissement de mon vœu le plus ardent, celui de voir reparaître en toi les vertus, la dignité morale, et peut-être les lumières de ton excellent père?

Ce témoignage qui ne me semble que la vérité, l'heureux pronostic de l'avenir, bien loin d'affaiblir ton zèle, de t'inspirer trop de confiance en toi-même, ne doit, au contraire, que fortifier ton désir d'atteindre à la hauteur qui t'est marquée et dont tu as des modèles devant toi. Si tu pouvais bien deviner le cœur d'une mère, tu saurais, cher ami, que Dieu y a placé le sentiment le plus tendre, le plus dévoué, le plus généreux qu'il y ait : c'est un sentiment, par lui-même, parfait. Une mère aime son enfant de toute la puissance de son âme, et cependant tu me fais sentir qu'il dépend d'une créature déjà si aimée d'ajouter encore à cette vive affection. Je te chéris parce que tu es mon fils, mais aussi parce que ton cœur est bon et droit, et surtout parce que tu es, dès à présent, et que tu seras toujours davantage la consolation, la récompense de la belle et laborieuse carrière de ton père.

1. Cette lettre était adressée à Lyon où se trouvaient MM. de Gerando père et fils.

Tu m'avais destiné, cher enfant, les prémices du prix que t'a décerné l'Académie de Besançon, et j'ai eu aussi, à mon grand regret, celles de la médaille que j'ai trouvée hier, à Paris, avec une lettre de M. Bruand, qui dit que tu as été bien célébré à la séance publique de l'Académie. Je dis que j'ai reçu la médaille à regret, parce que j'aurais voulu que ton père, ta grand'mère et toi fussiez là pour partager mon plaisir. C'est une superbe médaille en or, grande comme celles de ton père, ornée et ciselée : c'est charmant à voir. Nos amies, réunies chez Mme de Rollin, en ont tout de suite joui, mais elles l'ont mise sur leurs mouchoirs de batiste, pour ne pas en ternir l'éclat. J'ai passé une heure avec Mme de Rollin, et une demi-heure a été employée à parler de toi; ce n'est pas moi qui aurait voulu m'en plaindre.

Je prie ton père de t'embrasser et de te bénir en mon intention. Adieu, mes deux bien-aimés.

Nogent-sur-Marne, 7 septembre 1823 [1].

Je t'écris à l'avance, cher fils, parce que je ne le pourrai pas demain. Mlle Sauvan m'amène Octavie [2] qui passera quelques jours avec moi; Mme Augustin Perier vient aussi avec ses trois filles, son fils Eugène et Mlle Pfeffel. Ces dames seront ici avant neuf heures et comptent repartir à midi, pour me laisser en repos, après un déjeuner champêtre où elles auront des pêches crues, des pêches en tarte, des pêches

1. Lettre adressée aussi à Lyon.
2. Nièce de Mme de Gerando.

en compote. Il y en a énormément, et quand on m'en apporte de beaux et grands paniers, je me mets à vous regretter.

Le calme, le repos sont devenus la première condition de mon rétablissement, et, comme le disait mon médecin l'autre jour, l'*ennui* même est un de mes remèdes nécessaires : il faut que je *m'ennuie* pour que ma santé se remette. Eh bien, soit! je me résigne, mais avec l'espoir que vous me reverrez encore assez bien pour redevenir votre véritable compagne et participer à une douce vie de famille.

J'ai beaucoup joui, mon cher ami, des détails que tu me donnes des plaisirs de ton voyage, et surtout de ceux qui concernent tous nos bons parents et l'accueil si aimable que vous en recevez. Si je ne connaissais pas si bien mon cher Gustave, je ne serais pas sans inquiétude que tant d'empressements et de *gâteries* ne le gâtassent un peu; mais tu as trop de droiture dans l'esprit et dans le cœur pour te laisser enfler par des succès précoces et par la vanité, pour ne pas rapporter une grande partie des éloges et des prévenances dont tu es l'objet, à la bonté naturelle de ceux qui te les prodiguent. Il faut certainement qu'il y ait en toi de quoi les inspirer, et s'il n'y avait pas de motifs suffisants pour un intérêt si touchant, il ne se manifesterait point; mais il en résulte pour toi une obligation de plus d'orner le mérite par la modestie, par cette réserve de *bon ton*, qui annonce une bonne éducation aussi bien qu'un bon esprit. Savoir écouter au lieu de parler, recueillir au lieu de vouloir répandre soi-même, est une heureuse habitude que peu de jeunes gens ont pris soin de contracter. Dès qu'ils sont mis en scène, ils se croient réellement des personnages, et c'est malheureusement cette confiance présomptueuse en eux-mêmes qui les empêche d'en acquérir une solidement fondée sur le sentiment de sa véritable valeur, de profiter de tout ce qu'ils pourraient s'approprier, de s'enrichir des conseils utiles que leur offriraient l'expérience et l'intérêt que l'on prend à eux. C'est surtout de cette répugnance pour les avis salutaires, de cet amour-propre si vif et si chatouilleux qui s'élève dès qu'on veut les prémunir ou les éclairer avec le plus pur désintéressement, que je voudrais préserver ceux auxquels je souhaite des succès plus solides et plus durables que ceux de la vanité. Ce n'est pas toi, chez qui l'amour du devoir est si sincère, qui auras la folle présomption de croire qu'à vingt ans on peut se passer de la direction des autres, qu'on voit et discerne à cet âge avec plus de sagesse que ceux qui ont déjà parcouru une longue carrière et se sont éclairés souvent à leurs dépens. Hélas! c'est ce que la maturité de l'âge et l'expérience peuvent offrir de mieux à la jeunesse, et cette jeunesse est bien insensée quand elle ne sait pas en profiter et se croit la science infuse, puisant tout en elle-même et s'imaginant qu'elle n'a plus besoin de direction et de guide. Avec quelle ardeur n'invoquerait-elle pas ces guides éclairés et généreux, quand elle sera sous le coup des épreuves, suite de la présomption et de l'excessive confiance en soi-même, quand ces voix *avertissantes* et *prémunératrices*, si je puis créer ces expressions, seront éteintes!

Cette irritation contre les avertissements et les conseils a surtout sa source non seulement dans un amour-propre aveugle, mais plus encore dans une passion désordonnée d'indépendance. On veut marcher, s'avancer sans entraves, ne s'appuyant que sur soi-même, se croyant libre alors, tandis que le guide dédaigné par le jeune imprudent ne songe qu'à lui faire éviter les faux pas, à le diriger plus sûrement vers le but, et non pas à le priver de ses mouvements et de l'usage de sa raison. Un jour, quand il sera devenu père de famille et soumis aux mêmes sollicitudes, si ses enfants marchent sur ses traces et refusent aussi le bras qui veut les soutenir, le fanal qui peut les éclairer, quel souvenir et quels regrets n'aura-t-il pas d'avoir agi de même, et de retrouver dans ses propres enfants l'amertume qu'il avait souvent ressentie lorsque d'importunes recommandations offusquaient son amour-propre, recommandations qu'il voudrait bien entendre encore? Mais la douce et tendre voix qui les donnait sera éteinte, et il n'en restera plus que le souvenir et le regret de ne l'avoir pas écoutée.

Tu es né privilégié sous ce rapport, mon cher fils, et c'est avec bonheur que j'y songe souvent. Tu as reçu du ciel le premier des bienfaits, lorsqu'il t'a fait naître d'un père si tendre et si bon, au-dessus de la plupart des hommes par la supériorité de l'esprit, plus supérieur encore par les vertus. C'est par de tels exemples, par de telles leçons, que tu as été appelé à te former; sous une telle égide, que tu pourras parcourir la plus grande partie de la carrière que tu as à fournir. Tous ces trésors te seront ouverts, toutes ces richesses s'écouleront vers toi et te seront transmises comme le plus précieux héritage, chaque fois que tu voudras y puiser avec une religieuse confiance, avec un respectueux abandon à la direction d'un guide si respectable et si cher.

Voilà une longue causerie à laquelle il faut bien mettre un terme pour ne pas épuiser ma journée en écritures et la tienne en lectures. J'ai reçu une lettre de M. Maine de

Biran qui vient de partir pour passer deux mois dans sa famille, une de M^me Gautier-Delessert avec l'expression de ses sentiments affectueux pour ton père et pour toi ; une de M^me Mounier, pleine aussi d'intérêt pour mes chers voyageurs. Il est venu de chez M. Michaud des épreuves *pressées* pour le tirage des articles de ton père sur Platon et Pythagore [1], et on le prie de faire, d'ici à quinze jours, l'article sur Scheid.

Adieu donc, fils chéri, puisqu'il le faut ; adieu, mon tendre ami, plus aimé que jamais. Encore un dimanche, et puis l'autre dimanche vous serez auprès de moi !

1. Il s'agissait des articles qui ont été publiés dans la *Biographie universelle* de Michaud.

IV

# FRAGMENTS
# D'UN JOURNAL

COMMENCÉ LE 29 FRUCTIDOR AN VIII

(15 SEPTEMBRE 1800).

# FRAGMENTS
# D'UN JOURNAL

COMMENCÉ LE 29 FRUCTIDOR AN VIII

(15 SEPTEMBRE 1800).

---

J'entreprends ce journal parce que je crois qu'il me sera utile pour me corriger de l'instabilité de mon esprit et de bien d'autres défauts; je le regarde comme un exercice moral. Je ne pense jamais sérieusement sans reconnaître la présence de Dieu; toutes mes facultés (et je ne possède guère que celles du cœur) se réveillent alors en moi. Je me sens pénétrée de la pauvreté de mon âme, des bienfaits de Dieu, de reconnaissance pour mes amis, d'une tendre affection pour mon mari.... Je ne désire plus que *le meilleur* ici-bas et le salut éternel.

J'ai joui délicieusement de mon admission dans la *Société de la Dhui*[1], qui se compose de l'élite de nos amis. J'ai senti un zèle nouveau, un désir ardent de leur ressembler, de me rendre digne de leur indulgente affection et de leur être utile, à mon tour, par des conseils et surtout par des exemples. J'ai médité sur les obligations que m'impose cette admission, et particulièrement sur le statut de notre

---

(1) Nom d'une petite rivière qui traverse le parc de Vizille, près de Grenoble. C'est dans cette belle résidence de la famille Perier, que s'était formé un pacte d'intime amitié auquel on avait donné le nom de *Société de la Dhui*.

a: ociation qui porte qu'on doit *donner et bien recevoir les conseils les plus salutaires à chacun de nous*. Mais j'ai eu une crainte secrète, c'est qu'un sentiment d'amour-propre n'ait aussi contribué à relever à mes yeux le prix de ma réception; je m'étais sentie *glorieuse* de me voir confondue avec des êtres que j'admire, que je chéris, qui me semblent au-dessus de tout ce que je connais. Ce sentiment a surtout reporté ma pensée sur Camille Jordan qui a tant de droits à ma reconnaissance.

---

J'ai revu et embrassé Marie [1], dans tout l'épanouissement de cette jeunesse de cœur, qui est la plus vive image du bonheur. Sa bonté m'a touchée, sa beauté m'a éblouie. Je me suis sentie le plus grand désir de lui ressembler, et pourtant sa charmante figure, ses grâces, ses talents, n'ont aucune part à ce souhait; je suis, heureusement, depuis longtemps détachée de tout désir de succès à cet égard, mais je voudrais avoir le calme vertueux de Marie, sa douceur, son application, ses lumières. Son mari m'a fait aussi éprouver des impressions de contentement, il m'a témoigné de l'amitié, il a flatté ma vanité, son esprit m'a séduite; je me suis reproché de ne pas lui avoir toujours rendu assez de justice.

Le soir, je me suis laissée aller à de fades plaisanteries à l'égard de notre ami G.; il vaut mieux garder le silence qu'aventurer des paroles au hasard de ce qu'elles peuvent signifier. En causant avec mon oncle, vrai gentilhomme du siècle dernier, j'ai voulu me mettre à sa portée, ou plutôt

---

1. Mᵐᵉ de Montbrison.

entrer dans son genre d'esprit; je lui ai raconté quelques anecdotes peu édifiantes, ou pour le moins inutiles; j'aurais pu mieux employer mon temps.

———

J'ai médité aujourd'hui sur les exemples que m'offrent mes amis et sur ce que m'imposent mes nouveaux rapports avec eux. Je me sens un peu plus d'énergie pour le *bien*; c'est le vœu constant de mon âme. Ce monde, cette vie sont peu pour moi; j'entends à chaque instant une voix qui m'instruit qu'ils sont de peu de durée, que tous les plans, tous les désirs des hommes sont moins qu'une vapeur.... Je touche à la fin de la journée, et je sens du vide dans mon cœur, mais je prierai, je m'élèverai vers Dieu, je lui rendrai une partie des actions de grâces sans nombre que je lui dois, et le vide n'existera plus. Je me confierai, ô mon Dieu! à votre bonté infinie, je vous aimerai de toute mon âme, j'aimerai mon mari et mes frères.... Puis je mourrai, et j'aimerai plus encore. Seigneur, accordez-nous vos bénédictions!

— J'ai fait une lecture dans *Zollikofer* et dans l'*Imitation*, puis j'ai parcouru la *Bibliothèque germanique*. J'en ai tiré quelques notions sur les progrès du théâtre allemand, assez pitoyable quant au goût, mais ayant toujours ce sceau d'originalité qu'imprime à toutes ses productions une nature vierge et sauvage. Elle ressemble à ces nymphes de la Fable, poursuivies par des dieux, qui franchissent les fossés, les broussailles, les montagnes, les déserts; on les suit de l'œil dans leur course effrénée, et l'œil est toujours frappé de leur beauté extraordinaire.

— J'ai écrit à Amélie M., et je ne lui ai pas témoigné la

moitié de l'attendrissement que j'éprouvais. Je m'étais retenue pour ne point paraître exagérée ; il faut toujours se mettre au niveau des autres, même en sentiment. J'y parviens à peine, mon cœur est trop ardent. Je voudrais savourer à longs traits les jouissances de la seule faculté que le ciel m'ait départie, cette expansion tendre et bienveillante qui anime tout mon être, mais je ne m'y livre pas entièrement. Au lieu de me confondre avec les autres, comme j'en sens le besoin, elle me mettrait en désharmonie, et puisque je n'ai que ce don, il faut au moins ne pas en abuser.

---

J'ai assisté à une cérémonie grave et touchante, la translation du corps de Turenne, mais elle n'a eu pour moi ce caractère que par les réflexions personnelles qui le lui ont prêté. Il m'a été pénible de voir un nouvel exemple de la frivolité des hommes, et de me convaincre que la plupart ne se laissent impressionner que par l'égoïsme ou l'imagination ; les sentiments moraux et religieux sont, hélas ! beaucoup trop rares. J'ai été vivement émue en voyant l'étroit monument qui renferme les restes d'un homme qui a rempli la terre entière du bruit de ses actions, qui avait obtenu toutes les distinctions de la gloire et de la fortune. Il m'a semblé un moment être contemporaine du grand siècle et entendre la voix éclatante de la renommée publier les exploits de Turenne... Et tout à coup, l'esprit saisi par ce qui se passait sous mes yeux, j'ai vu le néant de toutes nos ambitions. Je me suis réfugiée dans le plus profond de mon cœur, et l'espérance en Dieu y a seule dominé pendant la durée de cette cérémonie. J'ai regretté de n'avoir personne à qui communiquer mes réflexions, mais il faut être sobre de ces épanchements intimes, et le sentiment le plus pur et le plus vrai serait bien près de l'affectation auprès de ceux qui sentent moins vivement que nous.

J'ai éprouvé, pendant le reste de la journée, un grand vide de pensées, ce qui m'arrive facilement dans les circonstances où je suis livrée à la distraction. J'ai alors une multitude d'*idées,* mais peu de *pensées.*

Il n'y a pour moi de pensées vraiment *délicieuses* que celles qui viennent de mes affections ou de mes espérances religieuses.

Il ne faut jamais faire un reproche inutile ou qui aggraverait un regret sincère, parce que c'est un défaut de générosité, toujours vivement senti par celui qui en est l'objet.

---

An IX. — Quelques moments passés chez Mme Desaix ont renouvelé plus que jamais en moi le désir d'une vertu toute simple, toute bonté. On ne brille pas, personne ne vous cite, peut-être même inspire-t-on moins d'attachement qu'avec des qualités plus brillantes; un mérite modeste est souvent méconnu, mais on vit pour les autres, on leur est utile, et l'on ne se met dans le chemin de personne. D'ailleurs, c'est avoir déjà fait beaucoup pour son bonheur que de s'oublier soi-même et de vivre hors de soi.

— J'ai médité aujourd'hui sur la vertu de patience si bien séante à une femme, attribut essentiel de son caractère, et en même temps si utile pour conserver de l'empire sur les personnes qui nous entourent. Elle donne une sorte de considération à notre caractère et à toutes nos paroles. Une personne trop vive se compromet souvent dans ses meilleures appréciations ; on ne se donne pas la peine d'examiner ce qu'elle dit, et par une sorte de prévention contre elle, on se persuade qu'elle se laisse entraîner par une impulsion contraire à la sagesse.

---

— Ma matinée s'est passée avec Mathieu de Montmorency, et j'ai recueilli dans cet entretien quelques traits de morale et de nobles sentiments, toujours précieux dans la bouche d'un ami. Puis sont venus Marie de Montbrison et son mari, nouvelle et douce jouissance. La reconnaissance est tout naturellement un sentiment si vif en moi, que j'adore les amis qui me font du bien, les personnes qui m'ont secourue et obligée dans les douloureuses épreuves de ma jeunesse. Grâces vous soient rendues, ô mon Dieu! du charme que ces liens sacrés répandent sur mon existence! Le désir de remplir mes devoirs, aimer mon mari de toute mon âme, et puis mes amis, voilà les éléments essentiels de ma vie... Je n'ai pas besoin de vivre dans un autre milieu. Mes amis trouveront toujours en moi, j'espère, franchise, bon accueil et tendresse ; c'est, hélas! tout ce que je puis faire pour eux, et il m'est consolant de penser que cela leur suffit.

— J'ai pris hier soir, à l'imitation de mon cher Joseph, l'engagement de faire chaque jour une bonne action. Par *bonne action*, j'entends servir les autres, leur sacrifier une satisfaction personnelle, s'imposer une privation, remporter une victoire sur soi-même, sur ses mauvaises habitudes, ou tout autre exercice moral; car travailler à devenir meilleur est une *action essentiellement bonne*, aussi bien que d'assister nos semblables ; notre perfectionnement nous en rend plus capables et remplit le premier but de la Providence, qui a voulu, en nous accordant l'immortalité, que nous cherchions à nous rapprocher d'elle.

— Je n'ai pas su éviter un peu d'impatience en recevant des visites importunes ; j'ai manqué de politesse, ce qui est toujours un manque de cette affabilité qu'un bon cœur se plaît à témoigner à tout le monde.

***

La journée suivante a été pour moi pleine de paix et de jouissances ; j'ai senti affluer dans mon cœur toutes celles que procurent la contemplation des beautés de la nature et l'amitié.

J'ai été particulièrement contente de faire la connaissance de Grétry. Son ouvrage sur la musique m'avait fait juger que ce devait être un homme vertueux et plein de sensibilité ; son aspect et son langage m'ont confirmée dans ce pressentiment. Ses regards aussi bien que sa conversation s'adressaient de préférence à moi, avec une expression de bonté paternelle ; mon amour-propre l'a senti et en a joui peut-être plus que mon cœur.

— Quand je suis à côté de Marie[1], je sens une douce paix : l'admiration que m'inspire son charmant caractère et ses vertus m'est salutaire. J'espère que l'hiver que je vais passer avec plusieurs amies bien meilleures que moi, me donnera plus de force pour les imiter ; je n'aurai pas en vain des exemples si parfaits sous les yeux.

La société de Montbrison m'est fort agréable, mais je me reproche de trop goûter son esprit ; il faut savoir aimer tout

---

1. M<sup>me</sup> de Montbrison.

autant les personnes qui en ont moins, et préférer les qualités solides aux qualités brillantes.

— Il m'a semblé que nous nous inquiétions trop peu de bien recevoir les personnes qui viennent nous voir. L'aménité, la complaisance, le soin d'amuser les autres, de s'occuper de ce qui peut leur plaire, de renoncer dans cette intention à ses goûts et à ses habitudes, sont des vertus hospitalières qui ont bien leur mérite et qui appartiennent aux cœurs bons et généreux.

On peut assurément ne pas se gêner pour des amis, comme on le ferait pour des étrangers ; mais nous leur devons aussi des égards, et il est doux de leur rendre notre société aussi agréable que possible. Quant à moi, j'y mets du mien autant que me le permettent mes facultés intellectuelles, et quand même les personnes qui viennent me voir ne me sont pas également agréables, je me fais un devoir qu'elles ne s'en aperçoivent pas et qu'elles me quittent satisfaites de mon cœur, si elles n'ont pas lieu de l'être de leur plaisir. Je me propose de m'appliquer toujours davantage à acquérir cette bienveillance, cette parfaite politesse qui sied si bien à une femme et à une maîtresse de maison.

---

J'ai médité aujourd'hui sur la *sobriété des paroles* et la convenance qu'un bon esprit s'en permette peu d'inutiles, mais j'ai médiocrement profité de ma méditation.

Je trouve M. D*** fort peu aimable, quoiqu'il ne manque pas d'esprit ; c'est que nous ne le sommes jamais aux yeux des autres, qu'en nous oubliant pour nous occuper d'eux, et M. D*** fait le contraire. Ce radotage de l'égoïsme, que lui ont sans doute donné les embarras d'affaires et de fortune où il s'est trouvé depuis sa jeunesse, augmentera probablement avec l'âge et le rendra peu supportable à ceux qui ne tiennent pas à lui par les affections du cœur. Heureusement chaque mortel, malgré ses imperfections, a toujours quelque titre à l'attachement d'un autre mortel; il a un ami, une femme, un enfant, qui vivent pour lui, et les défauts de celui qu'on aime sont faciles à supporter.

— M. de V*** me paraît un très honnête homme, mais doué de facultés médiocres et incapable de suivre une carrière distinguée. Sa sœur, que j'ai vue aussi aujourd'hui, m'a plus intéressée que sa femme. Elle n'a pas un esprit brillant, peut-être pas même beaucoup de jugement, mais elle est très pieuse, essentiellement vertueuse, dans toute l'étendue de cette expression. Je lui reconnais un haut degré de délicatesse dans tout ce qui tient au sentiment et au devoir, et je la mets dans le petit nombre des femmes vraiment distinguées. Comme toutes les vertus lui sont chères et qu'elle ne se contente pas sans doute de les admettre à demi, elle parle beaucoup d'indulgence, bien que naturellement portée à la sévérité. J'ai été fort contente de mon entretien avec elle, parce qu'il n'a pas été rempli par des paroles vides de sens.

J'ai peu l'habitude d'entretenir d'autres rapports que ceux de l'amitié, et avec des jeunes gens je me sens parfois embarrassée pour concilier les témoignages d'intérêt avec la réserve indispensable aux deux sexes et aux convenances. Sans doute elles ne sont quelquefois qu'un masque dont ne se couvre pas la vertu véritable, qui se prête à la douce familiarité de l'amitié. Je suis, par les besoins de mon cœur, fort éloignée de cette réserve, mais ceux de mon esprit me la rappellent sans cesse, car ce qu'on qualifie de *préjugés* est surtout fait pour la femme ; il faut qu'elle s'y soumette dans bien des occasions, et les *apparences* décident trop souvent de sa réputation.

— J'ai éprouvé tout le jour et j'éprouve habituellement une profonde mélancolie, sans que je puisse me rendre compte à moi-même de ce que cette tristesse intérieure est si peu apparente au dehors. Toutes mes sensations, toutes mes pensées sont sérieuses, mais il ne s'échappe qu'une bien petite partie de mes pensées dans ma conversation. Elle se monte naturellement à un ton de frivolité qui vient de la distraction de mon esprit, ou à un ton presque toujours enjoué qui prend les nuances de l'état de mon cœur, enclin à la bienveillance ; mais, au dedans de moi-même, la vie m'est peu de chose.

Je suis douloureusement frappée de l'idée que je manquerai toute ma vie le but qui seul peut m'y attacher, celui de contribuer puissamment au bonheur des êtres que j'aime le mieux au monde. Que me restera-t-il donc à faire ? Souffrir souvent, vieillir et mourir, et en souffrant et vieillissant, troubler les destinées que j'aurais voulu rendre si prospères... Mais lorsque ces tristes pensées me viennent, Dieu est là, l'immortalité devant moi ; je suis enveloppée de rayons de lumière, et la paix rentre dans mon âme.

— En écrivant à P\*\*\*, je lui ai donné un conseil qui m'a paru utile pour la direction des facultés d'un jeune homme. Il n'est rien dans la nature, pas un insecte, pas une feuille, qui n'ait son type ou son cachet ; il n'y a pas deux individus qui se ressemblent parfaitement, c'est donc s'abaisser que de se soumettre à une servile imitation. L'homme doit tirer parti des connaissances des autres hommes, comme on se sert des richesses d'un magasin à mesure qu'on en a besoin et qu'on voit par soi-même comment les placer. Nous ne possédons bien que ce que nous sommes parvenus, par nos propres efforts, à reconnaître pour vrai ; ne rejetons pas le reste, mais n'en faisons usage qu'autant que nous nous trouvons assez riches pour l'acquérir.

---

*Mai* 1802. — Voici quelques souvenirs d'une conversation qui a eu lieu chez moi entre M$^{me}$ de Staël, M$^{me}$ Necker, Camille Jordan et quelques autres.

On avait agité de grandes questions de morale et de politique ; en écoutant, je me suis convaincue que les femmes sont peu faites pour se mêler de politique et se passionner pour elle. Cela n'a nul rapport avec leur destination dans la société, nulle proportion avec les facultés de leur entendement. Je n'ai pas encore vu de femme s'écarter ainsi de la ligne que lui a tracée la nature, sans qu'elle m'ait paru y perdre au moins le prestige de la grâce et souvent même tomber dans le ridicule. Toutefois M$^{me}$ de Staël me semble une exception à cette règle générale, la seule que j'aie encore pu admettre. Elle est douée d'une si grande énergie, de sentiments si passionnés, d'un esprit si extraordinaire, qu'elle subjugue les hommes les plus spirituels qui l'environnent et qui sont ce qu'il y a de plus distingué en Europe. Il faut lui assigner un rang où elle domine, mais je voudrais qu'elle fît parfois un autre usage de ses admirables facultés, un usage moins dangereux pour elle et ses amis.

Nous parlions de Dalembert, dont je lis les *Éloges ;* elle

confirma (ce que ses écrits n'indiquent que trop) qu'il était athée. Elle se souvient de l'avoir vu, et comme c'est un souvenir de son enfance, elle n'a retenu que ceux qui frappent à cet âge. Dalembert avait une figure très fine et expressive ; il portait des bas de même couleur que son habit, qui était mordoré ainsi que la veste et la culotte. Ce sont des détails, je le sais, qui n'ont aucune utilité ; mais quand un homme est devenu assez important pour qu'on en parle longtemps encore après sa mort, rien de ce qu'on dit de lui n'est tout à fait insignifiant, pas même son signalement.

M<sup>me</sup> de Staël disait qu'elle croit le duel permis, qu'il est dans les droits d'un homme de pouvoir *parier* sa vie ; j'ai été fâchée d'entendre ce propos dans la bouche d'une femme. Certainement on *peut* faire un tel pari, on ne le *doit* pas. Le suicide alors serait aussi permis, car si je puis disposer de ma vie en la *jouant*, je le puis encore de toute autre manière. Je voudrais qu'avant de livrer sa pensée à l'esprit des autres, on réfléchisse toujours si elle ne renferme rien qui soit condamné par la morale ; je le voudrais surtout pour les femmes, qui doivent s'interdire les choses trop hardies, et dont l'âme délicate ne devrait jamais perdre le tact du bon et du vrai. Dieu, en nous donnant la vie, a eu des desseins qu'il ne nous est point permis de changer.

M<sup>me</sup> de Staël disait aussi que l'amour de la liberté est, de toutes les passions, la plus véhémente, celle qui électrise le plus vivement les esprits et élève le mieux les âmes. Cette passion, poussée à ce point, n'est pas commune ; elle n'appartient guère qu'aux caractères fiers, aux intelligences ardentes ; jamais un sot ne fut épris de la liberté. Je voudrais que ce sentiment fût toujours fondé sur l'amour de l'humanité ; cette sollicitude sincère et universelle pour tout ce qui procure du bien aux hommes ne peut résider que dans les plus beaux cœurs et à côté des plus douces vertus.

———

Mounier est, de tous les hommes que j'ai connus jusqu'à présent, celui dont les opinions politiques me conviennent le mieux, me paraissent pleines de sagesse et de respect pour la dignité humaine. Éclairé d'ailleurs par l'expérience si nécessaire à un homme d'État, il mériterait de remplir une des premières places dans mon pays, si j'y pouvais quelque chose. Il a peu de goût, mais beaucoup de jugement, et quoique très sensible, il n'a aucun souci de ces petits riens qui ont tant d'importance pour la jeunesse et les imaginations vives. Les témoignages extérieurs, le doux langage du sentiment, les signes ingénieux qui le secondent, ne font point d'impression sur lui et sont même l'objet de ses railleries. Il n'a point d'indulgence dans les jugements qu'il porte sur la plupart de ses contemporains, mais il est père tendre et complaisant, et ses enfants sont les premiers éléments de son bonheur. Il a été, dit-on, excellent mari; il conserve religieusement le souvenir de la femme qu'il a perdue. Il est ami très chaud, et il le prouve. Il est éminemment juste, et je ne connais pas de plus honnête homme que lui.

— Fouché est un plaisant républicain; il dit aux hommes de son parti : « Le premier consul tient à vous d'inclination, il vous préfère assurément aux aristocrates, mais il doit préférer avant tout ceux qui lui sont le plus attachés, le plus fidèles, dont il a le plus à se louer. C'est votre affaire de l'avoir toujours dans votre manche. »

———

1802. — Le général Moreau s'est rencontré chez moi avec MM. Fox et Erskine, et ils ont eu un entretien dont je conserve un profond souvenir. Les deux éminents représentants du parti wigh en Angleterre, si bien connus déjà par leur sympathie pour la France, voudraient qu'une paix durable et favorable aux intérêts des deux nations pût s'affermir entre elles, et M. Fox, qui a plusieurs fois entretenu de ce vœu le premier consul, s'est efforcé de gagner aussi Moreau à cette cause avec une grande supériorité d'esprit et de conviction. Moreau, d'abord avocat, puis soldat, conscrit de la république, est assurément un général sage et habile, mais un homme d'un caractère incertain et de vues peu étendues, plus jaloux du pouvoir que hardi à s'en emparer, patriote jusqu'au jour de la vengeance, asservissant sa réputation et son devoir au joug d'une femme froide, vaine, égoïste et impérieuse. J'avais rêvé pour lui un grand avenir qu'il ne saura pas atteindre.

— Nous avons à remplir des devoirs de deux natures, mais nécessairement enchaînés les uns aux autres : ceux de la condition qui nous a été assignée sur la terre, de nos relations plus ou moins intimes avec nos semblables, et ceux que Dieu est en droit d'exiger de nous par rapport à lui-même. Et certes, en le reconnaissant pour l'auteur de notre existence et le bienfaiteur qui l'embellit, l'arbitre de notre éternelle destinée, les devoirs que nous avons à remplir envers lui ne sont pas moins obligatoires que les premiers, imposés aussi par sa loi. Je lui demande chaque jour de remplir mon cœur du saint amour qui lui est dû, pour que je ne paye pas d'ingratitude tant de bienfaits répandus sur mon existence.

Un mot que j'ai lu, il y a plusieurs jours, dans les *Éloges* de Dalembert, s'est présenté à ma mémoire ce matin, et a été le sujet d'une méditation dont le cœur a fait tous les frais. Dalembert parle d'un homme très vain de sa naissance, et sur le compte duquel on avait fait mille plaisanteries. On disait, entre autres choses, qu'en paraissant à l'entrée du Paradis, il avait refusé d'y entrer, parce qu'il n'y avait vu que du *peuple*. Ce mot est sans doute plaisant, mais il me semble aussi une vérité, en ce sens que Dieu peut se complaire davantage à choisir dans cette humble classe les élus qui jouissent immédiatement de sa présence. Une vie pure et laborieuse, exempte d'ambition et des autres passions qui tourmentent la plupart des hommes, un esprit simple, un cœur sans malice, seront les premiers titres auprès de celui qui ne peut commettre d'erreur. Ce n'est point parmi les gens du monde enivrés des plaisirs des sens, parmi les savants orgueilleux, que je voudrais choisir ma place au jour solennel, et si, par ma destinée, je me trouve dans une sphère plus éclairée que celle d'un villageois, je veux faire le meilleur usage possible de ce peu de lumières que je dois à l'éducation et à la fréquentation d'hommes distingués. Je veux être fidèle à la droiture dans mes pensées et dans mes actions, à la vérité dans mes paroles, afin que, lorsque j'aurai à répondre devant Dieu de ce qui m'a été accordé, ses dons ne me soient point reprochés et tournent à mon avantage.

— Je suis frappée de la haute philosophie que renferme le *Télémaque* de Fénelon, soit par les leçons sévères qu'il donne aux princes, soit par la morale si pure et si élevée qu'il dépeint pour tous les hommes. C'est cet évêque si pieux qui s'est mis dans le cas d'être réprimandé par l'Église pour avoir parlé de Dieu et de la religion d'une manière trop sublime pour notre misérable nature et qui aurait pu nous conduire à des erreurs dangereuses ; c'est lui qui nous a donné dans son ouvrage d'admirables enseignements que les incrédules et les bigots prétendent également ne pas être compatibles avec la religion de l'Évangile qui, cependant, a voulu nous présenter le modèle le plus parfait de l'humanité. Tout ce que prescrit la morale évangélique est possible et peut donc devenir une réalité. Le philosophe, digne de ce nom, n'est qu'un esprit sage, éclairé, qui a su trouver ce qui est vrai, pratiquer ce qui est bien. Hommes à préventions, ne dédaignez donc point la philosophie ; et vous qui croyez posséder seuls le flambeau de la raison, rendez hommage au plus grand bienfait du Créateur, à cette communication directe qu'il a daigné établir entre lui et sa créature ; bénissez-le de nous avoir accordé des secours si nécessaires et de si douces consolations.

---

Une qualité morale que je me suis proposé de cultiver particulièrement depuis quelque temps, c'est la patience et la douceur. Une femme ne saurait s'en passer, car elle ne sera jamais aimée de ses domestiques, de ses inférieurs, des personnes avec lesquelles elle est en relations, si elle n'est bonne et indulgente dans tous les moments de sa vie. N'avons-nous pas des exigences, des caprices, mille faiblesses que la douceur et la bienveillance peuvent seules faire pardonner ? A un certain âge surtout, lorsque aucun agrément ne séduit plus, lorsque des maladies n'altèrent que trop déjà notre humeur, la bonté nous rend encore aimable. J'ai entendu un homme du meilleur monde parler d'une femme extraordinairement belle, de la femme du général M.; il nous disait qu'il la trouvait laide, parce qu'il n'y a point pour lui de jolie femme si elle manque de douceur. Voulons-nous être aimés? Il faut que notre cœur paraisse disposé à rendre aux autres ce que nous exigeons d'eux. Nous ne devons reprendre nos inférieurs, conseiller nos amis, qu'en les persuadant que leur intérêt nous y engage autant que le nôtre, que la réprimande ou l'avis provient d'un sentiment, non pas d'aigreur et de dépit, mais de justice et d'affection.

Je conseillerais à la personne qui croirait devoir s'imposer cette tâche de se promettre à soi-même que, pendant un certain temps, elle laissera passer autour d'elle tout ce qui peut la contrarier ou irriter sa vivacité naturelle, maladresses, négligences, inepties, etc., sans rien dire, en se montrant impassible à tout, hormis à des fautes graves que le devoir même oblige de prévenir ou de corriger tout de suite.

Ce salutaire exercice peut s'appliquer à tous nos défauts; il suffit, pour les perdre, de bonne volonté et de persévérance. Mais cette dernière qualité est la plus rare de toutes, puisqu'il s'agit de remporter journellement une victoire sur nous-mêmes, d'étouffer les premiers mouvements, et souvent d'humilier notre esprit en s'imposant silence sur des choses qu'on voudrait relever. On sera bien récompensé de ces efforts par la satisfaction intérieure qui en résulte et l'espérance de se corriger d'un défaut qui nous mettait en désharmonie avec nous-même et avec les autres.

Voici le troisième été que je passe dans une maison dont la situation délicieuse [1] aux bords de la Seine, près de la vallée

---

1. Le château de Saint-Ouen, qui appartenait à M. et Mᵐᵉ Necker.

de Montmorency, aux portes de Paris, la rend déjà on ne peut pas plus agréable et même intéressante pour les étrangers qui visitent les environs de la capitale. Elle l'est bien plus encore par les personnes célèbres qui l'ont habitée avant nous et par tous les souvenirs qu'elle nous offre.

Dans une des chambres du château, M. Necker composa son ouvrage sur les *Opinions religieuses*, où se montrent si bien sa saine philosophie et l'élévation de son âme. C'est aussi là que sa fille fit le premier essai de son talent littéraire par ses *Lettres sur Jean-Jacques*, que ceux qui ne savent ou ne veulent pas lui rendre justice prétendent être son meilleur ouvrage, quoiqu'il ne fasse encore qu'indiquer, selon moi, l'âme et le génie qu'elle a déployés depuis. M<sup>me</sup> Necker passa dans cette belle habitation des jours pleins de souffrance, mais bien remplis aussi par des œuvres d'esprit et de bienfaisance. Pendant des insomnies elle écrivait ce recueil de réflexions et d'anecdotes, que son mari a publié. Sa mémoire est encore chère aux pauvres qu'elle soulageait abondamment. La femme qui portait et distribuait ses aumônes est encore dans la maison, et ne parle qu'avec enthousiasme et les larmes aux yeux, de sa défunte maîtresse.

Elle nous a fait beaucoup de récits sur les habitudes d'ordre de M<sup>me</sup> Necker, poussées jusqu'à une sévère économie. Son temps était strictement divisé et employé; elle en donnait une bonne partie à la prière et aux détails domestiques. La nuit, ne pouvant goûter le repos à cause de l'agitation nerveuse qui la tourmentait, se promenant à grands pas dans sa chambre, elle se faisait lire, faisait écrire sous sa dictée. On sait le respect si touchant que M. Necker porte encore à sa femme, l'espèce de culte qu'il rend à tout ce qui lui reste d'elle, avec quel soin il a recueilli et rassemblé les moindres traces de ses pensées et de ses actions. Cela a paru souverainement ridicule à des gens du monde, qui, étrangers à un sentiment si tendre et si durable, n'ont pas même pu croire à son existence, et ont attribué à un amour-propre excessif ce que leur âme étroite n'a pas eu la faculté de concevoir. Si M. Necker s'exagérait le mérite d'une femme que respectaient les ennemis mêmes du ministre de Louis XVI, ayons cependant la sincérité d'admirer ce bel exemple d'amour conjugal chez des personnes que les plus brillants succès de fortune, de puissance et de réputation, auraient pu rendre étrangers à ces affections saintes qui n'habitent que les cœurs purs et ne sont que trop souvent étouffées par l'ambition.

M. Necker, ministre des finances, accompagnant partout le roi, ne quittait jamais sa femme sans lui donner les témoignages les plus attendrissants du regret qu'il avait de la quitter, et prenait soin de la rassurer journellement sur sa santé, sur les fatigues inséparables de sa haute position. La femme du concierge du château nous avait prêté, la première année que nous y avons passée, un vieux secrétaire dans lequel j'ai trouvé, un jour, deux lettres de l'écriture même de M. Necker, qui étaient roulées et chiffonnées avec des billets de barrière ; toutes deux se trouvaient être des monuments touchants de la tendresse et de la générosité de M. Necker pour sa femme. L'une lui était adressée pendant le ministère de M. Necker et un de ses voyages avec la cour : c'était l'expression vive et profonde du sentiment le plus vrai. L'autre était écrite à un ami commun de M. et M<sup>me</sup> Necker, immédiatement avant leur mariage. M. Necker se plaignait de ce que celle qu'il aimait n'ayant point de fortune, poussait la réserve au point de refuser d'accepter un diamant que M. Necker portait au doigt, et il engageait cet ami à lui venir en aide pour une petite tromperie qu'il voulait faire à M{ll} Curchot, et qui prouvait autant de délicatesse que d'affection. Sa fiancée avait 8000 francs (c'était toute sa fortune), et elle avait prié leur ami commun, négociant, de les placer dans son commerce. M. Necker profitait de cette circonstance pour que celui-ci consentît à persuader à Mlle Curchot qu'en plaçant cette somme dans le commerce des Indes, il lui avait fait produire un capital de 30 000 livres. M. Necker entre dans tous les détails des précautions à prendre pour que ce compte paraisse évident à Mlle Curchot, et qu'elle ne puisse jamais pénétrer la ruse. Il espère que son ami, malgré son austère probité, voudra bien le seconder dans cette petite supercherie qui permettra à Mlle Curchot de jouir avec sécurité d'une fortune que M. Necker n'apprécie qu'en la lui faisant partager et en la voyant délivrée des scrupules qui la tourmentent.

Ce trait si touchant et incontestable (puisque j'en ai vu la preuve matérielle) n'est point connu du public et ne l'a pas même été des plus intimes amis de M. et Mme Necker. Rien n'est plus fait cependant pour les honorer et prouver à leurs détracteurs combien était vrai cet amour conjugal dans lequel ils ne voient que de l'affectation et des prétentions de singularité. Je ne connais pas personnellement M. Necker, mais il m'est cher depuis que j'ai vu qu'il sait aimer ainsi, et je ne puis avoir une opinion médiocre de celle qui lui a inspiré de pareils sentiments.

— Les hommes du monde, dont le cœur est si blasé, ont un amour-propre tellement chatouilleux, que rien ne les blesse davantage que la louange donnée aux autres. On dirait qu'on les dépouille des vertus que l'on peint, et plus les personnes qui en sont douées ont de réputation, plus ces détracteurs sont offusqués de la justice qu'on rend à ceux dont ils s'efforcent de rabaisser le mérite. N'osant exprimer leur secrète envie ou leur incrédulité pour des qualités et des vertus qu'ils méconnaissent parce qu'ils ne les possèdent point, ils se rejettent sur les *convenances*, ce code sacré des esprits étroits et des cœurs desséchés. Dire du bien, dire ce qui est vrai de sa femme, de sa fille, de son père, de ceux qui nous appartiennent, c'est blesser les convenances, c'est avoir un amour-propre intolérable, cela mérite vengeance.

M. Necker dit quelque part, en parlant de sa fille, ce que tout le monde en dit, ce que ses ennemis mêmes en disent, ce qu'il est impossible de lui refuser, et j'ai vu dans le monde un déchaînement universel contre ce passage dont on n'osait nier la vérité. Je veux bien avouer que ces justes éloges donnés à des personnes qui sont, pour ainsi dire, *d'autres nous-mêmes*, flattent notre amour-propre, sont contraires à quelques conventions délicates de la société, presque toutes fondées sur cet amour-propre qu'on ne veut pas tolérer et qu'on ne peut anéantir. Mais faut-il s'indigner contre un défaut de tact ou l'erreur d'un cœur tendre, comme on s'indignerait contre sa corruption ou contre la bassesse du caractère? Ce tact des convenances mondaines, j'en conviens, est bien émoussé chez moi dès que mon âme est touchée par la vérité d'un sentiment. J'ai bien de l'indulgence pour l'amour-propre d'un mari, d'un père, qui le place dans les objets de ses affections, et qu'on accuse moins d'inventer les portraits qu'il trace, que d'avoir la maladresse de les rendre fidèlement. Heureux M. Necker, honneur à lui d'avoir su trouver dans les deux êtres que la nature lui avait faits les plus intimes, ce qu'il a le plus aimé et le plus admiré !

Mᵐᵉ Necker disait un jour, en parlant de Fontanes, que dans les discussions religieuses il paraît fort peu convaincu des opinions qu'il défend, et que lorsqu'on lui fait une objection pressante, il y répond adroitement, sourit et semble se dire à lui-même : Ma réponse est un peu faible, mais je viens d'y placer un petit bâton qui la soutiendra. Un ami de Fontanes, qui se trouvait là, dit de lui : « Il ne rit pas de son idée, mais il rit à son idée, parce qu'elle lui paraît heureuse. »

Mᵐᵉ Necker et sa cousine de Saussure ont une grande confiance dans l'art de lire sur les physionomies et de juger, au premier coup d'œil, de l'intelligence et de la bonne foi des individus. L'une et l'autre reviennent difficilement d'une prévention si légèrement conçue. Je crois aussi que les habitudes morales et le genre de nos affections doivent se caractériser dans l'expression de nos traits, et que la figure la moins régulière peut devenir gracieuse en conservant constamment les impressions de la bonté, du bonheur et du calme de la vertu. Mais il serait absurde de se livrer absolument au premier effet que produisent sur nous les disgrâces de la nature. Les plus heureuses qualités résident souvent sous des dehors déplaisants, tandis que la beauté nous abuse quelquefois en nous prévenant trop favorablement et en voilant de grands défauts dont elle est presque toujours l'origine, comme la coquetterie, la vanité, les prétentions et le manque de sensibilité.

R*** faisait des représentations au premier consul sur les précautions qu'il devait prendre pour préserver ses jours et ne pas les exposer par un excès de courage. Bonaparte lui répondit : « Pour vous, R***, vous pouvez être poltron, jamais l'histoire n'en parlera ; mais elle veille sur mes actions, et elle dirait que j'ai eu peur. » R*** applaudit beaucoup à la finesse de cette distinction.

— L'abbé de Montesquiou est un des hommes les plus aimables que j'ai rencontrés, par la grâce des manières, les agréments extérieurs et le charme de la conversation. Il est dans le genre de MM. de Narbonne et de Talleyrand, mais il a de plus qu'eux des titres à l'estime, qu'ils n'ont pas. Il m'a paru le modèle des hommes de cour.

— Camille Jordan est un de ces hommes d'esprit dont l'esprit est fait pour plaire, dans le monde comme dans la retraite, par son naturel, son abondance et son aimable enjouement. Je n'en connais point qui ait plus de succès, indépendamment des préventions favorables de l'opinion et de la mode.

— L'abbé Rousseau, aujourd'hui évêque de Coutances, passe pour un bon prédicateur, mais il a la manie des auteurs médiocres, celle de parler beaucoup de ses ouvrages et de vous accabler de leur lecture. Il semble avoir les prétentions d'un bel esprit, et en a un peu l'affectation ; ses phrases sont recherchées et toujours tournées en compliments. Mais je le crois éclairé, bienveillant, conciliant, qualités précieuses chez tous les hommes et devenues plus essentielles que jamais dans un prêtre. Celui-ci n'a point cependant, selon moi, le ton ni l'esprit qui conviennent le mieux à son état ; il n'a pas assez la simplicité d'un pasteur nourri des préceptes et des vertus évangéliques, qui donnent au caractère du prêtre quelque chose de grave, doux et modeste. Ce caractère, M. l'abbé Dulondel le possède éminemment, avec l'extérieur que j'aime dans un ministre des autels, dans l'interprète de la loi divine, le guide et le consolateur de la faible humanité. M. Dulondel a une douceur parfaite, une égalité de caractère et une sérénité inaltérables. Il n'a pas un esprit très étendu ni le zèle ardent d'un Bossuet, mais il est plein de vertus et il les fait aimer. Il encourage les faibles, il supporte les incorrigibles, il s'interdit d'émettre une opinion qui puisse nuire à qui que ce soit, et se renferme dans le silence lorsqu'il n'approuve pas. L'abbé Rousseau ne m'inspirerait pas la même confiance pour épancher mon cœur et ma conscience.

— Je ne veux pas me refuser la satisfaction de déposer ici l'éloge d'un autre prêtre qui a influé sur mon éducation et dont j'ai reçu les premières instructions religieuses. C'est à lui que je dois l'attachement que j'ai conservé pour toutes les vérités chrétiennes et les consolations sans nombre que j'y ai puisées dans mes malheurs. Alors que des coups affreux portent la mort dans le cœur, que les hommes et tous les biens de la terre ne sont plus rien pour nous, la religion nous reste, comme ce flambeau du monde qui ranime la nature flétrie par les hivers et brille encore après les plus noirs et les plus terribles orages. Je suis convaincue que sans ses puissants secours et l'élévation qu'elle suscite dans la plus humble créature, je n'aurais pu survivre à la perte de ma mère qui me laissa orpheline aux premiers jours de mon adolescence, à la perte, encore plus vivement sentie, de mon vieux père dont les malheurs et les souffrances ont fait subir à mon cœur tous les genres de supplice que le sentiment peut subir.

Celui qui m'a aidée et m'a appris à les supporter, c'est notre digne et bon curé de Grüsenheim, il a été le premier témoin et le premier confident des peines que le ciel m'avait réservées. J'ai peu connu d'hommes qui eussent plus de caractère, si la force du caractère consiste, comme je le crois, à bien remplir les devoirs de son état et à pratiquer constamment la vertu. Il était bienfaisant avec sagesse; on était étonné des ressources qu'il trouvait dans les revenus de sa cure, pour vivre honorablement avec ses confrères et pour assister les habitants de sa paroisse dans des moments de détresse, en leur faisant des avances d'argent, en distribuant des aliments aux familles nombreuses et chargées d'enfants. Il était parvenu à dissiper l'indigence, à répandre même une sorte d'aisance universelle dans le village qui avait le bonheur de le posséder. Il prêtait de l'argent au paysan obligé de soutenir un procès, et il empêchait ainsi sa ruine. Il rendait le même service à celui qui perdait les animaux nécessaires à son labeur, ou qui se trouvait épuisé par une longue maladie. Il faisait l'avance des graines qu'il faut pour ensemencer les terres; aucune ne restait inculte; on le remboursait dans des temps plus prospères, et il plaçait de nouveau ce fruit de ses épargnes, devenu un trésor par l'effet qu'il produisait.

Il excitait vivement les paresseux au travail, réprimandait ceux qui dépensaient mal à propos. Il était inexorable pour la calomnie, même pour la médisance, mais je l'ai entendu gronder des gens qui dévoilaient leur propre honte, tant il craignait l'effet d'un funeste exemple, et tant son cœur souffrait de n'avoir pu sauver un de ses paroissiens du blâme public.

Il avait toujours un ou deux prêtres chez lui, pour ne pas

gêner la confiance de ceux de ses paroissiens qui n'avaient pas voulu se confesser à lui, mais c'était une liberté qu'il ne laissait point aux enfants ; il exigeait qu'ils vinssent tous s'adresser à lui jusqu'à l'époque de leur première communion, parce que lui seul s'était chargé de leur instruction religieuse.

Dans l'intervalle des heures de son office il visitait les malades, et tant que la maladie durait, il ne manquait pas de les voir une fois chaque jour. Fils d'un médecin, il avait retenu beaucoup de prescriptions qui, à l'aide de l'expérience qu'il avait acquise, lui ont permis de sauver la vie de plusieurs de ses paroissiens.

Avec tant d'occupations dont aucune n'était jamais négligée, il trouvait encore le moyen d'entretenir un commerce très aimable avec ses confrères dont il était aimé et estimé, et de faire des lectures propres à orner et délasser l'esprit. Pour prix de ses vertus il a eu le bonheur de voir la paix, la concorde, la prospérité et la piété se maintenir d'une manière étonnante dans sa paroisse pendant les plus grands troubles de la Révolution. Aucune des calamités, aucun des désordres qui en ont été la suite, n'ont pénétré dans cet heureux village, et il n'y a point de doute qu'il faut en rendre grâce à ce vénérable pasteur qui avait profondément enraciné tant de louables habitudes à Grüsenheim.

---

Je ne puis me défendre d'une grande indignation contre l'intolérance inexactement appelée intolérance *philosophique*, et qui le plus souvent est celle de l'impiété, de l'orgueil, de la dureté d'un cœur inaccessible à la douce humanité. Un vrai philosophe a la haine du vice, déplore les erreurs, cherche à les corriger par l'exemple qu'il donne, mais il se gardera de juger avec trop de sévérité et de condamner sans retour l'homme qui a eu le malheur de succomber à l'un ou l'autre de ces écarts. Un devoir moral très essentiel, c'est de faire une grande différence entre une action coupable et celui qui la commet. On doit s'opposer à l'action, s'il en est temps encore, avec toute l'énergie de la vertu, la rendre hideuse aux yeux des autres, si l'on n'a pas pu la prévenir; mais l'indulgence, la compassion, l'intelligence de notre propre faiblesse et de tout ce que nous aurions pu devenir sans les secours que nous avons reçus, doivent assurer un refuge, au fond de notre cœur, au malheureux qui a été privé des lumières de la raison, de l'éducation, de la religion, à celui, plus malheureux encore, qui en a abusé. Je remarque que ce sont précisément ces hommes pleins de faiblesse et de personnalité, qui se montrent si sévères pour leurs semblables, parce qu'ils ne sont ni assez sincères envers eux-mêmes, ni assez généreux pour leur pardonner. Ils croient sans doute suppléer aux vertus qu'ils n'ont pas, en les célébrant dans leurs discours, en reprochant aux autres d'en être dépourvus. Il faut qu'ils s'aveuglent bien sur leur propre conscience, pour juger si orgueilleusement une conscience troublée et la condamner avec tant d'amertume. On pourrait les comparer à ces gens qui recueillent avec soin et savent par cœur toutes les anecdotes du monde, et ignorent parfaitement ce qui se passe chez eux. Ah! soyons bons pour tous! Plus la vertu nous paraîtra belle et sera pour nous une douce habitude, plus nous aurons à déplorer le sort de celui qui n'en connaît pas le charme et la paix, et nous qui ne sommes pas du nombre des juges, plaignons celui qui subit la sentence devant le tribunal de l'opinion ou de la loi.

———

Je crois qu'une des choses qui nuisent le plus au bonheur de l'homme, c'est son penchant à l'inconstance, son goût pour la diversité. L'un et l'autre viennent de la nature, mais ont besoin d'être modifiés par l'éducation, par la raison ; ils ne sont funestes qu'en s'y abandonnant sans réserve. Nous sommes tellement enclins à désirer toujours autre chose que ce que nous possédons, que nous échangerions souvent le *beau* pour le *médiocre*, le *bien* pour le *passable*, pourvu que nous y trouvions du nouveau.

L'homme d'État, après avoir éprouvé tous les tourments de l'ambition pour parvenir au pouvoir, envie la condition obscure de l'artisan, tandis que celui-ci voudrait quelquefois se prosterner devant un ministre ou même devant sa livrée. Le savant, qui jouit des plus beaux trésors de l'intelligence humaine, qui s'est nourri des grandes pensées inhérentes à l'âme immortelle, qui a découvert les mystères apparents que Dieu a jetés dans l'immensité de la création comme des prix à conquérir par le génie, lassé de ne pouvoir les obtenir tous, plus dégoûté des secrets qu'il n'a pu encore pénétrer, qu'il n'est satisfait des fruits amassés par son travail, en vient à regretter l'esprit simple et borné de l'homme des champs, qui n'a été, de sa vie, tourmenté par les difficultés d'un problème, ni en contradiction avec lui-même sur un principe métaphysique.

Ce que nous possédons a bientôt perdu de son prix. Enchantés des abords d'une maison de plaisance, de tous les agréments qu'elle offre, nous sacrifions, pour l'acquérir, une partie de notre fortune; au bout de six mois nous remarquons, nous sentons à peine ce qui fait l'admiration de ceux qui la visitent.

Un homme est tout absorbé par la passion qu'il a conçue pour une charmante jeune fille; il en a perdu le sommeil et le repos; son existence est toute concentrée en une seule faculté, celle d'aimer l'objet de cette passion et d'y penser sans cesse. Les poètes, qui embellissent tout jusqu'à l'exagération, n'ont jamais encore atteint à la fougue de l'imagination d'un amant qui se peint à lui-même la femme qu'il adore. Le culte qu'il rend à ses vertus est aussi touchant et profond que celui de la Divinité même; souvent il s'engage par des vœux extravagants aux plus pénibles sacrifices pour obtenir cet être unique et que nul autre ne peut remplacer pour lui. Eh bien! ses vœux sont comblés! Il presse contre son cœur cette épouse chérie, il contemple ses traits avec ravissement, il est chaque jour l'heureux témoin de toutes ses actions.... L'homme vertueux y trouverait son bonheur pendant toute la durée de son existence, mais le cœur de l'homme frivole sera bientôt indifférent et puis glacé, lorsque sa femme lui prodiguera les témoignages de la plus tendre affection. Elle est assurément vertueuse, aimante, dévouée, et ne cherche à plaire qu'à son mari; mais elle a des défauts que celui-ci remarque chaque jour et qui effacent, dans cet esprit léger, l'impression de toutes les bonnes qualités dont elle est pourvue. Cependant l'esprit et le cœur du mari ont encore besoin d'aliments, et c'est hors de chez lui qu'il va les chercher....

L'amitié même, ce sentiment le plus pur, le plus constant d'ordinaire, subit des vicissitudes dans un caractère léger. Il s'attache soudainement, accorde au premier venu des qualités qu'il n'a jamais possédées, et lui prodigue, quelquefois au détriment d'amis anciens et fidèles, l'approbation, la confiance et la tendresse qu'il ne devait qu'à ceux-ci. Il ferme les yeux sur leur mérite, se blase sur les marques touchantes de leur affection, mais recherche avec empressement le nouvel objet qui a frappé son imagination ou flatté son amour-propre. Si cette légèreté de caractère, l'habitude de la frivolité, le goût de l'inconstance, dénaturent l'affection d'un époux, d'un ami, flétrissent le charme de tout ce que nous possédons, quel penchant plus funeste à son bonheur l'homme peut-il nourrir? Assurément une bonne éducation, une vie bien ordonnée, des habitudes morales, des principes sûrs, préviendront ou pourront corriger ce dangereux défaut. L'homme dont l'existence est consacrée à la vertu et l'âme dévouée aux sentiments purs, ne porte pas en lui-même cet esprit inquiet, ce besoin du changement, dont est obsédé celui qui est d'autant moins satisfait des autres, qu'il ne l'est jamais de lui-même.

Je ne puis m'empêcher de rendre à mon sexe une justice que les hommes mêmes ne lui refusent point, c'est que les femmes sont plus constantes dans leurs affections et dans leurs goûts que les hommes. Elles ont cependant moins de caractère, une imagination plus mobile, un jugement moins sûr, une organisation plus faible.... C'est en grande partie à l'éducation, qu'elles doivent l'avantage que je leur reconnais. On les accoutume de bonne heure à la vie de famille, à des occupations suivies et sédentaires. Tout ce que la morale a de plus pur et le sentiment de plus délicat, remplit le cœur d'une femme bien née; elle ne connaît pas plusieurs manières d'être heureuse et d'être estimable : son bonheur une fois fixé, elle ne sait point le trouver ailleurs. Si ses affections venaient à changer et à se flétrir, elle retiendrait moins encore l'homme qui succède à un premier sentiment, que celui qui a respiré le parfum d'une âme toute innocente. Elle gagne rarement à changer sa destinée; celle de la femme est si uniforme, si simple, tellement circonscrite par la nature, que le changement n'est d'ordinaire qu'un inconvénient de plus.

Mais c'est aussi au cœur de la femme qu'il faut faire honneur de la solidité de ses attachements; c'est la sensibilité qui les entretient. Une femme même méconnue, peu aimée, maltraitée peut-être, trouvera dans l'expansion d'un tendre dévouement la force de supporter sa triste condition. Le cœur d'une femme vraiment aimante est comme le feu des Vestales, il ne s'éteint jamais; il s'alimente dans le secret et au milieu des ténèbres du temple où il brûle.

Les hommes ne sont guère tourmentés du remords de l'inconstance; ils se livrent aussi avec beaucoup moins d'inconvénients à la dissipation, à des goûts variés et parfois extravagants. Comme ils sont d'une nature plus forte, il est encore temps pour eux, à chaque époque de leur vie, de rentrer en eux-mêmes, de donner un meilleur aliment à leur existence et de la rendre utile et chère à d'autres êtres. Il n'en est pas de même de la femme : toutes les époques de sa vie doivent correspondre à une seule, celle où elle sera épouse et mère. Sa jeunesse doit l'y préparer; dans un âge avancé elle en recueille les fruits et les consolations. Celle qui cède aux premiers entraînements d'une imagination déréglée, d'un cœur sans énergie, plutôt que d'écouter la voix intime de la conscience, celle qui s'attache tour à tour à l'homme qui l'a le plus flattée, ou à celui dont la frivolité a le moins effrayé sa faible raison, cette femme, j'en suis persuadée, regrettera encore les charmes d'un premier sentiment et trouvera quelque chose d'incomplet dans tous ceux qui lui succèdent.

———

Ma fille n'a que huit mois; il y aurait de la folie à vouloir déjà présager son caractère et son esprit. Nous ne nous ressemblons plus à nous-mêmes aux différentes époques de la vie; le jugement, les opinions, les inclinations, les habitudes, ont quelquefois entièrement changé en peu d'années, selon les circonstances, le théâtre de la vie, les gens que nous fréquentons ou les passions qui s'emparent de nous. Que peut-on dire ou penser d'un enfant au berceau? Mais une mère vit dans l'avenir comme dans le présent; son imagination ne peut s'empêcher de franchir l'espace qui sépare ces premières années où l'on s'ignore soi-même, de celles où l'on existe en soi et pour les autres par le développement du cœur et de l'esprit. En consultant la physionomie, les mouvements, les premières traces de la nature de ma Fanny, il me semble qu'elle aura une véritable bonté, toute facile et instinctive, qu'elle sera réfléchie, intelligente, et pourtant vive, impétueuse, volontaire; qu'elle aura l'humeur changeante, alternativement portée à la gaieté et à la tristesse. Ma science, pour tirer son horoscope, ne va pas plus loin et en dit plus que je ne pourrais raisonnablement justifier; je me suis plu seulement à consigner ici ce que je ne saurais guère appeler qu'un pressentiment. Puisse au moins ma fille posséder une qualité, qui n'est pas une vertu puisque le plus souvent elle naît avec nous, je veux dire un bon cœur, ce don presque commun aux femmes et qui leur est indispensable! L'homme peut n'exister en général que par son esprit et ses facultés intellectuelles; il peut se rendre utile, sans être ni généreux ni sensible; il ne sera point heureux, il contribuera peu au bonheur des autres; dans l'adversité, les cœurs lui seront fermés, et s'il a des succès, ils ne rencontreront que l'indifférence; mais il peut encore prétendre à tout, excepté à se faire aimer.... La femme qui serait faite ainsi n'aurait plus aucun moyen de salut. Toutes les sources de la vie doivent jaillir de son cœur; elle n'est forte que par ses affections; elle ne doit avoir d'autres biens dans ce monde, que ceux du sentiment qui lui dicte ses devoirs les plus austères. La femme qui serait dépourvue de bonté et de sensibilité serait donc une sorte de matière sans âme.

Puissé-je, par ma tendre sollicitude, prévenir dès leur naissance des penchants qui pourraient nuire au bonheur et aux grâces de ma fille, les grâces provenant surtout de l'excellence du caractère! Lorsqu'il me faudra contrarier ses goûts, reprendre ses actions, diriger jusqu'à ses plaisirs, puisse-t-elle n'y voir que des preuves de l'amour maternel et des devoirs qu'il impose! Je ne veux point en appeler à l'âge de la raison, où la sévérité même des parents, quand elle est nécessaire, se trouve justifiée, aux yeux de leurs enfants, par les leçons de l'expérience; c'est dans le cœur de ma fille, dans la confiance que je tâcherai de lui inspirer, que j'espère trouver ma récompense dès l'âge le plus tendre. Elle saura que chaque mécontentement qu'il me faudra lui causer, sera un sacrifice que je ferai moi-même à son bonheur futur.

Il est bien malheureux l'être dont la fin a l'avantage, pour lui-même, de mettre un terme à ses égarements ou à son inutilité, et n'arrache de regrets à personne, que ceux que l'humanité accorde toujours au sort d'un de nos semblables. M. de S. laisse une femme, des enfants; il avait encore dans le monde d'autres relations qui l'attachaient ou du moins faisaient partie de son existence, mais sa perte n'aura pas fait couler une larme. Il n'y aura pas de souvenir pour lui dans les cœurs qui lui survivent; les premières impressions du deuil effacées de l'imagination de ceux qui lui ont appartenu, il sera aussi effacé de leurs sentiments. Mais je me demande si telle eût été la destinée de cet homme (en supposant qu'elle eût été associée à celle d'une autre femme), si en épousant une personne à la mesure de ses facultés et qui eût pu consentir à confondre réellement son existence avec la sienne, il n'aurait pas au moins obtenu cette portion de bonheur indépendante des situations plus ou moins avantageuses et éclatantes, le bonheur qui naît des affections pures et des liens sacrés que nous contractons. Mais l'époux de M$^{me}$ de S., quel qu'il fût, ne devait point l'espérer, parce qu'elle n'en eût point trouvé qui fût en complète harmonie avec elle et pût sympathiser avec ce cœur en proie à toutes les passions, avec cette imagination trop ardente pour ne pas devenir souvent un tourment.

---

J'ai eu lieu de remarquer aujourd'hui combien il est malséant de s'affranchir de certains devoirs de convenances, qui naissent des relations sociales. Dès qu'on veut en goûter les agréments, rechercher les avantages et les plaisirs du monde, il faut se résoudre à remplir les conditions qu'il a faites. Je dirai plus : un esprit droit et un bon cœur devraient se faire presque une loi de ne point manquer à ce que la plupart des hommes croient dû à leur mérite, à leur rang, à ce que l'usage leur permet d'exiger. Les en priver, c'est en quelque sorte les ravaler au-dessous de leur espèce, c'est sembler leur dire qu'on les regarde comme étant de trop peu de conséquence pour se donner la peine de s'observer en rien à leur égard. Si c'est offensant pour eux, c'est en même temps humiliant pour nous, car cela annonce une rudesse d'esprit, un défaut de délicatesse, qui font peu d'honneur à notre caractère et aux habitudes que nous avons contractées.

Sans doute, il vaudrait mieux se tenir quitte réciproquement de procédés qui ne sont qu'une feinte ; sans doute la susceptibilité, les exigences, sont au rang des premiers ridicules et n'appartiennent guère qu'aux esprits bornés. La simplicité, l'absence de prétentions, l'oubli de soi, sont assurément des qualités essentielles à cultiver, mais ne prétendons pas punir ceux qui mettent trop d'importance aux faiblesses de l'amour-propre ; un bon cœur les tolère et les ménage. Ce n'est pas envers des êtres sans défauts que nous pouvons exercer l'indulgence et la patience, pratiquer tous les sacrifices que fait naturellement un caractère généreux, pour témoigner cette bienveillance qui répand tant de charme sur nos actions et sur nos paroles.

Ce défaut d'égards dont on aime tant à s'affranchir envers les autres, quoique nous soyons toujours prêts à les réclamer pour nous, provient ordinairement de l'égoïsme, de la paresse, d'un manque d'éducation. Sans doute il ne faut pas que l'*étiquette* prenne la place de nobles procédés et d'actions généreuses, que de vaines paroles, de fades compliments, tiennent lieu de sincérité et de bonté; mais il faut savoir accepter et orner la chaîne qui unit les gens du monde et répand de l'agrément sur ces liens légers, peu intéressants par eux-mêmes et qui ne le deviennent que par la grâce qu'on y met. Nous ne devons pas plus nous exempter de ces égards envers nos amis et nos proches; prouvons-leur notre affection jusque dans les plus petites choses; ils y sont toujours sensibles, et le leur témoigner est une occupation très douce pour les cœurs aimants. Personne, plus que ma Fanny, n'a été doué de cette délicatesse de sentiment; toutes ses paroles, toutes ses actions sont douces, pures, gracieuses comme elle, et semblables à ce souffle embaumé que les fleurs du printemps répandent autour de nous.

---

Ma méditation s'est portée aujourd'hui sur la mélancolie, sur les inconvénients de céder trop facilement au charme qu'elle a pour l'imagination, peut-être même pour l'amour-propre, en faisant ressortir davantage notre sensibilité. La mélancolie, dès qu'on la nourrit habituellement, nuit à l'activité, au sage emploi de notre vie; elle amollit le cœur et donne une teinte trop uniforme à l'esprit; enfin, elle flétrit cette *jeunesse de sentiment* que l'on peut conserver à tout âge. En nous sentant toujours et tristement émus, souvent à plaindre, nous nous croyons dignes de tout l'intérêt que nous avons besoin d'inspirer, et nous nous imaginons que cette disposition y suffit. Nous négligeons ainsi d'obtenir des titres plus sûrs et plus essentiels à l'estime, parce que nous ne sommes préoccupés que de ce qui se passe en nous, et ne voyons guère tous les vides que nous laissons au dehors. Il faut donc combattre ce penchant que bien des personnes cultivent comme une vertu. Nous serons bien plus à même de goûter le bonheur et de contribuer à celui des autres avec un esprit serein, un cœur dégagé de tout ce qui n'est pas digne d'occuper notre raison.

---

Autrefois j'étais indifférente à la vie. Sûre d'une existence éternelle et meilleure, puisqu'elle doit me rapprocher de Dieu et que sa bonté me permet de l'espérer, j'étais avide d'en jouir, mais c'était un sentiment égoïste, fortifié par une confiance trop absolue dans la bonté divine ; je voulais recevoir le prix avant de l'avoir mérité. Depuis que je suis épouse et mère, je me garderai bien de former un vœu impie ; je désire remplir la tâche si douce qui m'est imposée, et rester, tant qu'il plaira au Souverain Maître, la fidèle et dévouée compagne de celui qui m'a choisie pour traverser avec lui ce rapide passage de la vie terrestre à l'immortalité. Puissé-je le soulager dans les souffrances, le consoler dans le malheur, l'encourager dans le bien, et si bien confondre ma destinée avec la sienne, que la mort ne puisse les séparer !

---

Je me suis demandé quel est ce sentiment qu'on appelle *amour de la patrie*, qui a produit de véritables héros, et dont l'histoire des Grecs et des Romains offre de si admirables modèles. Ce sentiment ne peut être extrêmement divisé; il a besoin d'être concentré pour agir avec force. Les grands États ne nous présentent guère d'exemples du dévouement héroïque d'un citoyen pour le salut d'un vaste empire, qui lui fait sacrifier la fortune, les honneurs, les liens du sang et sa propre vie. Chez les anciens c'était une passion, et ce qu'elle leur faisait faire en avait tous les caractères ; toutes les autres affections ou ambitions humaines lui étaient subordonnées. Elle a produit ces grands actes d'immolation de soi-même, que commande seule une passion magnanime; elle régnait souverainement dans l'âme dont elle s'était emparée. Mais elle n'exerçait son empire que sur quelques êtres privilégiés, parce qu'il en est très peu qui soient susceptibles d'une énergie extraordinaire : les hommes capables de passions sont beaucoup plus rares qu'on ne pense.

Les meilleurs citoyens des grandes nations modernes paraissent avoir été animés d'un sentiment de philanthropie, plutôt que de l'amour exclusif du pays où ils sont nés. Le Français et le Germain ont la vanité de leur race plutôt que la passion du patriotisme. Étant obligés de rassembler vingt ou trente millions d'individus dans le lien qui les unit à leurs compatriotes, ce lien se trouve tellement relâché, qu'au lieu de l'enthousiasme patriotique on ne sent plus qu'une sorte de bienveillance générale. Ce sentiment est sans doute une vertu, mais il ne suffit pas pour enfanter ces grands hommes, doués des vertus les plus éminentes, qui s'immolent à leur patrie.

Le profond attachement pour la terre natale subsiste surtout, de nos jours, dans les États circonscrits, plus encore dans les villes libres qui s'administrent elles-mêmes, où chacun s'intéresse à la prospérité de la cité où il naît et où il meurt, à la conservation de ses monuments, à la sûreté publique.

Après le citadin patriote, ce sont les Anglais qui font le plus de sacrifices à la chose publique, qui ont au plus haut degré le vif sentiment de l'honneur national, et ne voudraient faire un échange de patrie avec aucun habitant du globe. Cette fierté nationale caractérise aussi l'Américain des États-Unis et le rend capable également des plus grands sacrifices pour son pays.

L'habitant des Alpes conserve partout cet attachement d'instinct pour les lieux de son enfance, et en a souvent les plus touchantes réminiscences. Il avait aussi naguère des institutions et des privilèges qui le distinguaient de tous ses voisins. Il avait de plus la force des habitudes, qui contrastait, plus encore que sa situation politique, avec le genre de vie qu'il était obligé d'adopter. Les montagnards, les nomades, les populations très rustiques, dont les besoins sont extrêmement bornés, dont la simplicité ne connaît pas les passions, ont toujours été plus difficilement amenés à changer leurs habitudes, que les autres peuples. Le sol et les mœurs contribuent donc aussi à cette trempe d'âme qui constitue le vrai patriote.

Il ne faut pas se représenter l'amour de la patrie comme un sentiment abstrait et non naturel, mais il est borné, comme toutes les facultés de l'homme, et ne peut se dilater dans un trop large espace. Il a besoin d'être soutenu par la noble ambition du bien public, ou par ces grands desseins et ces sublimes caractères qui élèvent quelques mortels au-dessus de la sphère humaine.

Si Bonaparte était venu en d'autres temps, en d'autres circonstances où il lui eût été impossible de parvenir à l'autorité suprême, il aurait pu être tenté de s'immoler pour sa patrie, parce qu'il était fait pour entreprendre des choses hardies et extraordinaires.

---

J'ai lu, dans la vie de Marivaux par Dalembert, des traits intéressants et qui ont le charme de tout ce qui émane véritablement du cœur. Un mendiant qui lui demandait l'aumône lui parut jeune et fort; Marivaux lui fit cette question si commune de la part des gens oisifs et aisés : « Pourquoi ne travaillez-vous pas? — Hélas! monsieur, répondit le mendiant, si vous saviez combien je suis paresseux! » — Marivaux fut touché d'un aveu si naïf, et n'eut pas le courage de refuser son assistance à ce malheureux. Aussi disait-il que *pour être assez bon, il fallait l'être trop*, parole dont le sens, au fond, ne manque pas de vérité. La religion, dit-il aussi, est la ressource des malheureux; n'enlevons pas à la pauvre espèce humaine cette consolation que lui a m[é]n[a]gée la divine Providence; et Marivaux condamnait ces soi-disant mécréants « qui ont beau faire, ajoutait-il en plaisantant, pour s'étourdir sur l'autre monde, et qui finiront par être sauvés malgré eux ».

« La vanité humaine, dit-il aussi quelque part, n'est pas difficile à nourrir et se repaît des aliments les plus grossiers comme les plus délicats. » Une de ses maximes favorites était « qu'il faut avoir assez d'amour-propre pour n'en pas trop laisser paraître. »

---

Camille Jordan et Mathieu de Montmorency sont venus ensemble, de Paris, passer la journée avec nous à Saint-

Ouen. Camille a un grand attrait pour Mathieu par les grâces et la gaieté de son esprit, beaucoup aussi par la mobilité de son imagination, qui lui permet d'admettre successivement les opinions les plus contraires et d'être presque toujours de l'avis de celui qui parle, sans croire céder aux idées des autres. Elles le séduisent au moment où l'on cause avec lui ; sa vive imagination le transporte facilement dans l'hypothèse donnée ; il n'est plus frappé que du sens qu'on lui présente, et il se laissera enchanter tour à tour par la vérité religieuse et par la philosophie rationaliste. Il soutiendra, par moments, leurs maximes les plus contradictoires, ou, se mettant à la place des esprits absolus, dominateurs (parce qu'ils sont eux-mêmes dominés), il exagérera leurs appréciations et rehaussera leur sévérité d'une manière étonnante, qui ne vient toutefois que de la facilité de son caractère et de la vivacité de son imagination.

---

J'ai atteint ce terme de notre existence où nous sommes, par nos facultés intellectuelles, tout ce que nous pouvons être ou tout ce que nous sommes destinés à devenir aux yeux des hommes. (Il n'en est pas de même au regard de Dieu, vers lequel nous pouvons nous élever sans cesse, même en perdant ce qui fait la grâce et la force de l'humanité.). J'ai senti que j'étais placée au centre de ma sphère, et alors j'ai interrogé les mille voix du cœur humain ; j'ai jeté un coup d'œil sur la société tout entière en même temps que sur ma destinée, et aussi loin que ma courte vue pouvait atteindre, je me suis rappelé tous les principaux événements de ma vie. J'ai eu les leçons de l'expérience, le désir d'apprendre et de connaître ; j'ai acquis une légère idée de ce que les hommes appellent arts et sciences; je sais au moins ce qu'ils entendent par ces dénominations.... Hélas! tout cela n'eût laissé que le scepticisme dans mon esprit et le vide dans mon cœur. Je sais maintenant qu'on se fait un jeu de toutes ces choses, comme les enfants font des boules de savon nuancées des plus brillantes couleurs, mais celles que s'amusent à faire les hommes sont boursouflées par la vanité.

Quoiqu'une différence assurément distingue une personne de trente ans de celle qui n'en a que dix (car nous ne devenons en définitive que de grands enfants), j'ai eu besoin d'établir mon bonheur, ou ce que nous appelons ainsi, sur des bases plus solides. Elles ne sont pas difficiles à trouver, mais souvent nous ne les voyons pas parce qu'elles sont trop près de nous, et nous les négligeons parce qu'elles sont à notre portée; nous aimons mieux bâtir un édifice colossal élevé dans des nuages. J'ai renfermé mes goûts et mes désirs dans les dons de la nature, et ma science dans la loi de Dieu. Je m'appuie sur ces colonnes inébranlables et je n'ai besoin de rien de plus. Sous cet abri tout est *vrai*, tout est *bien*; le mal apparent correspond à des desseins qui sont la perfection même, ou n'est un mal que parce que nous l'avons voulu, et que nous abusons de la liberté qui nous a été départie pour en faire un noble usage. Tout nous est bon lorsque nous l'acceptons dans un bon esprit.

Voilà, à peu près, ma philosophie et une grande partie de ma théologie. On trouvera que ma vie y correspond bien peu, et qu'avec des éléments si simples je devrais me composer une existence plus parfaite; je ne cesse de me le répéter, mais n'est-ce pas quelque chose que d'en conserver constamment l'intention? Je suis remplie de défauts et de contradictions, mais j'ai le désir sincère de devenir *bonne*; je voudrais le devenir, pour accomplir les desseins de Dieu sur moi, et non pour me parer d'une vertu apparente qui nous rendrait plus hideux encore au jour où le voile qui couvre les consciences sera entièrement soulevé. C'est souvent l'objet de mes prières, ce que je me permets de demander à Dieu soir et matin, quand je lui fais l'offrande de mes actions et que j'essaye la seule manière de les rendre bonnes, en les consacrant à celui qui en est le juge.

Il s'en faut que ce jugement sur les choses de la vie, faites pour l'embellir, me les fasse mépriser. Elle doit s'écouler dans un cercle d'activité, et Dieu nous a donné le désir du bonheur; aussi, tout ce qui peut contribuer à remplir cette double destination, je l'approuve. Les productions de l'intelligence et du travail de l'homme, mises en comparaison avec ses misères et son existence éphémère, sont de grandes choses, et lorsque je le vois à la fois si misérable et si sublime, je comprends toute sa destinée, sa sujétion à la mort et son immortalité.

Mon blâme ne va pas jusqu'à l'indignation contre l'homme qui s'agite dans les plaisirs du monde, ou dont la vie se passe à ambitionner une réputation qui lui assure, à ce qu'il s'imagine, une gloire immortelle. C'est presque toujours un besoin de son âme, bien plus que de ses sens; ce sont les égarements d'un désir donné par la nature. J'aime la gaieté et la joie, partout où elles se montrent. J'admire la beauté; rien de plus naturel, à mes yeux, que l'enthousiasme qu'elle inspire. Les talents et les prestiges qu'ils font naître obtiennent aussi mon hommage, mais tout cela n'est que distractions dans la vie, et ne doit pas en être le but. Ces avantages sont à l'existence morale de l'homme ce qu'est la fleur dans le règne de la nature. Ne leur consacrons donc point tout notre temps, n'y attachons pas une importance qui n'appartient qu'à ce qui est impérissable. Que la morale et la piété soient cette base solide, prête à recevoir tous les ornements qui plaisent à l'œil. Accoutumons notre esprit et notre cœur à se pénétrer, dans toutes les circonstances, des préceptes si simples, mais immuables, qu'elles nous prescrivent. Elles nous garantiront de cet esprit de sophisme qui est parvenu à mettre en question les décrets éternels et à rendre douteux ce que Dieu lui-même avait gravé dans le cœur de l'homme. Oh! demandons-lui la simplicité chrétienne, et à sa suite nous retrouverons toutes les vertus.

FIN.

# TABLE DES MATIÈRES

Avant-propos. . . . . . . . . . . . . . . . . . . . . . . . . . . . v

## LETTRES ÉCRITES PAR M<sup>lle</sup> ANNE DE RATHSAMHAUSEN

### AVANT SON MARIAGE

1. Aux citoyens administrateurs du Directoire du district de Benfeld, séant à Schlestadt, 5 avril 1794. . . . . . . . . . . . . . 3
2. A M<sup>lle</sup> Octavie de Berckheim, 12 décembre 1794 . . . . . . . . 6
3. A la même, 27 juillet 1795. . . . . . . . . . . . . . . . . . 8
4. Au citoyen Lauthier Xaintrailles, général de brigade, 30 septembre 1795. . . . . . . . . . . . . . . . . . . . . . . . . . 9
5. A un prince de Wurtemberg, 1796. . . . . . . . . . . . . . . 11
6. A la baronne Fritz de Dietrich, 20 juillet 1797. . . . . . . . 14
7. A Joseph, octobre 1797. . . . . . . . . . . . . . . . . . . . 19
8. A Scipion Perier, 3 et 4 novembre 1797. . . . . . . . . . . . 21
9. A Joseph et Camille Jordan, 6 novembre 1797. . . . . . . . . 25
10. A Scipion Perier, 9, 10 et 12 novembre 1797. . . . . . . . . 30
11. A Joseph, 28 décembre 1797, 3 janvier 1798. . . . . . . . . . 36
12. A M<sup>lle</sup> Octavie de Berckheim, 10 janvier 1798 . . . . . . . . 43
13. A Joseph et Camille Jordan, 17 février 1798. . . . . . . . . 44
14. A Camille Jordan, 28 mars 1798. . . . . . . . . . . . . . . . 50
15. A la baronne de Stein, 12 avril 1798. . . . . . . . . . . . . 55
16. A Joseph et Camille Jordan, 16 avril 1798. . . . . . . . . . 58
17. A Joseph, 26 avril 1798. . . . . . . . . . . . . . . . . . . 70
18. A la baronne Fritz de Dietrich, 19 mai 1798. . . . . . . . . 71
19. A Joseph, 8 juin 1798. . . . . . . . . . . . . . . . . . . . 73
20. A Augustin Jordan, 10 juillet 1798. . . . . . . . . . . . . . 83
21. A Joseph, 21 août 1798. . . . . . . . . . . . . . . . . . . . 86
22. Au même, 17 septembre 1798. . . . . . . . . . . . . . . . . . 88
23. Au même, 19 septembre 1798. . . . . . . . . . . . . . . . . . 90
24. Au même, 20 septembre 1798. . . . . . . . . . . . . . . . . . 93
25. A Joseph et Camille Jordan, 22 septembre 1798. . . . . . . . 96
26. A Camille Jordan, 24 septembre 1798. . . . . . . . . . . . . 98
27. A Joseph, 26 septembre 1798. . . . . . . . . . . . . . . . . 101

28. Au même, 1er octobre 1798. . . . . . . . . . . . . . . . . . . 107
29. Au même, 3 et 4 octobre 1798. . . . . . . . . . . . . . . . 109
30. A Camille Jordan, 4 octobre 1798. . . . . . . . . . . . . 115
31. A Joseph, 6 octobre 1798 . . . . . . . . . . . . . . . . . . 118
32. Au même, 10 et 11 octobre 1798. . . . . . . . . . . . . 122
33. Au même, 14 octobre 1798. . . . . . . . . . . . . . . . . 126
34. Au même, 17 octobre 1798. . . . . . . . . . . . . . . . . 128
35. Au même, 19 et 25 octobre 1798. . . . . . . . . . . . . 130
36. A Camille Jordan, 31 octobre 1798. . . . . . . . . . . . 136
37. A la baronne de Stein, 5 novembre 1798. . . . . . . . . 138
38. A Camille Jordan, 7 novembre 1798 . . . . . . . . . . . 142
39. Au même, 26 décembre 1798. . . . . . . . . . . . . . . 147

## LETTRES ÉCRITES PAR Mme DE GERANDO

### DEPUIS SON MARIAGE

1. A la baronne Fritz de Dietrich, janvier 1799. . . . . . . . . . 151
2. A la baronne de Stein, février 1799. . . . . . . . . . . . . . 153
3. A la même, 13 mars 1799. . . . . . . . . . . . . . . . . . . 157
4. A la baronne Fritz de Dietrich, 24 mars 1799. . . . . . . . 159
5. A la même, 16 mai 1799. . . . . . . . . . . . . . . . . . . . 161
6. A la baronne de Stein, 22 septembre 1800. . . . . . . . . . 165
7. A M. Pfeffel (Théophile Conrad), 19 février 1801. . . . . . 169
8. Au même, 18 avril 1801. . . . . . . . . . . . . . . . . . . . 172
9. Au même, 29 novembre 1801. . . . . . . . . . . . . . . . . 174
10. A la baronne Fritz de Dietrich, janvier 1802. . . . . . . . 178
11. A M. Pfeffel, 28 mars 1802 . . . . . . . . . . . . . . . . . 180
12. A la baronne de Stein, 22 juillet 1802 . . . . . . . . . . . 182
13. A la baronne Fritz de Dietrich, 12 janvier 1803. . . . . . 187
14. A M. Pfeffel, 17 janvier 1803. . . . . . . . . . . . . . . . 190
15. A la baronne Fritz de Dietrich, 5 et 6 avril 1803. . . . . 192
16. A la baronne de Dietrich et la baronne de Stein, juillet 1804. . 195
17. A la baronne de Stein, 22 décembre 1804. . . . . . . . . 197
18. A M. Maret, décembre 1804. . . . . . . . . . . . . . . . . 201
19. A la baronne Fritz de Dietrich, 25 septembre 1805. . . . 203
20. A Camille Jordan, 27 janvier 1806. . . . . . . . . . . . . 205
21. A la baronne Fritz de Dietrich, 12 février 1806 . . . . . 207
22. A M. Conrad Pfeffel, 15 juillet 1806. . . . . . . . . . . . 209
23. Au même, 28 septembre 1806. . . . . . . . . . . . . . . 211
24. A Mme Récamier, 13 octobre 1806. . . . . . . . . . . . . 213
25. Au baron Théobald de Malzen, 6 janvier 1807. . . . . . . 214

## TABLE DES MATIÈRES

26. Au Prince primat Charles de Dalberg, février 1808. . . . . . 215
27. Au même, février 1808 . . . . . . . . . . . . . . . . . . . . 217
28. Au même, 26 février 1808. . . . . . . . . . . . . . . . . . . 219
29. Au même, mars 1808. . . . . . . . . . . . . . . . . . . . . . 221
30. Au même, avril 1808. . . . . . . . . . . . . . . . . . . . . 224
31. Au même, mai 1808. . . . . . . . . . . . . . . . . . . . . . 228
32. A Camille Jordan, 26 juillet 1808. . . . . . . . . . . . . . 230
33. Au baron de Voght, 1808. . . . . . . . . . . . . . . . . . . 232
34. A M. ***, 1808. . . . . . . . . . . . . . . . . . . . . . . 235
35. A la baronne de Stein, 1808. . . . . . . . . . . . . . . . . 237
36. A la baronne Fritz de Dietrich, 18 septembre 1808. . . . . . 238
37. A Camille Jordan, 20 octobre 1808. . . . . . . . . . . . . . 241
38. Au ministre d'État Maret, duc de Bassano, novembre 1808. . 243
39. A M. ***, mai 1809. . . . . . . . . . . . . . . . . . . . . 246
40. A la baronne Fritz de Dietrich, 16 juillet 1809. . . . . . . 247
41. Au baron Théobald de Malzen, 5 novembre 1811. . . . . . . . 248
42. A la baronne de Stein, 20 et 23 février 1812 . . . . . . . . 250
43. A la baronne Fritz de Dietrich, 26 mai 1812. . . . . . . . . 254
44. A la même, 10 juin 1812. . . . . . . . . . . . . . . . . . . 255
45. Au duc de Feltre, 16 août 1812. . . . . . . . . . . . . . . 257
46. A la baronne de Stein, 24 septembre 1812. . . . . . . . . . 259
47. Au général Lamarque, 15 mai 1813. . . . . . . . . . . . . . 261
48. Au même, 8 juin 1814. . . . . . . . . . . . . . . . . . . . 263
49. A la baronne Fritz de Dietrich, 12 septembre 1814. . . . . . 265
50. A M. Guillemin, 12 décembre 1814. . . . . . . . . . . . . . 266
51. A la baronne Guillaume de Humboldt, 1814. . . . . . . . . . 271
52. A la baronne Fritz de Dietrich, 16 janvier 1815. . . . . . . 273
53. A Camille Jordan, 9 mai 1815. . . . . . . . . . . . . . . . 274
54. A la baronne de Staël, septembre 1815. . . . . . . . . . . . 278
55. Au général Lamarque, 1815. . . . . . . . . . . . . . . . . . 281
56. Au même, 6 décembre 1815. . . . . . . . . . . . . . . . . . 282
57. A Mme Récamier, 1815 . . . . . . . . . . . . . . . . . . . 286
58. A la même, 1815. . . . . . . . . . . . . . . . . . . . . . . 287
59. A la baronne Fritz de Dietrich, 7 février 1816. . . . . . . 288
60. A M. Christian, 28 juin 1816. . . . . . . . . . . . . . . . 290
61. Au même, 3 juillet 1816. . . . . . . . . . . . . . . . . . . 293
62. Au même, 15 juillet 1816. . . . . . . . . . . . . . . . . . 294
63. Au même, 27 juillet 1816. . . . . . . . . . . . . . . . . . 296
64. Au même, 26 août 1816. . . . . . . . . . . . . . . . . . . . 298
65. A la baronne de Staël, 28 août 1816 . . . . . . . . . . . . 300
66. A M. Christian, 29 août 1816. . . . . . . . . . . . . . . . 304
67. Au même, 2 septembre 1816. . . . . . . . . . . . . . . . . . 305

68. Au même, 4 septembre 1816. . . . . . . . . . . . . . . . . . . 306
69. Au même, 5 septembre 1816. . . . . . . . . . . . . . . . . . 308
70. Au même, 7 septembre 1816. . . . . . . . . . . . . . . . . . 309
71. Au même, 6 octobre 1816. . . . . . . . . . . . . . . . . . . 310
72. Au même, 10 octobre 1816. . . . . . . . . . . . . . . . . . . 312
73. Au duc de Richelieu, 1816. . . . . . . . . . . . . . . . . . . 313
74. A la baronne Fritz de Dietrich, 29 juin 1817. . . . . . . . . 317
75. A M. ***, 1817. . . . . . . . . . . . . . . . . . . . . . . . 320
76. A Camille Jordan, 1818. . . . . . . . . . . . . . . . . . . . 321
77. A la baronne Fritz de Dietrich, mars 1820. . . . . . . . . . 322
78. A la baronne de Stein, 20 avril 1820. . . . . . . . . . . . . 324
79. A la baronne Fritz de Dietrich, 2 septembre 1821. . . . . . . 328
80. A la même, novembre 1821. . . . . . . . . . . . . . . . . . 330
81. Au baron Théobald de Malzen, 27 septembre 1822. . . . . . 332
82. A la baronne Fritz de Dietrich, 4 octobre 1822. . . . . . . . 333
83. A M$^{me}$ ***, 1822. . . . . . . . . . . . . . . . . . . . . . 335
84. A la baronne Fritz de Dietrich, 13 mars 1824. . . . . . . . . 338
85. A M$^{me}$ ***, 1824. . . . . . . . . . . . . . . . . . . . . . 340

## LETTRES ÉCRITES PAR M$^{me}$ DE GERANDO

### A SON FILS AÎNÉ.

1. Albano, 28 septembre 1800. . . . . . . . . . . . . . . . . . 345
2. Nogent-sur-Marne, 21 octobre 1820. . . . . . . . . . . . . . 348
3. Nogent-sur-Marne, 1$^{er}$ décembre 1820. . . . . . . . . . . . 351
4. Paris, 15 juillet 1821. . . . . . . . . . . . . . . . . . . . . 354
5. Paris, 29 et 31 juillet 1821. . . . . . . . . . . . . . . . . . 356
6. Paris, 5 août 1821 . . . . . . . . . . . . . . . . . . . . . . 359
7. Nogent-sur-Marne, 30 juillet 1822. . . . . . . . . . . . . . . 362
8. Nogent-sur-Marne, août 1822. . . . . . . . . . . . . . . . . 363
9. Nogent-sur-Marne, août 1822 . . . . . . . . . . . . . . . . . 365
10. Nogent-sur-Marne, 11 octobre 1822. . . . . . . . . . . . . . 367
11. Nogent-sur-Marne, 29 août 1823 . . . . . . . . . . . . . . . 374
12. Nogent-sur-Marne, 7 septembre 1823. . . . . . . . . . . . . 375

## FRAGMENTS D'UN JOURNAL

Commencé le 29 fructidor an VIII (15 septembre 1800). . . . . . 383

FIN DE LA TABLE DES MATIÈRES

# LISTE ALPHABÉTIQUE

## DES PRINCIPAUX NOMS CITÉS DANS CE VOLUME

Auguste (le prince) de Prusse. — Lettre du 6 décembre 1815. . . . 284
Berckheim (la baronne de). — Lettres de janvier 1799, du 20 avril 1820. . . . . . . . . . . . . . . . . . . . . . . . 151, 326
Berckheim (Amélie de), depuis baronne Fritz de Dietrich. — Lettre du 25 octobre 1798. . . . . . . . . . . . . . . . . . . . 132
Berckheim (Fanny de). — Lettres du 16 avril et du 4 octobre 1798, du 19 février 1801 . . . . . . . . . . . . . . . 69, 117, 170
Berckheim (Henriette de). — *Voy.* Perier (M$^{me}$ Augustin).
Berckheim (Octavie de), depuis baronne de Stein. — Lettres du 3 janvier et du 5 novembre 1798. . . . . . . . . . . . 41, 138
Berckheim (le général Sigismond de). — Lettre du 20 avril 1820. . 325
Berckheim (le baron Christian de). — Lettre du 20 juillet 1797. . 16
Bermond (M.). — Lettres du 16 janvier 1815, du 7 février 1816. 273, 289
Bonald (M. de). — Lettre du 10 octobre 1808. . . . . . . . . . 243
Bonaparte. — Lettre du 6 novembre 1797. — *Fragments d'un journal*. . . . . . . . . . . . . . . . . . . . . . . . 29, 404, 421
Bourdic-Viot (M$^{me}$ de). — Lettre du 22 juillet 1802. . . . . . . . 184
Butenschoen. — Lettres du 20 juillet 1797, du 17 février, du 16 avril, du 14 octobre 1798. . . . . . . . . . . . . . 14, 47, 67, 126
Canova. — Lettre du 15 mai 1813. . . . . . . . . . . . . . . . 261
Champagny (M$^{me}$ de), depuis duchesse de Cadore. — Lettres du 29 novembre 1801, du 22 juillet 1802. . . . . . . . . 177, 186
Christian (M.). — Lettres du 28 juin 1816 et suivantes (même année) . . . . . . . . . . . . . . . . . . . . . . . . 290, 293
Constant (Benjamin). — Lettres du 9 mai, de septembre 1815. 275, 279
Cottin (M$^{me}$). — Lettre du 22 juillet 1802. . . . . . . . . . . . 186
Coulmann (M.). — Lettre du 20 juin 1817. . . . . . . . . . . . 318
Cramer. — Lettre du 29 novembre 1801. . . . . . . . . . . . . 176
Dalberg (Charles de), Prince primat. — Lettres de février 1808. 215, 217
Dalembert. — *Fragments*. . . . . . . . . . . . . . . . . . . 393, 396
Desaix (M$^{me}$). — *Fragments*. . . . . . . . . . . . . . . . . . . 387

Dietrich (Amélie de), depuis baronne de Sahune. — Lettres de janvier 1799, du 25 septembre 1805, de novembre 1821. 152, 204, 330
Dietrich (le baron Fritz de). — Lettres de janvier 1802, du 6 avril 1803. . . . . . . . . . . . . . . . . . . . . . . . . 178, 195
Dietrich (Louise de). — *Voy.* Perier (M^me Scipion).
Dolomieu (la marquise de). — Lettre du 20 avril 1820. . . . . . 328
Ducasse (M. et M^me). — Lettre du 6 décembre 1815. . . . . . 284, 285
Dufrénoy (M^me). — Lettre du 22 juillet 1802. . . . . . . . . . 184
Dulondel (l'abbé). — *Fragments.* . . . . . . . . . . . . . . . 405
Dumanoir (M.). — Lettre du 17 février 1798 . . . . . . . . . . 48
Erskine (lord). — *Fragments.* . . . . . . . . . . . . . . . . . 395
Fénelon. — *Fragments.* . . . . . . . . . . . . . . . . . . . . 397
Flahaut (M^me de). — Lettre du 22 juillet 1802. . . . . . . . . 186
Fontanes (M. de). — Lettre du 28 août 1816. — *Fragments* . . . 303
Fouché. — *Fragments* . . . . . . . . . . . . . . . . . . . . 395
Fox. — *Fragments.* . . . . . . . . . . . . . . . . . . . . . . 395
Genlis (M^me de). — Lettre du 22 juillet 1802. . . . . . . . . . 185
Gerando (le baron de), *ses missions à l'étranger.*— Lettre de 1816, au duc de Richelieu. . . . . . . . . . . . . . . . . . . . 313
Grétry. — *Fragments* . . . . . . . . . . . . . . . . . . . . . 389
Humboldt (M^me Guillaume de). — Lettres du 28 septembre 1809 et de 1814. . . . . . . . . . . . . . . . . . . . . . . . 316, 271
Jordan (Augustin).—Lettres du 10 juillet 1798, de novemb. 1821. 83, 331
Jordan (Camille). — Lettres du 17 février, du 4 octobre 1798, de février et du 13 mars 1799. — *Fragments.* 48, 116, 153, 157, 405, 422
Kant. — Lettres du 17 février, des 16 et 26 avril 1798. . 47, 62, 70
Klopstock. — Lettres du 8 juin 1798, de février 1808.. . . . . . 78, 218
Krüdner (la baronne de). — Lettre de septembre 1815. . . . . . 278
Kurtzrock (M^me de). — Lettre du 29 novembre 1801 . . . . . . 176
Lamarque (le général). — Lettres de 1815 (à M^me Récamier). 286, 287
Lassberg (le baron de). — Lettre du 27 septembre 1822. . . . . 332
Lauthier Xaintrailles (le général). — Lettre du 30 septembre 1795. 9
Malzen (M^me de). — Lettre du 22 septembre 1800. . . . . . . . 168
Maret (depuis duc de Bassano). — Lettres de décembre 1804, de novembre 1808 . . . . . . . . . . . . . . . . . . . 201, 243
Marivaux. — *Fragments.* . . . . . . . . . . . . . . . . . . . 421
Montbrison (M. et M^me de). — Lettre du 21 septembre 1800. — *Fragments.* . . . . . . . . . . . . . . . . . . 167, 169, 384, 389
Montesquiou (l'abbé de). — *Fragments.* . . . . . . . . . . . . 404
Montjoie (la comtesse Mélanie de).—Lettres du 12 septembre 1814, du 20 avril 1820. . . . . . . . . . . . . . . . . . . . 266, 328

## TABLE ALPHABÉTIQUE DES NOMS CITÉS DANS CE VOLUME

Montmorency (le duc Mathieu de). — Lettres de janvier 1802, septembre 1815, 1818. — *Fragments*. . . . . . . . 179, 280, 322, 387
Montolieu (M<sup>me</sup> de). — Lettre du 22 juillet 1802. . . . . . . . 185
Moreau (le général). — *Fragments*. . . . . . . . . . . . . . 395
Morgan (lady). — Lettre du 31 juillet 1821. . . . . . . . . . 358
Mounier (Jean-Joseph). — Lettres du 29 novembre 1801, du 27 janvier 1806 . . . . . . . . . . . . . . . . . . . . . . . 176, 205
Necker (M. et M<sup>me</sup>). — *Fragments*. . . . . . . . . . . . 399, 400
Necker de Saussure (M<sup>me</sup>). — Lettre du 22 juillet 1802. — *Fragments* . . . . . . . . . . . . . . . . . . . . . . . 184, 404
Perier (M. et M<sup>me</sup> Augustin). — Lettres du 12 décembre 1794, du 8 juin 1798, du 16 mai 1799, du 6 avril 1803. . 7, 76, 163, 193, 194
Perier (M<sup>me</sup> Camille). — Lettre du 16 juillet 1809. . . . . . . . 248
Perier (Joséphine), depuis M<sup>me</sup> de Savoye-Rollin. — Lettre du 25 octobre 1798. . . . . . . . . . . . . . . . . . . . . 132
Perier (M. et M<sup>me</sup> Scipion). — Lettres des 3 et 4 novembre, du 6 novembre 1797, du 16 avril 1798, du 16 mai 1799 . . 21, 25, 64, 162
Pfeffel (Conrad). — Lettres du 17 février, du 8 juin 1798, de mai 1809, du 15 juillet 1816. . . . . . . . . . . 48, 80, 246, 294
Pfeffel (Christian-Frédéric). — Lettre du 19 février 1801. . . . . 172
Pfeffel (M<sup>lle</sup> Frédérique). — Lettres du 20 juillet 1797, de février 1799, du 29 juin 1817. . . . . . . . . . . . . . 15, 155, 319
Pipelet (M<sup>me</sup>). — Lettre du 22 juillet 1802. . . . . . . . . . . 184
Razoumoffsky (la comtesse de). — Lettre de 1814 à la baronne G. de Humboldt . . . . . . . . . . . . . . . . . . . . . . . 272
Récamier (M<sup>me</sup>). — Lettres du 22 juillet 1802, du 6 avril 1803, du 25 septembre 1805, du 9 mai et du 6 décembre 1815, de 1818 (à Camille Jordan) . . . . . . . . . . 185, 193, 204, 276, 285, 322
Rousseau (l'abbé). — *Fragments*. . . . . . . . . . . . . . . 405
Rumford (M. de). — Lettre du 22 juillet 1802. . . . . . . . . 184
Sahune (le baron de). — Lettre du 7 février 1816. . . . . . . . 290
Saint-Marsan (le comte de). — Lettre du 15 mai 1813. . . . . . 262
Sauvan (M<sup>lle</sup>). — Lettres de 1815 (au général Lamarque), du 29 juillet et du 2 septembre 1821. . . . . . . . . . . . . 281, 330, 356
Seitz (M<sup>me</sup>). — Lettre du 12 avril 1798. . . . . . . . . . . . 57
Sèze (le comte de). — Lettre du 28 août 1816. . . . . . . . . 303
Sicard (l'abbé). — Lettre de janvier 1802 (à la baronne de Dietrich). 180
Staël (la baronne de). — Lettres de janvier 1802 (à la baronne de Dietrich), du 6 avril 1803, du 26 juillet 1808, du 29 août 1816, du 31 juillet 1821. — *Fragments*. . . 179, 193, 231, 304, 358, 393, 399

| | |
|---|---:|
| Talma. — Lettre de 1808 (au baron de Voght). | 234 |
| Viala (M. de). — Lettre de juillet 1804 (à la baronne de Dietrich). | 195 |
| Villette (la marquise de). — Lettre du 1er décembre 1820 (3e partie). | 351 |
| Voss. — Lettre du 8 juin 1798. | 79 |
| Waldner (la comtesse de). — Lettres des 3, 4 et 10 nov. 1797, .23, | 32 |
| Zollikofer. — Lettre du 17 février 1798. | 47 |

FIN DE LA TABLE ALPHABÉTIQUE

PARIS. — IMPRIMERIE DE E. MARTINET, RUE MIGNON, 2

# ERRATA

Page 30, *au lieu de* 1790, *lisez* 1797.
Page 73, *au lieu de* 8 juin 1778, *lisez* 1798.
Page 88, *au lieu de* 1778, *lisez* 1798.
Page 98, *à la fin de la note au bas de la page, ajoutez le mot* main.

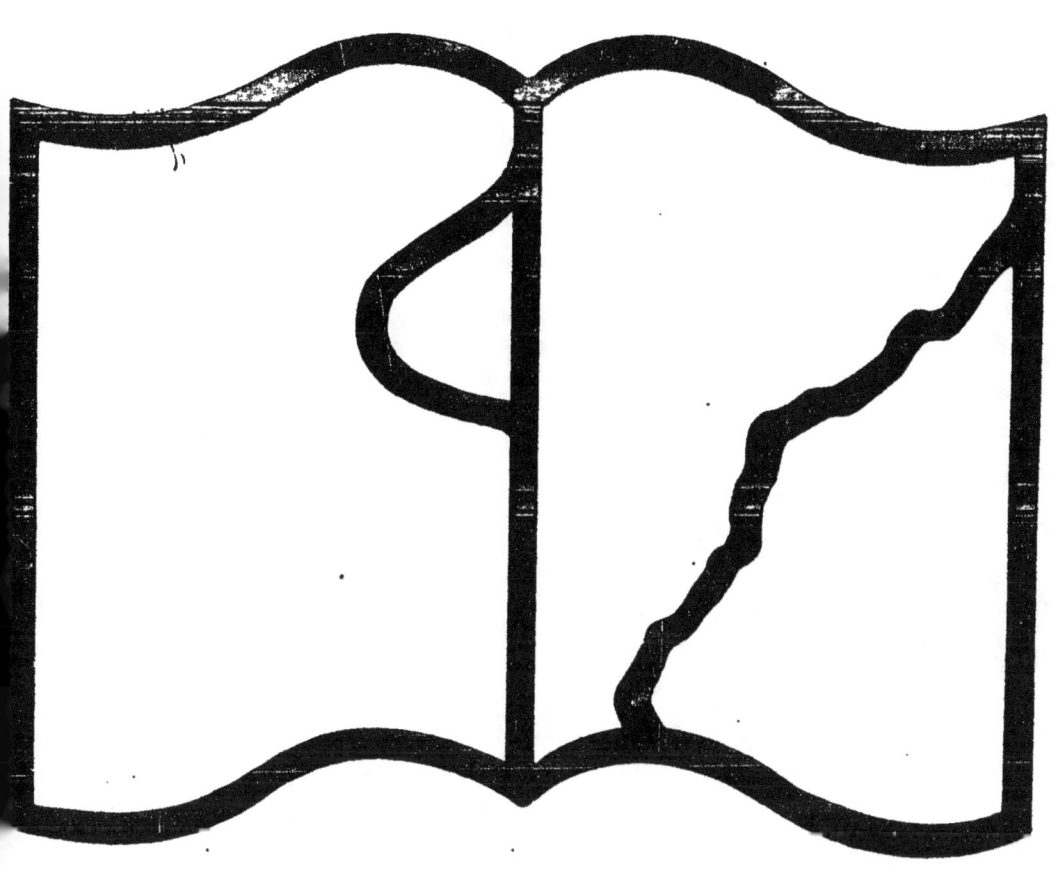

Texte détérioré — reliure défectueuse

**NF Z 43**-120-11

www.ingramcontent.com/pod-product-compliance
Lightning Source LLC
Chambersburg PA
CBHW051824230426
43671CB00008B/827